MÉMOIRES

DU

COMTE DE PAROY

L'auteur et les éditeurs déclarent réserver leurs droits de reproduction et de traduction en France et dans tous les pays étrangers, y compris la Suède et la Norvège.

Ce volume a été déposé au ministère de l'intérieur (section de la librairie) en mai 1895.

Jean-Philippe-Gui Le Gentil
Comte de Paroy
1760-1824

MÉMOIRES

DU

COMTE DE PAROY

SOUVENIRS

D'UN DÉFENSEUR DE LA FAMILLE ROYALE

PENDANT LA RÉVOLUTION

(1789-1797)

PUBLIÉS PAR

ÉTIENNE CHARAVAY

ARCHIVISTE PALÉOGRAPHE

*Avec un portrait en héliogravure
et un fac-simile d'autographe*

PARIS

LIBRAIRIE PLON

E. PLON, NOURRIT ET Cie, IMPRIMEURS-ÉDITEURS

RUE GARANCIÈRE, 10

1895

Tous droits réservés

INTRODUCTION

LE MANUSCRIT DES *MÉMOIRES DU COMTE DE PAROY*

En 1836, Villenave, ardent amateur d'autographes autant qu'infatigable compilateur, publia dans la *Revue de Paris* des fragments des *Mémoires* du marquis de Paroy sur la Révolution française, dont il possédait le manuscrit original. Il manifesta l'intention d'en donner une édition complète, mais il mourut sans avoir exécuté son projet. Le manuscrit resta enfoui dans les monceaux de documents et de paperasses que conserva sa fille Mme Mélanie Waldor et qui, lors de la mort de celle-ci, furent vendus aux enchères. J'achetai plusieurs lots, et dans l'un d'eux se trouvèrent les manuscrits du marquis de Paroy. Je les mis de côté pour les examiner à loisir et je n'y songeai plus lorsque M. Frédéric Masson publia en 1884, dans la *Revue de la Révolution*, quelques fragments de ces *Mémoires*, d'après des copies faites par Villenave. Il exprimait le désir que, si le manuscrit existait encore, on le mît au jour dans son entier. Je le recherchai alors et le retrouvai, mais il était dans un tel désordre que j'attendis un moment de loisir pour opérer le classement. En 1889, je communiquai les *Mémoires* à mon ami Maurice Tourneux, qui voulut bien mettre quelque ordre dans les cahiers et en lut un chapitre sur Mme Tallien dans l'assemblée générale de la Société de l'histoire de la Révolution française, tenue le 8 mars 1891. Cette communication me valut la demande des Mémoires du marquis de Paroy pour la collection entreprise par MM. E. Plon, Nourrit et Cie. C'est pourquoi j'examinai et classai les manuscrits, dont j'ai tiré le présent volume.

Les manuscrits se composaient d'un certain nombre de cahiers in-folio, in-4° ou in-8°, et de notes diverses. Plusieurs chapitres étaient rédigés ; d'autres n'étaient qu'ébauchés. Les journées des 5 et 6 octobre 1789 et celle du 10 août 1792 avaient été l'objet de deux rédactions différentes. Il fallait coordonner tous ces éléments, les classer définitivement et en former un tout. Je dus éliminer les chapitres n'offrant qu'une compilation sans intérêt, choisir entre les rédactions, quand il y avait double emploi, — et dans ce cas je me suis toujours décidé pour la plus personnelle. Ce fut là un premier et minutieux travail. Il y en eut un autre non moins délicat. Le comte de Paroy — c'est ainsi que je le nommerai désormais, pour le distinguer de son père le marquis, qui fut si mêlé à la vie du fils — est un narrateur soigneux, mais un mauvais écrivain. En présence de nombreuses incorrections de style, j'ai été forcé de remettre sur leurs pieds les phrases boiteuses ou incompréhensibles. J'ai apporté à cette ingrate besogne la plus grande discrétion, et jamais, bien entendu, le sens n'a été altéré. Tels qu'ils se présentent actuellement, les *Mémoires* n'ont pas de prétention littéraire, mais sont au moins lisibles, ce qui importait pour l'auteur et pour le public.

Avant d'examiner l'intérêt et la valeur historiques des Mémoires du comte de Paroy, il convient de dire ce qu'était l'auteur et à quelle famille il appartenait.

LA FAMILLE LE GENTIL ET LE MARQUIS DE PAROY

La famille de Paroy avait pour nom patronymique Le Gentil. Elle était originaire de Bretagne, et Lachesnaye-Desbois (1) en donne la filiation depuis le quatorzième siècle. Le grand-père de notre chroniqueur était commissaire général de la marine (2). Le père, Guy Le Gentil, né le 30 mai 1728 (3), mérite que nous racontions brièvement sa vie. Il épousa, le 15 septembre 1749, Louise-Élisabeth de Rigaud de Vaudreuil (4), fille du comte Louis-Philippe de Vaudreuil, lieutenant

---

(1) La famille est classée à *Gentil*.

(2) Les armes de la famille étaient : d'azur au serpent volant d'or, lampassé de gueules.

(3) Le *Dictionnaire des Parlementaires* dit, d'après Lachesnaye-Desbois, que le marquis de Paroy est né à Paroy (Seine-et-Marne), le 10 juillet 1728. Il y a là, croyons-nous, deux erreurs. Il était invraisemblable que le marquis fût né dans une terre qu'il n'acheta qu'en 1752, et les recherches faites dans les registres des baptêmes de la commune de Paroy par les soins de M. Th. Lhuillier ont confirmé cette opinion. Quant au jour de naissance, je l'ai rétabli de la façon suivante : le marquis de Paroy et le marquis de Clermont d'Amboise obtinrent le même nombre de suffrages pour la députation, mais le premier l'emporta par le bénéfice de l'âge, parce qu'il avait, dit le procès-verbal, huit jours de plus que son concurrent. Or, le marquis de Clermont d'Amboise étant né le 6 juin 1728, si on retranche huit jours, on obtient la date du 30 mai 1728, que je considère pour exacte jusqu'à preuve du contraire.

(4) Née à Rochefort le 29 septembre 1725 (cf. Lachesnaye-Desbois), morte à Fontainebleau le 21 mars 1803.

général des armées navales et grand-croix de Saint-Louis, et acquit par ce mariage de grandes propriétés à Saint-Domingue. Il entra, le 23 novembre suivant, comme deuxième enseigne au régiment des gardes françaises. Le 23 octobre 1752, Guy Le Gentil acquit la terre de Paroy, située en Brie, près de Donnemarie en Montois. Il obtint, en novembre 1754, l'érection de cette terre en marquisat (1), et les lettres patentes royales portaient que cette faveur était accordée au bénéficiaire en considération des services et de la noblesse de sa famille, une des plus anciennes de la province de Bretagne (2). Guy Le Gentil prit dès lors le titre de *marquis de Paroy*. Il fit démolir le vieux château et en édifia un neuf sur le même emplacement.

Premier enseigne depuis le 2 septembre 1753, le nouveau marquis fut promu sous-lieutenant le 30 mars 1760 et reçut, le 19 mai 1763, la croix de Saint-Louis (3).

Le 12 mars 1766, il devint grand bailli d'épée des

---

(1) La terre de Paroy avait déjà été érigée en marquisat, au mois de juin 1686, en faveur de Louis Mascrany. Elle fut vendue cent cinquante mille livres à Guy Le Gentil par Antoine Pecquet. Le marquis la donna en dot à son fils aîné, qui, après les désastres de Saint-Domingue, lui en abandonna le revenu. Ce n'est qu'après la mort de son père que le comte de Paroy vendit sa terre le 13 mai 1811, moyennant deux cent cinquante mille francs. Le château fut démoli sous Louis-Philippe, et les derniers vestiges disparurent vers 1884. (Communication de M. Th. Lhuillier.) Aujourd'hui, la commune de Paroy-et-Jutigny fait partie du canton de Donnemarie en Montois, dans l'arrondissement de Provins. Elle compte 450 habitants et est renommée pour ses tourbières et ses engrais.

(2) Les lettres patentes furent enregistrées à la Chambre des comptes le 13 avril 1756.

(3) Je dois ces renseignements à l'obligeance de mon ami M. Léon Hennet.

villes et comté de Provins et de Montereau-faut-Yonne et lieutenant pour le roi des provinces de Brie et de Champagne. Il donna alors, le 27 avril suivant, sa démission de sous-lieutenant. Il représenta la noblesse de Sens à l'assemblée des notables de 1788 (1) et présida celle de Provins et de Montereau, le 16 mars 1789 (2). Il fut élu, le 27 du même mois, député de la noblesse du bailliage de Provins aux États généraux. Royaliste ardent et opposé aux idées nouvelles, le marquis de Paroy défendit le roi pendant les journées des 5 et 6 octobre 1789 (3). Il ne participa, d'ailleurs, que peu de temps aux travaux de l'Assemblée constituante; il demanda et obtint un congé le 13 avril 1790 (4), donna sa démission en mai 1791 et fut rem-

(1) Cf. notice de M. Th. Lhuillier dans la *Révolution française*, t. XI, p. 331.

(2) Son beau-frère Louis-Philippe Rigaud, marquis de Vaudreuil, lieutenant général et grand-croix de Saint-Louis, siégeait avec lui aux États généraux. Né à Rochefort le 28 octobre 1724, il avait été un des plus brillants officiers de notre marine, et la noblesse de la sénéchaussée de Castelnaudary l'avait élu député. Il émigra, rentra en France sous le Consulat et mourut à Paris le 14 décembre 1802.

(3) La fidélité des Paroy fut attestée par l'*Ami du roi*, du 31 octobre 1791. Après avoir publié une lettre du baron de Paroy, le rédacteur de cette feuille ajoutait : « Quatre frères de cette famille, à l'exemple du marquis de Paroy, leur père, servent ensemble le roi dans ses armées et dans la marine. On a pu voir, dans la procédure du Châtelet, que ce vénérable vieillard passa l'affreuse nuit du 5 au 6 octobre dans les appartements de Leurs Majestés, disposé à verser son sang pour leur défense. Cette maison de Paroy est alliée à celle de Vaudreuil. On a remarqué qu'aucun individu des deux familles n'a, dans cette période d'ingratitude, oublié la fidélité héréditaire envers leurs souverains, qui caractérisera l'une et l'autre dans tous les temps. » — Le marquis de Paroy a raconté, le 6 octobre 1789, dans une lettre à sa femme, les détails de cette fameuse journée et du rôle qu'il y joua. (Cf. *Revue de la Révolution*, documents, 1883, p. 1.)

(4) Le marquis de Paroy était, en 1790, colonel de la garde nationale de Montereau. (Renseignement communiqué par M. Th. Lhuillier.)

placé le 17 de ce mois par un suppléant, le cultivateur Billy, de Provins (1). Il émigra et alla retrouver à Worms les princes en août 1791. Il mit à la disposition du prince de Condé, qui organisait son armée, la somme de 24,916 livres, dont celui-ci lui donna reçu le 22 août (2). Le comte de Provence le nomma gouverneur de Saint-Domingue. Le marquis partit pour se rendre à son poste, mais il passa par Paris et annonça la nouvelle à son fils. Celui-ci lui conseilla de faire confirmer sa mission par le roi et de demander à ce sujet une audience à Louis XVI. L'audience eut lieu, mais le roi refusa d'entendre le pseudo-gouverneur (3), qui prit congé et retourna à Coblentz.

Le marquis ne tarda pas à revenir à Paris, où il s'établit rue des Moulins chez sa fille la marquise de Mortagne. Il allait fréquemment au château des Tuileries et s'y trouvait la veille du 10 août. Rentré chez lui le 9 au soir, il ne put, le lendemain, se joindre aux défenseurs de la famille royale (4). Le rôle actif que son fils avait joué dans cette fameuse journée le força à s'éloigner de la capitale. Il quitta Paris, le 7 septembre 1792, avec sa femme par le coche d'eau de

---

(1) Cf. *Dictionnaire des Parlementaires*.

(2) Le 1ᵉʳ février 1802, le marquis de Paroy réclama au prince de Condé la somme qu'il lui avait prêtée en 1791. (Cf. *Pièces justificatives*, n° II.) Il y joignit une copie du reçu, dont voici les termes : « Je reconnais que M. le marquis de Paroy m'a prêté, tant pour mon compte que pour celui de Monsieur et monseigneur comte d'Artois, la somme de vingt-quatre mille neuf cent seize livres seize sols au cours de France, laquelle somme je m'oblige, tant en mon nom qu'en celui de Monsieur et monseigneur comte d'Artois, de remettre à mondit sieur marquis de Paroy au 1ᵉʳ septembre 1792. Fait à Worms ce 22 août 1791. LOUIS-JOSEPH DE BOURBON. »

(3) Cf. *Mémoires*, p. 291.

(4) Cf. *Mémoires*, p. 350.

Montereau pour se rendre dans sa terre de Paroy. Il débarqua à Melun et se fit conduire à Fontainebleau. Sa femme étant tombée malade, il accepta un logement chez un médecin nommé Dacis et loua ensuite une petite maison (1). Son fils, obligé de fuir, vint le rejoindre; à la nouvelle de l'exécution du roi, le marquis résolut de se rendre à Bordeaux, d'où il s'embarquerait pour Saint-Domingue. Il partit avec son fils le matin du 22 janvier, et tous deux arrivèrent à Bordeaux le 29. Il y trouva son gendre le vicomte du Hamel et sa fille. L'embargo mis sur les navires, à cause de la déclaration de guerre avec l'Angleterre, empêcha la réalisation de ses projets de voyage. Arrêté le 25 juin 1793 avec son fils et enfermé au château de Fort-Louis, il fut mis en liberté après onze jours d'emprisonnement. Cette aventure l'engagea à suivre à Castetz, gros bourg situé sur la Garonne, à dix lieues de Bordeaux, son gendre et sa fille, qui y possédaient un château très ancien (2). Il n'y fut pas longtemps tranquille. Le vicomte du Hamel, dénoncé, fut arrêté le 30 septembre 1793, et le marquis eut le même sort le 30 octobre suivant et fut conduit à La Réole (3). Il subit, le 21 janvier 1794, un interrogatoire, et ses réponses montrent une grande présence d'esprit, si on en juge par celle-ci : « Quelle est, lui demanda-t-on, votre opinion sur la mort du tyran? » — « Il n'appartient pas, répondit-il, à un individu d'émettre son opinion quand le vœu de la nation s'est manifesté par

---

(1) Cf. *Souvenirs du marquis de Paroy*, publiés en 1883 par le marquis de Chennevières dans la *Revue de la Révolution*, p. 33.
(2) Cf. *Souvenirs du marquis de Paroy*, p. 41.
(3) Cf. *Souvenirs du marquis de Paroy*, p. 42 à 45.

l'organe de ses représentants; il doit se soumettre à ses décrets (1). » Le lendemain 22 janvier on l'embarqua à six heures du matin sur un grand bateau de poste avec seize de ses compagnons. Ils arrivèrent à Bordeaux le 23 à sept heures du soir et furent conduits dans un grand cachot, situé au haut d'une tour et auquel on accédait par un escalier tournant ayant plus de cent marches.

Le marquis de Paroy resta trente-sept jours dans ce lieu où régnait une odeur nauséabonde et fut enfin, grâce aux démarches de son fils, transféré, le 27 février, au Petit Séminaire. Mis en liberté le 22 mars 1794 (2), il quitta Bordeaux le 1ᵉʳ avril et arriva le 2 à Castetz, où sa fille et son gendre, délivrés le 29 avril, vinrent le rejoindre. Il sollicita alors des administrateurs de Seine-et-Marne sa radiation et celle de son fils de la liste des émigrés. « Je vous prie aussi, citoyens, écrivait-il, de considérer que nous ne méritons pas d'être traités en gens suspects, ni en ennemis de la République. Ni moi, ni aucun des miens ne sommes sortis de son territoire, ni entrés dans aucune fonction ni intrigue. Nous nous sommes soumis à tous les décrets de la Convention; nous avons fait en faveur de la Révolution tous les sacrifices que nos facultés ont pu nous permettre, regrettant que la perte entière de ma

---

(1) Cf. *Souvenirs du marquis de Paroy*, p. 65.
(2) Le marquis exprime, dans ses *Souvenirs* (p. 102), sa reconnaissance pour son fils aîné. Il lui récita, en sortant de prison, les quatre vers suivants :

      Énée aux sombres bords fut visiter son père ;
      Paroy fait plus encore, il en ravit le sien.
      Son tendre et pur amour le rend à la lumière
      Et surpasse en vertu le bon prince troyen.

fortune m'ait ôté les moyens d'en faire de plus grands. Nous n'avons cessé et nous ne cessons de faire des vœux sincères pour la prospérité et la gloire de la République et l'anéantissement de ses ennemis (1). » On le voit, le marquis savait au besoin jouer le républicain. Il obtint par délibération du district de Provins en date du 1ᵉʳ vendémiaire an III (22 septembre 1794) sa radiation de la liste des émigrés (2). A cette nouvelle, il songea à rentrer dans ses foyers. Revenu à Bordeaux le 22 décembre 1794, il ne quitta cette ville que le 28 février 1795 pour rejoindre à Fontainebleau sa femme, qui venait de sortir de prison. Il vivait tranquille, sans avoir songé à faire sanctionner sa radiation provisoire, quand les décrets des 18 et 19 fructidor an VI (4 et 5 septembre 1797) proscrivirent tous les émigrés. Grâce à son âge et aux démarches de son fils auprès du ministre de la police Sotin (3), il obtint de rester en surveillance à Fontainebleau. Le 20 floréal an VIII (10 mai 1800), il réclama auprès du préfet de Seine-et-Marne sa radiation définitive de la liste des émigrés, que lui accorda enfin, le 13 frimaire an X (4 décembre 1801), un arrêté des consuls (4).

Le marquis de Paroy perdit le 21 mars 1803 sa femme, décédée à Fontainebleau. Il se retira alors dans sa terre de Paroy avec son petit-fils le 10 avril suivant.

---

(1) Cette lettre a été publiée par M. F.-A. Delettre dans son *Almanach du canton de Donnemarie en Montois* pour 1860.
(2) Arch. dép. de Seine-et-Marne (notes communiquées par M. Th. Lhuillier).
(3) Cf. *Mémoires*, p. 459.
(4) Arch. dép. de Seine-et-Marne. — Le marquis de Paroy prêta serment de fidélité à la Constitution devant le sous-préfet de Fontainebleau le 14 floréal an X (4 mai 1802).

Il revenait sans doute passer l'hiver à Fontainebleau, car c'est dans cette ville qu'il mourut le 24 mai 1807, rue des Buttes, n° 310, à l'âge de soixante-dix-neuf ans (1).

Le marquis avait consacré les dernières années de sa vie à rédiger ses *Souvenirs*, dans lesquels il racontait sa vie de septembre 1792 à 1803, et qui n'ont été publiés qu'en 1883 par M. le marquis de Chennevières (2).

Il laissait sept enfants :

1° Jean-Philippe-Gui, né à Paris le 9 juin 1750, l'auteur des *Mémoires*;

2° Louis-Jean-Marie, dit le *baron de Paroy*, né le 30 avril 1751, officier de marine (3);

---

(1) L'acte de décès a été publié par M. Th. Lhuillier dans la *Révolution française* (t. XI, p. 332). Les témoins étaient deux de ses fils, l'aîné et Gui-Mériadec.

(2) Dès 1864, M. le marquis Philippe de Chennevières avait signalé l'existence de ces *Souvenirs* dans la *Revue des provinces*, dirigée par Édouard Fournier (n°s du 15 octobre et du 15 décembre 1864); mais il ne les publia qu'en 1883 dans la *Revue de la Révolution*, de MM. Gustave Bord et Charles d'Héricault. Ces *Souvenirs* sont intéressants, et ils confirment sur plusieurs points ceux de son fils. Ils ont ensemble un point commun, que signale en ces termes M. le marquis de Chennevières : « Le marquis de Paroy, très bon, très dévoué, fort honnête homme et le plus sincère des narrateurs, est un pauvre écrivain. Il n'en crut jamais rien, et, tourmenté par cet amour de l'art qui est la passion des Paroy, il le porta sur l'art d'écrire. Il cultiva, avec une satisfaction à la fois candide et vieillotte, le style larmoyant et pompeux que Rousseau avait légué à la bourgeoisie révolutionnaire et dont les aristocrates ne se défièrent pas assez. Nous nous sommes permis d'amincir quelques phrases et d'expulser quelques adjectifs ; ils sont sans importance pour l'histoire et n'eussent pas fait honneur à la langue française. »

(3) On trouvera dans l'*Ami du Roi* du 31 octobre 1791 une lettre du baron de Paroy, datée de Rochefort, le 23 octobre 1791, et dans laquelle il raconte qu'il a ramené son vaisseau à Rochefort et que son équipage l'a conduit en triomphe chez son oncle le marquis de Vaudreuil.

3° César-Hippolyte-Joseph, dit le *vicomte de Paroy*, né le 10 avril 1752, sous-lieutenant au régiment Dauphin-dragons ;

4° Guyone-Émilie, née le 30 janvier 1754, mariée, le 21 mars 1773, au vicomte du Hamel, lieutenant de maire de la ville de Bordeaux ;

5° Gui, dit le *chevalier de Paroy*, né à Paris le 12 décembre 1754, chef d'escadron au régiment Dauphin-dragons en 1788 (1) ;

6° Gui-Mériadec, né le 12 avril 1757, sous-lieutenant au régiment Dauphin-dragons ;

7° Louise-Adélaïde, née le 7 juillet 1758, mariée au marquis de Mortagne (2).

C'est du fils aîné que nous allons parler maintenant.

LE COMTE DE PAROY

Jean-Philippe-Gui Le Gentil, comte de Paroy, naquit à Paris le 9 juin 1750. Il fut destiné à la carrière des armes, et, dès l'âge de quinze ans, il entra au régiment d'infanterie du Roi, comme sous-lieutenant en second (12 août 1765). Il devint lieutenant en second le 1ᵉʳ août 1767 et obtint, le 4 mai 1771, le rang de capitaine au régiment de Dauphin-dragons, dont le mestre de camp était son cousin germain le comte de Vaudreuil. Capitaine commandant de la compagnie Mestre de camp le 9 décembre 1771, capi-

(1) Gui, sous-lieutenant en 1771, devint capitaine en 1782 et chef d'escadron en 1788. (Cf. Archives administratives de la guerre.)
(2) Cf. Lachesnaye-Desbois.

taine titulaire le 5 mai 1772, il redevint capitaine en second le 7 juin 1776. Le comte de Paroy fut promu, le 7 août 1778, capitaine commandant de la compagnie lieutenante-colonelle et mérita, la même année, cette note relevée sur le contrôle du régiment de Dauphin-dragons : « Est cousin germain de M. de Vaudreuil. Très bon en tout point et très propre à faire un colonel en second (1). » En effet, le 31 janvier 1783, on le nomma commandant du bataillon de garnison du régiment de Lyonnais, avec rang de lieutenant-colonel (2). Le 2 août de la même année, il épousa une demoiselle Taillepied de Bondy (3). Ses services furent récompensés, le 19 octobre 1785, par la croix de chevalier de Saint-Louis. Il conserva ses fonctions jusqu'à la loi du 20 mars 1791, qui ordonna le licenciement des troupes provinciales.

Telle fut la carrière militaire du comte de Paroy. Mais au métier des armes il joignit de bonne heure la pratique des arts, malgré la volonté paternelle. Il s'adonna particulièrement à celui de la gravure. Il fréquentait les artistes, et notamment le salon de Mme Vigée Le Brun, dans la maison de laquelle il demeurait et dont il grava le portrait (4). Parent de la

(1) Archives administratives de la guerre. (Renseignement communiqué par M. Léon Hennet.)

(2) Ces bataillons de garnison, licenciés cette même année, ne furent plus désormais convoqués qu'une fois par an pour une période très courte d'exercice. Le rôle militaire du comte de Paroy devint donc presque nul et ne l'empêcha pas de se livrer tout entier à son goût pour les arts. — Je tiens ces renseignements de M. le capitaine Sadi Carnot, qui a écrit l'historique du régiment de Lyonnais, actuellement 27ᵉ de ligne.

(3) Renseignement fourni par M. Th. Lhuillier.

(4) Mme Vigée Le Brun habitait rue de Cléry. Elle raconte dans ses *Mémoires* (t. I, p. 98) que le comte de Paroy l'aida à se costumer à la

duchesse de Polignac, admis à la cour, il eut l'heur de plaire à la reine Marie-Antoinette, pour laquelle il dessina des emblèmes (1) et fit exécuter des bijoux. Ses talents étaient assez reconnus pour qu'il fût reçu, le 13 septembre 1785, honoraire associé libre de l'Académie royale de peinture et de sculpture (2). Il exposa au Salon de 1787 dix gravures (3). Esprit curieux et ingénieux, il s'intéressait à toutes les inventions et surtout à l'application des arts à l'industrie. Il courait les ateliers, allait trouver dans les mansardes les ouvriers de génie et se faisait par d'habiles manœuvres expliquer leurs procédés (4). Ce qui n'était alors qu'un passe-temps ne devait pas tarder à devenir un moyen précieux d'existence. La Révolution éclata. Paroy nous raconte que la formation de la garde nationale nuisit considérablement à l'industrie. Les tabletiers ne trouvant plus d'ouvriers pour peindre les dessus de tabatières, il imagina de remplacer les peintures par de jolies gravures, et cette innovation eut un tel succès que le nom de *boîtes à la Paroy* devint populaire (5). Il ne négligeait pas non plus son patrimoine. Le

---

grecque avec des amies, et qu'il fournit un grand manteau pourpre dont on affubla le poète lyrique Écouchard Le Brun. Cette célèbre artiste était d'ailleurs en grande relation avec la famille du comte, car elle fit en 1782 et en 1787 les portraits de la duchesse de Polignac, et en 1784 et en 1785 ceux du comte et de la vicomtesse de Vaudreuil.

(1) Cf. *Mémoires*, p. 271.
(2) *Archives de l'art français*, t. I, p. 396.
(3) Cf. le livret du Salon de 1787, réimprimé par les soins de M. Jules Guiffrey.
(4) Il avait établi une manufacture de poterie, où il occupait beaucoup d'ouvriers. Il en parle dans sa lettre du 29 juin 1794, publiée dans les *Pièces justificatives*, et dans la note biographique que je reproduis à la page XXVIII.
(5) Cf. *Mémoires*, p. 80.

18 août 1791 il acheta, moyennant 140,000 livres, le domaine de Châtelot, aux Ormes, près de Bray-sur-Seine, bien national provenant de l'abbaye de Preuilly (1).

Le comte assista à la plupart des grands événements de cette époque; un des fidèles du château des Tuileries, où il avait une chambre, habitué du coucher du roi, assidu au club du Palais-Royal, ami ou camarade des amis et des ennemis de la cour, confident de Mme de Tourzel et de l'intendant La Porte, passant ses journées à courir les rues, les jardins, les cafés, à écouter les uns et les autres, il récoltait partout force anecdotes qu'il répétait aux gentilshommes et aux dames le soir au jeu de la reine et de la princesse de Lamballe. C'était le gazetier ordinaire de la cour.

Le comte de Paroy, aussi actif que curieux, servait d'intermédiaire auprès des émigrés, se chargeait de faire parvenir à Marie-Antoinette un billet de Mirabeau, dont il avait été le camarade d'école, à la duchesse de Polignac un don de sa royale amie, accompagnait le roi à la fête de la Fédération, surveillait les agissements des ennemis de la cour. Il inventait un système d'éducation pour le Dauphin au moyen de la lanterne magique, ornait du portrait de ce jeune

---

(1) Cette acquisition fut une cause de remords pour le vieux marquis de Paroy. Celui-ci écrivit, le 29 juin 1800, à son ancien collègue Charles-François de La Rochefoucauld-Bayers, ex-abbé commendataire de Preuilly, ex-député du clergé de Provins aux États généraux, pour lui donner à ce sujet des explications. « Si mon fils, dit-il, par une loi injuste et barbare, a acquis une partie de vos biens, ce n'a été que pour vous la conserver. Je crois pouvoir vous répondre qu'il est prêt à vous la rendre et entrer en arrangement avec vous, de manière que vos intérêts ni les siens ne soient pas lésés. » (Cf. cette lettre dans ma collection révolutionnaire.)

prince en chevalier des éventails et des médaillons qu'il distribua le jour de la fête des Rois chez Mme de Tourzel. Il prenait hautement la défense de la famille royale, et Louis XVI, touché de ce dévouement chevaleresque, lui manifesta sa reconnaissance par le don d'un troupeau de béliers mérinos d'Espagne, tandis que Marie-Antoinette, plus délicate, se parait ostensiblement d'un collier où figurait un camée gravé par notre artiste. Quand vint la période critique, le comte de Paroy se montra le ferme champion de la royauté. Armé d'un sabre turc, il monta la garde à la porte du roi dans la nuit du 20 au 21 juin 1792 et fit un dessin représentant une des scènes de la veille. Le 10 août, on le trouve au premier rang des gentilshommes qui essayèrent de repousser les attaques du peuple. Après s'être efforcé d'empêcher le départ du roi, il se battit vaillamment à la tête des Suisses, la croix de Saint-Louis à la boutonnière, mais il eut peine à échapper aux vainqueurs. Son adresse le servit merveilleusement dans cette circonstance critique, et le moyen qu'il employa pour se soustraire à ceux qui le poursuivaient est un témoignage typique de sa présence d'esprit.

Le comte de Paroy, recherché activement pour sa participation à la défense des Tuileries, se réfugia chez un graveur, dont il feignit d'être l'apprenti. On trouvera dans ses *Mémoires* de curieux détails sur cette période difficile, pendant laquelle, grâce à des relations avec un employé du secrétariat de la commune, il rendit des services importants aux royalistes et put faciliter à son père les moyens de quitter la capitale (7 septembre 1792). Il eut la chance d'être prévenu que son hôte devait le dénoncer, et, prétextant un voyage pour toucher de l'argent, il alla demander asile au graveur Janinet, qui avait une maison de campagne près du petit village de Ris. Bientôt l'arrivée de gendarmes, chargés d'arrêter tout individu non pourvu de passeport, força Paroy à quitter sa retraite. Il se cacha derrière une haie et dépista les gendarmes en imitant le grognement du chat. Ce danger passé, il se rendit à Seineport chez son ami le marquis de Turpin, qui y dirigeait une fabrique de faïence anglaise ; mais il n'y resta pas longtemps : sa présence fut signalée, et il dut abandonner cet asile pour ne pas compromettre son hôte. Déguisé en commissionnaire, il gagna Fontainebleau, où il trouva sa mère et où son père vint de Paroy le rejoindre. La découverte de planches gravées ayant rapport à la famille royale, que sa mère avait malencontreusement jetées dans le grand canal de Fontainebleau et que, sur les indications d'un témoin, la municipalité avait fait repêcher, le mit encore en danger (1). La nouvelle de l'exécution du roi le détermina à changer une fois de plus de résidence. Le 22 janvier 1793, le père et le fils se mirent en route pour Bordeaux, sous le prétexte de s'embarquer pour Saint-Domingue, et ils arrivèrent le 29 dans cette ville.

Le comte de Paroy s'installa donc à Bordeaux ; prenant ostensiblement la qualité d'artiste, il exerça sa profession de graveur et se mit en rapport avec ses confrères et les amateurs de la cité. Dénoncé comme aristocrate, il fut arrêté avec son père le 25 juin 1793

(1) Cf. *Mémoires*, p. 375.

et enfermé au château du Fort-Louis. On saisit dans son domicile du cours de Tourny ses cartons de dessins, et on y trouva des portraits de la famille royale. Interrogé à ce sujet, il se défendit avec son habileté ordinaire. « Il faut, citoyen, lui dit un juge, que vous soyez bien royaliste, puisque vous vous êtes si occupé de la famille royale ? » — « C'est une fausse conséquence, monsieur le juge, répondit-il ; j'ai fait aussi le portrait de Mirabeau, et on ne me soupçonnera pas d'être miraboliste ; je peindrais le diable (1). » Il fut relâché après vingt-sept jours de détention. C'est alors que son père partit avec sa fille, la vicomtesse du Hamel, pour le château de Castetz ; il y fut arrêté le 30 octobre suivant. A cette nouvelle, Paroy résolut de sauver son père et de mettre à profit ses bonnes relations avec Lacombe, président du tribunal révolutionnaire de Bordeaux, personnage alors très influent et dont la protection lui fut souvent des plus utiles (2).

(1) Cf. *Souvenirs du marquis de Paroy*, p. 37. — Le marquis fait un récit minutieux de son arrestation et de celle de son fils, tandis que le comte ne mentionne pas cet incident dans ses *Mémoires*.

(2) Le marquis de Paroy donne à ce sujet les détails suivants dans ses *Souvenirs* (p. 42) : « Malgré les troubles qui régnaient à Bordeaux, mon fils m'assurait qu'il y était toujours fort tranquille. Le hasard lui avait fait faire connaissance avec ce Lacombe, président de cet infernal tribunal militaire ; il n'était pas sans talent et sans esprit. Il aimait les arts ; il entendit parler avec éloge de mon fils, il désira le connaître et voir ses ouvrages. Un chimiste avec qui mon fils était en relation le lui amena un jour. A son nom, à sa vue, il frémit d'horreur ; cependant, en réfléchissant combien cet homme était puissant et dangereux, il sentit la nécessité de le ménager. Après avoir donné de grands éloges aux talents de mon fils, ils se quittèrent avec promesse de se revoir, ce qui leur arriva chez ce chimiste où ils se rencontraient. Mon fils n'oubliait pas sa première aventure, et il craignait toujours qu'on la réveillât ; mais Lacombe le rassura en lui disant qu'il n'avait rien à craindre et qu'il pouvait compter sur lui. En effet, on verra que la protection de cet homme lui a été fort utile. »

Il rencontra, sur ces entrefaites, un ancien domestique de Mme Le Brun, alors placé chez Mme de Fontenay, qui se trouvait à Bordeaux avec son amant le représentant Tallien. Par l'entremise de ce serviteur, il fut introduit auprès de cette femme, qui l'accueillit avec bienveillance et le séduisit par sa beauté, sa grâce et sa généreuse nature (1). Elle lui promit d'intéresser Tallien à la cause du prisonnier, et dès lors le royaliste Paroy fut un des familiers du commissaire de la Convention et de sa compagne. Quand Tallien fut rappelé à Paris, Mme de Fontenay fit présenter le comte à Ysabeau dans un souper donné par une dame Delpré, qui recevait chez elle les notabilités administratives de la ville. C'est pendant ce souper que Paroy, justement soupçonné par le député Lequinio, se tira spirituellement d'affaire en buvant à la santé de son hôtesse et à celle du Dauphin gravé sur sa bague sous les traits de l'Amour. Il rappelle complaisamment dans ses *Mémoires* cette anecdote et se flatte d'avoir ainsi amené des régicides à porter la santé de Louis XVII (2).

La série des aventures qui lui arrivèrent à Bordeaux

---

(1) Cf. *Mémoires*, p. 378 et suiv. — Le marquis de Paroy parle aussi avec éloge de la future Mme Tallien dans ses *Souvenirs*, p. 42 : « Il avait fait aussi connaissance avec une Mme de Fontenay, fille du célèbre Cabarrus ; elle était alors maîtresse de Tallien, le représentant ; elle devint, depuis, sa femme. C'est une jeune et très jolie femme, pleine de grâces, d'esprit et de talents, qui a bien changé et adouci le caractère de Tallien. Mon fils chercha à se lier avec elle et à se rendre nécessaire par mille petits soins. Il lui fit présent de plusieurs de ses ouvrages, grava son portrait et celui de Tallien, qui furent bien accueillis. Ils lui témoignèrent toutes sortes d'égards et de distinctions. Il les voyait très familièrement, ce qui lui donnait un grand air de crédit vis-à-vis de ceux qui auraient voulu lui nuire. Il en profita pour rendre service à bien du monde. »

(2) Cf. *Mémoires*, p. 387 à 390.

fournit deux chapitres, et non les moins piquants. Il est difficile d'en rétablir la chronologie exacte. Nous voyons Paroy graver gratuitement les cartes de sûreté de la section des arts, dont il faisait partie, mais s'en réserver, grâce à un subterfuge, quelques exemplaires pour lui et ses amis. Ayant besoin d'un certificat de résidence pour empêcher la vente de la terre de Paroy, il l'obtint en distribuant aux employés du bureau de l'Hôtel de ville des portraits de Marat et de Robespierre (1). Mais une date erronée mit en éveil les membres de l'administration du département de Seine-et-Marne, qui prévinrent le Comité de salut public. Celui-ci — si nous en croyons le récit des *Mémoires* — enjoignit au tribunal révolutionnaire de Bordeaux de faire arrêter et guillotiner le citoyen Paroy et ses neuf témoins, coupables d'avoir signé un certificat de résidence faux, vu la date de séjour. Le président Lacombe avertit charitablement Paroy de fuir avant qu'il les fît arrêter. Celui-ci trouva le moyen, par son adroite défense et par son aplomb imperturbable, de se concilier la faveur de l'auditoire et de se faire acquitter par le tribunal avec ses neuf témoins. Le récit de cette scène émouvante mérite d'être lu. Lacombe, auquel Paroy raconta le fin mot de cette aventure, sous le sceau du secret, dit spirituellement qu'un Parisien qui a bu de l'eau de la Garonne est Gascon et demi (2).

Notre héros obtint, le 18 floréal an II (7 mai 1794),

---

(1) Ce certificat est du 17 août 1793. (Note communiquée par M. Th. Lhuillier.) — Le séquestre avait été mis sur les biens du marquis de Paroy en vertu d'un arrêté du département de Seine-et-Marne, daté du 22 juin 1793 et déclarant son fils aîné émigré.

(2) Cf. *Mémoires*, p. 401 à 417.

un arrêté par lequel le représentant Ysabeau, considérant que le citoyen Le Gentil est occupé à graver une suite de traits patriotiques, « dont il nous a présenté plusieurs sujets, où il déploie ses talents et son amour pour la République, en retraçant les belles actions de la Révolution », le mettait en réquisition pour continuer ses ouvrages et lui permettait de rester à Bordeaux (1). Paroy envoya, le 11 messidor (29 juin 1794), cet arrêté et son nouveau certificat de résidence au citoyen Lefèvre, agent national à Donnemarie, en le priant de les transmettre au département de Seine-et-Marne (2).

Entre temps, il avait fait mettre en liberté, grâce à Ysabeau, le 22 mars 1794, son père, transféré depuis le 22 janvier de La Réole à Bordeaux, et il avait essayé de reconnaître les bienfaits de Mme de Fontenay en s'occupant d'un des fils de cette dame alors emprisonnée à Paris (juin 1794).

Après le 9 thermidor et les représailles qui, à Bordeaux comme à Paris, s'exercèrent contre les agents de Robespierre, le comte de Paroy revint à Paris. Il s'installa dans une maison de la rue Basse Saint-Denis, qu'il loua quatre mille francs. N'ayant plus de fortune, il demanda à son talent d'artiste des moyens d'existence et y réussit pleinement. Il monta des ateliers, où il employa d'ex-religieuses que lui recommandait Mme de Tourzel. Tantôt il faisait des enluminures

---

(1) Une copie de cet arrêté existe aux Archives départementales de Seine-et-Marne, dossier I Q, 2474. (Note communiquée par M. Th. Lhuillier.)

(2) Cette lettre appartient à M. Th. Lhuillier, qui me l'a obligeamment communiquée. On en trouvera le texte aux *Pièces justificatives*, n° I.

pour éventails ou des applications de fleurs brodées sur des étoffes; tantôt il inventait une nouvelle forme de ces petits sacs portatifs appelés *ridicules,* qui étaient à la mode il y a un siècle et qui le sont de nouveau aujourd'hui. Une autre fois, il peignait des châles d'organdi, ou décalquait des dessins sur des dessus de boîtes. Nous le voyons aussi arranger un peigne pour la duchesse d'Ossuna et pour ses deux filles d'une façon si originale que les bijoutiers viennent le consulter et lui commander des camées. A mesure qu'une invention ne donnait plus un rapport suffisant, par suite des contrefacteurs et de la baisse des prix, il en imaginait une nouvelle. Mais ce qui était toujours d'un bon débit, nous assure-t-il, c'étaient les portraits de la famille royale, qu'il vendait couramment. C'est ainsi qu'il parvenait à subvenir à ses besoins et à ceux de son fils, et à soutenir son père et sa mère, ruinés par les troubles de Saint-Domingue et retirés à Fontainebleau.

Il serait difficile de citer ici toutes les productions artistiques du comte de Paroy. Nous en traiterons d'ailleurs plus loin; mais il faut citer la planche de l'*Antigone française,* représentant Louis XVIII soutenu par Madame Royale au milieu de montagnes couvertes de neige, et le tableau des assignats au milieu desquels il plaça un mendiant de Callot.

Le comte de Paroy avait été rayé, le 8 pluviôse an III (27 janvier 1795), de toutes listes d'émigrés par un arrêté du comité de législation, à charge de payer les frais de séquestre et de justifier de sa résidence sans interruption sur le territoire de la République depuis le 24 messidor an II (12 juillet 1794), date du dernier certificat produit (1). Ce fut pour lui une grande tranquillité. Il en profita pour rendre service à ses amis et coreligionnaires politiques. Il donna notamment asile à la comtesse Jules de Rochechouart. Il assista avec elle à la journée du 13 vendémiaire (6 octobre 1795), et, au moment où l'issue de la lutte paraissait indécise, il offrit un refuge dans sa terre de Paroy à Ysabeau, auquel il avait de si sérieuses obligations (2). Il avait conservé des relations avec Mme de Tourzel et par son entremise fit remettre à Madame Royale, enfermée au Temple, un dessin, une bague et des vers (3). Lorsque, après le 18 fructidor (4 septembre 1797), le marquis de Paroy fut menacé de proscription, son fils obtint du ministre de la police Sotin qu'il restât en surveillance à Fontainebleau (4).

C'est à cette époque que s'arrêtent les *Mémoires* du comte de Paroy. Nous allons maintenant, à l'aide de notes de lui et de documents, suivre notre héros dans le reste de sa carrière. Sous le Consulat il entretint des relations avec la cour d'Espagne. Le roi Charles IV le chargea de lui acheter des voitures et des statues. Le comte de Paroy s'acquitta de la commission et alla porter ces objets lui-même à Madrid. Il en profita pour emmener son fils et le mettre au service d'Espagne, ne voulant pas qu'un Paroy servît un autre souverain qu'un prince de la maison de Bourbon. Il raconte que les statues arrivèrent brisées, mais qu'avec son ingéniosité habituelle il les répara si bien

---

(1) Arch. dép. de Seine-et-Marne. (Note communiquée par M. Th Lhuillier.)
(2) Cf. *Mémoires*, p. 448 et 453.
(3) Cf. *Mémoires*, p. 454.
(4) Cf. *Mémoires*, p. 459.

qu'on ne voyait plus aucune trace de l'accident. Mais les finances du royaume ne permirent pas de rembourser au comte la somme de soixante-dix mille francs avancée par lui. Alors le prince de la Paix, Godoï, lui proposa d'entrer au service du roi Charles IV avec le grade de maréchal de camp et une rente viagère. Paroy accepta, mais il dut rentrer à Paris pour des raisons de famille (1). Il ne put aller jouir des avantages qui lui étaient réservés. Il nous apprend dans une note qu'il fut, sous l'Empire, arrêté et enfermé au Temple pour avoir publié des gravures tendant à entretenir l'amour des Français pour les Bourbons. Il y retrouva ses parents Armand et Jules de Polignac, condamnés pour leur participation à la conspiration de Georges Cadoudal. Nous ignorons quand il en sortit. Nous savons seulement qu'il figura comme témoin à Fontainebleau, en mai 1807, à l'acte de décès de son père, auquel il succéda comme marquis, et qu'il dut vendre sa terre de Paroy en 1811. Il n'aimait pas Napoléon, nous dit-il, et souhaitait ardemment le retour des Bourbons. Cela était naturel, mais le comte de Paroy allait avoir une amère désillusion. La Restauration ne sembla pas se souvenir de la fidélité de ce vieux serviteur. Louis XVIII oublia que le père de Paroy avait, dans des temps malheureux, mis à sa disposition une somme importante. Les émigrés ne montrèrent pas de tendresse pour ce royaliste resté en France pendant la Révolution. Paroy espérait rentrer dans ses possessions de Saint-Domingue; le nouveau gouvernement ne s'occupa pas de cette colonie. « Je

---

(1) J'emprunte ces renseignements à un cahier autographe du comte de Paroy intitulé : *Mon second voyage en Espagne*.

pensais fermement, dit-il, que le retour du roi ramènerait les colonies à la France, et que mes services passés et les preuves de mon dévouement à la cause royale me donneraient droit aux grâces du roi, et que l'Académie royale de peinture, dont j'étais membre, serait rétablie. Eh bien, rien de tout cela ne s'est effectué. » En effet, la Restauration ne reconnut même pas la petite pension que l'impératrice Joséphine avait obtenue pour les colons et qu'il aurait touchée volontiers, après l'avoir refusée sous Bonaparte. En vain réclama-t-il une pension comme ancien militaire, les bureaux de la guerre enterrèrent sa demande.

Paroy ne fut pas plus heureux dans sa tentative de rétablissement de l'ancienne Académie de peinture. Dès mai 1814, il fit auprès de la quatrième classe de l'Institut et du ministre de l'intérieur des démarches à ce sujet, mais le retour de Napoléon les rendit vaines. En juillet 1815, une députation des membres de l'ancienne Académie alla au-devant du roi à Saint-Denis sous la conduite du marquis pour présenter au souverain ses hommages. Paroy se remua auprès du ministre, mais des influences puissantes paralysèrent ses efforts. Le ministre Vaublanc et Quatremère de Quincy, qui avait contribué à la dissolution de l'Académie de peinture, firent revenir le roi sur sa décision de supprimer l'Institut et maintenir ce corps savant par l'ordonnance du 21 mars 1816. A ce même moment, notre héros publiait un *Précis historique de l'origine de l'Académie royale de peinture, gravure et sculpture* (1), où il réclamait le rétablissement de cette

---

(1) *Précis historique de l'origine de l'Académie royale de peinture, sculpture et gravure, de sa fondation par Louis XIV, des événements*

Académie et traitait vertement la conduite de Quatremère de Quincy. Il ne s'en tint pas là ; il fit paraître une brochure intitulée : *Opinions religieuses, royalistes et politiques de M. Antoine Quatremère de Quincy, imprimées dans deux rapports faits au département de Paris*, et l'orna d'une gravure de sa composition représentant un tournesol entouré de quatre mers : la mer royaliste, la mer religieuse, la mer révolutionnaire et la mer d'intrigue (1). La lutte ne tourna pas à l'avantage de Paroy ; non seulement l'Institut fut réorganisé et conservé, mais Quatremère de Quincy fut élu secrétaire perpétuel de l'Académie des Beaux-Arts le 30 mars 1816. De plus, quand ce corps nomma, les 6 et 10 avril, dix académiciens libres, il laissa de côté le pauvre Paroy, qui eut la mortification de voir élire le comte de Vaudreuil, son cousin, un ancien membre de l'Académie de peinture, le sculpteur Gois, et un ancien associé, le comte de Choiseul-Gouffier (2).

qui lui sont survenus à la Révolution, de sa dissolution par l'Assemblée nationale et de son rétablissement par Louis XVIII ; Paris, mars 1816, in-8 de 48 pages. (Bibl. nat., V, 48893.) En tête se trouve une lettre à Louis XVIII, en date du 20 mars 1816, et signée du marquis de Paroy, dont le nom se retrouve à la fin de l'avertissement et du volume.

(1) La première édition portait : *Publiées par M. le m..... de P*****. Elle avait 14 pages in-8° et était imprimée par Herhan. Sur le titre se trouvait un bonnet phrygien ; à la fin on voyait un cul-de-lampe représentant un masque avec trois fleurs de lis, en regard duquel se trouvait la gravure satirique. Je la décris sur un exemplaire qui m'a été communiqué par mon ami Maurice Tourneux. Une seconde édition parut ensuite avec le nom du marquis de Paroy et sans gravure, si j'en crois l'exemplaire de la Bibliothèque nationale (Ln 27 16784). Cette brochure comprend des extraits des deux rapports faits par Quatremère de Quincy en mai 1791 et le 13 novembre 1792 sur les moyens propres à transformer l'église de Sainte-Geneviève en Panthéon français.

(2) Cf. A. POTIQUET, *l'Institut national de France*, p. 362 à 367.

C'était la vengeance victorieuse de Quatremère de Quincy(1).

Privé de toutes ressources, Paroy, alors âgé de soixante-six ans, retrouva son activité et les ressources de son esprit ingénieux pour se procurer des moyens d'existence. Il inventa un vernis à faïence, entremêlé de poudre d'or, et, en 1820, imagina, avec un graveur en taille de relief, nommé Durouchail, un nouveau procédé de stéréotypie, qu'il qualifia de *pankytotypie* (2). En 1822, il publia un *Précis sur la stéréotypie*, imprimé par le procédé de son invention (3),

(1) Le 13 novembre 1820, Quatremère de Quincy fut élu député de la Seine. Ce choix réveilla la bile de Paroy, qui écrivit à l'abbé de Montesquiou une lettre comminatoire, dont je possède la minute. Le marquis compare Quatremère à l'abbé Grégoire et menace de faire stéréotyper son ancienne brochure et de la répandre partout, si on ne réintègre pas les anciens académiciens. Il nous révèle dans ce document qu'il a fait un poème de trois mille vers, intitulé l'*Intrigomanie* et illustré de caricatures. Enfin il envoie à l'abbé le fac-similé de la lettre que celui-ci lui avait écrite en lui renvoyant sa brochure et en faisant l'éloge de Quatremère de Quincy. Il se déclare disposé à distribuer ce fac-similé au public. Ces menaces, croyons-nous, restèrent à l'état de projet.

(2) Ce terme provient des mots grecs *pan*, tout; *kystos*, mouler, et *typos*, type, et signifie *réunion des types par le moulage.*

(3) *Précis sur la stéréotypie, précédé d'un coup d'œil rapide sur l'origine de l'imprimerie et de ses progrès, par M. le marquis de Paroy, ancien colonel, chevalier de Saint-Louis, membre amateur de la ci-devant Académie royale de peinture et de sculpture et administrateur gratuit de l'École de dessin; édition stéréotype d'après le procédé de MM. le marquis de Paroy et Durouchail;* Paris, imprimerie stéréotype de Cosson, 1822, in-8 de 32 pages. (Bibl. nat., V, 48894.) Dans cet opuscule, le marquis expose ainsi l'économie de son procédé, p. 27 :

« Un des grands avantages de la stéréotypie en général est de multiplier les pages solides en autant de parcelles qu'on peut en avoir besoin, pour reproduire plusieurs fois identiquement la même page sur celle originale de caractères mobiles et les livrer de suite à l'impression, avantage inappréciable dans un cas pressant, surtout pour un gouvernement intéressé à la prompte impression et circulation de ses actes.

« La stéréotypie, suivant le nouveau procédé, réunit tous les avan-

qui servit à faire une collection économique de classiques latins. Ainsi notre héros conservait toujours le sens pratique et continuait, malgré le poids des ans, à appliquer les arts à l'industrie.

Paroy se consolait de ses échecs académiques en administrant l'école royale gratuite de mathématiques et de dessin. En 1824, il habitait à Paris le numéro 27 de la rue des Grands-Augustins, sur la rive gauche de la Seine. J'ai retrouvé dans ses papiers une note biographique rédigée par lui à cette époque en des termes si touchants que je crois devoir la reproduire ici :

Agé de soixante-quinze ans, étant entré au service à quinze ans dans le régiment du Roi-infanterie, en 1765; en 1770 fut fait capitaine de dragons dans le régiment Dauphin; en 1784, commandant d'un corps de milice provinciale; en 1785, chevalier de Saint-Louis; en 1787, obtenu le brevet de colonel d'infanterie.

A la Révolution, je suis resté auprès de Leurs Majestés et j'ai été assez heureux dans diverses occasions de leur donner des preuves de mon zèle et de leur être agréable tout le temps de leur captivité jusqu'au 10 août, où il a été enlevé

tages des autres, en y ajoutant les siens pour l'instruction publique et la morale religieuse. Multiplier les livres de cette espèce et les donner à infiniment meilleur marché que ceux qu'on imprime en caractères mobiles, c'est mettre à même le peuple de connaitre sa religion et ses lois ; ainsi le malveillant ne pourrait plus échapper à la punition sous prétexte d'ignorance.

« Tel est le noble but que je m'étais proposé en cherchant à perfectionner la stéréotypie, en lui soumettant tous les caractères de la typographie et la dimension des plus grands formats. Comme Christophe Colomb, qui avait deviné qu'il existait un nouveau monde, de même, par un travail assidu, je suis parvenu, aidé de M. Durouchail, à vaincre des difficultés sans nombre, et même quelquefois désespérantes au moment de jouir du succès ; mais *labor improbus omnia vincit.* »

aux Tuileries. J'ai eu le bonheur d'échapper presque seul du massacre de cette journée, presque tous mes compagnons d'infortune ayant péri autour de moi. Je suis cité même dans plusieurs ouvrages du temps, notamment par M. le duc de Choiseul et Mme Campan.

Pendant la Révolution je suis resté à Paris et à Bordeaux, occupé de mon talent dans les arts, à faire vivre ma famille, qui n'avait que moi pour ressource, ayant tout perdu.

J'ai fait divers voyages pour voir les princes. Dans un, le roi accepta 24,000 francs, dans un moment où la noblesse s'empressait de lui faire hommage de sa fortune et de son sang.

Je fus mis sept fois en prison pendant la Terreur, et depuis enlevé et mis au Temple, sous Bonaparte, pour des sujets qu'il appelait tendants à éloigner de lui et entretenir l'amour des Français pour les Bourbons, et condamné à l'exportation de Cayenne. J'y étais avec messieurs de Polignac, mes parents.

J'avais, dans une maison du gouvernement, fait une belle manufacture de poterie de vases étrusques, et, comptant y rester, j'y avais employé le produit de treize ans d'industrie dans les arts. Le ministre en ayant eu besoin pour y placer une maison d'instruction mutuelle, j'ai été obligé de sortir dans trois jours et de perdre près de 30,000 francs que j'y avais employés pour la construction d'un grand four et ustensiles, moules de toutes espèces. Je n'en ai obtenu aucun dédommagement. Cela m'a absolument ruiné, et j'ai été obligé de vivre depuis en vendant peu à peu mon mobilier, ma pension de colon ruiné ne suffisant pas, et ne pouvant plus tirer parti de mon talent à soixante-quinze ans.

Voilà ma triste position. Serai-je donc le seul qui n'ait pas à témoigner au roi ma reconnaissance pour une pension alimentaire nécessaire à mon existence, tant d'autres en ayant obtenu avec bien moins de titres? Mais l'Évangile dit : « Les uns sont pris et les autres sont laissés. » Je suis de ces derniers, et en disant de la Providence que son saint nom soit béni, je dis aussi : Vive le roi!

Avant la Révolution, j'étais fort riche, possédant une belle terre titrée pour ma famille et grand bailli d'épée de ma province. J'ai tout perdu, la terre vendue, le château rasé, et j'ai refusé de reconnaître la République et de faire acte d'abandon des Bourbons en n'acceptant pas l'indemnité du prix de la charge à laquelle j'avais renoncé. Le gouvernement en a eu l'argent, et on m'a répondu que j'avais eu tort de ne m'être pas fait rembourser, que le temps utile était passé et que le roi ne reconnaissait pas cette dette. Je fus victime de la délicatesse de ma fidélité. J'espérais que le roi me dédommagerait par sa bienveillance, et je n'ai encore pu rien obtenir !

M. de.... avait promis au prince de Polignac de s'occuper de moi pour une pension qu'il disait méritée. Il est à Londres, et je végète dans le besoin, et à soixante-quinze ans on voudrait un peu jouir en survivant à ses contemporains.

Ne voulant pas que mon fils servît sous Bonaparte, je l'ai conduit en Espagne, où il est entré au service d'Espagne, ne lui convenant de servir qu'un prince de la maison de Bourbon.

Cette note, écrite sur un feuillet d'une lettre de faire part, est comme un testament. Paroy ne lui survécut que peu de temps (1); il mourut à Paris le 22 décembre 1824, dans sa soixante-quinzième année. Il laissait un fils, Gui-Marie-Emmanuel, qui lui succéda dans son titre de marquis (2).

(1) Je possède un certificat délivré à Paris le 20 octobre 1824 par le marquis de Paroy à une demoiselle Loiseau, collaboratrice de l'architecte Belanger. Paroy y déclare que cette demoiselle, autorisée à porter les habits d'homme, dirigea les travaux dans les diverses cérémonies qui eurent lieu après la restauration des Bourbons, notamment à Saint-Denis pour les catafalques de Louis XVI et de Marie-Antoinette.

(2) Le fils du marquis de Paroy mourut à Paris le 12 mars 1840, à l'âge de cinquante-six ans. (Note communiquée par M. Th. Lhuillier.)
— Paroy raconte dans ses *Mémoires*, p. 283, que son fils, alors âgé de huit ans, alla goûter avec le Dauphin et montra en cette circonstance une précoce finesse de courtisan.

Le comte de Paroy était de grandeur moyenne — cinq pieds trois pouces ou un mètre soixante-dix centimètres ; — il avait les cheveux châtains, les yeux bruns, le nez relevé, le visage ovale, d'après le signalement consigné sur le certificat de résidence qui lui fut délivré à Bordeaux le 17 août 1793. Le portrait qui figure en tête de ce volume nous montre un profil fin et spirituel, et un visage un peu amaigri. Paroy était vif, alerte ; aussi que de fois nous le voyons se dérober à un péril imminent et disparaître aux yeux de ceux qui le poursuivaient, soit après le 10 août, soit à Bordeaux ! Sa taille et sa minceur le servaient admirablement. Son coup d'œil était d'une extraordinaire promptitude et le sauva en maintes circonstances, témoin cette enseigne de tailleur qu'il avisa dans la rue Saint-Honoré et qui lui permit de pénétrer dans un appartement et d'échapper aux sans-culottes qui avaient justement flairé en lui un aristocrate. Son sang-froid n'était pas moins remarquable et le tira des pas les plus difficiles. Quel tour de force permanent pour ce royaliste militant que de s'être maintenu impunément en France pendant tout le cours de la Révolution, alors que de ses coreligionnaires la plupart s'expatriaient et les autres périssaient sur l'échafaud ou gémissaient dans les prisons ! Il lutta de ruse avec les plus avisés et trompa les plus perspicaces. Rien de plus amusant que de le voir faire prendre le change à un gendarme en imitant le grognement du chat.

« Le talent de plaire, écrivait le comte de Paroy, est de tous le plus profitable, le plus désiré et le plus indéfinissable. Il emploie et caresse le vice, les vertus, les grâces, les ridicules ; il fait valoir le mérite ou il en tient lieu. La nature le donne, l'orgueil croit le posséder, l'amour-propre le cultive, la sagesse même ne le néglige pas. » Il semble que notre héros ait voulu ainsi résumer sa vie, car le talent de plaire était chez lui un don précieux de la nature, qu'il sut en toutes occasions cultiver avec un égal succès. Nul n'en usa mieux que lui. A Versailles, nous le voyons s'insinuer dans les bonnes grâces de toutes les dames de la cour. Il est le familier de sa cousine la duchesse de Polignac, de la princesse de Lamballe, de la comtesse de Tourzel. La reine et Madame Élisabeth goûtent la délicatesse et les ressources toujours nouvelles de son esprit et de son dévouement. Il est de toutes les fêtes, et son ingéniosité lui vaut les suffrages les plus flatteurs. Il saisit et au besoin fait naître toutes les occasions de se rendre utile ; sa complaisance est inépuisable ; il arrive toujours les mains pleines de nouvelles piquantes et de cadeaux galants dus à ses talents artistiques. C'est à lui que Marie-Antoinette a recours pour rendre plus aisée au Dauphin l'étude de l'histoire par l'emploi de la lanterne magique. C'est à lui aussi qu'elle doit la lunette d'approche qui lui permet de suivre, à la fête de la Fédération, les mouvements du roi. De même qu'il a jadis collaboré aux fêtes de sa voisine Mme Vigée-Lebrun, il devient à Bordeaux, au plus fort de la Terreur, le commensal de la séduisante Mme de Fontenay et de son amant Tallien. A Paris, il s'ingénie pour adoucir les ennuis de la captivité de Madame Royale au Temple et lui fait parvenir des dessins, une bague et des vers. Son influence s'exerce aussi bien sur la duchesse d'Ossuna, pour laquelle il fabrique un peigne dont la forme inédite excite l'envie des belles dames dans un bal donné par Talleyrand, que sur les marchandes de modes, qui implorent ses talents, et sur les chanoinesses, qui deviennent ses ouvrières.

Paroy n'avait pas moins d'ascendant sur les hommes. Le farouche président du tribunal révolutionnaire de Bordeaux, Lacombe, le prend en amitié et lui sauve la vie. Les représentants Tallien et Ysabeau sont pleins d'égard pour lui, et ce dernier va jusqu'à prendre un secrétaire de la main de cet aristocrate avéré. Il obtient du ministre Sotin le maintien de son père à Fontainebleau après le 18 fructidor, malgré les rigueurs de la loi contre les émigrés. Il faut dire qu'il tira un parti merveilleux de ses talents d'artiste et qu'il sut souvent, par d'habiles reparties, faire croire à son civisme. Il devait posséder aussi une éloquence communicative, si nous en croyons le récit qu'il nous fait de son émouvante comparution devant le tribunal de Bordeaux avec ses neuf témoins, en passe, comme lui, d'être guillotinés. Désespérant de convaincre ses juges, il monte sur un banc, et, s'adressant à la foule, il s'écrie : *Vox populi, vox Dei,* et se concilie les sympathies du peuple, qui prend parti pour lui et l'aide à se tirer de ce mauvais pas.

Notre héros eut cependant deux inimitiés irréconciliables : le peintre David et Quatremère de Quincy. Paroy joua au premier un tour pendable, en l'empêchant de faire le portrait du roi acceptant la Constitution. La scène qui se passa à cette occasion chez l'intendant La Porte, et où le comte joua un rôle décisif, blessa profondément David, qui avait un caractère naturellement jaloux et rancunier (1). Le peintre ne pardonna pas au comte son intervention et son persiflage. Non content de s'en prendre à l'Académie royale de peinture dont Paroy faisait partie, il manifesta si publiquement sa haine contre son adversaire que le mari de Mme Le Brun put dire au comte après le 10 août que, si David le rencontrait, il le ferait arrêter et guillotiner (2). Quoi qu'il en soit, David perquisitionna chez Paroy pour s'emparer, au nom de l'État, de ses collections artistiques et surtout de sa belle série de vases étrusques, mais il ne put découvrir la cachette où son ennemi avait dissimulé ses trésors.

Nous avons parlé plus haut de Quatremère de Quincy, et nous n'y reviendrons pas.

A ce portrait de notre héros, il faut ajouter que le comte fut envers et contre tous un fidèle, je dirais presque un amoureux de la famille royale et de la race des Bourbons. C'est le dernier point que nous examinerons en parlant de la créance que méritent ses *Mémoires*.

L'OEUVRE ARTISTIQUE DU COMTE DE PAROY

L'œuvre artistique du comte de Paroy comprend un assez grand nombre de planches ; on en trouve au département des estampes de la Bibliothèque nationale (3) un recueil, qui ne renferme pas d'ailleurs

(1) Cf. *Mémoires*, p. 216 à 263.
(2) Cf. *Mémoires*, p. 349.
(3) Je tiens à remercier ici M. Raffet de l'obligeance qu'il a mise à rechercher dans le cabinet des estampes les gravures de notre héros.

toutes les estampes dues à ce graveur. La liste ci-dessous est donc incomplète, bien que j'aie relevé toutes les œuvres mentionnées dans les livrets du Salon, dans les *Souvenirs du marquis de Paroy* et dans les *Mémoires*.

1. *Un bacchanal*, d'après le tableau de Poussin de la galerie du comte de Vaudreuil, gravure imitant le lavis; 1786. (Salon de 1787. — Deux épreuves à la Bibl. nat., une en bistre et une couleur.)

2. *Scène de voleurs*, « qui, dans une caverne, jouent aux cartes la possession d'une fille éplorée et attachée à une échelle », d'après de France, de Liège, gravure imitant le dessin coloré, in-fol. (Salon de 1787. — Bibl. nat.)

3. *L'ermite se faisant enlever par les démons pour courir après Angélique*, sujet de l'Arioste, d'après Fragonard, gravure imitant le crayon. (Salon de 1787.)

4. *Frise* de plusieurs figures groupées, gravée à l'eau-forte et au lavis d'après Moitte. (Salon de 1787.)

5. *Paysage*, d'après Joseph Vernet, gravure imitant le lavis. (Salon de 1787.)

6. *Groupe d'enfants* pour un plafond, d'après Fragonard, gravure au lavis. (Salon de 1787.)

7. *La marchandes d'amours d'Herculanum*. (Salon de 1787. — Bibl. nat.)

8. *Un hymen*, sujet de forme ronde, dans le genre étrusque. (Salon de 1787. — Bibl. nat.)

9. *Portrait de Mme Vigée-Lebrun*, gravure imitant le lavis. (Salon de 1787. — Bibl. nat.)

10. *Portrait de la fille de Mme Le Brun*, gravure à l'eau-forte et au lavis. (Salon de 1787. — Bibl. nat.)

11. *Portrait de la duchesse de Polignac*, gravé au

lavis, in-18 ovale. (Mentionné dans un catalogue de marchand d'estampes.)

12. *Caricature représentant La Fayette et Bailly en dindons en compagnie d'une poule ayant une tête de femme et de trois poussins*, in-18, en couleur. (Bibl. nat.)

13. *Portrait du Dauphin costumé en chevalier.* (Signalé dans les Mémoires, p. 284 à 286.)

14. *Portrait du Dauphin déguisé en Amour.* (Mémoires, p. 287.) Il porte comme légende ces vers de Voltaire :

> Qui que tu sois, voici ton maître ;
> Il l'est, le fut et le doit être.

15. *Dévouement de des Isles dans l'insurrection de Nancy d'octobre* 1790. (Mémoires, p. 214.)

16. Dix-huit gravures représentant des *cavaliers de l'armée républicaine.* (Bibl. nat.)

17. Trente-neuf gravures, *vues et paysages.* (Bibl. nat.)

18. Vingt gravures représentant des *animaux.* (Bibl. nat.)

19. Douze gravures représentant des *têtes de chiens et de béliers.* (Bibl. nat.)

20. Six sujets de *Fables* de La Fontaine. (Bibl. nat.)

21. Dessins d'ornements pour dessus de boites, deux gravures. (Bibl. nat.)

22. *Portrait de Mme de Fontenay*, future Mme Tallien. (Souvenirs du marquis de Paroy.)

23. *Portrait de Tallien.* (Souvenirs du marquis de Paroy.)

24. *Portrait du conventionnel Ysabeau.* (*Souvenirs du marquis de Paroy*, p. 48.)

25. *Trait de courage du conventionnel Ysabeau.* (*Souvenirs du marquis de Paroy*, p. 48.)

26. *L'Amour sans culotte.* (*Mémoires*, p. 380.)

27. *Planche d'assignats*, avec un mendiant au milieu, faite sous le Directoire. (*Mémoires*, p. 439.)

28. *Louis XVI s'occupant de l'éducation de son fils dans la cour du Temple.* (Bibl. nat. — *Mémoires*, p. 438.) Cette gravure a ces vers pour légende :

> Innocent rejeton d'un roi bon, vertueux,
> Tu fus son seul espoir dans ses jours de détresse.
> Te donnant des leçons, il dit avec tristesse :
> Du roi Charles premier j'aurai le sort affreux.

29. *Louis XVI lisant son testament à Malesherbes*, d'après Colin. (Bibl. nat. — *Mémoires*, p. 438.) Cette gravure a ces vers pour légende :

> Louis seize eut d'Agis le sort trop rigoureux,
> Subit celui du Christ, imitant sa clémence,
> Et, victime du crime, abjure la vengeance,
> Priant Dieu que sa mort rende son peuple heureux.

30. *La moderne Antigone*, représentant Louis XVIII quittant Mitau, appuyé sur le bras de la duchesse d'Angoulême. (*Mémoires*, p. 438.)

31. Gravure représentant un tournesol entouré de quatre mers : la mer royaliste, la mer religieuse, la mer révolutionnaire et la mer d'intrigue ; gravure placée à la fin des *Opinions religieuses, royalistes et politiques de M. Antoine Quatremère de Quincy*, ouvrage publié en 1816. (Bibl. de M. Maurice Tourneux.)

32. Deux peintures sur bois représentant *Jésus chassant les marchands du Temple* et le *Crucifiement de Jésus-Christ*, données par l'auteur à l'église de Paroy,

où elles sont encore actuellement conservées. (Note communiquée par M. Th. Lhuillier.)

Le comte de Paroy signale, dans ses *Mémoires*, des planches représentant la famille royale, mais je ne connais pas d'exemplaires de ces gravures.

Il existe du comte deux portraits, l'un fait avant la Révolution, dont je possède un exemplaire et qui est reproduit en tête du présent volume; l'autre dessiné par Dutertre sous la Restauration et lithographié par F. Noël, avec cette légende : « Gui-Philippe, marquis de Paroy, chevalier de Saint-Louis et membre de l'ancienne Académie royale de peinture et de sculpture, né au mois de mars 1750 et mort le 21 décembre 1824. »

Le premier, dont j'ignore l'auteur, n'existe pas à la Bibliothèque nationale, qui ne possède que le second. En les comparant l'un à l'autre, j'ai pu me convaincre, malgré la différence d'âge, que tous deux représentaient le même personnage.

Paroy fut aussi un amateur éclairé. Il réunit entre autres collections une remarquable série de vases étrusques, qu'il parvint à cacher pendant la Révolution et à soustraire aux recherches de David. Il put aussi sauver la galerie de tableaux de son cousin le comte de Vaudreuil en la faisant transporter, le 5 octobre 1789, dans sa terre de Paroy et en mettant sur chaque toile cette indication mensongère : *Copie par M. le comte de Paroy* (1).

(1) Cf. un fragment des *Mémoires* du comte publié par la *Revue de Paris* (t. XXXIII, 1836, p. 97), et que je n'ai pas cru devoir réimprimer.

LES *MÉMOIRES DU COMTE DE PAROY*

Les *Mémoires* du comte de Paroy commencent à la prise de la Bastille et s'arrêtent au 18 fructidor. Ce n'est pas une histoire de la Révolution, mais une série de notes et de récits sur les grandes scènes auxquelles le comte a assisté en curieux ou en acteur. C'est donc en somme le témoignage d'un contemporain avisé.

Les *Mémoires* offrent, d'ailleurs, un intérêt inégal. Le récit des événements dans lesquels l'auteur n'a pas joué de rôle n'est guère qu'une compilation, et j'ai dû supprimer des chapitres absolument dépourvus d'intérêt ou n'offrant que des considérations sans portée. Mais quand il s'agit des faits auxquels il a participé, comme les journées du 20 juin et du 10 août 1792, le récit devient personnel et vivant, et l'historien peut en tirer profit.

La partie la plus neuve et la plus intéressante réside dans la peinture de la cour de Louis XVI et de Marie-Antoinette. Le comte de Paroy, cousin de la duchesse de Polignac, comme je l'ai déjà dit, était un des familiers des châteaux de Versailles et des Tuileries. Courtisan consommé et esprit curieux et délié, il a beaucoup entendu, et les détails qu'il donne à ce sujet, tant avant que pendant la Révolution, sont pleins de révélations.

Le comte de Paroy cultivait les arts, mais cherchait surtout à les rendre pratiques. Les chapitres consacrés aux arts appliqués à l'industrie et à ses inventions nous montrent un des côtés les moins connus de l'époque révolutionnaire. C'est la vie parisienne qui se découvre à nous sous un aspect nouveau. Les historiens de la mode trouveront là à glaner. De même le récit du séjour de Paroy à Bordeaux fournira aux érudits girondins d'utiles matériaux.

L'auteur des *Mémoires* n'est pas seulement royaliste par esprit de caste et par conviction politique, il admire et il aime le roi, la reine et leur famille, et sa constante préoccupation est de leur témoigner son dévouement. Il y déploie une délicatesse et une ingéniosité extraordinaires pendant la période de prospérité, et, loin d'abandonner le roi dans les moments critiques, il lui offre son épée et sa vie. Il invente, un peu avant le 10 août, une cuirasse à l'usage de Louis XVI et des membres de sa famille (1). Quand des gentilshommes s'indignent de voir leur souverain accepter la Constitution, Paroy n'admet pas qu'on puisse critiquer le roi, et il se rend à son coucher, où n'assistent que cinq autres personnes. « Il ne convient, s'écriait-il, d'aimer le roi que comme il veut être aimé, et c'est dans un moment comme celui-ci qu'il est de notre honneur de ne pas l'abandonner (1). » Il n'agit pas par intérêt ou par calcul, mais par amour et par respect. Aussi quelle est sa joie quand le roi ou la reine daignent lui parler ou l'honorer seulement d'un regard! Nulle récompense ne lui est plus douce. Un jour Louis XVI, touché d'un dévouement si désintéressé, ne trouve pas d'autre mode de lui prouver sa gratitude que de lui donner un petit troupeau de béliers mérinos d'Espagne. Paroy se

(1) Cf. *Mémoires de madame Campan*, t. II, p. 217, et *Mémoires du comte de Paroy*, p. 237 et suiv.

montre reconnaissant de ce cadeau, quelque encombrant qu'il fût, et il expédie le troupeau dans ses terres. Au 10 août, il se bat pour la royauté contre le peuple, et il échappe par miracle aux vainqueurs.

Quand Louis XVI eut disparu, le comte reporta sur la reine, sur le Dauphin et sur Madame Royale le même amour. Au milieu des persécutions et des dangers, il pense toujours à eux ; il répand leurs portraits dans le public, il fait boire, dans un souper de révolutionnaires et de régicides à Bordeaux, à la santé de Louis XVII. Il n'émigre pas pour pouvoir mieux servir la cause royale. Son loyalisme est intraitable, et rien, même l'ingratitude la plus noire, ne peut l'entamer. Ruiné, sans autres ressources que son travail, persécuté par Bonaparte, il a la joie de voir revenir le roi. Il espère que son dévouement lui vaudra au moins une pension qui lui permettra de vivre ; il pense qu'on restaurera l'Académie royale de peinture dont il était membre. Vain espoir ; Louis XVIII ne lui accorde rien et donne raison aux adversaires de Paroy. Le vieux gentilhomme accepte avec un stoïcisme touchant cette injustice inattendue ; il se remet au travail et il crie encore, à la veille de sa mort : *Vive le roi* (1) !

Cette fidélité merveilleuse domine les *Mémoires*. Rédigés au moment même où l'auteur éprouvait de si cruels mécomptes, ils ne montrent aucune trace de désillusion. Royaliste il est né, royaliste il a vécu,

---

(1) Il termine la préface de son précis de l'origine de l'Académie de peinture par ces mots : « Mon zèle respectueux et ma fidélité pour le Roi me feront toujours crier de cœur *Vive le Roi !* quand même... je n'aurais pas le bonheur de sauver notre chère Académie. »

royaliste il est mort, sans avoir eu la suprême douleur de voir la chute définitive des Bourbons.

Quelle valeur historique présentent ces *Mémoires*? C'est là ce qu'il convient d'examiner brièvement.

Le comte de Paroy est naturellement un ennemi irréconciliable de la Révolution ; il n'a rien compris à cette terrible tempête qui emporta l'ancien régime. Il ne faut donc pas lui demander de juger équitablement les faits et les hommes de la Révolution. Il enveloppe dans la même réprobation tous ceux qui ont été les promoteurs et les artisans de la chute de la royauté, sans distinction de nuances d'opinion. Il voit tous les événements par rapport à la famille royale ; c'est là le prisme à travers lequel il contemple et juge. C'est donc un témoignage de royaliste, et d'un des plus intransigeants. Mais cependant Paroy a apporté dans la rédaction de ses *Mémoires* une impartialité relative. Il s'est donné la peine de vérifier sur les écrits publiés de son temps la fidélité de ses souvenirs. Il rend parfois au peuple une justice que d'autres contemporains lui refusent. J'en atteste le récit de la prise de la Bastille. Il se montre reconnaissant envers ceux qui lui ont rendu service, malgré la différence d'opinion qui les sépare, et il ne dit pas de mal de Tallien, d'Ysabeau, de Lacombe, ses protecteurs à Bordeaux. Il fait même un éloge enthousiaste de la future Mme Tallien, à laquelle la reconnaissance des Bordelais, dit-il, aurait dû élever une statue. C'est que Paroy était un honnête homme, et que la passion ne l'empêchait pas toujours de rendre justice à ses adversaires. Il semble, d'ailleurs, digne de foi quand il raconte ce qui lui est personnel, ce qu'il a vu, et, tout en faisant la part de l'exagération où le porte son amour pour la famille royale, on peut accepter la plupart de ses témoignages. Il ne faut pas oublier cependant que nous ne sommes pas en présence d'un esprit critique, pas plus que d'un écrivain, et c'est sous le bénéfice de ces observations que je présente ces *Mémoires* au public.

Je ne saurais terminer cette Introduction sans adresser mes remerciements à ceux qui ont été mes collaborateurs dans ce travail. Mon ami Maurice Tourneux, qui, le premier, a mis quelque ordre dans les manuscrits, m'a fait profiter une fois de plus de son érudition. Mme Chochod-Lavergne a bien voulu me seconder dans la tâche, souvent ardue et délicate, de l'établissement du texte. Enfin M. Th. Lhuillier, de Melun, m'a fourni sur la famille de Paroy des renseignements inédits puisés dans les archives de Seine-et-Marne et dans sa collection particulière.

Étienne CHARAVAY.

MÉMOIRES DU COMTE DE PAROY

I

Convocation et ouverture des états généraux. — Discussion sur le vote par ordre ou par tête. — Mirabeau, camarade du comte de Paroy; anecdote de jeunesse. — Mort du premier Dauphin (4 juin). Douleur du roi et de la reine. — Le tiers état se constitue en Assemblée nationale (17 juin). Serment du Jeu de paume (20 juin 1789). — Séance royale (23 juin). — Réunion de la noblesse et du clergé au tiers état (27 juin). — Troubles à Paris (30 juin). — On promène les bustes de Necker et du duc d'Orléans. — Le prince de Lambesc aux Tuileries (12 juillet). — Le peuple brûle les barrières; arrêtés pris par l'Assemblée nationale; création d'une milice bourgeoise (13 juillet). — Le comte de Paroy témoin des événements. — Prise de la Bastille (14 juillet); assassinat de M. de Flesselles, prévôt des marchands, et de M. de Launey, gouverneur de la Bastille. — Le comte de Paroy et le duc d'Orléans.

La société littéraire, qui depuis Louis XIV a exercé tant d'influence par ses lumières, dominait les mœurs et les institutions. La marche du siècle et l'esprit public n'étaient pas en accord avec le gouvernement, qui seul était resté fixe dans ses principes; tout prophétisait une violente secousse; le gouvernement fut souvent engagé à prévenir les exigences de l'opinion par quelques sacrifices. Malesherbes, Turgot, dans le court temps de leur ministère, avaient proposé des réformes, ils n'eurent pas le temps de les effectuer; leurs successeurs n'adoptèrent pas leurs plans. Les besoins de l'État et la rivalité des pouvoirs provoquèrent la réunion d'une représentation nationale après deux siècles d'intervalle. Le roi convoqua les notables de chaque département au nombre de cent cinquante citoyens les plus distingués dans toutes les classes (1). Ils se formèrent en trois bureaux, que présidèrent Monsieur, comte de Provence, et les princes du sang. N'étant appelés que comme conseil, ils n'avaient ni pouvoir ni autorité de remédier au mal. Ils attaquèrent les ministres et M. de Calonne, qui les avait convoqués et choisis; celui-ci fut sacrifié et renvoyé (2). M. de Brienne, archevêque de Toulouse, fut nommé à sa place d'après le vœu public, sur sa réputation et ses talents. Le besoin d'argent rendait le gouvernement faible et dépendant; il ne soutint pas ce qu'on attendait de sa réputation. Le gouvernement répugnait à réunir, pour faire une constitution, les députés d'une nation qui pouvait, en son nom, tout ordonner comme maîtresse et souveraine. On essaya divers palliatifs qui augmentèrent le mal au lieu de le guérir. Les états généraux, assemblés par le roi dès cette époque, auraient pu faire des réformes, mais ils n'auraient pas osé ni pu tout changer. On a laissé aux esprits le temps de réfléchir sur la position de la nation et de connaître ses moyens et ses besoins, et le Parlement de Paris s'empara de l'honneur de demander les états généraux; il eut depuis lieu de s'en repentir. M. de Brienne hésita pendant deux ans, en les

---

(1) L'assemblée des notables se composait de 144 citoyens, et non de 150. Elle s'ouvrit le 22 février 1787 et se termina le 11 décembre.

(2) Le 10 avril 1787, La Fayette avait contribué à faire rejeter le plan d'impôt présenté par Calonne. (Cf. Etienne Charavay, *Le général La Fayette.*)

promettant toujours sans décision. Pendant ce temps une multitude d'écrits en tous genres occupaient les esprits et les électrisaient. Le cardinal essaya les édits bursaux qui furent refusés. M. le comte d'Artois fut mal accueilli et hué à la cour des aides, il y fut même presque en danger. Cette scène fut la première époque de lutte du pouvoir physique contre l'opinion, et l'essai des forces d'un peuple contre le souverain seul. M. de Brienne fut congédié et remplacé par M. Necker. Celui-ci annonça la convocation des états généraux pour le mois de novembre 1788, et obtint du roi la double représentation du tiers état. Plusieurs écrits publiés par Target, Rabaut de Saint-Étienne, l'abbé Sieyès, répandus avec profusion dans le public, avaient soutenu l'opinion de M. Necker, et le roi ne se détermina que parce qu'on lui fit entrevoir en perspective le bonheur de la nation. Un roi moins bon et des ministres plus habiles auraient pu encore sauver la France de la révolution. Enfin les districts de Paris furent formés sur la convocation du roi, le 21 avril 1789. Les provinces eurent le même ordre dans les bailliages.

Le tiers état, d'abord exclu des assemblées législatives, ensuite admis dans une proportion qui ne le satisfaisait pas, avait obtenu une représentation égale en nombre à celle des autres ordres, ce qui entraînait la conséquence de la délibération par tête et lui faisait espérer le triomphe du droit sur le privilège. C'est dans ces prétentions que s'ouvrirent les états généraux. Les ordres privilégiés s'étaient prononcés hautement sur leur résolution de conserver l'ancienne forme de délibération par chambre séparée, ce qui donnait à chacun des ordres leur droit de *veto* sur les deux autres et opposait une barrière aux innovations qu'ils redoutaient. Le tiers, de son côté, fort de son nombre, insistait sur la délibération en commun sans laquelle la double représentation ne lui était qu'illusoire. M. Necker, chef du conseil, protégeait seul hautement le parti du tiers.

Le roi et la famille royale assistèrent avec pompe à l'ouverture des états généraux, le 5 mai 1789. De grandes discussions eurent ensuite lieu et suspendirent les travaux dont la France attendait l'heureux résultat. Mirabeau commença par se montrer redoutable à l'autorité; il voulait faire sa fortune à tout prix et calcula sur les chances que lui offrirait la révolution. Je le connaissais depuis longtemps, ayant été son camarade de pension chez l'abbé Choquart, qui était alors fort en vogue. Mirabeau avait quinze ans; il machina une conspiration qui lui réussit pour faire chasser un maître allemand nommé M. Keiserman, en qui l'abbé Choquart avait confiance et qui avait pris Mirabeau en grippe, parce qu'il le tournait en ridicule, sans qu'il pût l'en punir. Il fit le projet, dans une de nos promenades de la plaine de Grenelle, d'enivrer à un goûter le maître d'allemand qui nous conduisait, ce qu'il exécuta en gagnant le cabaretier de Grenelle, qui nous apportait de la bière, du cidre et du lait. Mirabeau lui dit d'avoir du bon vin blanc qu'il dirait être du Rhin, que M. Keiserman vantait beaucoup. Il y fit mettre de l'eau-de-vie sucrée. Sur la parole du cabaretier, le maître le trouva très bon. Mirabeau but à sa santé, en nous invitant d'en faire autant, puis il le pria de danser une ronde avec nous. Le maître s'y préta, on but encore à sa santé et à celle de M. l'abbé Choquart, notre maître de pension, si bien que M. Keiserman se grisa, puis s'endormit profondément. Pour nous, nous buvions de l'abondance, c'est-à-dire de l'eau et du vin. Mirabeau nous fit jurer sur serment de ne pas nous perdre, mais de ne rentrer à la pension que deux ou trois ensemble et à un demi-quart d'heure de distance, et de dire à M. l'abbé Choquart que notre maître M. Keiserman s'était enivré à Grenelle, qu'on n'avait pas pu l'éveiller et que nous, nous étions perdus. M. l'abbé Choquart fut furieux et dans des inquiétudes affreuses toute la nuit de la peur que quelques écoliers se fussent perdus, ce qui eût ruiné sa pension. Avant minuit nous étions tous rentrés, comme nous l'avions promis. Notre maître n'arriva que vers les cinq heures du matin. M. l'abbé, sans vouloir l'entendre, le mit à la porte, et Mirabeau en fut ainsi débarrassé. Je ne rapporte cette petite anecdote que pour prouver que Mirabeau à quinze ans était déjà habile en intrigue.

Mirabeau ne cacha pas d'ailleurs ses projets; il offrit de renoncer à la Révolution si le roi lui donnait l'ambassade de Constantinople; mais le roi rejeta avec mépris cette demande, disant qu'il était trop immoral. Mirabeau ne se rebuta pas; il voulut se faire craindre et se rendre nécessaire. Il fit des ouvertures pour devenir ministre; le roi refusa, par vertu, mais la politique l'eût fait accepter s'il eût pu prévoir quelle influence exerça Mirabeau sur les événements malheureux survenus depuis.

Sur ces entrefaites, Mgr le Dauphin mourut à Meudon le 4 juin 1789. Il expira dans les bras de sa mère. Il était dans sa huitième année (1). Depuis quelque temps sa santé s'était altérée ; insensiblement il devint rachitique. Il souffrait les plus cruelles douleurs, ses cris perçaient l'âme de ceux qui l'environnaient. Cette perte, jointe aux sollicitudes que lui causaient les malheurs du roi, affecta tant la reine, que ses cheveux en blanchirent. Mme la princesse de Lamballe lui ayant témoigné le désir de tenir d'elle son portrait, elle se fit peindre. La reine lui donna ce portrait, au bas duquel elle écrivit elle-même ces mots touchants : « Ses malheurs l'ont blanchie. ».

Quand on pense que, quelques années auparavant, l'amour et l'enthousiasme des Français étaient si prononcés et si démonstratifs dans tout ce qui pouvait les manifester, que la reine s'étant fait faire à Lyon un meuble de satin de la couleur de ses cheveux, qui étaient du plus beau blond, sur-le-champ la mode en vint au point que parure, habits, robes, chaussures furent de cette couleur ! On vit jusqu'à un prélat élégant avoir une voiture et des harnais de couleur blonde, tant est dominant l'empire de la mode. Quelles tristes réflexions de comparaison !

Le roi, plongé dans la douleur de la mort de son fils, restait renfermé avec la reine (2). Il avait recom-

---

(1) Il s'appelait Louis-Joseph-Xavier-François et était né à Versailles le 22 octobre 1781. Il avait eu pour parrain son oncle l'empereur Joseph II.

(2) Le roi et la reine furent douloureusement affectés de la mort de Mgr le Dauphin. On avait inspiré à ce jeune prince malade beaucoup d'éloignement pour Mme la duchesse de Polignac, et même pour la reine ; on lui avait dit qu'elle préférait le jeune duc de Normandie, son frère cadet, ce qui faisait dire à Mgr le Dauphin des choses très affligeantes à la reine, au point que plusieurs fois celle-ci en eut les larmes aux yeux. (*Note du comte de Paroy.*)

mandé qu'on les laissât seuls. Les chambres du tiers avaient arrêté ce jour-là qu'une députation, à la tête de laquelle serait son président, irait présenter à Sa Majesté les condoléances *de ses fidèles communes* sur cet événement déplorable. La députation se présenta au château, et, sur le refus qui lui fut fait d'être admise devant le roi, conformément aux ordres qui avaient été donnés, le président insista si grossièrement, prétendant qu'il avait un arrêté de son ordre à communiquer, qu'on fut obligé d'en aller prévenir le roi. Louis XVI demanda si on avait informé le président du motif qui lui faisait désirer d'être seul ; sur la réponse affirmative, il s'écria douloureusement : « Il n'y a donc pas de père dans cette chambre du tiers! » Il ordonna qu'on introduisît cette députation, qui venait sans sensibilité rouvrir ses blessures en lui parlant de l'objet de ses regrets.

Le corps du jeune prince fut déposé à Saint-Denis sans pompe ; ce fut le dernier des princes de son sang qui descendit dans le caveau de ses pères. Hélas! il n'y reposa pas longtemps en paix. La horde révolutionnaire, qui a déshonoré la France de toutes manières, viola le cercueil de ce royal enfant, le jour même où d'autres barbares assassinaient sa malheureuse mère et la plongeaient dans la nuit du tombeau, le 16 octobre 1793.

La reine, deux ans auparavant, avait perdu sa seconde fille âgée seulement de onze mois (1). On rappelle ce mot touchant qu'elle dit aux dames qui considéraient le bas âge de la princesse comme un motif

(1) Sophie-Hélène-Béatrix, née le 29 juillet 1786, morte en 1787.

qui devait alléger l'amertume de ses regrets : « Oubliez-vous que c'eût été pour moi une amie? »

Le 17 juin, les communes, entraînées par Mirabeau, mirent fin à leur inaction en se constituant en Assemblée nationale, sous la présidence de Bailly. Cette attitude alarma la cour. Le roi, obsédé par M. Necker, qui voulait la réunion des ordres, puis entraîné par son conseil, prit des mesures qui ne plurent pas aux communes : on craignit un coup d'État. Dans cet état de choses, les membres de l'Assemblée nationale s'étant rendus à la salle de leurs séances la trouvèrent fermée; ils en demandèrent la cause; on leur annonça qu'on faisait des préparatifs pour une séance royale.

Le 20 juin 1789, les députés se rendirent au Jeu de paume et y prêtèrent à l'unanimité moins une voix le fameux serment de ne pas se séparer avant d'avoir achevé la constitution de la France. Le 22 juin, deux jours après, l'ordre du clergé vint se joindre à l'Assemblée nationale, qui de ce moment réunit dans son sein non seulement la majorité des députés, mais encore celle des ordres.

Le lendemain de cette réunion, le ministère hasarda la séance royale méditée depuis plusieurs jours. M. Necker fut le seul ministre qui ne s'y trouva pas. Le roi y cassa les arrêtés pris par l'Assemblée dans les séances des 17 et 20 juin. Dès ce moment la puissance royale fut considérée comme en opposition avec la puissance nationale, la défiance s'établit dans les esprits, et le roi le plus juste et le plus humain, et le plus ennemi du despotisme, vit s'évanouir la popularité que lui avaient acquise seize ans d'un règne bienfaisant.

Précédemment, les députés avaient fait proclamer l'inviolabilité des membres de l'Assemblée et déclarer coupable de haute trahison et passible de la peine capitale quiconque oserait y attenter. Ils se crurent tout permis en s'égalant au souverain; dès lors la révolution fut consommée et le trône compromis. Le conseil du roi n'eut pas la sagesse et le bon esprit de mesurer l'étendue des concessions qu'exigeait l'opinion publique, sans quoi il eût été le maître de diriger les événements. En devançant l'opinion, on la dirige par la confiance; vous laissez-vous devancer par elle, vous en devenez esclaves. La cour éprouva cette dure vérité après l'éclat de la séance royale; elle fut obligée de ployer en consentant elle-même à la réunion des ordres, et la puissance populaire s'en accrut sans diminuer ses méfiances.

La majorité du clergé s'étant réunie à l'Assemblée nationale, les autres membres s'empressèrent de les venir joindre, et le 27 juin, la minorité de la noblesse, répondant aux désirs du roi, se réunit aussi à l'Assemblée et y fut admise, non comme ordre de la noblesse, mais comme membres de l'Assemblée nationale.

La nouvelle de cette réunion fit porter le peuple au château au cri de : *Vive le roi!* On y demanda à grands cris le roi et la reine. Aussitôt que Leurs Majestés parurent, un cri unanime et prolongé de : *Vivent le roi et la reine!* se fit entendre et fut recommencé quand M. le Dauphin parut. La foule se porta ensuite chez M. Necker et M. Bailly; le soir, il y eut illumination générale à Versailles.

Le roi, après la séance du 23 juin, d'après l'avis de

son conseil, fit approcher des troupes sur Versailles et Paris. L'Assemblée, s'en trouvant offusquée, avait plusieurs fois sollicité inutilement leur éloignement. M. Necker, idole du parti populaire, venait d'être exilé; il circulait des bruits que la cour voulait dissoudre l'Assemblée et prendre des mesures violentes; plusieurs députés furent arrêtés. Le 30 juin, une multitude armée se porta à Paris vers les prisons de l'Abbaye, où étaient retenus deux gardes françaises pour cause d'indiscipline par ordre de M. le duc du Châtelet, colonel; on força la prison et on fit une députation à l'Assemblée pour obtenir leur grâce. Le roi fut obligé de l'accorder, bien que ce fût un mauvais exemple pour la subordination militaire que de sanctionner une émeute populaire. Mais, pour les prévenir par la suite, il fut décidé d'établir une garde bourgeoise, et l'Assemblée nationale fit une proclamation au peuple pour l'exciter à la paix.

On apprit à Paris le 12 juillet le renvoi de M. Necker et la nomination de M. le baron de Breteuil au ministère; on connaissait les talents de celui-ci, mais son despotisme faisait craindre des actes de vigueur qu'on redoutait, parce qu'on était persuadé que le roi, vu son caractère, ne le soutiendrait pas. Le peuple fit fermer les spectacles et alla prendre chez Curtius les bustes de M. Necker et de M. le duc d'Orléans, qu'on disait aussi exilé ; on porta ces deux bustes couverts de crêpe comme en triomphe et on criait : Chapeau bas! Un détachement du guet, rencontré dans la rue Saint-Martin, fut invité à escorter cette multitude pour maintenir l'ordre. Cette procession passa par la rue Saint-Honoré jusqu'à la place Vendôme, où elle trouva un détachement de Royal-allemand, qui tomba sur elle. Comme cette foule ne se défendit qu'avec des pierres, elle fut bientôt rompue et le buste de M. Necker fut brisé; un garde française fut tué par un dragon, qui périt lui-même de la main d'un soldat de la garde de Paris; de là une grande rumeur. Les troupes mandées arrivaient de toutes parts et remplissaient la place Louis XV et le boulevard; elles avaient leurs canons. Près du dépôt des gardes françaises on avait placé un détachement de Royal-allemand. Quelques jours auparavant, plusieurs gardes françaises avaient été maltraités à la Muette par quelques cavaliers de ce régiment. Les premiers, irrités de cette insulte, avaient juré de s'en venger. Ils sortirent en se rangeant dans la contre-allée et firent feu sur Royal-allemand, qui se replia sur la place Louis XV. M. le prince de Lambesc, qui commandait le détachement, le conduisit aux Tuileries par le pont tournant. Sa troupe avait le sabre à la main; son apparition effraya des citoyens paisibles et désarmés qui s'y promenaient; ceux-ci s'enfuirent avec précipitation, la peur n'eut plus de bornes, et ils coururent au Palais-Royal en criant : « Aux armes! »

Le peuple alarmé se porta en foule à l'Hôtel de ville, il demanda des armes et réclama qu'on sonnât le tocsin. Une patrouille du guet à pied fut désarmée; l'Hôtel de ville fut forcé, et le peuple réclama impérieusement aux électeurs un ordre pour s'armer et repousser le danger qui menaçait la capitale, disant que des gens sans aveu et armés infectaient en foule les rues, que les troupes de ligne entouraient la ville de tous côtés et étaient prêtes à s'en emparer à chaque instant. Les électeurs alors prirent leur parti et ordonnèrent au concierge de l'Hôtel de ville de livrer toutes les armes qu'on pourrait y trouver. Le peuple impatient n'attendit pas et désarma toute la garde de la ville, et l'on vit aussitôt un homme en chemise, sans bas et sans souliers, le fusil sur l'épaule, faire faction à la porte de la grande salle; le peuple demandait toujours le tocsin et la convocation des districts. Les électeurs, pour arrêter les funestes effets de cette effervescence populaire, arrêtèrent que les districts seraient sur-le-champ convoqués, et que les électeurs seraient envoyés aux postes des citoyens armés pour les prier, au nom de la patrie, de ne former aucune espèce d'attroupement et de ne se livrer à aucune voie de fait. Les barrières de Paris furent fermées; on ne passait qu'avec des passeports; le pont de Sèvres fut interdit et toutes les avenues gardées.

Les ministres, MM. de Montmorin, de La Luzerne, de Puységur, de Saint-Priest, se retirèrent ou furent renvoyés. M. de Breteuil fut nommé chef du conseil des finances, M. de la Vauguyon pour les affaires étrangères, M. de Broglie pour la guerre et M. de Besenval commandant de Paris. Le ministre de la marine n'était pas désigné; on parlait pour les finances de M. d'Ammécourt et de M. Foullon.

Le 13 juillet, dans la nuit, le peuple força et brûla toutes les barrières depuis le faubourg Saint-Antoine jusqu'au faubourg Saint-Honoré et celles des faubourgs Saint-Jacques et Saint-Marcel. Les marchandises ne payaient plus de droit d'entrée. Des brigands, armés de bâtons ferrés et de piques, se portèrent en plusieurs divisions pour livrer au pillage les maisons dont les maîtres étaient regardés comme ennemis du bien public; des citoyens armés se mêlèrent à eux exprès pour les en empêcher, et ils y réussirent.

Le peuple se fit donner les drapeaux de la ville et les canons des gardes; on força les boutiques des armuriers, on se porta en foule aux prisons que l'on ouvrit. Celle de Saint-Lazare fut dévastée, le dépôt du garde-meuble de la couronne violé et les armes précieuses enlevées. Les électeurs s'étaient assemblés dans l'Hôtel de ville, et la consternation était générale dans Paris. Les citoyens demandaient à être armés pour assurer la tranquillité publique et sauver la patrie; les séditieux avaient tout à gagner dans un moment de trouble ; liés aux brigands qui avaient participé à l'affaire Réveillon, ils ne voulaient que le trouble et le pillage.

L'Assemblée nationale, ayant appris les troubles et les dangers qui menaçaient la capitale du royaume, décida qu'il serait fait au roi une députation pour lui représenter que la présence des troupes irritait le désespoir du peuple et lui demander de confier la garde de Paris à la milice bourgeoise. La réponse du roi fut qu'il devait seul juger de la nécessité des mesures à prendre pour apaiser les troubles de Paris; que quelques villes se gardaient par elles-mêmes, mais que l'étendue et la population de la capitale exigeaient une autre surveillance. Il ajoutait que ne doutant pas des bonnes intentions de l'Assemblée, il lui recommandait l'accélération de ses importants travaux.

La réponse du roi consterna l'Assemblée. Celle-ci fit un arrêté, où, après avoir affirmé que M. Necker et les ministres éloignés emportaient ses regrets, elle déclarait qu'elle ne cesserait d'insister sur l'éloignement des troupes et sur l'établissement des gardes bourgeoises ; qu'il n'y aurait pas d'intermédiaire entre le roi et l'Assemblée nationale ; que les ministres et agents civils et militaires seraient responsables des entreprises contraires aux droits de la nation et aux décrets de l'Assemblée ; que les ministres actuels et les conseils de Sa Majesté, de quelque rang et état qu'ils puissent être et quelques fonctions qu'ils puissent avoir, sont personnellement responsables des malheurs présents et de ceux qui pourraient arriver ; que la dette publique ayant été mise sous la garde de l'honneur et de la loyauté française, et la nation ne refusant pas de payer les intérêts, nul pouvoir n'a le droit de manquer à la foi publique, sous quelque forme et dénomination que ce puisse être.

Enfin l'Assemblée déclarait persister dans ses précédents arrêtés et notoirement dans ceux des 17, 20 et 23 juin derniers, et ajoutait que la présente délibération serait mise sous les yeux du roi et publiée par la voie de l'impression.

L'Assemblée voulait, par cet arrêté, interdire la ressource d'une banqueroute, sous peine d'un soulèvement général, et fixer la responsabilité des ministres.

Pendant que l'Assemblée délibérait, Paris était en proie aux anxiétés de tous genres. M. de Flesselles (1) eut de la peine à parvenir à l'Hôtel de ville, où le lieutenant de police fut invité à venir pour donner des détails sur la situation de la ville. On établit un conseil permanent pour hâter l'expédition des affaires et

(1) Jacques de Flesselles, prévôt des marchands de Paris depuis 1788.

créer une relation suivie avec chaque district, qui devrait fournir deux cents hommes; on décida que tous ceux qui auraient des armes iraient les porter au district pour être distribuées également par les chefs ; on défendit absolument les attroupements et on arrêta que tous les districts sanctionneraient le présent arrêté, qui serait imprimé et affiché : ce fut le premier acte légal des citoyens de Paris.

On annonça à la ville que des troupes s'avançaient sur Paris, vers la barrière du Trône; que la place était pleine de voitures et d'approvisionnements de toutes espèces et de voyageurs arrêtés. L'Hôtel de ville retentissait de plaintes des personnes empêchées dans leurs affaires de commerce ou autres. D'un autre côté, on demandait de fournir des armes. M. de Flesselles annonça qu'il attendait douze mille fusils de Charleville.

La milice bourgeoise devait être composée de soixante bataillons, formant seize légions sous les ordres de deux commandants généraux, d'un major général et d'un aide-major général. La veille, on avait adopté pour marque distinctive un ruban vert ; mais, sur l'observation que c'était la couleur d'un prince (M. le comte d'Artois), on adopta les couleurs de la ville, rouge et bleu. Tous ceux qui porteraient ces couleurs sans être enregistrés seraient arrêtés comme suspects. Les armes distribuées dans les corps de garde devaient y être laissées après le service, et les officiers en devaient être responsables.

La milice parisienne décrétée, les clercs du Châtelet et du Palais, les élèves en chirurgie vinrent en corps offrir leurs services, qui furent acceptés.

M. de Rulhière (1) proposa, au nom du guet à cheval qu'il commandait, d'agir pour le bien de la cause commune. Les gardes françaises firent une députation pour se mettre à la disposition de l'Assemblée, qui accueillit avec transport leur offre et nomma des députés pour aller les remercier dans leurs casernes.

Parmi la quantité de voitures saisies, il y en avait une de poudre, ce qui était pour le moment un trésor. M. l'abbé Lefebvre, électeur, s'offrit pour en faire la distribution, au hasard d'être égorgé par ceux qu'il ne pouvait satisfaire et de sauter avec l'Hôtel de ville par l'effet de la confusion dans une distribution faite à la hâte et en partie à la lumière. Un coup de fusil, qui partit par maladresse à côté de lui et près d'un baril de poudre, causa une vive alerte.

On avait arrêté tous les courriers; le peuple exigea qu'ils fussent ouverts en présence de l'Assemblée. On annonça dans le même temps que la voiture de M. le prince de Lambesc venait d'être saisie et brûlée par le peuple, qui ne lui pardonnait pas son entrée aux Tuileries.

Les armes promises par M. de Flesselles n'arrivant pas, le peuple se porta au comité, criant à la trahison : on les lui promit pour sept heures, ce qui le tranquillisa. A six heures, il arriva des caisses étiquetées *Artillerie;* on dit qu'elles contenaient les armes annoncées par M. le prévôt des marchands ; mais, quand on les ouvrit, au lieu d'armes, on trouva du vieux linge.

---

(1) Anne-Jean-Auguste de Rulhière, né à Bondy en 1731, frère de l'académicien, commandait la garde de Paris depuis 1788. Il périt dans les massacres de septembre. (Cf. Étienne Charavay, *Assemblée électorale de Paris de* 1791, p. 36.)

Un cri de perfidie et de trahison se fit entendre de toutes parts. Une voix déclara qu'il y avait des fusils aux Chartreux; on s'y transporta et on n'en trouva pas. Faute de fusils, on ordonna à tous les districts de faire fabriquer des piques et des hallebardes; on nomma M. de La Salle commandant général des troupes de Paris. La compagnie d'arquebuse tout armée vint offrir ses services. Les brigands furent poursuivis et désarmés. La garde bourgeoise à peine formée assura dès la première nuit la sûreté de la capitale. Des patrouilles successives parcouraient les rues illuminées.

On arrêtait aux barrières les personnes qui entraient ou qui sortaient, surtout celles qui revenaient de Versailles et qu'on soupçonnait venir de la Cour. On arrêta ainsi M. de Saron, premier président, et M. d'Ammécourt, et on les conduisit à l'Hôtel de ville, où ils furent accompagnés par une populace menaçante. Les électeurs assemblés les reçurent avec distinction et les invitèrent à se retirer chez eux; ils les conduisirent à leur voiture et les firent accompagner chez eux par une forte garde bourgeoise. Les murmures du peuple venaient de ce qu'il avait été question que M. d'Ammécourt remplacerait M. Necker; aussi aurait-il couru des dangers sans la garde nationale.

La populace se porta le soir à l'hôtel de la police pour y chercher M. de Crosne, l'accusant de trahison; il se sauva par la porte du boulevard. L'hôtel fut enfoncé, pillé, les glaces brisées. M. de Crosne s'était sauvé chez son frère M. Gervilliers, et le lendemain il envoya sa démission.

Tous ces détails, dont j'ai en partie été témoin et que j'ai vérifiés depuis dans différents Mémoires, prouvent combien ces temps étaient orageux. Les rues étaient pleines d'hommes armés qui les parcouraient sans chefs et sans ordres ni intention; on mit une forte garde au Trésor pour empêcher le pillage, ainsi qu'à la caisse d'escompte.

On vint rendre compte au comité permanent que les troupes de Saint-Denis s'avançaient à la Chapelle, que Royal-allemand et Royal-cravate entraient au faubourg Saint-Antoine et massacraient tout, sans distinction d'âge ni de sexe. On envoya courrier sur courrier pour vérifier ces bruits. En attendant, pour satisfaire les esprits alarmés sur des dangers plus ou moins réels, on avait ordonné de sonner partout l'alarme, de disposer les rues, de creuser des fossés, de former des barricades, de porter des pavés à chaque étage pour les jeter par les fenêtres sur l'ennemi. On envoya dans les faubourgs le plus grand nombre possible de gardes françaises et de citoyens armés.

Ce soir-là, je revenais de Bondy en cabriolet; on me fit attendre à la barrière Saint-Martin, qu'on avait fermée. Pendant ce temps-là, une sentinelle avancée cria qu'elle entendait de la cavalerie venir; on appela : Aux armes! et le commandant du poste dit : « Allons, il faut une patrouille, vite six braves pour aller à la découverte! » On leur donna les meilleurs fusils chargés et chacun cinq cartouches. Ils revinrent un demi-quart d'heure après en disant gaiement : « Soyez tranquilles, ce sont des moutons qu'un homme à cheval conduit pour l'approvisionnement de Paris. »

Des malveillants avaient marqué avec de la craie diverses maisons pour faire croire qu'elles étaient désignées pour être pillées, ou qu'on devait arrêter ceux qui les occupaient. Chacun discourait diversement là-dessus, mais toujours en propos alarmants pour la tranquillité publique.

Le comité permanent ne pouvait suffire à tout ; sa position était critique : il se trouvait sans pouvoir légal au milieu de tous les pouvoirs détruits ; son seul titre était le choix du peuple ; et il répondait de la ville de Paris à tous ses concitoyens, au roi et à la nation, sans avoir reçu le pouvoir d'administrer. Par prudence, les électeurs avaient fait leur comité au bureau de la ville, qui, dans ce moment, était une autorité constituée. Leur embarras était de savoir s'ils devaient opposer la force armée aux troupes du roi, au cas où celles-ci entreraient dans Paris, comme on le leur annonçait de toutes parts. Ils s'en rapportaient bien aux paroles du roi, qui avait dit : « Vous pouvez assurer les états généraux que les troupes rassemblées autour de Paris ne sont destinées qu'à réprimer ou plutôt prévenir de nouveaux désordres et à maintenir le bon ordre, l'exercice des lois, et à propager la liberté qui doit régner dans leurs délibérations. » Le peuple ne paraissait pas partager cette confiance, et les magistrats, les échevins et électeurs croyaient que leur premier devoir était de calmer les inquiétudes, et surtout que, quand la masse entière du peuple agité par l'effroi se soulève pour sa défense, le salut du peuple seul fait sa loi, qui dès lors n'a plus de règles. Ils croyaient le roi abusé par ses ministres et son conseil, et pensaient lui rendre un vrai service de fidèles sujets en opposant pour lui une défense légitime aux attaques criminelles de ses ministres ; ils croyaient se dévouer et sauver la capitale. Plusieurs lettres arrêtées, adressées à des personnes domiciliées à Paris par des officiers campés aux environs, annonçaient des vues hostiles. Dans l'une on lisait : « Nous craignons que nos soldats ne veuillent pas obéir. » Dans l'autre : « Nous marchons à l'ennemi. » Dans une adressée à un commis de M. de Flesselles, on lui mandait : « Ne craignez rien, on prend des mesures pour vous secourir. »

On envoya M. de Corny aux Invalides pour avoir des armes (1), mais l'impatience des citoyens n'attendit pas son retour; on expédia de nouveaux ordres, pendant lesquels M. de Corny revint et rapporta que M. de Sombreuil, gouverneur des Invalides, lui avait dit qu'ayant appris ce qui se passait dans la ville, il avait prévu sa demande, mais que, n'étant que le gardien et dépositaire des armes, il avait cru devoir se mettre en règle en envoyant un courrier à Versailles pour demander des ordres, et qu'il désirait qu'on attendît la réponse. M. de Sombreuil vint lui-même avec lui, fit ouvrir la grille et parla au peuple, qui l'écouta tranquillement d'abord et parut satisfait. Un seul homme réclama et cria très haut que tout délai était un péril nouveau. Dans l'instant la foule se précipita dans l'hôtel, tous les invalides furent désarmés, on prit toutes leurs armes et celles qui étaient dans le dépôt, on s'empara des canons, on y attela les chevaux de M. de Corny et tous ceux qu'on put trouver, et on les emmena en triomphe. Le lieutenant-major fut invité à veiller à la conservation et à l'usage de ces canons, et

---

(1) C'est à sept heures du matin, le 14 juillet, qu'Ethis de Corny avait quitté l'Hôtel de ville pour remplir sa mission. — Cf. pour tous ces faits l'étude définitive de M. Jules Flammermont sur *La journée du 14 juillet* 1789. Le récit du comte de Paroy n'apporte pas de faits nouveaux, mais semble assez exact.

prévenir l'abus de cette immense quantité d'armes pillées et non distribuées aux meilleurs citoyens formant la garde nationale. Plus de cent mille hommes retournèrent dans la journée assiéger l'hôtel des Invalides pour avoir des armes qui n'y étaient plus. L'hôtel allait être pillé; M. de Sombreuil envoya prévenir l'Hôtel de ville, qui députa M. Deleutre, électeur (1), dont la présence calma les esprits. Celui-ci dit aux assaillants de nommer quatre commissaires pour visiter la maison, ce qui fut fait de suite; il voulut qu'ils fissent seuls la visite, leur remit ses pouvoirs et resta avec le peuple. Cette marque de confiance et de loyauté calma les esprits. La visite faite, et rien n'ayant été trouvé, le peuple se dispersa tranquillement, et l'hôtel fut ainsi préservé du pillage par la présence de cet électeur.

Dans la journée, deux officiers aux gardes amenèrent devant l'Hôtel de ville deux de leurs compagnies; ils étaient venus sur un billet ainsi conçu, sans date et sans signature : « Les deux compagnies de la caserne de *** viendront à onze heures précises se mettre en bataille devant l'Hôtel de ville. » Les officiers croyaient que ce billet venait de l'Hôtel de ville; ils offrirent leurs services. On leur demanda s'ils voulaient recevoir l'ordre de la Commune et prêter leur serment; ils répondirent qu'ils ne le pouvaient pas sans l'agrément de leur chef. Il y eut sur ces entrefaites une alarme de troupes qui se présentaient au faubourg Saint-Antoine. On leur proposa d'y aller; les offi-

---

(1) Négociant, électeur du district des Capucins Saint-Honoré et membre du Comité. (Cf. sur sa mission Duveyrier, *Histoire des premiers électeurs de Paris en* 1789, p. 103 et 133.)

ciers refusèrent, les soldats alors dirent qu'ils marcheraient tous. On les fit partir sous les ordres de M. de Rulhière. C'était encore une fausse alerte, comme on en donnait mille par jour.

Pendant ces troubles à Paris, l'Assemblée s'occupait à Versailles du plan de la Constitution; après bien des discussions, il fut arrêté que l'on formerait un comité de huit membres pour en tracer les bases posées sur les vœux exprimés de l'Assemblée. On y ajouta huit suppléants. Tous ces députés, connus par leurs talents et leurs opinions populaires, faisaient entrevoir une constitution très libérale. Les membres de ce comité méritent d'être nommés : MM. l'évêque d'Autun, l'archevêque de Bordeaux, de Lally, de Clermont-Tonnerre, Sieyès, Chapelier et Bergasse. Les suppléants : MM. l'évêque de Chartres, l'archevêque d'Arles, La Fayette, Freteau, Mirabeau, Bailly, Rabaut de Saint-Étienne et Petion de Villeneuve.

Pendant tous ces temps de trouble j'allais et venais continuellement à Paris, où mes relations sociales me permettaient de recueillir la vérité des faits. J'avais mon père et mon oncle le marquis de Vaudreuil, et nombre de connaissances et amis, qui me mettaient au courant de tout. A Paris, je passais ma vie chez madame la duchesse de Polignac, gouvernante des Enfants de France. La reine, M. le comte d'Artois, y allaient tous les soirs, ainsi que toute la cour.

Madame la princesse de Lamballe, surintendante de la maison de la reine, tenait maison ouverte, et la même société circulait de l'une à l'autre. Les ministres et quantité de députés s'y réunissaient; les affaires politiques étaient le sujet de ces conversations; l'inquié-

tude des événements en faisait discourir diversement.
Ces deux maisons ressemblaient à un club de nouvelles.
J'y voyais se former des intrigues de toutes espèces.
La maison de M. le comte de Provence semblait une
autre cour où régnait l'esprit des philosophes écono-
mistes, tous bons royalistes; mais on l'appelait la cour
philanthropique. Ce prince s'entourait de savants et
vivait beaucoup dans son intérieur, de sorte que la
société des deux princes était bien différente. A Paris,
je me trouvais en société avec beaucoup de membres
du Parlement et de la haute finance, et mon goût
pour les arts me mettait en mesure de connaître la
haute bourgeoisie. Parent ou lié avec des artistes ou
des députés du tiers état, j'étais par eux bien au courant de tous les événements qu'on ignorait à la cour.
J'y ai souvent appris des anecdotes intéressantes.

A Versailles, on disait que l'insurrection était générale à Paris, et que le peuple marchait sur Versailles.
On y avait vu arriver à toutes brides M. le prince de
Lambesc, entouré de plusieurs officiers; sa voiture
avait été arrêtée et brûlée par le peuple, et il ne
s'était sauvé de sa fureur que grâce à la quantité d'officiers qui l'avaient entouré.

A Paris, on répandait l'alarme sur les troupes qui
l'environnaient; on y disait que les troupes postées à
Sèvres avaient ordre d'intercepter le passage du pont;
que le roi devait partir, que sa voiture était toujours
attelée, et que les gardes du corps ne quittaient pas
leurs bottes; qu'on avait vu M. le comte d'Artois et
madame de Polignac se promener à l'Orangerie et avoir
de longues conversations avec les officiers de Royal-
allemand et étrangers, que madame de Polignac les avait

invités à l'accompagner chez elle, où elle leur avait fait servir des rafraîchissements et des liqueurs. On interprétait à cela des intentions hostiles. Le bruit s'y répandit de l'insurrection, de la prise des Invalides, des armes, des canons livrés au peuple, du projet d'assiéger la Bastille; on dit que le comité de la ville avait envoyé à M. de Launey, gouverneur de la Bastille, une députation avec un tambour et un drapeau pour y porter des paroles de paix et demander que le canon ne fût pas dirigé sur les citoyens. La nuit se passa tranquillement dans la ville, mais l'Hôtel de ville était dans les alarmes perpétuelles; on y annonçait continuellement l'arrivée des troupes. Le comité était comme assiégé par des donneurs d'avis. Pour s'en débarrasser, un des membres leur montra des barils de poudre, leur disant que l'on ferait sauter l'Hôtel de ville plutôt que d'être forcé; alors ils se retirèrent tous. A huit heures du matin, on annonça que les canons de la Bastille étaient braqués sur la rue Saint-Antoine. Le comité de la ville envoya trois officiers pour engager M. de Launey, gouverneur de la Bastille, à retirer ses canons et à ne faire aucune hostilité, l'assurant que le peuple ne se porterait à aucune entreprise contre lui ou contre le château. Pendant ce temps, l'agitation était extrême, lorsque M. Thuriot de la Rosière (1) arriva; ayant été député par son district vers M. de Launey, il était parvenu à entrer à la Bastille à travers un peuple immense qui l'environnait; il

---

(1) Avocat, premier électeur du district de Saint-Louis-la-Culture, futur député de la Marne à l'Assemblée législative et à la Convention. — Cf. sur sa mission auprès du marquis de Launey, Jules Flammermont, p. cxcvi.

déclara qu'il y avait vu des préparatifs immenses de défense, mais que le gouverneur l'avait assuré de ne pas tirer s'il n'était pas attaqué. Les trois députés envoyés par le comité arrivèrent et rapportèrent la même réponse, qu'on allait proclamer par la ville, lorsqu'on entendit un coup de canon du côté de la Bastille. Peu après, on apporta un homme blessé au bras d'un coup de fusil tiré de la Bastille et un soldat garde française expirant sur un brancard. On annonça encore l'arrivée de plusieurs blessés ; alors le peuple cria de toutes parts à la trahison. Le fort tirait avec avantage ; les citoyens, les soldats, le peuple pêle-mêle sans armes, sans ordre, avaient besoin de chef et de secours.

Dans cette perplexité, le comité permanent de la milice parisienne prit un arrêté portant que toutes les forces militaires seraient sous la main de la ville et chargeant les députés qu'il envoyait à M. de Launey, gouverneur de la Bastille, de lui demander s'il était disposé à recevoir dans cette place les troupes de la milice parisienne qui la garderaient de concert avec les troupes qui s'y trouvaient actuellement et qui seraient aux ordres de la ville. Cet arrêté, confirmé par le comité de la ville, fut porté à M. de Launey par trois de ses membres : M. Lavigne, M. Chignard et l'abbé Fauchet, auxquels se joignit le marquis de Bouteillier (1), député suppléant de l'Assemblée nationale. On amena à la ville trois invalides pris en dehors de la Bastille et accusés d'avoir tiré sur le peuple. Un d'eux, de grand sang-froid, au milieu des menaces de

---

(1) Le comte de Paroy fait là une erreur. Il faut lire *Le Deist de Botidoux*, député suppléant du tiers état de la sénéchaussée de Ploërmel. (Cf. Duveyrier, p. 95.)

mort, dit : « Comment aurais-je tiré sur les citoyens, puisque j'étais sans armes? »

Le comité, voulant les sauver, affecta une grande rigueur et les envoya en prison. Bientôt après on amena un homme qu'on disait être M. de Launey, gouverneur de la Bastille; il avait été maltraité, battu et couvert de contusions; il aurait péri sans le courage de M. de Saudray, qui fut blessé dans cette occasion d'un coup de sabre à la tête, et de M. de La Salle, qui acheva de le délivrer des mains de ceux qui voulaient le tuer. Ce n'était pas M. de Launey, mais M. Clouet, régisseur des poudres.

L'inquiétude et l'agitation du peuple s'étaient changées en fureur; il voulait absolument forcer la Bastille. On avait fort à craindre que la place ne fît une boucherie de la multitude. La seconde députation n'était pas revenue; on jugea à propos d'y en envoyer une troisième avec des signes distinctifs qui la fissent reconnaître, un tambour et un drapeau. La seconde députation revint et rapporta qu'étant arrivée à la Bastille, elle avait vu tirer d'en haut et d'en bas sur la multitude, et d'en bas sur le fort; ils avaient fait des signaux, mais le feu n'avait cessé que lorsqu'après avoir fait le tour du fort et s'être présentés aux différentes portes, ils avaient engagé plusieurs troupes de citoyens à cesser le feu pour que leurs signaux fussent mieux compris. Il était bien difficile au milieu d'une pareille bagarre de s'entendre. Le fait est qu'on voulait le siège de la Bastille, sa destruction et la mort du gouverneur. On répandait partout que plusieurs citoyens s'étant approchés pour demander des armes, le gouverneur en avait laissé entrer un certain nombre et les avait fait fusiller dans la première cour. « Cette trahison du gouverneur, dirent les commissaires, a été le signal de la guerre qu'il a déclarée à ses concitoyens; et qu'il paraît décidé à soutenir, puisqu'il a refusé d'entendre notre députation. » M. de Corny revint avec la troisième députation; il rapporta que, s'étant placés bien en vue de la plate-forme, ils avaient fait signaler le drapeau et alors avaient vu arborer sur la plate-forme un drapeau blanc; que les soldats avaient renversé leurs fusils, le canon en bas; que M. Élie(1) avait en main un billet par lequel la garnison de la Bastille annonçait la volonté de se rendre : « Nous avons vingt milliers de poudre, nous ferons « sauter la garnison et tout le quartier, si vous ne l'ac- « ceptez (2) »; qu'au milieu du tumulte, ce billet n'était pas parvenu; que les commissaires, en raison des signes de paix, engagèrent le peuple à se retirer dans les districts, et que cette retraite commençait à s'effectuer lorsqu'on entendit un canon des forts et une décharge de mousqueterie qui jeta à bas trois personnes aux pieds des commissaires. M. de Corny ajoutait que la fureur transporta tous ceux qui étaient présents, que les commissaires eux-mêmes furent maltraités et coururent des risques, et qu'en s'en revenant ils virent arriver une multitude de gens armés avec trois cents gardes françaises et des canons, qui allaient faire le siège en règle de la Bastille.

---

(1) Jacob-Job Élie, porte-drapeau au régiment de la Reine, était né à Wissembourg, le 26 novembre 1756. Ce vainqueur de la Bastille fit une brillante fortune militaire; il devint général de brigade le 30 juillet 1793 et divisionnaire le 3 septembre suivant. Il servit jusqu'en 1797 et mourut à Varennes en Argonne, le 6 février 1825.

(2) Cf. à ce sujet Flammermont, p. ccxxix.

Le comité, au milieu des soins de détail qu'exigeait la tranquillité de la capitale, se trouvait environné de deux causes de troubles et de danger, l'une par le désir que l'on témoignait de prendre la Bastille, et l'autre par le fait d'avoir été trompé plusieurs fois par les promesses d'avoir des armes. Le peuple en demandait pour armer les sections et accusait le comité de trahison. Un vieillard dit, pour détourner le péril : « Eh! mes amis, que ferons-nous avec ces traîtres ? marchons à la Bastille! » Cela les sauva. On reprocha à M. de Flesselles d'avoir promis douze mille fusils et des cartouches soi-disant déposés à l'Arsenal, où on ne les avait pas trouvés. M. Dusaulx et plusieurs électeurs défendirent le prévôt des marchands en disant qu'il avait compté lui-même sur des promesses. La fermentation de la populace était à son comble; des gens éparpillés, ayant intérêt à l'exaspérer, l'excitaient par des discours virulents, disant que le peuple était trahi par le comité, gagné par la cour. On accusait hautement M. de Flesselles, qui passa avec les membres du comité dans la grande salle et leur dit : « Puisque je suis suspect à mes concitoyens, je me retire. » Il voulut descendre, on l'en empêcha. On lui demanda les clefs du magasin de la ville. On parlait de se saisir de lui et de le garder comme otage; les uns voulaient le conduire au Châtelet, les autres au Palais-Royal pour y être jugé. Ce dernier avis prévalut. M. de Flesselles dit simplement : « Eh bien, messieurs, allons au Palais-Royal! » Il descendit de l'estrade, traversa tranquillement la salle et sortit. La multitude s'empressait autour de lui et sur ses pas, mais sans lui faire de violence. Aussi avait-il passé sans encombre la place de Grève et était-il arrivé au coin du quai Pelletier lorsqu'il fut abordé par un inconnu qui lui tira à bout portant un coup de pistolet dans la tête. Ainsi périt M. de Flesselles, assassiné, mais non pas victime de la fureur populaire. S'il est vrai qu'il pouvait courir de grands risques en allant au Palais-Royal, il n'en est pas moins constant qu'il fut respecté par le peuple depuis l'Hôtel de ville jusqu'au bout de la place de Grève. Il paraît naturel de penser qu'étant dépositaire de grands secrets, quelqu'un a eu intérêt de le faire disparaître.

L'alarme publique fut redoublée par ce fait qu'on arrêta un courrier porteur d'un paquet adressé à M. du Puget, major de la Bastille, et contenant deux billets, dont le premier disait : « Je vous envoie, mon cher du Puget, l'ordre que vous croyez nécessaire; vous le remettrez. Paris, 14 juillet. Besenval »; et le second : « M. de Launey tiendra jusqu'à la dernière extrémité; je lui ai envoyé des forces suffisantes. Le 14 juillet. Besenval. » On allait envoyer une quatrième députation, lorsqu'un bruit sourd circula que la Bastille était prise. M. le marquis de La Salle parut peu après, apportant les clefs de la Bastille qu'on venait de lui remettre. Une foule se précipita à sa suite, traînant une trentaine de Suisses et d'invalides et criant : Pendus! pendus! M. Élie et un garde française entrèrent portés sur les bras, et on les proclama *vainqueurs de la Bastille*. M. Élie, enlevé et posé sur une petite table en face du bureau, au milieu des prisonniers voués à la mort, fut couronné et entouré de faisceaux; on lui offrit l'argenterie de la Bastille déposée devant lui, mais il la refusa. On apporta successivement le drapeau, le grand registre de la Bastille devant le peuple affamé de vengeance et ivre de sa victoire.

Un garde française, nommé Arné, avait arrêté M. de Launey. Hulin (1) et lui firent tous leurs efforts pour le sauver. Hulin fut renversé et presque étouffé ; une foule furieuse l'emporta. On apprit bientôt que M. de Launey, pris et traîné à l'Hôtel de ville, venait d'être massacré en bas du perron. MM. de Salbray, major, Miray, aide-major, Person, invalide, furent tués en divers endroits.

Les électeurs voulaient sauver les trente prisonniers ; trois d'entre eux étaient canonniers ; on les accusait d'avoir tiré sur le peuple, l'un d'eux était blessé. M. de La Salle, avec un ton de sévérité, demanda à s'emparer des coupables pour qu'ils fussent punis par un jugement militaire ; il fit passer le blessé dans la salle voisine ; mais pendant qu'il lui sauvait la vie, les deux autres furent entraînés et pendus sur-le-champ au réverbère en face de l'Hôtel de ville. Il en restait encore un grand nombre ; les gardes françaises demandèrent la grâce des prisonniers comme récompense de leurs services ; M. Élie ajouta que cette grâce lui serait plus précieuse que tous les honneurs. Une voix cria : « Grâce ! » et ce cri fut répété par le peuple. Alors les gardes françaises emmenèrent les prisonniers, et ces malheureux furent sauvés. Ainsi finit cette malheureuse journée, où, au milieu de grandes scènes

---

(1) Pierre-Augustin Hulin, né à Paris le 6 septembre 1758, ancien sous-officier, reprit du service et, comme Élie, devint général, mais seulement en 1804. Il exerça les fonctions de gouverneur de Paris sous l'Empire, qui en fit un comte. Il mourut à Paris le 9 janvier 1841.

de fureur et de vengeance, de joie et d'atrocité, on a vu briller des traits d'humanité (1).

La Bastille prise, le peuple parut plus tranquille. Le comité fit garnir de canons et de forts piquets de gardes parisiennes les hauteurs du nord de Paris, d'où on pouvait découvrir les troupes qui arriveraient par Gonesse, Saint-Denis et la Chapelle, et seraient obligées de passer sous le feu des canons.

La défiance et l'inquiétude du peuple, excitées par des meneurs, se portaient sur tous les objets. Une infinité de personnes étaient arrêtées et conduites à l'Hôtel de ville, souvent avec beaucoup de danger. Tels furent M. de Montbarey en sa qualité d'ancien ministre, et sa femme. Il parla lui-même au peuple. Il l'assura de ses sentiments patriotiques et fut applaudi, quand il observa que son fils, le prince de Saint-Maurice, avait fait la révolution en Franche-Comté. Peu de jours après, j'ai rencontré le même marquis de Montbarey faisant, comme soldat de la garde nationale, la patrouille et ayant pour commandant son cuisinier.

Dans tous ces temps de trouble j'évitai les rassemblements, tout en me trouvant partout où je croyais satisfaire mon inquiète curiosité. Je me rendais plusieurs fois par jour au club du Palais-Royal, situé près du théâtre de la Montansier et voisin de celui des chevaliers de Saint-Louis. L'abbé Sieyès et quantité de députés en étaient; chacun se faisait un plaisir d'y aller raconter ce qu'il savait ou d'y recueillir les nouvelles de la cour et de la ville qu'il ignorait. La ligne de démarcation sur les opinions n'avait pas encore

---

(1) Le comte de Paroy a suivi assez fidèlement dans ce récit le procès-verbal des électeurs, reproduit par Duveyrier.

divisé les sociétés. J'étais à portée de savoir toutes les motions incendiaires qui se faisaient dans les groupes du Palais-Royal. J'avais continué de voir madame de Buffon, qui avait été élevée à l'Abbaye-au-Bois avec ma femme; je savais par elle bien des choses de l'intérieur du Palais-Royal. Je voyais souvent chez elle le comte de Genlis-Sillery, ami favori de M. le duc d'Orléans. J'avais auparavant été avec lui de plusieurs parties de plaisir qui lient en société : nous parlions des événements; il n'était pas très rassuré sur leur issue. Je savais qu'il y avait des comités secrets dont il était; il m'en transpirait toujours quelque chose. Un jour que j'étais chez madame de Buffon, M. le duc d'Orléans y vint; j'allais me retirer, quand il me pressa de rester et me dit obligeamment : « Vous ne venez plus comme autrefois au Palais-Royal. — Monseigneur, lui répondis-je, vos grandes affaires à l'Assemblée doivent rendre circonspect pour vous faire sa cour. — Voilà, dit le prince, une vraie réponse de Normand. » Il me fit quelques questions relatives aux circonstances. Je vis qu'il voulait savoir mon opinion : « Monseigneur, lui dis-je, je ne m'occupe que des arts, je me suis fait un principe de laisser à ceux qui ont des pouvoirs le soin des affaires d'État, et comme je n'y ai ni ne veux y avoir d'influence, que j'ai même refusé de remplacer mon père pour la députation de Saint-Domingue, je me résigne aux lois que sanctionnera le roi. » Il me dit que mon père, membre de l'Assemblée, avait des opinions trop exagérées, vu les circonstances; qu'il espérait qu'il serait obligé de les modérer, ainsi que ceux du côté droit. Quelqu'un vint en visite, je me retirai et n'y retournai plus.

II

Le roi se rend à l'Assemblée nationale et donne aux troupes l'ordre de s'éloigner de Paris et de Versailles; enthousiasme populaire (15 juillet). — La Fayette nommé commandant général de la garde nationale et Bailly maire de Paris; invitation au roi de se rendre à Paris; émigration du comte d'Artois et de sa famille, du prince de Condé, du duc et de la duchesse de Polignac (16 juillet). — Voyage et réception du roi à Paris; retour à Versailles (17 juillet). — Inquiétudes sur les approvisionnements de la capitale. — Le duc du Châtelet et les gardes françaises. — Réouverture des spectacles (19 juillet). — Arrestation et assassinat de Foullon et de Bertier de Sauvigny; leurs têtes portées au Palais-Royal (22 juillet). — La Fayette donne, puis retire sa démission. — Lettre de M. de Castelnau, ambassadeur à Genève, au duc de Dorset, ambassadeur d'Angleterre en France; protestation d'amitié de ce dernier, au nom du gouvernement anglais (29 juillet 1789).

Le Comité de la ville réclamait toujours que l'Assemblée demandât au roi le renvoi des troupes et la libre circulation des approvisionnements de Paris, ainsi que l'autorisation de la formation de la garde bourgeoise nationale, seule capable de rétablir l'ordre et de consoler les habitants. Le roi fit dire à l'Assemblée par M. le duc de Liancourt qu'il allait se rendre à la séance. Un moment après, M. le marquis de Brézé entra et annonça le roi, ce qui combla de joie l'Assemblée (1). Le roi entra sans gardes et sans cortège autre que ses frères, et ne fit pas usage d'un fauteuil

---

(1) Séance du 15 juillet 1789. Le roi fit annoncer son arrivée à l'Assemblée au moment où celle-ci lui envoyait une députation de vingt-quatre de ses membres, sous la conduite de La Fayette.

qui lui avait été préparé sur une estrade. Debout et découvert, il dit :

« Messieurs, je viens dans votre Assemblée pour vous consulter sur les affaires les plus importantes de l'État. Il n'en est pas de plus instante et qui affecte plus spécialement mon cœur que les désordres affreux qui règnent dans la capitale. Le chef de la nation vient avec confiance au milieu de ses représentants leur témoigner sa peine et les inviter à trouver les moyens de ramener l'ordre et le calme. Je sais qu'on a donné d'injustes préventions ; je sais qu'on a osé publier que vos personnes n'étaient pas en sûreté ; serait-il donc nécessaire de vous rassurer sur des récits aussi coupables, démentis à l'avance par mon caractère connu ? Eh bien, c'est moi, qui ne suis qu'un avec la nation, c'est moi qui me fie à vous ; aidez-moi dans cette circonstance à assurer le salut de l'État. Je l'attends de l'Assemblée nationale ; le zèle des représentants de mon peuple réunis pour le salut commun m'en est un sûr garant, et, comptant sur l'amour et la fidélité de mes sujets, j'ai donné l'ordre aux troupes de s'éloigner de Paris et de Versailles. Je vous invite et vous autorise même à faire connaître mes dispositions à la capitale. »

Le discours du roi excita les plus vifs applaudissements dans l'Assemblée, qui remarqua que le roi ne s'était pas servi de l'expression d'états généraux, mais l'avait nommée Assemblée nationale. L'assertion « *je ne fais qu'un avec la nation, c'est moi qui me fie à vous* », causa des transports de joie. Après la réponse du président, le roi, avant de se retirer, dit que l'Assemblée nationale connaissait ses intentions et ses désirs, et qu'il ne refuserait jamais de communiquer avec elle.

L'Assemblée nationale, pénétrée de la paternité des sentiments du roi, par un mouvement d'amour et de reconnaissance, suivit le roi et le reconduisit jusqu'au château, où Sa Majesté se rendit à pied, n'ayant que les représentants pour cortège.

Le discours du roi à l'Assemblée et la réponse du président se répandirent de suite parmi le peuple. Les arbres, les grilles, les statues étaient garnis de spectateurs; la foule était immense; la marche dura une heure et demie avec un temps superbe, ce qui ajouta à l'allégresse publique exprimée par des « Vive le roi! » prolongés jusqu'au château. La reine se montra au balcon, ayant dans ses bras Mgr le Dauphin, qu'elle présentait avec attendrissement au peuple. La musique des Suisses joua à son arrivée l'air : *Où peut-on être mieux qu'au sein de sa famille?*

Je décris cette journée avec détails pour faire connaître la bonté du roi et l'esprit du jour. Les gardes du corps offrirent à la députation de l'Assemblée de la faire accompagner par un détachement comme garde d'honneur; le président dit, en les remerciant, qu'il ne convenait pas aux représentants de la nation de s'entourer d'appareil militaire. Le commandant reçut une lettre du président pour assurer MM. les gardes du corps de leurs sentiments de confraternité. Les temps ont bien changé depuis!

La nouvelle de la présence du roi à l'Assemblée nationale causa une joie universelle. Le lendemain, ayant vu un grand rassemblement de troupes et de peuple, j'appris que c'était une députation de l'Assemblée nationale qui allait à la ville pour faire honneur aux électeurs et membres de la commune. Le peuple les accompagna avec acclamation depuis la place Louis XV jusqu'à l'Hôtel de ville. Ils traversèrent ainsi les Tuileries, où je les rencontrai. Tous criaient : « Vive la nation ! Vivent les députés ! » Rien n'était négligé de tout ce qui pouvait lier les corps constitués entre eux. On tira le canon. Les députés de la ville allèrent recevoir la députation de l'Assemblée. L'ivresse du peuple était au comble, On distribuait aux députés des cocardes nationales, rouges, bleues et blanches. Chacun voulait les embrasser, on leur prenait les mains ; les gardes françaises et les suisses de la prévôté de l'Hôtel les escortaient. Je vis leur cortège au Carrousel, et remarquai des meneurs qui excitaient le peuple. Je rencontrai ce jour-là dans la rue Saint-Honoré, près la rue Traversière, une charrette dans laquelle était un soldat aux gardes françaises, en uniforme, couronné de laurier et décoré de la croix de Saint-Louis que lui avait donnée le peuple le mardi 14, au moment de la prise de la Bastille ; il était escorté de la milice parisienne et d'une foule immense de peuple avec tout l'appareil de la musique militaire. Cela avait l'air, à la charrette près, d'une marche triomphale. On me dit que c'était le soldat qui avait arrêté M. de Launey à la Bastille. On voyait que l'on cherchait à exciter le peuple par tout ce qui pouvait être spectacle pour lui. Toutes les rues étaient remplies de soldats citoyens ; on ne voyait que des forêts de piques et de fusils.

L'archevêque de Paris (1) fit un mandement pour exhorter les Parisiens à l'union, à la paix et à la soumis-

---

(1) Le Clerc de Juigné, archevêque depuis le 23 décembre 1781, député du clergé de Paris à l'Assemblée constituante.

sion aux lois ; il proposa un *Te Deum* à Notre-Dame, en action de grâces de l'union du roi avec l'Assemblée et de celle de l'Assemblée avec la commune de Paris. Tous les corps constitués y allèrent en grande pompe.

Ce jour-là, M. de La Fayette fut nommé commandant général de la garde nationale par tous les membres de la députation de l'Assemblée nationale. Le marquis de La Fayette, tirant son épée, fit serment de sacrifier sa vie à la conservation de cette liberté si précieuse, dont on daignait lui donner la défense. Un mouvement de respect et de reconnaissance de sa part excita de toutes parts des cris de « Vive La Fayette, le défenseur de la liberté ! »

Au même moment, M. Bailly fut nommé prévôt des marchands ; une voix s'écria : « Non, pas prévôt des marchands, mais maire de Paris. » Une acclamation générale répéta : « Oui, maire de Paris ! » Mgr l'archevêque de Paris lui mit une couronne sur la tête, comme ayant jeté le premier les fondements de la liberté française. Le procès-verbal de la ville fait mention de ces détails, qui prouvent comment tout se passait alors et comment tout était concerté. L'archevêque de Paris dit qu'il fallait consacrer ce grand jour par un *Te Deum* à la cathédrale, où assisteraient la députation de l'Assemblée nationale, les électeurs, les membres de la commune et les corps constitués de Paris. M. Bailly fut porté en triomphe à la cathédrale.

Ce même jour du *Te Deum*, le peuple demanda le rappel de M. Necker et, se divisant en divers groupes, parcourut la ville en criant : « Vive M. Necker ! » Je remarquai dans plusieurs de ces groupes des gens qui les excitaient. On créa le même jour un corps sous le nom de volontaires de la Bastille pour la garder. Le même soir, il y eut une sédition à la Salpêtrière : le peuple avait forcé la garde et l'avait désarmée.

On faisait à la ville des motions pour visiter les souterrains de la Bastille, où on croyait trouver de malheureuses victimes renfermées, des communications sous terre avec les carrières hors de Paris, renfermant des dépôts d'armes et de troupes. On chargea un nommé Dufourny, ingénieur, escorté de plusieurs invalides, de visiter les souterrains. On n'y trouva rien, et les communications aux carrières n'existaient pas.

La confusion était si grande à Paris et aux barrières qu'on y arrêtait sans distinction les députés retournant à Versailles, ainsi que les bourgeois ; on les menait à l'Hôtel de ville, une foule immense souvent les escortait. Il y en eut de maltraités ; il était aisé de voir que des agents faisaient agir la populace pour exciter du trouble.

Le même jour, l'Assemblée de la ville chargea M. Bailly de manifester au roi le vœu de le voir venir le lendemain à Paris.

L'Assemblée décréta que les droits d'entrée aux barrières seraient rétablis, et que la milice veillerait sévèrement à la perception et sûreté des deniers. Elle ordonna aussi de faire acheter tous les fusils que l'on pourrait trouver, afin d'arracher par l'appât de ce profit les armes à une infinité de gens sans aveu qui s'en étaient emparés. L'Assemblée ordonna au Trésor de payer les rentes comme à l'ordinaire, et on nomma des commissaires pour examiner les lettres de la poste amassées à l'Hôtel de ville, afin de les faire parvenir à leur adresse. Sur la demande de M. d'Ogny, intendant des postes, des commissaires furent nommés pour assurer l'arrivée et le départ des courriers, ainsi que la distribution des lettres. Les électeurs et administrateurs de la ville furent chargés de son approvisionnement, ce qui était difficile, tout étant désorganisé et les communes des environs interceptant les vivres. On voyait partout une apparence d'ordre et de tranquillité; la ville était bien gardée; tous les ouvriers étaient devenus soldats; les boutiques étaient fermées, les ateliers déserts; les ouvriers manquaient de pain. On craignait une émeute; le comité, voulant la prévenir, proposa de payer les gens en service qui n'avaient d'autres moyens d'existence que leur travail. On invita les présidents des sections à faire des souscriptions qui seraient fixées à la moitié de la capitation. Chaque district nomma ses trésoriers et receveurs particuliers pour verser les fonds dans la caisse du trésorier général de la ville, ce qui fournit amplement aux besoins momentanés les plus pressés.

Le jeudi 16 juillet, après le rapport de l'archevêque de Paris à l'Assemblée sur la députation de la ville, on lut une adresse du Parlement de Paris félicitant l'Assemblée de ses travaux et portant que son premier président se retirerait par devant son seigneur roi, à l'effet de le remercier d'avoir fait retirer ses troupes des environs de Paris et d'avoir donné ce témoignage de confiance envers les représentants de la nation. L'Assemblée nationale fut choquée de ce que le premier président du Parlement avait été porter au roi son arrêté; elle prétendit que c'était choquer ses pouvoirs que de les assimiler, que cette inconvenance était un manque de respect à la nation. Des membres du Parlement, qui étaient députés, partageaient cet avis, ce qui occasionna une grande rumeur à l'Assemblée contre le Parlement.

Le roi envoya un billet à M. Bailly pour lui dire de venir de suite au château, où on racontait que les districts envoyaient une députation, soutenue de vingt mille Parisiens armés. M. Bailly déclara qu'il y avait bien une députation de soixante personnes, mais nullement escortée, ce qui tranquillisa. Il entra ensuite chez le roi. Sa Majesté lui dit qu'elle désirait savoir au vrai la situation de Paris. M. Bailly exposa ce qu'il en savait et lui fit connaître le vœu ardent des habitants de le voir. Le roi lui répondit : « C'est aussi mon intention. » Sur l'observation de M. Bailly que Sa Majesté préférerait peut-être aller plutôt à Notre-Dame ou aux Tuileries qu'à l'Hôtel de ville : « Non, dit le roi, j'irai à l'Hôtel de ville ; quand on fait les choses, il faut les faire complètement. »

Bailly, comme maire de Paris, se rendit de suite à l'Hôtel de ville afin de tout disposer pour recevoir le roi. Celui-ci invita l'Assemblée à faire connaître à sa bonne ville de Paris sa résolution d'y aller le lendemain. L'Assemblée arrêta de prier le roi qu'une nombreuse députation l'accompagnât, afin qu'il fût entouré des représentants de la nation au moment de son entrée à Paris. Le roi, en acceptant la députation, remit à M. l'archevêque de Vienne (1) une lettre pour M. Necker, en le priant de se charger de l'envoyer à Bruxelles, où il devait être encore.

Dans la soirée du 16 juillet 1789, M. le comte d'Ar-

(1) Jean-Georges Le Franc de Pompignan, archevêque de Vienne depuis 1774, député du clergé du Dauphiné à l'Assemblée constituante.

tois, M. le duc d'Angoulême, M. le duc de Berri, M. le prince de Condé, M. le duc de Bourbon, M. le duc d'Enghien et le prince de Conti prirent congé de Sa Majesté pour sortir du royaume.

Il fallut prendre les plus grandes précautions pour que M. le comte d'Artois pût sortir sans être aperçu; il ne partit qu'à la pointe du jour. Les habitants de Versailles, qui voulaient s'en saisir, étaient encore endormis. Un régiment, dont on s'était assuré, attendait le prince et l'escorta avec deux pièces de canon jusqu'à une certaine distance. Ce départ fut si précipité qu'à peine put-on réaliser trois cents louis pour M. le comte d'Artois; encore fallut-il boursiller. Mon père, qui en sa qualité de député se trouvait alors à Versailles, prêta trente louis au comte de Vaudreuil; c'était tout ce qu'il avait chez lui. Le prince emmena avec lui le comte de Vaudreuil, le prince d'Hénin et deux autres personnes. Ils passèrent incognito à Charleville, où le comte d'Esterhazy était en garnison avec son régiment. Celui-ci pressa le comte d'Artois de s'arrêter quelque temps et le pria à dîner; mais, comme on était à table, on vint dire au comte d'Esterhazy que sa troupe s'insurgeait, sur le bruit que le comte d'Artois avait fui de Paris et se trouvait à Charleville. M. le comte d'Esterhazy fit aussitôt battre la générale, rassembla son régiment au quartier et le conduisit hors la ville comme pour un grand exercice, tandis qu'il faisait sortir le comte d'Artois par une porte opposée. Ensuite il alla joindre le prince avec quelques cavaliers dont il était sûr et l'escorta jusqu'à la frontière. M. le comte d'Artois alla s'établir en Suisse dans une campagne située près de celle de madame de

Polignac. Je tiens ces détails de M. le comte de Vaudreuil, qui l'accompagnait. Madame la comtesse d'Artois alla rejoindre son mari le 11 septembre suivant.

M. le prince de Condé partit de Chantilly ; il faillit être précipité dans l'Oise, à Pont-Sainte-Maxence, petite ville de Crépy en Valois, faisant partie de l'apanage de M. le duc d'Orléans. Des hommes, accourus à toutes brides de Paris, avaient fait soulever tous les environs. Heureusement M. le prince de Condé avait de vigoureux chevaux attelés à ses voitures, et il dépassa Pont-Sainte-Maxence avant que ces bandes de furieux y fussent arrivées.

Le roi et la reine, informés des motions faites au Palais-Royal contre madame la duchesse de Polignac, lui dirent qu'ils attendaient de son amitié de se soustraire à la fureur populaire et de les tranquilliser en partant la nuit même. Le roi déclara que le conseil de la reine était le seul à suivre ; il ajouta ces mots : « Mon cruel destin me force à éloigner de moi ceux que j'estime le plus et que j'aime ; je viens d'ordonner au comte d'Artois de partir, je vous donne le même ordre ; plaignez-moi, mais ne perdez pas un seul instant, emmenez votre famille, comptez sur moi dans tous les temps. Je vous conserve vos charges. »

Le roi ne put retenir ses larmes en se séparant de M. et de madame de Polignac ; quant à la reine, elle témoigna une douleur inexprimable de quitter son amie : elle se voyait obligée d'éloigner toutes les personnes qui avaient formé sa plus intime société. Elle pensait en ce moment à son époux, contraint de se présenter à une foule exaspérée et de tenter de calmer la rébellion par sa présence. Le résultat de cette démarche ne pouvait se prévoir. Accablée de peines de toutes espèces, la reine recueillit ses forces et écrivit à madame de Polignac : « Adieu, la plus tendre des amies. Que ce mot est affreux pour mon cœur, mais il est nécessaire, je n'ai que la force de vous embrasser. »

Je tiens ces détails intéressants de madame la duchesse de Polignac elle-même, qui me les a racontés dans mon voyage à Gümlingen, près de Bâle.

Donc le duc et la duchesse de Polignac, la duchesse de Guiche, leur fille, la comtesse Diane de Polignac, sœur du duc, l'abbé de Balivière, prirent la route de Bâle. La duchesse était vêtue en femme de chambre sur le devant de la voiture. On arriva à Sens sans encombre, mais le peuple était soulevé dans cette ville, et on demanda aux voyageurs si les Polignac étaient encore auprès de la reine. L'abbé Balivière répondit d'un ton ferme et grivois qu'ils étaient déjà bien éloignés de Versailles, et qu'on était débarrassé de ces mauvais sujets; mais le postillon monta sur le marchepied et dit à la duchesse : « Madame, il y a des honnêtes gens partout, je vous ai bien reconnue. » On lui donna quelques louis. Bref, les fugitifs arrivèrent trois jours après à Bâle, où se trouvait M. Necker (1).

Le 17 juillet, le roi quitta Versailles à dix heures du matin, accompagné de M. le maréchal de Beauvau, du duc de Villeroy, du duc de Villequier, du comte d'Estaing et du marquis de Nesle. Cent membres de

---

(1) Après le départ de madame la duchesse de Polignac, l'abbé de Vermond parut seul en faveur. On le regardait comme un conseiller nuisible au bonheur du peuple, on cria haut contre lui. La reine, alarmée pour lui, l'engagea d'aller à Valenciennes, où commandait le comte d'Esterhazy; mais l'abbé ne s'y crut pas en sûreté et partit pour Vienne, où il est resté. (*Note du comte de Paroy.*)

l'Assemblée, parmi lesquels mon père et mon oncle le marquis de Vaudreuil, l'escortèrent. La reine eut peine à retenir ses larmes, et elle s'enferma avec sa famille, après avoir ordonné de tenir ses voitures prêtes à partir.

La nouvelle de la venue du roi n'était parvenue à Paris que la veille vers minuit. Les ordres furent donnés aux districts de trois à sept heures du matin, et bientôt il y eut cent mille hommes sous les armes. On discuta à l'Hôtel de ville sur le point de savoir si les échevins recevraient le roi à genoux, selon l'usage; mais M. Bailly déclara que nulle puissance ne le forcerait à porter la parole autrement que debout, comme il l'avait fait à Versailles. La députation envoyée au-devant de Sa Majesté se composait d'électeurs, de vingt-cinq membres du corps municipal, de la compagnie des gardes de la ville; M. Bailly marchait à sa tête, précédé du colonel de la garde et de deux échevins portant alternativement les clefs de la ville sur un bassin de vermeil.

La députation rencontra le roi à Chaillot, vis-à-vis de la pompe à feu. Aussitôt M. Bailly s'avança et présenta debout les clefs à Sa Majesté, en lui disant :

« Sire, j'apporte à Votre Majesté les clefs de sa bonne ville de Paris; ce sont les mêmes qui ont été présentées à Henri IV. Il avait reconquis son peuple, ici le peuple a reconquis son roi. » Le reste du discours est connu par tous les journaux et historiens du temps; je ne rapporte la première phrase que parce qu'elle fut accueillie avec transports par les amis de la révolution et approuvée par les francs royalistes.

M. Lavigne, au nom des électeurs dont il était président, fit un discours au roi, qui répondit qu'il recevait avec plaisir les hommages de sa bonne ville de Paris.

Le cortège passa par la place Louis XV, la rue Saint-Honoré, la rue du Roule, les quais jusqu'à l'Hôtel de ville. Ces rues étaient bordées par deux haies de gardes nationaux sur trois rangs, armés de fusils, de piques, de lances, de hallebardes, de faux et de bâtons. On y voyait des femmes, des moines avec le fusil sur l'épaule. On a évalué cette foule armée à près de 200,000 hommes.

Lorsque le roi passa à la place Louis XV, un coup de fusil partit des environs du palais Bourbon et tua une femme près de sa voiture. Cet incident tragique pouvait faire soupçonner un grand crime et qu'on en voulait à la vie du roi, mais il fut prouvé que la malheureuse victime de cette journée fut tuée par une bourre de fusil et non par une balle.

La voiture du roi était au milieu de deux longues files de voitures des députés de l'Assemblée nationale. Quatre officiers de la garde nationale tenaient les boutons des portières. M. de La Fayette à cheval la précédait, environné de ses aides de camp. Le plus grand ordre fut observé; la haie ne fut pas dépassée par la foule. Tout le long de la marche on entendait les cris prolongés de « Vive la nation! Vive le roi! Vivent MM. Bailly, de La Fayette, les députés, les électeurs! » au son des trompettes et de la musique guerrière, et au bruit de l'artillerie.

Voilà ce que rapportent les journaux. Pour moi, qui me suis transporté presque partout ce jour-là, j'ai admiré l'ordre de la troupe, mais en même temps j'ai vu une grande partie des membres de l'Assemblée nationale à pied autour de la voiture du roi, avec un air inquiet, agité et triste. Les visages sérieux donnaient à cette pompe un air lugubre; on distinguait bien sur toutes les figures les sensations différentes qu'elles éprouvaient. Il y avait plus de cris de « Vive la nation! » que de celui de « Vive le roi! »

Arrivé à l'Hôtel de ville vers quatre heures du soir, M. Bailly présenta au roi, qui descendait de voiture, la cocarde nationale, en disant : « Sire, j'ai l'honneur d'offrir à Votre Majesté le signe distinctif des Français. » Le roi la prit et la mit à son chapeau. En montant l'escalier de la Ville, il était sans garde et entouré d'un nombre de citoyens qui tous avaient l'épée à la main et formaient au-dessus de sa tête un berceau de lames entrelacées. Le roi, l'air très tranquille, marchait avec assurance. Comme il était un peu pressé, M. le maréchal de Beauvau voulait écarter la foule : « Laissez-les faire, dit le roi, ils ne me veulent pas de mal, ils m'aiment bien. »

A son entrée à l'Hôtel de ville, les cris de : *Vive le roi!* éclatèrent de toutes parts; lorsqu'il fut monté sur son trône, un cri du fond de la salle se fit entendre : « *Vive notre roi! notre père!* » Alors les cris de : « *Vive le roi!* » redoublèrent.

M. Bailly, en sa qualité de maire, présenta au roi les douze électeurs qui sollicitaient l'honneur d'être ses gardes. Le roi les agréa; ils se rangèrent autour de lui, l'épée à la main; le roi leur ordonna de la remettre au fourreau.

M. de Corny s'avança et requit l'érection d'une statue à Louis XVI, restaurateur de la liberté publique et père des Français, et spontanément on vota d'élever cette statue sur le terrain de la Bastille.

Le roi dit à M. Bailly : « Je suis bien aise que vous soyez maire et M. de La Fayette commandant général. » Cette sanction particulière du roi avait été concertée parce que les membres de l'Assemblée et de la Commune avaient prétendu qu'eux seuls, et non le roi, avaient le droit de nommer le maire de Paris.

Le roi, ému de toute cette scène, chargea M. Bailly de témoigner ses sentiments à l'Assemblée. M. Bailly prononça ce discours : « Messieurs, le roi me charge de vous dire qu'il est touché de l'attachement et de la fidélité de son peuple, et que son peuple ne doit pas douter de son amour; qu'il approuve l'établissement de la garde nationale parisienne, ma nomination à la place de maire et celle de M. de La Fayette à celle de commandant général, mais qu'il veut que l'ordre et le calme soient rétablis, et que les coupables désormais soient remis à la justice. »

L'Assemblée témoigna le désir d'entendre le roi lui confirmer les paroles de M. Bailly. Alors le roi dit simplement : « Vous pouvez toujours compter sur mon amour. »

Le peuple, qui était sur la place de Grève, demandait avec instance de voir le roi; il se montra à la fenêtre de l'Hôtel de ville; il avait mis sur sa tête son chapeau orné de la cocarde nationale; il fut applaudi avec transport sur la place et jusqu'au bout des rues voisines.

Le roi, en descendant de l'Hôtel de ville, trouva M. de La Fayette, qui était resté sur la place pour y maintenir l'ordre, et lui dit : « Monsieur de La Fayette, je vous cherchais pour vous dire que je vous confirme votre nomination à la place de commandant de la garde nationale. »

Le roi retourna à Versailles, accompagné jusqu'au Point du Jour par la garde nationale sous les ordres de M. de La Fayette et précédé d'acclamations plus vives qu'à son arrivée. Tous les visages étaient épanouis, les uns de l'événement de la journée, vu l'importance de la démarche du roi, les autres d'être rassurés sur leurs craintes de voir sa vie exposée. Le roi n'arriva à Versailles qu'à neuf heures du soir; il avait retrouvé quatre cents de ses gardes à Sèvres. L'Assemblée vint au-devant de lui dans l'avenue; un peuple immense le suivit dans les cours du château où l'on avait eu de l'inquiétude pour lui, à cause du souvenir des désordres du 14 juillet. La reine et ses enfants vinrent se précipiter dans ses bras au milieu de l'escalier. On remarqua que tous les bourgeois armés avaient renversé leurs armes à son retour en signe de paix.

L'état des subsistances et approvisionnements de Paris donnait de l'inquiétude; on craignait d'en manquer; les convois et arrivages étaient souvent arrêtés par les villes où ils passaient. Des bandits armés pillaient les marchés sur la route de Rouen et s'étaient emparés de plus de vingt voitures de farine destinées à Paris; aussi d'autres voitures avaient repris à Bolbec le chemin du Havre pour éviter le même sort. Au Havre même on éprouvait des difficultés à laisser partir des farines achetées pour Paris; car on avait persuadé le peuple qu'elles étaient destinées à la subsistance des troupes qui assiégeaient la capitale. On envoya à Pontoise, où l'on prétendait qu'une grande quantité de blé était cachée, dans les souterrains, ce qui se trouva faux.

La nouvelle administration de la ville n'avait pas d'expérience dans la partie des subsistances. M. de Crosne avait donné sa démission, M. Doumer, entrepreneur des vivres, aurait bien pu, conjointement avec M. de Montaran, administrer cette partie, qu'il connaissait bien, mais tous deux n'étaient appelés que comme conseils, ayant la clef de toutes les opérations et des achats à l'étranger pour le gouvernement. On envoya M. de Montaran à Rouen pour faciliter les arrivages des convois achetés pour Paris. Je connaissais beaucoup et voyais souvent dans ce temps-là M. Doumer, qui me mettait au courant et partageait les alarmes de l'Hôtel de ville; il craignait une émeute dont les vivres pourraient être le prétexte.

On craignait l'emploi qu'une quantité de gens sans aveu pourraient faire des armes qu'ils avaient pillées et qu'ils emportaient dans les campagnes. L'Assemblée ordonna à M. de La Fayette de faire désarmer et arrêter aux barrières les personnes inconnues et non autorisées à porter des armes, comme n'étant pas inscrites dans la garde nationale; ce qui tranquillisa les habitants. On invita aussi les ouvriers à rentrer chez leurs maîtres, à reprendre leurs travaux et à rapporter leurs armes, qu'on leur payerait, s'ils étaient munis d'un certificat de leurs maîtres. Ces mesures procurèrent à la ville beaucoup d'armes, dont on arma la garde nationale.

De tous côtés il arrivait à Paris des soldats ayant quitté leurs régiments pour se rendre sous les drapeaux de la liberté; la ville les autorisa à y rester. Le public les distinguait en les appelant déserteurs. M. de La Fayette, à qui ces soldats portèrent leurs plaintes, leur répondit : « Les déserteurs sont ceux qui sont restés à leurs drapeaux et ne sont pas venus se ranger sous ceux de la liberté ! » Il les appelait publiquement les défenseurs de la liberté, la ville les prenait à sa solde. C'est ainsi que furent débauchés la plus grande partie des gardes françaises. M. le duc du Châtelet, leur colonel, n'en était pas aimé, étant d'une minutieuse sévérité. Je le connaissais tel, car j'avais servi sous ses ordres dans le régiment du Roi-infanterie avant qu'il fût nommé colonel des gardes françaises en 1788.

On dit qu'un jour une troupe de soldats aux gardes, suivie d'une multitude armée, voulut exiger de M. le duc du Châtelet, qui se trouvait au dépôt, de lui livrer ses canons. M. le duc du Châtelet les refusa ; la multitude voulut alors s'en emparer de force. Un grenadier se mit devant et dit : « Mes amis, mon colonel ne refuse pas de vous livrer ces canons, je suis sûr que vous les respecterez. — Grenadier, quel est ton nom ? lui dit M. le duc du Châtelet. — Mon colonel, mes camarades se nomment tous comme moi », répondit le grenadier. Ces détails partiels prouvent l'esprit du moment ; on avait séduit la troupe en lui disant qu'ils avaient tous le droit de parvenir au grade d'officier, et que les officiers seraient pris dans leur sein et à leur nomination.

Le public de toutes classes était impatient de savoir des nouvelles de M. Necker, qu'on croyait seul capable d'apaiser et de maîtriser ces troubles, parce qu'il était l'idole du parti dominant dans l'Assemblée. M. de Liancourt, président, annonça que M. de Saint-Léon, dépêché vers Necker à Bruxelles, ne l'y avait pas trouvé et le suivait sur la route de Francfort. La lettre de ce dernier au comité permanent de Paris fut imprimée et affichée dans la capitale.

Le 19 juillet, l'Assemblée nationale avait arrêté l'ouverture des spectacles qui avaient été fermés pendant ces jours de trouble et de deuil. Chaque district, rivalisant à l'envi de patriotisme, ne voulait pas que l'on jouât avant l'arrivée de M. Necker. La quantité de gens oisifs témoignaient hautement de leur mécontentement d'être privés des spectacles, qui, disaient-ils, étaient nécessaires aux gens du peuple, car ceux-ci, ne sachant où passer leurs soirées, se répandaient dans les cabarets et maisons de jeu ou de filles et y causaient du désordre. Le soulagement que les pauvres retiraient des premières représentations données à leur profit, l'assurance que M. de La Fayette donna qu'il répondait de la tranquillité des spectacles avec de fortes gardes, moitié soldées, moitié de citoyens, tous ces motifs décidèrent l'Assemblée de décréter l'ouverture des spectacles pour le lendemain 19 juillet; ce qui parut faire grand plaisir aux habitants de la capitale.

Le roi nomma M. de Saint-Priest ministre de sa maison, ce qui le faisait ministre de Paris comme autrefois. Le maire, M. Bailly, considérant qu'il remplissait ces dernières fonctions, fit prendre à ce sujet un arrêt, d'après lequel M. de Saint-Priest fut qualifié de ministre citoyen de la maison du roi.

La municipalité de Compiègne, qui avait arrêté M. Bertier (1), intendant de Paris, députa au maire

(1) Louis Bertier de Sauvigny, né en 1742, intendant de la généralité de Paris en 1768, assassiné le 22 juillet 1789.

de Paris pour savoir la conduite qu'elle devait tenir. M. Bailly, désirant le sauver sans se compromettre, dit à la députation de s'adresser à l'Assemblée nationale; celle-ci répondit que M. Bertier avait été arrêté provisoirement, sur le bruit que la ville de Paris le faisait rechercher. M. Bailly se rendit alors à l'Assemblée et fit rendre un arrêté portant : « que la ville de Paris ne faisant pas chercher M. Bertier de Sauvigny, cet ancien intendant n'étant ni accusé, ni détenu par justice, il serait répondu aux habitants de Compiègne qu'il n'existait aucune raison de le retenir prisonnier. » Mais les députés de Compiègne représentèrent leur embarras d'exécuter cet ordre, vu l'effervescence du peuple contre cet intendant, et dirent qu'ils ne pouvaient répondre de sa vie et qu'ils ne voyaient d'autre moyen de le sauver que de le faire transporter sous main-forte à Paris. Sur cette observation, plusieurs députés rappelèrent que M. Bertier était depuis plusieurs jours l'objet des clameurs publiques, qu'il était l'intendant de l'armée rassemblée contre Paris, qu'il était allé de Paris à Versailles le jour même de la prise de la Bastille, qu'il était convenable dans son intérêt particulier que sa personne fût mise sous la garde des tribunaux, qui seuls devaient juger s'il était innocent ou coupable. Il fut en conséquence arrêté qu'une garde de deux cent quarante hommes à cheval irait à Compiègne chercher M. Bertier, et que pour plus de sûreté deux électeurs la conduiraient. Cet appareil attira une foule de curieux; chacun en discourait, et on voyait bien qu'il y avait parmi eux des gens intéressés à la perte de cet intendant. On mit aussitôt le scellé sur tous ses papiers.

Le 22 juillet, à cinq heures du matin, on amena à l'Hôtel de ville M. Foullon (1), conseiller d'État et beau-père de M. Bertier. Au conseil du roi, il avait dénoncé une conspiration tendant à changer le gouvernement, et dont il présenta les pièces à l'appui. Le roi les lut avec grande attention; on conseillait d'arrêter de suite M. le duc d'Orléans et plusieurs députés, sans quoi on ne serait plus maître d'empêcher les progrès de la conspiration. M. Necker combattit presque seul le projet de M. Foullon ; il représenta au roi le danger d'un esclandre pareil, disant que M. le duc d'Orléans était en tant que député inviolable, que sa grande situation et son influence populaire méritaient considération, et qu'il croyait prudent, avant d'en venir à une pareille extrémité, de prendre encore dans le secret de plus amples renseignements. Le roi leva le conseil, mit les papiers dans sa poche et dit : « Je vais y penser. » Ce que voyant, M. Foullon s'écria : « Le roi hésite, M. Necker l'emporte, je suis perdu ! » Le soir même, il alla se cacher à Viry, terre près de Paris, appartenant à M. de Sartine, son ancien ami ; il fit courir le bruit de sa mort, ayant fait enterrer avec pompe un de ses domestiques décédé ce jour-là. Ces précautions extraordinaires le rendirent suspect; les paysans envoyèrent à Paris demander une escorte pour arrêter M. Foullon et le conduire à la capitale. Les uns et les autres arrivèrent à Viry à quatre heures du matin et trouvèrent M. Foullon déjà levé et se promenant seul dans le parc; on se précipita sur lui avec fureur, et, après lui avoir fait éprouver toutes sortes

---

(1) Joseph-François Foullon, né à Saumur en 1717, intendant des finances en 1771, assassiné le 22 juillet 1789.

d'outrages et de mauvais traitements, on lui mit un collier d'orties, un bouquet de chardon et une botte de foin sur le dos, pour le punir d'avoir dit que le peuple n'était bon qu'à manger du foin. On saisit tous ses papiers, ainsi que des morceaux d'une lettre prise sur lui et qu'il avait déchirée avec ses dents. Quand M. Foullon arriva à l'Hôtel de ville, l'assemblée sentit, comme pour M. Bertier, combien était grande sa responsabilité de retenir une personne arrêtée sans formalité légale ni décret de justice. Elle considéra que la clameur publique portait sur d'anciennes inculpations, et en conséquence prit l'arrêté suivant :

« Toutes les personnes soupçonnées du crime de lèse-nation, accusées et saisies à la clameur publique ou qui pourraient l'être par la suite, seront conduites et renfermées dans les prisons de l'abbaye Saint-Germain. MM. Carra et Duport-Dutertre, électeurs, seront chargés de présenter le présent arrêté à l'Assemblée nationale, pour être par elle prononcé sur la nature ou l'espèce de tribunal qu'elle voudra bien instituer pour juger les personnes déjà arrêtées ou qui pourraient l'être. Les scellés seront apposés sur leurs papiers, et ceux saisis sur elles seront déposés au greffe de la ville. En outre, il sera mis sur la prison de l'abbaye Saint-Germain une inscription portant ces mots : *Prisonniers mis sous la main de la nation,* et le commandant de la garde parisienne donnera des ordres pour la conservation des prisonniers et pour les mettre à l'abri de la fureur populaire. »

On envoya mettre les scellés sur les papiers de M. Foullon et on délibéra de l'envoyer de suite à l'Abbaye, mais on représenta que le peuple le savait présent à l'Hôtel de ville, qu'on craignait un mouvement d'effervescence, qu'il y avait du danger pour le moment de le transférer, qu'il valait mieux attendre la nuit.

On observa que M. Bertier devait arriver le soir de Compiègne, que les attroupements causés par l'arrestation de M. Foullon, son beau-père, pourraient lui devenir funestes. En conséquence, l'Assemblée envoya ordre à M. Étienne de la Rivière, qui le conduisait, de s'arrêter là où on le rejoindrait et d'y attendre un ordre ultérieur.

Le comité de la ville n'était pas sanguinaire ; il ne voulait qu'établir l'ordre et la tranquillité ; il savait que son salut y était attaché, que les attroupements du soir étaient toujours plus bruyants et plus nombreux que ceux du matin, le peuple étant occupé le matin pour ses affaires et n'étant pas encore échauffé par les événements du jour ; on résolut donc de garder M. Foullon à l'Hôtel de ville et de ne faire entrer M. Bertier à Paris que le lendemain à la pointe du jour.

La nouvelle de l'arrestation de M. Foullon se répandant de plus en plus, la place de l'Hôtel de ville se remplissait de monde. M. Bailly, pour calmer le peuple ameuté, qui demandait qu'on lui livrât M. Foullon, dit que le prisonnier était en sûreté, qu'il serait jugé légalement, que la justice seule avait le droit de disposer de la vie d'un citoyen, et que ces formalités étaient précieuses pour la tranquillité publique. Il arrivait successivement à l'Hôtel de ville des gardes françaises et de la cavalerie, à savoir cinquante cavaliers du guet, cent cinquante fusiliers, cinquante grenadiers et autres. M. de La Fayette arriva et prétendit qu'il y avait de l'imprudence à dégarnir les postes et à amonceler ainsi les forces de la ville sur un point; on renvoya une partie de cette troupe, et l'Hôtel de ville ne se trouva plus assez bien gardé.

Pendant ce temps-là, M. Foullon était dans la grande salle, sous la garde d'une sentinelle et d'un syndic qui l'avaient amené. Cette salle était un passage ouvert à tout le monde. Une femme du peuple, voyant M. Foullon, l'apostropha vivement et le traita d'ennemi du peuple. On s'aperçut que cette femme n'était pas venue par hasard, et, pour prévenir les suites, on fit passer M. Foullon dans une autre salle, où on plaça quatre sentinelles des gardes de la ville. Il circula sur la place le bruit que l'on voulait faire évader le prisonnier. On vint pour s'en assurer, et, ne l'ayant pas trouvé dans la grande salle, on se récria hautement contre les électeurs. Ceux-ci, effrayés et voulant tranquilliser le peuple, engagèrent M. Foullon à se montrer à une des fenêtres qui donnent sur la place. Sa vue parut satisfaire la foule, mais un instant après les barrières et les portes furent brisées, les gardes forcées, et la multitude, inondant la cour, l'escalier et la grande salle, demanda à grands cris M. Foullon, criant qu'il fallait le pendre. Un électeur exposa la nécessité d'un jugement avant toute exécution : « Oui, dit la foule, jugé de suite et pendu. » On observa qu'il fallait des juges pour juger, et qu'on allait remettre le prisonnier entre les mains de la justice ordinaire, les électeurs n'ayant pas le droit de créer les juges. La multitude dit qu'elle allait les nommer. Ils nommèrent en effet les curés de Saint-Étienne du Mont et de Saint-André des Arts, avec d'autres juges de leur façon. On leur objecta qu'il fallait un greffier et un procureur du roi :

les électeurs voulaient gagner du temps pour éviter un jugement populaire et illégal, et la multitude voulait précipiter les choses pour amener une exécution qui est toujours un spectacle agréable au peuple.

Celui qui faisait les fonctions de procureur du roi demanda de quel délit on accusait M. Foullon. On répondit qu'il avait voulu vexer le peuple, qu'il avait dit qu'il *lui ferait manger de l'herbe*, qu'il avait conseillé la banqueroute et accaparé les blés. Les juges, dans cette critique circonstance, étaient pressés de rendre un arrêt; d'une part ils devenaient suspects et risquaient d'être égorgés, s'ils ne le condamnaient pas, et d'autre ils trahissaient leur conscience en sacrifiant le prisonnier. Les deux curés se récusèrent, disant que d'après les lois de l'Église ils ne pouvaient condamner à mort. On admit leur excuse et on nomma à leur place MM. Moreau de Saint-Méry et Quatremère ; l'un d'eux se trouvant absent, on l'envoya chercher pour gagner du temps. Le peuple s'impatientait et, se méfiant qu'on ne fît évader le prisonnier, désigna quatre personnes pour le surveiller. Un moment après, il exigea qu'il fût amené et jugé sur-le-champ, et, sur la promesse qu'il ne lui serait fait aucun mal, M. Foullon fut placé sur une petite chaise en face du bureau du président, et plusieurs hommes du peuple furent chargés de faire une chaîne autour de lui. Enfin M. de La Fayette, instruit de ce qui se passait, arriva et adressa au peuple un discours dont le texte a été conservé dans les procès-verbaux des électeurs :

« Je suis connu de vous, vous m'avez nommé votre général; ce choix qui m'honore m'impose le devoir de vous parler avec la liberté et la franchise qui sont la base de mon caractère. Vous voulez faire périr sans jugement cet homme qui est devant vous; c'est une injustice qui vous déshonorerait et qui me flétrirait moi-même, qui flétrirait tous les efforts que j'ai faits en faveur de la liberté, si j'étais assez faible pour la permettre. Je ne la permettrai pas, cette injustice. Je suis bien loin de vouloir le sauver, s'il est coupable; je veux seulement que l'arrêté de l'Assemblée nationale soit exécuté, et que cet homme soit conduit en prison pour être jugé par le tribunal que la nation indiquera. Je veux que la loi soit respectée, la loi, sans laquelle je n'aurais pas contribué à la révolution du nouveau monde et sans laquelle je ne contribuerais pas à la révolution qui se prépare. Ce que je dis en faveur des formes et de la loi ne doit pas être interprété en faveur de M. Foullon; je ne suis pas suspect à son égard, et peut-être que la façon dont je me suis exprimé sur son compte suffit seule pour m'interdire le droit de le juger. Mais plus il est présumé coupable, plus il est important que les formes s'observent à son égard, soit pour rendre sa punition plus éclatante, soit pour l'interroger légalement et avoir de sa bouche la révélation de ses complices. Ainsi, je vais ordonner qu'il soit conduit dans les prisons de l'abbaye Saint-Germain. »

L'adresse du discours de M. de La Fayette allait sauver M. Foullon; le peuple applaudit, mais la fatalité de l'étoile de M. Foullon fit que, égaré par la joie de se voir sauvé, il eut l'imprudence de battre aussi des mains. La populace s'écria aussitôt : « Ils sont de connivence! ils veulent le sauver! » Des clameurs violentes s'élevèrent sur la place. On avait vu dans la salle des personnes d'un extérieur décent mêlées à la foule et l'excitant à la sévérité; elles se glissèrent sur la place, et on y entendit des cris annonçant que le Palais-Royal et le faubourg Saint-Antoine venaient enlever le prisonnier. Un de ces hommes s'écria avec véhémence : « Qu'est-il besoin de juger un homme condamné depuis trente ans ! » Une foule nouvelle pressa celle qui encombrait la salle, tous se portèrent avec impétuosité vers le bureau et vers la chaise où M. Foullon était assis; il en fut renversé. M. de La Fayette donna à haute voix l'ordre de le conduire à la prison, mais le peuple ou plutôt ceux qui voulaient sa mort s'en emparèrent; ils lui firent traverser la salle au milieu des plus mauvais traitements; on le traîna sur la place et on le pendit au réverbère en face de l'Hôtel de ville. Comme il était grand et très puissant, le poids de son corps fit casser deux fois la corde; sans pitié, on la renoua deux fois; on se porta à mille excès sur lui, son corps tout nu fut traîné par les pieds dans les rues et sa tête portée d'un autre côté sur une pique. Le soir, étant à mon club au Palais-Royal, je vis de loin cet abominable cortège escorté par le peuple; des hommes à l'air canaille portaient six torches et traînaient le malheureux cadavre nu et tout couvert de sang et de boue. J'ai su la plus grande partie de ces détails par M. Lourdet de Santerre, maître des comptes et très lié comme homme de lettres avec M. Bailly, témoin oculaire. De plus, j'ai comparé ces faits avec ceux détaillés dans plusieurs mémoires.

Cette horrible exécution faisait présager tristement le sort qui attendait M. Bertier. M. de La Presle, un des électeurs qui étaient allés le chercher, arriva à l'Hôtel de ville et y rapporta qu'il lui avait été impossible de coucher au Bourget, que la foule qui avait suivi l'escorte n'avait jamais voulu le souffrir et l'avait forcé de continuer son chemin, que M. Bertier, escorté d'une foule immense qui s'accroissait à chaque pas, ne tarderait pas à arriver à l'Hôtel de ville.

MM. Bailly et de La Fayette, jugeant par l'événement de M. Foullon qu'il y aurait du danger à laisser arriver M. Bertier à l'Hôtel de ville, envoyèrent à M. de La Rivière ordre de le conduire directement à l'Abbaye. M. de La Fayette avait fait mettre une garde nombreuse sous les armes à l'Hôtel de ville, les escaliers étaient garnis de gardes françaises, la baïonnette au bout du fusil. A neuf heures du soir, le peuple força, malgré les dispositions les mieux ordonnées, les escaliers et tous les passages de l'Hôtel de ville, pénétra dans la salle de l'assemblée, où des vociférations annoncèrent l'arrivée de M. Bertier. Le matin, le peuple avait violé l'Hôtel de ville sans garde, et l'avait forcé le soir malgré la garde, tant il est vrai que rien ne résiste à un peuple mutiné et excité par des ressorts secrets.

Aussitôt l'annonce de l'arrivée de M. Bertier, tous les membres électeurs se réunirent avec MM. Bailly et de La Fayette à la salle d'assemblée de la ville. M. de la Rivière fit à l'assemblée le rapport suivant : « Il dit qu'en conséquence des ordres de l'assemblée il s'était transporté à Senlis avec M. de La Presle et deux cent quarante hommes à cheval commandés par M. d'Ermigny; qu'il y était arrivé le 21 mardi à dix heures du matin, y avait logé une partie de leur troupe et l'autre à Verberies, qu'ils allèrent tous trois seuls à Compiègne, où M. Bertier leur fut remis; qu'ils furent reconduits jusqu'à Verberies par la garde nationale de Compiègne, et en partirent mercredi, à trois heures du matin. A la première poste ils trouvèrent un détachement du district du Val-de-Grâce, qui se rendait à Compiègne pour augmenter l'escorte. Ils ne crurent pas prudent de s'arrêter à Senlis, parce que la fermentation y était grande, que la route était couverte d'une affluence considérable de monde, que les nombreuses escortes se font aisément remarquer et que la lenteur de leur marche donna le temps aux curieux de s'amasser. Arrivée à Louvres, l'escorte de M. Bertier se reposa; là, beaucoup de citoyens à cheval se réunirent à la troupe. A deux heures après midi des cris horribles se firent entendre dans la cour de l'auberge, des gens armés dirent qu'il fallait arriver de jour à Paris; plusieurs d'entre eux montèrent et forcèrent M. Bertier de descendre dans la cour. On brisa les auvents du cabriolet. Voyant que la vie du prisonnier n'était pas en sûreté, M. de La Rivière eut le courage de se placer à côté de lui dans le cabriolet, fit entourer la voiture de cavaliers sûrs et partit. Les clameurs suivaient l'escorte; partout on apportait de mauvais pain; le peuple attribuait à M. Bertier tous ses malheurs. A la sortie de Louvres, un homme, armé d'un sabre, s'approcha de la voiture et chercha à le frapper. M. de La Rivière le couvrit de son corps. Le nombre des gens à cheval grossissait toujours; il s'élevait au moins à six cents, c'est-à-dire au triple de l'escorte chargée de répondre du prisonnier. M. d'Ermigny donnait des ordres, qui n'étaient ni entendus ni obéis. C'est à ce moment que M. de La

Rivière reçut une lettre lui mandant de coucher au Bourget pour arriver le lendemain à neuf heures et conduire le prisonnier de suite à l'Abbaye. M. Bertier étant inquiet de cette lettre, M. de La Rivière crut devoir la lui donner pour le consoler; il en fut en effet très tranquillisé et dit : « Je vous prie de remercier M. Bailly et l'assemblée des moyens employés pour me mettre à même de me justifier et pour me soustraire à la fureur aveugle d'un peuple qui m'accuse. »

On remarquait sur la route des gens armés de fusils qui le couchaient en joue. Arrivé au Bourget, M. de La Rivière voulut s'y arrêter pour y coucher et exécuter ses ordres; mais « quelques personnes, dit-il, prévenues de ces ordres, ont empêché que nous n'approchions de la porte et ont forcé le postillon de Louvres de venir jusqu'à Paris sans vouloir lui permettre de relâcher ». Ces personnes, qui faisaient la loi, étaient en force et avaient sans doute des ordres ou des intérêts particuliers. Sur le chemin de Paris, les deux côtés de la route étaient garnis d'une foule immense. Il n'y a sorte d'humiliations qu'on n'ait fait subir au prisonnier. Celui-ci avait imaginé, pour apaiser le peuple, de mettre à son chapeau la cocarde nationale, et M. de La Rivière lui avait prêté la sienne; elle lui fut arrachée. On avait préparé une charrette avec des écriteaux, on voulut l'y faire monter. On exigea que le cabriolet fût entièrement découvert. Entendant à ses oreilles des cris de supplice et de mort, M. Bertier répondait : « Je vous jure que je n'ai jamais acheté ou vendu un seul grain de blé! » Arrivé dans la rue Saint-Martin, on approcha de sa voiture une tête en haut d'une pique; c'était celle de M. Foullon, son beau-père.

M. de La Rivière lui détourna les regards de l'autre côté et lui dit que c'était la tête de M. de Launey. En passant vis-à-vis Saint-Méry, M. Bertier dit : « Je croirais l'avanie dont je suis l'objet et que j'éprouve sans exemple, si Jésus-Christ n'en avait pas éprouvé de plus sanglantes. Il était Dieu, et je ne suis qu'un homme ! »

Le courrier dépêché pour porter l'ordre d'aller à l'Abbaye directement n'avait rencontré le cortège qu'à la rue Saint-Martin, et la foule l'avait empêché d'approcher. D'ailleurs, le peuple n'aurait pas permis l'exécution de cet ordre ; la destinée de M. Bertier l'entraînait à l'Hôtel de ville.

La forte garde que M. de La Fayette avait chargé d'entourer le prisonnier l'escorta jusqu'à la salle, où M. Bertier entra avec une contenance ferme et assez calme. M. Bailly, chargé de l'interroger, lui fit des questions pour la forme, désirant l'envoyer de suite à l'Abbaye pour le mettre le plus tôt possible en sûreté. Il lui demanda ce qu'il avait fait depuis le 12 juillet ; M. Bertier lui répondit qu'il avait cru devoir se rendre à Versailles au commencement des troubles ; que des affaires d'administration et la liquidation des frais de passage de la retraite des troupes l'avaient conduit à Mantes, à Meulan et à Meaux ; que de là il était allé à Soissons voir sa fille ; que le samedi il s'était rendu à Compiègne et y avait trouvé à son arrivée deux hommes qui lui avaient dit avoir des ordres de l'arrêter partout où ils le rencontreraient. M. Bailly lui demanda où étaient ses papiers ; il répondit que ceux relatifs à l'administration étaient restés dans ses bureaux, qu'il n'avait que son portefeuille. Il ajouta qu'il avait passé quatre nuits sans dormir, ayant été gardé par douze hommes veillant dans sa chambre depuis son arrestation à Compiègne, et il sollicita la permission de prendre quelque repos.

On demanda à M. Bailly le procès-verbal de la remise de M. Bertier par la municipalité de Compiègne ; on cherchait ainsi à gagner du temps, mais bientôt de la place s'élevèrent des hurlements qui firent pâlir M. Bertier. Le tumulte prit le caractère de la révolte ; des voix criaient : « Finissez donc, finissez donc ! le Palais-Royal et le faubourg Saint-Antoine sont prêts à forcer l'Hôtel de ville ! » Tout à coup la salle se trouva inondée de nouveaux venus, et la garde fut repoussée avec son prisonnier jusque dans son bureau. M. Bailly, dans cette extrémité, décida, d'accord avec l'assemblée, que M. Bertier serait conduit à l'Abbaye ; il en donna ordre à la garde, ajoutant qu'elle répondait du prisonnier à la nation et à la ville de Paris. M. Bertier traversa la salle au milieu de la foule, sans résistance ni accident ; mais, aussitôt sorti de l'Hôtel de ville, il fut arraché des mains des soldats et massacré par la multitude, après s'être courageusement défendu. On lui trancha la tête, on lui arracha le cœur et les entrailles, et on le mutila d'une manière horrible. Quelle leçon pour les gens en place, quand ils se font des ennemis et n'ont pas pour eux l'amour du public ! Par la plus cruelle dérision, les deux têtes de Foullon et de Bertier, portées sur des piques, s'étant rencontrées au Palais-Royal, on les fit embrasser au milieu des ris de la populace. Un moment après, un dragon entra dans la salle, portant un morceau de chair ensanglanté, et dit : « Voilà le cœur

En vente chez tous les Libraires

BULLETIN BIBLIOGRAPHIQUE

DE LA

LIBRAIRIE E. PLON, NOURRIT & Cie

10, rue Garancière, PARIS

MAI 1895

COLLECTION DE MÉMOIRES

ANCIEN RÉGIME, RÉVOLUTION, EMPIRE, RESTAURATION, ETC.

CASTELLANE (Maréchal de). — Journal du maréchal de Castellane (1804-1862).
    I : 1804-1823. Un vol. in-8° avec un portrait. Prix. . **7 fr. 50**

Tous ceux qu'intéresse l'histoire militaire du premier Empire, tous ceux qui sont avides de détails inédits sur la vie intime, le caractère, la politique, la tactique, les campagnes du grand Empereur, liront avec la plus vive curiosité le *Journal du maréchal de Castellane*. Ce sont des notes prises au jour le jour, en route, aux camps, sur les champs de bataille, aussi bien que dans les salons de la Cour impériale. Tout jeune officier, le maréchal a été attaché à l'état-major de Napoléon; il a vécu près de lui, il a connu tous ses frères; il a été en Italie, en Espagne, en Autriche, en Hollande, en Russie, dont il a raconté l'effroyable retraite avec une vérité de détails saisissante. Il a assisté avec Napoléon à toutes les grandes scènes de l'immortelle épopée. Il les raconte, ou plutôt il les peint d'une façon rapide, nette, précise et surtout vivante, sans rien d'apprêté ni de convenu. On sent que tout est pris sur le vif, car le maréchal trouvait chaque jour, même à la guerre, le temps de tracer quelques lignes de son journal.

Les *Mémoires* de ce parfait gentilhomme, qui fut un de nos soldats les plus vaillants et les plus éclairés, et dont l'esprit militaire est resté légendaire, obtiendront par leur entrain et leur sincérité un succès universel.

DU BARAIL (Général). — **Mes souvenirs.**
    I : 1820-1851. 6e édition. In-8° avec portrait. . . . . **7 fr. 50**
    II : 1851-1864. 5e édition. In-8° avec portrait. . . . . **7 fr. 50**

Engagé volontaire à l'âge de dix-neuf ans comme simple spahi, le général du Barail est arrivé avec une rapidité rare aux sommets de notre hiérarchie militaire, enlevant pour ainsi dire tous ses grades à la pointe de l'épée. Les commencements de sa glorieuse et brillante carrière se passèrent en Afrique et coïncidèrent avec la période épique de notre conquête.

Il les raconte d'un style rempli de verve et d'entrain. Sous sa plume, les grands épisodes algériens prennent une couleur que personne jusqu'ici n'avait su leur donner, et les hommes de guerre, un relief, une intensité de vie tout à fait remarquables.

Pour la première fois, l'expédition du Mexique est racontée d'une façon claire, compréhensible, vivante. On voit se dérouler au milieu d'épisodes amusants, touchants, héroïques, tout le plan de cette aventure jusqu'à l'arrivée du souverain qui devait en être le martyr.

On voit s'agiter, grouiller, si l'on peut parler ainsi, toute cette ardente jeunesse militaire qui, aujourd'hui, sous la plume blanche, occupe presque tous les hauts commandements de l'armée française.

Des anecdotes, tantôt familières, tantôt héroïques, émaillent ces pages, que traverse d'un bout à l'autre un grand souffle généreux et sain d'esprit militaire et patriotique, et qui ont tout le charme du roman, en même temps que la précision de l'histoire.

LEBLANC (William). — **Récits de ma vie.** *Souvenirs d'un vieux Normand.* Un vol. in-8° avec portrait . . . . 7 fr. 50

Les écrivains du XVIII° siècle, dont on a tant plaisanté le goût pour l'état de nature, avaient-ils raison dans leurs attaques contre la civilisation? Oui, répond sans hésiter M. William Leblanc; et son opinion est d'un grand poids, puisque lui-même a été sauvage. En effet, quoique Normand et élevé en France, il s'est fait authentiquement Canaque pendant plusieurs années : ce fut le temps le plus heureux de sa vie; il en garde et en fait revivre pour nous un souvenir plein de fraîcheur, de poésie et d'attendrissement.

Nulle part ailleurs, les mœurs des indigènes de l'Océanie et les somptuosités de la végétation tropicale n'ont été décrites avec tant de précision, de sincérité et d'enthousiasme.

De plus, le récit d'une aventure extraordinairement pathétique, dont les péripéties mouvementées se déroulent d'un bout à l'autre de la façon la plus intéressante et nous promènent à travers la Normandie, le Pérou et les îles Marquises, fait de ce livre un roman vécu d'une émotion profonde. Enfin, l'auteur nous raconte, d'après son témoignage personnel, l'histoire de l'établissement du protectorat français à Tahiti et nous dévoile les dessous de cette retentissante affaire Pritchard qui faillit bouleverser l'Europe. Joignez à cela que M. William Leblanc se pique de n'être pas un écrivain de profession; son âme n'est pas une âme « livresque »; il ne sacrifie rien à la phrase ni à l'effet; de là une agréable simplicité qui n'est pas le moindre charme de cet ouvrage appelé à provoquer de vives discussions.

PAULIN (G^{al} B^{on}). — **Mémoires du général baron Paulin (1782-1876),** publiés par le capitaine du génie PAULIN-RUELLE. Un vol. in-18. Prix . . . . 4 fr.

Le général Paulin fut un des soldats les plus braves, les plus intelligents et les plus enthousiastes de Napoléon Ier. Il fit presque toutes les campagnes de l'Empire, fut officier d'ordonnance d'Augereau et aide de camp de Bertrand, le grand maréchal du Palais, courut de Naples au Niémen, du Rhin au Tage, et allait arriver au sommet de la hiérarchie militaire quand sa carrière fut brisée, on verra comment. Retiré dans la solitude, il a raconté les grands événements qu'il avait vus. Héritier de ses manuscrits, son petit neveu, le capitaine du génie Paulin-Ruelle, vient de les mettre au jour. Nous le remercions de nous avoir fait connaître un modèle de fidélité et d'honneur encadré dans le récit captivant des guerres impériales.

FANTIN DES ODOARDS (G^{al}). — **Journal du général Fantin des Odoards.** Un volume in-8°. Prix . . . . 7 fr. 50

Écrit au jour le jour, et pour ainsi dire pris sur le vif, avec une précision saisissante, par un témoin sincère et lettré, ce journal nous fait suivre toutes les étapes d'un officier de la grande armée de 1800 à 1830, pendant les guerres épiques du commencement de ce siècle. Nous courons ainsi avec les héroïques soldats de Napoléon, à Ulm, à Austerlitz, à Friedland, en Pologne, en Espagne, en Portugal, puis de Paris au Niémen, du Niémen à Moscou. C'est ensuite la retraite désastreuse; c'est la campagne de 1813; c'est Waterloo; c'est enfin le licenciement de l'armée. Le journal se termine par la campagne d'Espagne en 1823. Rien de plus émouvant ni de plus vivant que cette grande page d'histoire, passionnante comme un roman, et un roman réel.

MAUTORT (Chevalier de). — Mémoires du chevalier de Mautort, publiés par le baron DE TILLETTE DE CLERMONT-TONNERRE. Un volume in-8° avec portrait. Prix.. . . . . 7 fr. 50

Ces *Mémoires* nous renseignent de la façon la plus intéressante sur la vie d'un officier de fortune appartenant à la petite noblesse, pendant la seconde moitié du XVIII° siècle. Outre des détails curieux et très bien observés sur les principales garnisons de France : Metz, Landau, Verdun, Brest, Perpignan et tant d'autres, le chevalier de Mautort raconte ses deux campagnes : l'une en Corse avec le récit de la conquête de l'île ; la seconde, de beaucoup la plus importante, aux Indes, avec les longues luttes contre les Anglais.

Il ressuscite à nos yeux les figures si pittoresques du bailli de Suffren, le grand homme de mer, et des fameux nababs Haïdar-Ali et Tippo-Saïb, qui combattaient pour la France avec leurs immenses armées encombrées de femmes et de serviteurs, comme celles des anciens Perses.

Enfin, Mautort nous dit les misères de l'émigration à travers la Belgique, la Hollande, l'Allemagne ; il nous montre à quels humbles métiers ses compagnons et lui étaient réduits pour vivre. En même temps, les descriptions des pays qu'il traverse sont extrêmement vivantes ; mais le plus saisissant de tous ses tableaux est celui de l'armée prussienne et des horribles moyens employés pour y maintenir la discipline.

THOURY (Jean-François). — Mémoires de Jean-François Thoury. Un vol. in-18. Prix. . . . . 3 fr. 50

Ce fut une existence mouvementée que celle de Thoury. Emprisonné sous la Terreur, évadé par miracle au moment d'être envoyé devant le tribunal révolutionnaire, puis sorti de France sous un déguisement, il est pris pour un espion et incarcéré. Délivré, mais sans ressources, il erre misérablement à travers la Belgique, la Hollande, l'Allemagne, et vient, après tant de tribulations, aboutir en Russie, où la bienveillance de protecteurs généreux lui crée une situation paisible et assure enfin son avenir.

Le récit de ces événements est fait sur un ton de naïveté extrêmement agréable. On trouve dans ce livre des tableaux très vivants, comme le passage du roi à Sainte-Menehould pendant le retour de Varennes, ou la revue de Napoléon au Carrousel. De plus, il est très précieux pour l'étude des mœurs si singulières de la Courlande au commencement de ce siècle.

THIÉBAULT (G^{al} B^{on}). — Mémoires du général baron Thiébault, publiés sous les auspices de sa fille Mlle Claire Thiébault, d'après le manuscrit original, par Fernand CALMETTES.

I : 1769-1795. 7° édit. Un vol. in-8°. Prix. . . . . 7 fr. 50
II : 1795-1799. 6° édit. Un vol. in-8°. Prix. . . . . 7 fr. 50
III : 1799-1806. 5° édit. Un vol. in-8°. Prix. . . . . 7 fr. 50
IV : 1806-1813. 4° édit. Un vol. in-8°. Prix. . . . . 7 fr. 50

Très amusants à lire, anecdotiques et pourtant pleins des grands faits historiques, ces *Mémoires* nous donnent des renseignements pittoresques et inédits sur la fin de l'ancien régime, les principales journées de la

Révolution, le grand élan patriotique et guerrier de 1792, sur Bonaparte et les glorieuses campagnes d'Italie ; il nous fait assister à l'éclosion du régime impérial, au 18 brumaire, à l'éblouissant triomphe du jeune Empire à Austerlitz. Ce dernier volume est consacré au récit des campagnes si mouvementées d'Espagne et de Portugal de 1808 à 1813.

Thiébault est le type du soldat issu du mouvement généreux de la Révolution ; il s'enthousiasme pour l'odeur de la poudre, la beauté des femmes et le plaisir des aventures. Son récit est empreint du charme qui distinguait l'esprit de l'auteur.

PASQUIER (Chancelier). — *Histoire de mon temps.* **Mémoires du Chancelier Pasquier**, publiés par M. le duc d'AUDIFFRET-PASQUIER, de l'Académie française.

PREMIÈRE PARTIE : *Révolution, Consulat, Empire.*
Tome Ier : 1789-1812. 5e édit. Un vol. in-8° avec portraits. 8 fr.
Tome II : 1812-1814. 5e édition. Un vol. in-8°. Prix. . 8 fr.
Tome III : 1814-1815. 4e édition. Un vol. in-8°. Prix. . 8 fr.

DEUXIÈME PARTIE : *Restauration.*
Tome IV : 1815-1820. 3e édition. Un vol. in-8°. Prix. . 8 fr.
Tome V : 1820-1824. 3e édition. Un vol. in-8°. Prix. . . 8 fr.
Tome VI : 1824-1830. 2e édition. Un vol. in-8°. Prix. . 8 fr.

Ces Mémoires constituent une histoire remarquablement impartiale de cette période si féconde en événements prodigieux. Conseiller d'Etat, puis préfet de police sous l'Empire, ministre sous la Restauration, le duc Pasquier, que M. Taine proclamait « le témoin le mieux informé et le plus judicieux pour la première moitié de ce siècle », a été bien placé pour connaître et juger les hommes et les événements de cette époque qui nous intéresse tant aujourd'hui.

LAREVELLIÈRE-LÉPEAUX. — **Mémoires de Larevellière-Lépeaux**, publiés par son fils. Trois vol. in-8°. Prix. . . . 20 fr.

Écrits par un témoin de la Révolution, qui a joué un rôle considérable, qui a été le président du Directoire, ces *Mémoires* abondent en renseignements importants et souvent inédits ; ils éclairent d'un jour nouveau bien des scènes de cette période révolutionnaire si étudiée et cependant encore si mal connue, spécialement en ce qui concerne les événements politiques et militaires du Directoire.

MARBOT (G^{al} B^{on} de). — **Mémoires du général baron de Marbot.**
I. *Gênes, Austerlitz, Eylau.*
II. *Madrid, Essling, Torrès-Védras.*
III. *Polotsk, la Bérésina, Leipzig, Waterloo.*
Trois volumes in-8°. 37e édition. Prix. . . . . . . 22 fr. 50

MACDONALD (Maréchal). — **Souvenirs du maréchal Macdonald, duc de Tarente**, avec une introduction par M. Camille ROUSSET, de l'Académie française. 7e édition. Un vol. in-8° avec deux portraits d'après David et d'après Gérard. Prix. . . . . 7 fr. 50

Ces *Souvenirs* doivent prendre rang parmi les mémoires les plus intéressants sur cette période de la Révolution et de l'Empire. Macdonald fut à Jemmapes avec Dumouriez, en Hollande sous Pichegru ; on le retrouve commandant en chef l'armée de Naples, puis à Wagram, plus tard à Lutzen, à Leipzig et à tous les combats de la campagne de France. Il est le négociateur de Napoléon en 1814, le fidèle défenseur du Roi en 1815.

Un style mouvementé et précis, où rien n'entrave l'indépendance de l'honnête homme, et la franchise un peu brusque du soldat, font la grande valeur littéraire de ce document familial.

OUDINOT (Maréchale, duchesse de Reggio). — **Le maréchal Oudinot, duc de Reggio,** *d'après les Souvenirs de la maréchale,* publiés par M. Stiegler, avec une préface de M. le marquis Costa de Beauregard. 6ᵉ édition. Un vol. in-8°. Prix. 7 fr. 50

Après les œuvres où revivent Marbot, Macdonald, Thiébault, et qui obtiennent un si vif succès, voici la figure du maréchal Oudinot qui émerge à son tour. Mais celle-ci, chose rare et piquante, nous est tracée par la main d'une femme : c'est la maréchale Oudinot qui nous conte elle-même la vie de son mari.

Cette femme délicate avait pu voir de près les exploits du maréchal, qu'elle avait suivi presque jusque sous les balles. Et ainsi nous avons dans ces *Souvenirs* inédits un poignant tableau de la retraite de Russie, écrit par une femme du monde qui, toute jeune, y a pris part, qui y a souffert les tortures du froid, de la fatigue et de la défaite. Sous la Restauration, la maréchale Oudinot, devenue dame d'honneur de la duchesse de Berry, nous montre avec grâce et finesse la physionomie si curieuse de cette cour qui ressuscita momentanément l'étiquette étroite et le cérémonial fastueux de l'ancien régime.

DE LARUE (Chevalier de). — *Histoire du dix-huit fructidor.* **La déportation des députés à la Guyane,** *leur évasion et leur retour en France,* par le chevalier de Larue. Un volume in-8° avec portrait. Prix. . . . . 5 fr.

C'est une page d'histoire fort peu connue, vraiment saisissante et curieuse. L'auteur est le chevalier de Larue, beau-frère du célèbre baron Hyde de Neuville et l'un des députés déportés. Ce livre est ce qu'on peut appeler, à proprement parler, l'histoire du dix-huit fructidor, c'est-à-dire le récit de l'arrestation des députés, de leur transportation, de leur séjour à Sinnamari et des dramatiques péripéties de leur évasion ; tout cela était resté à peu près ignoré jusqu'ici : il a semblé avec raison que cette page d'histoire méritait d'être remise au jour. Certains rapprochements qu'un lecteur avisé ne manquera pas de faire entre l'état des esprits à cette époque tourmentée et les préoccupations de l'époque actuelle, augmenteront encore l'intérêt de cette publication et contribueront à en assurer le succès.

X... — Mémoires d'une inconnue. 2ᵉ édit. Un vol. in-8°. 7 fr. 50

C'est une physionomie bien noble que cette *Inconnue* qui a fréquenté les derniers salons de l'ancien régime et qui a assisté aux grands événements de la Révolution et de l'Empire. Mais, en dehors de l'intérêt historique, le vrai caractère de ces Mémoires, c'est que l'*Inconnue* s'y montre au plus haut degré femme de cœur et d'intelligence ; elle nous fait partager si bien ses sensations, que nous assistons pour ainsi dire avec elle à l'évolution psychologique d'une femme de son temps. Sans perdre le culte de sa jeunesse pour Rousseau et pour la Convention, elle devient la fervente admiratrice de Napoléon et la zélée pénitente de M. de Frayssinous ; conciliant avec une étonnante sincérité ces croyances si contraires, elle sème sur l'éducation, la femme, la politique, la religion, des pensées morales qui résument parfaitement toute la philosophie d'un temps.

HYDE DE NEUVILLE. — **Mémoires et Souvenirs du baron Hyde de Neuville.**

I. *La Révolution, le Consulat, l'Empire.*
II. *La Restauration, les Cent-jours, Louis XVIII.*
III. *Charles X, la duchesse de Berry, le comte de Chambord.*

Trois volumes in-8°, avec portraits. (3ᵉ édit.) Prix.. 22 fr. 50

(*Ouvrage couronné par l'Académie française, prix Bordin.*)

Le baron Hyde de Neuville, l'ardent royaliste mêlé à tant de conspirations pendant la Révolution et le Consulat, l'âme chevaleresque que Bonaparte ne put faire plier et qu'il poursuivit dès lors avec acharnement, l'homme de gouvernement qui, entrant aux affaires à la Restauration, exerça comme ministre et comme ambassadeur une action si importante sur la politique de notre pays, a laissé des *Mémoires* de la plus haute valeur et du plus vif attrait. Leur saveur originale, les piquantes révélations qu'ils apportent, le caractère romanesque d'aventures qu'on y rencontre, la vie qui les anime, mettent ces *Souvenirs* au premier rang parmi les publications les plus curieuses de notre époque.

BEAUVAIS (B. P. de). — **Mémoires inédits de Bertrand Poirier de Beauvais**, commandant général de l'artillerie des armées de la Vendée, publiés par la comtesse DE LA BOUËRE. In-8°. 7 fr. 50

Chargé par les princes d'une mission en France, Bertrand Poirier de Beauvais se joignit au soulèvement de la Vendée, et devint même membre du Conseil militaire qui dirigeait les armées vendéennes. Dans ses *Mémoires*, il raconte toute la guerre de 1793 à 1795. Cet ouvrage est à la fois un précieux document historique qui vient combler plus d'une lacune et préciser bien des détails ignorés, et en même temps un récit d'un intérêt palpitant sur la lutte dramatique qui a mis aux prises les colonnes républicaines avec les Vendéens et les Bretons insurgés.

CHAPTAL (Comte). — **Mes Souvenirs sur Napoléon Ier**, publiés par son arrière-petit-fils le vicomte An. CHAPTAL, secrétaire d'ambassade. Un vol. in-8° avec portrait. Prix . . . . 7 fr. 50

« L'Empereur, dit Chaptal, admettait à ses soirées un petit nombre
« d'individus, et j'étais de ce nombre. Il aimait beaucoup à parler et sur-
« tout à questionner. C'était presque toujours moi dont il s'emparait.
« Aussi il est peu de personnes qui aient plus d'anecdotes sur son
« compte et qui l'aient mieux connu dans sa vie privée. »

Les Mémoires de l'illustre savant constituent un vrai trésor de traits caractéristiques, de scènes typiques, d'histoires inédites sur Napoléon, ses goûts, ses mœurs, son tempérament physique et moral, ses qualités et ses défauts, sa conception du pouvoir, ses idées politiques. Mais le grand intérêt de ces *Souvenirs* est moins dans les anecdotes elles-mêmes que dans l'étude psychologique du caractère de Napoléon, dont elles ne sont ici que les arguments. Ce portrait de Napoléon, écrit par un observateur d'une rare perspicacité, attirera nécessairement l'attention des historiens et de tous ceux qui étudient l'époque impériale.

ROCHECHOUART (G^{al} Cte de). — **Souvenirs sur la Révolution, l'Empire et la Restauration**, par le général comte DE ROCHECHOUART, aide de camp du duc de Richelieu, aide de camp de l'empereur Alexandre Ier, commandant la place de Paris sous Louis XVIII. 2e édit. Un vol. in-8° avec deux portraits. 7 fr. 50

C'est une physionomie très originale que celle du comte de Rochechouart. Ami intime et collaborateur dévoué du duc de Richelieu à Odessa et à Paris, aide de camp et favori du czar Alexandre Ier, légitimiste ardent, il remplit les plus délicates missions politiques et militaires. Ces *Souvenirs* expliquent clairement les relations du Czar et de Napoléon, les campagnes de 1813 et 1814, le retour des Bourbons, et toute cette période si vivante de la Restauration.

SALAMON (Mgr de). — **Mémoires inédits de l'internonce à Paris pendant la Révolution (1790-1801)**, avec introduction, notes et pièces justificatives, par l'abbé BRIDIER, du clergé de Paris. 2e édition. Un vol. in-8°. Prix . . . . 7 fr. 50

Rien de circonstancié, de vivant, de vécu, comme le récit de ces

Mémoires sur les années terribles 1793 et 1794. Arrêté comme internonce du Pape, emprisonné et finalement conduit à l'Abbaye, Mgr de Salamon fut témoin occulaire des massacres de Septembre et n'y échappa que par miracle. Il est des pages qui donnent l'idée de la Terreur ; celles-ci en donnent la sensation.

GONTAUT (Duchesse de). — **Mémoires de madame la duchesse de Gontaut**, gouvernante des Enfants de France pendant la Restauration (1773-1836). 3ᵉ édit. Un vol. in-8° avec portrait. 7 fr. 50

On trouvera dans ces *Mémoires*, écrits avec une simplicité qui en double le charme, une foule de détails nouveaux et fort curieux sur la Révolution, l'Emigration, la Restauration, sur Louis XVIII, l'assassinat du duc de Berry, la naissance du duc de Bordeaux, le règne de Charles X, son exil et sa mort, et spécialement sur la vie des Enfants de France.

DURAS (Mᵐᵉ la duchesse de). — **Journal des prisons de mon père, de ma mère et des miennes.** 2ᵉ édition. Un vol. in-18. 3 fr. 50

MONTAGU (Marquise de). — **Anne-Paule-Dominique de Noailles.** Nouvelle édition. Un vol. in-8° avec portrait en héliogravure. Prix. 7 fr. 50

TOURZEL (Duchesse de). — **Mémoires de madame la duchesse de Tourzel**, gouvernante des Enfants de France pendant les années 1789, 1790, 1791, 1792, 1793, 1795, publiés par le duc DES CARS, avec un portrait de la Reine. 3ᵉ édit. Deux vol. in-8°. Prix 15 fr.

TERCIER (Général). — **Mémoires politiques et militaires du général Tercier (1770-1816)**, publiés avec préface, notes et pièces justificatives, par C. DE LA CHANONIE. Un vol. in-8°. 7 fr. 50

LA ROCHEJAQUELEIN (Marquise de). — **Mémoires de la marquise de La Rochejaquelein**, édition originale publiée sur son manuscrit autographe par son petit-fils. Un beau vol. grand in-8° richement illustré. Prix, broché. . . . . 20 fr.

LA BOUËRE (Comtesse de). — **Souvenirs de la comtesse de La Bouëre (1793-1796).** Un vol. in-8°. Prix. . . . . . . 7 fr. 50

GUILHERMY (De). — **Papiers d'un émigré (1789-1829).** Lettres et notes extraites du portefeuille du baron de Guilhermy, député aux Etats généraux, conseiller du comte de Provence, attaché à la légation du Roi à Londres, etc., mises en ordre par le colonel DE GUILHERMY. Un vol. in-8°. Prix. . . . . 7 fr. 50

DES CARS (Duc). — **Mémoires du duc des Cars**, colonel du régiment de dragons-Artois, premier maître d'hôtel du Roi, publiés par son neveu le duc DES CARS. Deux vol. in-8°. Prix. . . . 15 fr.

CHEVERNY (J.-N. Dufort, comte de). — **Mémoires sur les règnes de Louis XV et Louis XVI et sur la Révolution**, par J.-N. DUFORT, comte de Cheverny, introducteur des ambassadeurs, lieutenant général du Blaisois (1731-1802), publiés avec une introduction et des notes par Robert DE CRÈVECŒUR. Deux vol. in-8°. . 16 fr.

PINGAUD (Léonce). — **Correspondance intime du comte de Vaudreuil et du comte d'Artois pendant l'émigration (1789-1815)**, publiée par M. Léonce PINGAUD. Deux vol. in-8°. Prix. . 15 fr.

PUYMAIGRE (Cte Alexandre de). — **Souvenirs sur l'Émigration, l'Empire et la Restauration,** publiés par le fils de l'auteur. Un vol. in-8°. Prix . . . . 7 fr. 50

VILLENEUVE (Marquis de). — **Charles X et Louis XIX en exil.** Un joli vol. in-8°. Prix . . . . 7 fr. 50

JARRAS (Général). — **Souvenirs du général Jarras,** chef d'état-major général de l'armée du Rhin, publiés par madame JARRAS. Un vol. in-8° avec une carte. Prix . . . . 7 fr. 50

Ce volume plein de révélations sur les causes des désastres qui ont frappé l'armée du Rhin, jette une lumière nouvelle sur les péripéties de la lutte et spécialement sur la conduite du maréchal Bazaine, ainsi que sur la catastrophe de Sedan. Les terribles événements que relatent ces pages sont aujourd'hui du domaine de l'histoire, et, malgré les poignantes émotions que réveillent dans toutes les âmes patriotes ces tragiques souvenirs, il est temps de les étudier et de les apprécier.

DELACROIX (Eugène). — **Journal d'Eugène Delacroix.** Tome Ier (1823-1850), précédé d'une étude sur le maître, par M. Paul FLAT. Tome II (1850-1854). Notes et éclaircissements par MM. Paul FLAT et René PIOT. Deux vol. in-8° accompagnés de portraits et fac-simile. Prix . . . . 15 fr.

DUCROT (Général). — **La vie militaire du général Ducrot,** *d'après sa correspondance publiée par ses enfants.* 2e édit. Deux vol. in-8° avec portraits. Prix . . . . 15 fr.

Le général Ducrot a sa place marquée dans l'histoire parmi ceux qui prirent une large part aux dramatiques événements de 1870 et de 1871. Un livre révèle aujourd'hui ce que fut ce vaillant soldat, et ce livre est écrit par lui. Mais il ne s'offre pas au lecteur comme une œuvre conçue et préparée en vue du jugement de la postérité. C'est un recueil de lettres, intimes pour la plupart, et racontant sa vie au jour le jour, avec une simplicité familière et touchante.

Les débuts du jeune officier en Algérie à l'époque de la Conquête, la guerre contre la Russie (campagne de la Baltique), la guerre d'Italie, les avertissements prophétiques du général qui commandait à Strasbourg de 1865 à 1870 et prévoyait nos revers, enfin le tableau de la guerre avec la Prusse, où il joua le rôle que l'on sait, sont autant de pages qui mettent en relief la belle et noble figure du général Ducrot.

GAVARD (Charles). — **Un Diplomate à Londres.** In-18. 3 fr. 50

Un de nos diplomates les plus distingués, M. Charles Gavard, mort en juillet 1893, s'était trouvé, de 1871 à 1877, attaché à l'ambassade française de Londres, d'abord en qualité de premier secrétaire, puis de ministre plénipotentiaire faisant fonction de chargé d'affaires. Il sut se faire accueillir avec faveur non seulement dans le monde politique et diplomatique, mais aussi dans la haute société d'Angleterre, dans cette aristocratie britannique si difficilement pénétrable. M. Gavard fut donc à même de voir beaucoup, et ce qu'il voyait, à la Cour, à l'ambassade, dans les salons ou même dans les rues de Londres, il se plaisait à le raconter dans des notes prises sur le vif et dans des lettres à sa famille. Ces notes et ces lettres viennent de paraître en volume. Écrit avec un humour charmant, un esprit incisif, d'une plume très alerte, ce livre peint à merveille la société anglaise en même temps qu'il éclaire certains dessous de la diplomatie.

de Bertier! » On le fit sortir et on refusa de recevoir la tête, sous le prétexte qu'on délibérait. Alors on alla la promener au bout d'une pique et traîner le corps par les rues, comme celui de M. Foullon (1). Les dragons, outrés de l'acte de barbarie commis par leur camarade, lui déclarèrent qu'ils le jugeaient indigne de la vie, qu'ils étaient résolus de le combattre successivement jusqu'à ce qu'ils eussent lavé la tache dont il avait souillé leur corps en purgeant l'univers d'un monstre tel que lui. Il se battit et fut tué le soir même. Au milieu de ces scènes de carnage et d'atrocité, on voyait quelques exemples de magnanimité.

Le lendemain de la mort de Bertier, il parut un écrit dont le titre était une plaisanterie atroce et réfléchie : « Convoi, service et enterrement de très hauts et très puissants seigneur Foullon, président, et Bertier de Sauvigny, intendant de Paris, morts subitement en place de Grève et enterrés à leur paroisse (2). » Le reste de cet odieux pamphlet était de même ton.

M. Bertier était père de six enfants et passait pour un des intendants les plus habiles pour ses talents et ses connaissances en administration.

Je parle de tous ces faits en qualité de témoin oculaire, et je n'y ajoute que les détails de la fidélité desquels je me suis assuré. Je voyais beaucoup M. Lefebvre, banquier et beau-frère de M. Lourdet de Santerre, ancien maître des comptes et ami de M. Bailly. Il se

---

(1) M. Jules Guiffrey a publié dans la *Revue historique* (t. I, p. 507) le procès-verbal que dressa le commissaire de police du quartier Saint-André des Arts, du passage de cet horrible cortège devant son hôtel.

(2) Brochure de 8 pages in-8°. (Cf. Tourneux, *Bibliographie de l'histoire de Paris pendant la Révolution française*, I, n° 1272.)

réunissait chez lui des députés, des électeurs et des membres de la commune, qui parlaient entre eux sans opinion de parti, n'ayant que l'amour de la paix et de l'ordre. Plusieurs avaient des opinions démocrates, mais le bien public l'emportait chez eux, de sorte que j'étais fidèlement instruit de ce qui se passait à la ville, jusqu'aux plus petits détails que je rapportais à Versailles, où l'on s'étonnait de me voir si bien instruit. Je me gardais de dire où je puisais mes renseignements, de peur de les perdre par une indiscrétion.

La commune de Paris, frémissante encore des deux scènes horribles passées sous ses yeux, renouvela ses instances auprès de l'Assemblée nationale pour l'érection d'un tribunal destiné à juger les crimes de lèse-nation et prévenir les jugements et exécutions atroces où on poussait un peuple égaré.

M. de La Fayette écrivit à M. Bailly son intention de donner sa démission, puisqu'il se voyait dans l'impossibilité de faire le bien, et que le massacre de MM. Bertier et Foullon lui avait bien prouvé l'insuffisance de ses pouvoirs, impuissants, malgré ses ordres et une force imposante, à sauver ces malheureux de la fureur populaire.

M. Bailly eut envie de donner aussi sa démission, mais il réfléchit qu'il se trouvait responsable des événements et serait criminel d'abandonner l'administration et la chose publique, puisque le succès de la Révolution et le sort de la future constitution dépendaient entièrement de la tranquillité de Paris. De plus, il ne savait à qui remettre ses pouvoirs. Il eut une conférence avec M. de La Fayette; il ne fallait pas, dit celui-ci, qu'ils quittassent tous les deux ensemble; les victimes avaient été arrachées à la garde qu'il commandait, et l'intérêt de la chose publique exigeait un chef militaire qui fût toujours sûr qu'avec des forces suffisantes les ordres du pouvoir seraient exécutés. M. Bailly combattit, au nom de l'intérêt public, son projet de démission. M. de La Fayette avoua qu'il était bien convaincu que sa démission ne serait pas acceptée, qu'il n'avait pas sérieusement dessein de se retirer, mais qu'il était essentiel qu'il la proposât pour que ces tristes événements rappelassent à l'ordre ceux qui s'en étaient écartés et instruisissent le peuple que dans le régime de la liberté, si la loi n'est pas souveraine, si les magistrats ne sont pas obéis au nom de la loi, il n'y a pas de salut pour lui. Étant bien convenus de rester et de s'entendre, M. Bailly remit à M. Moreau de Saint-Méry la lettre de M. de La Fayette pour la communiquer à l'assemblée. Celle-ci, effrayée d'une résolution et d'un abandon qui pouvaient en ce moment devenir si funestes, se transporta au comité des subsistances, où on savait trouver M. Bailly et M. de La Fayette. Ce dernier leur exposa ses raisons. On convint qu'il se rendrait à six heures à l'assemblée pour s'occuper de mesures si importantes.

Le soir, M. de La Fayette revint dire à M. Bailly que les districts lui avaient rapporté sa démission, et que l'assemblée y avait joint de nouvelles instances, qu'il avait voulu se retirer, mais que de nouvelles délibérations des districts étant parvenues à l'assemblée en sa présence, on lui avait barré le passage; qu'alors il n'avait pas résisté plus longtemps et avait consenti à reprendre le commandement. A cette assurance, la salle avait retenti des cris de : « Vive la nation! vive la liberté! vive La Fayette! » et il avait été embrassé par toute l'assemblée, qui, renouvelant sa confiance en ses vertus, son patriotisme et ses talents, l'avait proclamé commandant général de la garde nationale. De plus, tous les députés et électeurs présents avaient signé une déclaration où ils lui promettaient obéissance, au nom de toutes les corporations militaires et des forces armées des districts.

Les excès du 22 juillet avaient effrayé M. de Crosne, dont on avait pillé la maison et qui se sauva en Angleterre. M. Doumerc, si utile à la chose publique, en proie à des menaces personnelles, déclara qu'il ne reviendrait plus à Paris. M. de Montaran, rentré de Rouen, en fit autant. M. Leleu, de Corbeil, avait été obligé de s'enfuir. Tous les préposés aux achats et aux magasins du gouvernement voulurent partir, et la ville se trouva sans conseils et sans moyens. M. Bailly eut pour l'approvisionnement de Paris de fréquentes entrevues à Chaillot avec MM. Doumerc, de Montaran et deux membres des subsistances. Il craignait, en voulant faire le bien, de devenir suspect aux comités.

Le 23 juillet, toutes les cours réunies allèrent rendre leur premier hommage à l'Assemblée nationale. Le premier président parla debout et découvert, et le président de l'Assemblée assis. Tout était bien changé en peu de temps.

Le 25 juillet, on avait arrêté aux barrières une voiture à six chevaux et trois chevaux de main, appartenant à M. le duc du Châtelet; on les revendiqua sous le nom de Mme la comtesse de Simiane, nièce de M. le duc du Châtelet. Par la visite et les papiers on reconnut que le tout appartenait bien à M. le duc du Châtelet. Quelques gardes françaises réclamèrent la voiture comme bonne prise de guerre et demandèrent une autorisation de la ville pour la vendre, mais le corps des gardes françaises envoya une députation à la ville pour protester contre ce fait.

On afficha une ordonnance pour faire rentrer tous les papiers pris à la Bastille, dont on formerait une collection historique.

L'Assemblée nationale fit placarder une proclamation portant que tous les agents du pouvoir reconnus coupables seraient punis, que la Constitution établirait un tribunal pour les crimes de lèse-nation, mais que les coupables devant être jugés par la loi resteraient sous sa sauvegarde jusqu'à ce qu'elle ait prononcé sur leur sort.

M. le baron de Castelnau, ministre de France à Genève, fut arrêté(1); on dit qu'il avait déchiré sur-le-champ un papier qu'il tenait à la main. On trouva sur lui une lettre de M. le duc de Dorset, ambassadeur d'Angleterre en France, à M. le comte d'Artois, qui était en Suisse. On conduisit M. de Castelnau à la ville, où on lui rendit la liberté. Mais la lettre paraissant suspecte, on l'envoya à M. le duc de Liancourt, président de l'Assemblée nationale; celui-ci la renvoya à la ville, en disant que l'Assemblée, n'étant pas le pouvoir exécutif, n'avait pas à connaître des affaires de Paris (2). On n'osait à la ville ouvrir le paquet. Un électeur, plus hardi que les autres, ouvrit la lettre; on n'y trouva que des compliments. M. de Clermont-Tonnerre rapporta à l'Assemblée qu'il avait été présent à

---

(1) Dans la nuit du 22 au 23 juillet, en passant sur le Pont-Royal.
(2) Séance du 28 juillet 1789.

l'ouverture de la lettre, et qu'elle ne contenait que des choses indifférentes. L'Assemblée passa à l'ordre du jour.

Je ne rapporte ce fait que parce qu'il occupa dans ce temps la cour et la ville par rapport à M. le comte d'Artois. Quelques jours après, M. le duc de Liancourt donna à l'Assemblée nationale communication d'une lettre de M. le duc de Dorset relative à sa lettre à M. le comte d'Artois et aux bruits calomnieux qu'elle avait fait naître, et où il protestait du désir de sa cour de vivre en bonne intelligence avec la France (1). L'Assemblée nationale ordonna l'impression de cette lettre ; enfin l'ambassadeur d'Angleterre écrivit de nouveau qu'il avait rendu compte de sa démarche et de sa lettre à sa cour, qui les avait approuvées et l'avait chargé de renouveler dans les termes les plus positifs le désir de cultiver l'amitié et l'harmonie subsistant si heureusement entre les deux nations. Il priait M. le Président de communiquer sa lettre à l'Assemblée nationale (2).

(1) Cette lettre écrite à Montmorin, en date du 26 juillet 1789, fut lue à l'Assemblée dans la séance du 27 juillet.
(2) Cette lettre, en date du 4 août 1789, fut lue dans la séance de ce même jour.

III

Rôle de la haute bourgeoisie dans la Révolution. — Arrestation du baron de Besenval (28 juillet). — Necker et la duchesse de Polignac. — Rentrée triomphale de Necker; décret d'amnistie; mise en liberté du baron de Besenval (30 juillet). — L'ordre d'élargissement de Besenval est rapporté. — Désertion des gardes françaises (nuit du 30 au 31 juillet). — Habillement de la garde nationale. — Influence exercée sur l'industrie par la formation de la garde nationale. — Le comte de Paroy fabrique des dessus de tabatières qui portent le nom de *boîtes à la Paroy*. — Le Palais-Royal. — Emeute à l'Hôtel de ville relativement aux poudres. Le marquis de La Salle sauvé par La Fayette (6 août). — Emprunt de trente millions décrété par l'Assemblée sur la demande de Necker, malgré l'opposition de Mirabeau (8 août). — Suppression des dîmes ecclésiastiques (8 août). — Procession des femmes du marché Saint-Martin. — Désordres causés par les Suisses. — Les vainqueurs de la Bastille. — Suppression du régime féodal (11 août). — Le peuple de Versailles délivre un parricide qui allait subir le supplice de la roue. — Discussion sur la tragédie de *Charles IX* de Marie-Joseph Chénier; première représentation fixée au 4 novembre. — Pénurie des farines. — Dîner donné à Versailles, au nom du roi, par le comte de Saint-Priest, à La Fayette, à Bailly et aux municipaux parisiens, et repas offert par la garde nationale de Versailles à celle de la capitale (25 août). — Distribution aux gardes françaises de la somme provenant de la vente des biens meubles et immeubles de ce régiment (27 août). — Emprunt de quatre-vingts millions décrété par l'Assemblée (27 août). — Mort et banqueroute de l'agent de change Pinet, chef de la bande des accapareurs. — Femmes fouettées publiquement. — Le marquis de Saint-Huruge.

Il existait une classe de citoyens désignée sous le nom de haute bourgeoisie et composée de notaires, de procureurs, d'avocats et de marchands aisés. Tous avaient reçu dans les collèges une certaine éducation, et c'était parmi eux que vivaient le plus familièrement les gens de lettres, qui étaient leurs parents ou amis et sortaient de la même classe. Tous sentaient qu'en anéantissant les ordres qui les primaient ils pourraient s'emparer de toutes les places et dominer l'esprit public, sans l'être par qui que ce soit. Ils se promettaient d'amuser le peuple en l'excitant à une révolution dont tout le fruit devait être pour Messieurs de la haute bourgeoisie, et ils comptaient ainsi acquérir des richesses et jouir tranquillement de leur considération usurpée. C'est ce qui arriva.

Le Palais-Royal, qui avait été le théâtre des premières agitations si utiles aux amis de la révolution, devint un objet d'inquiétude pour l'administration de la ville, si intéressée à la paix. Pour prévenir les commotions excitées par les malintentionnés, on chargea cinq districts de la surveillance à exercer, tant par leurs commissaires civils que par leurs forces militaires. Les districts des Petits-Pères, Saint-Honoré, Saint-Roch, l'Oratoire et des Filles Saint-Thomas furent désignés à cet effet. Les gardes françaises, qui s'étaient rangés sous les ordres de la ville, exigèrent un traitement de vingt sols par jour à commencer du 12 août, outre les indemnités séparées données par les districts. M. de La Fayette proposa à l'Assemblée de voter une médaille à tous les gardes françaises qui avaient servi la révolution.

Le 28 juillet, M. le baron de Besenval, officier général et lieutenant-colonel des gardes suisses, avait été arrêté à Villeroy par les officiers municipaux, qui demandèrent à la municipalité de Paris ce qu'on devait en faire. Il y resta jusqu'au 1er août, jour où le comité provisoire de police envoya trois commissaires le chercher avec ordre de le conduire à l'Abbaye. La crainte qu'il éprouvât le sort de MM. Bertier et Foullon faisait prendre cette précaution. Les commissaires trouvèrent prudent de laisser le baron à Brie-Comte-Robert, sous la garde de la ville; on l'établit dans une vieille tour que l'on arrangea à cet effet. Il y resta environ un mois, sous la protection de la garde nationale et sous la surveillance du concierge. Je l'y ai vu en passant pour aller chez moi à Paroy; je le trouvai jouant au piquet avec le concierge-geôlier; il paraissait être très tranquille sur son sort. Il fut de là transféré au petit Châtelet, où tous ses amis eurent la liberté de le voir : j'y trouvai jusqu'à quinze personnes en visite.

Le 28 juillet, on apprit à Paris le retour de M. Necker, qui avait passé le bac à Choisy pour se rendre directement à Versailles. Il était parti de Bâle aussitôt que Mme la duchesse de Polignac lui eut fait part de l'ordre du roi. Celle-ci, ayant appris qu'il vivait à Bâle très retiré, l'avait fait inviter de venir la voir dans une auberge de la ville; au grand étonnement de M. Necker, elle lui apprit la révolution qui s'était opérée depuis son départ du ministère, la prise de la Bastille, le départ des princes, hors *Monsieur*, le sien et celui de sa famille, puis le rappel de M. Necker par le roi, sur le vœu de l'Assemblée et du peuple, qui avait promené son buste dans les rues. M. Necker avait peine à la croire. Mme de Polignac l'assura avoir vu l'ordre signé du roi et partir la personne chargée de le lui porter, ajoutant que chaque moment de retard était nuisible à la tranquillité publique. Alors M. Necker, admirant les décrets de la Providence, partit de suite.

Mme de Polignac me confirma elle-même ces détails en Suisse.

Le 30 juillet, M. Necker, voulant prouver à la ville de Paris ses sentiments affectueux et affirmer sa popularité, lui fit dire qu'il s'y rendrait ce jour-là. La municipalité envoya des commissaires au-devant de M. Necker, dont la voiture était entourée par la foule. Le chef de cette députation le harangua à la porte de l'Hôtel de ville. M. Necker, arrivé à la salle, fut encore harangué par M. Bailly, qui le fit ensuite placer à côté de lui. M. Necker répondit par un long discours, puis il demanda la liberté de M. de Besenval avec les plus vives instances :

« Ce n'est pas seulement devant vous, dit-il, c'est devant le plus inconnu, le plus obscur des citoyens de Paris, que je me prosterne, que je me jette à genoux pour demander que l'on n'exerce, ni envers M. de Besenval ni envers personne, aucunes rigueurs semblables en aucune manière à celles qu'on m'a racontées... Ce que je demande, ce sont des égards pour un général étranger, s'il ne lui faut que cela ; c'est de l'indulgence et de la bonté, s'il a besoin de plus..... Je serais bien heureux si cet exemple devenait le signal de l'amnistie qui rendrait le calme à la France. »

Le ton pénétré d'un ministre, de qui on attendait tout et qu'on voyait prosterné devant la nation pour demander la liberté de M. de Besenval, obtint le succès désiré. L'Assemblée fut entraînée par un mouvement irrésistible, un cri de grâce se fit entendre, et la liberté fut accordée. Les ordres furent donnés et signés aussitôt ; deux membres de l'Assemblée, MM. de Corberon et Montaleau, s'offrirent de les porter. M. Necker y joignit une lettre de sa main. L'enthousiasme pour le ministre fut si grand que l'on proposa de lui ériger une statue dans l'enceinte de l'Hôtel de ville. M. Bailly émit l'avis de placer son buste dans la salle des séances de l'Assemblée, ce qui fut adopté avec acclamation.

Le peuple, qui était sur la place, demandait à voir M. Necker. Pressé par ces cris réitérés, il se montra à la fenêtre; de tous côtés on criait : « Grâce! pardon! »

Pendant ce temps-là, M. de Clermont-Tonnerre, député, et jouissant alors d'une grande influence, proposa de rédiger sur-le-champ un arrêté relatif à l'amnistie qui venait d'être proclamée; en conséquence, on prit de suite l'arrêté suivant :

« Sur le discours si vrai, si sublime et si attendrissant de M. Necker, l'Assemblée, pénétrée des sentiments de justice et d'humanité qu'il respire, a arrêté que le jour où ce ministre si cher et si nécessaire a été rendu à la France devait être un jour de fête. En conséquence, elle déclare, au nom de tous les habitants de cette capitale, certaine de n'être pas désavouée, qu'elle pardonne à tous ses ennemis, qu'elle proscrit tout acte de violence contraire au présent arrêté et qu'elle regarde comme les seuls ennemis de la nation ceux qui troubleront par aucun excès la tranquillité publique; en outre que le présent arrêté sera lu aux prônes publics, publié à son de trompe dans toutes les rues, envoyé dans toutes les municipalités, et que les applaudissements qu'il obtiendra distingueront les bons Français. »

Cet arrêté fut désapprouvé par le district de l'Oratoire, influencé par Mirabeau, qui excita plusieurs autres à s'y joindre. En conséquence, le district prit un arrêté déclarant incompétent celui des électeurs et ordonnant de se saisir de la personne du sieur Besenval et d'empêcher l'exécution des ordres donnés pour le laisser retourner en Suisse.

Pendant ce temps, on exaspéra les esprits de la capitale. Mirabeau jalousait l'influence populaire de M. Necker, dont la liberté de M. de Besenval était l'ouvrage. La ville envoya à MM. Corberon et Montaleau un ordre contraire à celui du matin; on afficha un placard pour instruire le public de l'ordre donné d'arrêter M. de Besenval, et on envoya à M. Necker un autre courrier pour l'instruire de ce qui se passait.

Le président de l'Assemblée nationale, M. de Liancourt, lui fit part des ordres et contre-ordres donnés pour la liberté et l'arrestation de M. de Besenval, et la consulta sur le moyen de prévenir les troubles que cette affaire pourrait causer. Mirabeau prit la parole, dit qu'une assemblée d'électeurs sans pouvoir n'était qu'un club d'individus, que l'arrêté était dangereux dans son principe et son effet, que M. de Besenval avait commandé l'armée assemblée autour de Paris, de plus qu'il avait écrit au gouverneur de la Bastille de faire résistance; il ajouta qu'il fallait surtout qu'il ne fût pas amené à Paris, afin qu'il ne courût aucun danger, et il proposa de le garder, s'il était encore arrêté.

L'Assemblée nationale prit un arrêté portant que la personne du baron de Besenval, si elle est encore détenue, doit être remise en lieu sûr et sous une garde suffisante dans la ville la plus prochaine du lieu où il aura été arrêté, et que qui que ce soit ne peut attenter à la personne dudit baron de Besenval, qui est sous la sauvegarde de la loi.

Cet arrêté, contraire à la démarche de M. Necker, ne pouvait lui plaire. Mme de Staël, sa fille, présente à l'Assemblée, en fit de vifs reproches à Mirabeau.

M. le baron de Besenval avait été rejoint et conduit à Brie-Comte-Robert, où il resta sous la garde de MM. de Montaran et Corberon. On y envoya de suite cent hommes de la garde parisienne, avec défense de le relâcher dans aucun cas que sur un ordre de M. de La Fayette.

Un événemeut attrista la cour. La nuit du 30 au 31 juillet, les gardes françaises, de service à Versailles, abandonnèrent la garde du roi et allèrent à Paris, avec armes et bagages, mais sans officiers, se joindre au peuple pour soutenir le parti de la révolution. Ils craignaient de n'avoir pas part au traitement que la ville devait faire à leur régiment.

La garde du roi fut attribuée aux invalides et aux gardes nationales de Versailles. Il y eut une vive dispute pour les postes. M. le comte de Saint-Priest, que l'on regardait comme un patriote, écrivit une lettre qui fut imprimée et affichée, et par laquelle il attribuait les postes intérieurs et les grilles aux invalides, et les postes extérieurs éloignés à la garde nationale. Cette disposition excita de grands murmures et fit le plus mauvais effet ; on fut obligé de la rétracter et de donner la préséance à la garde citoyenne. Cette affaire occupa beaucoup le château et la ville. Les gardes françaises, destinés à former une partie de la garde parisienne, voulaient avoir un congé de M. de Mathan, leur ancien lieutenant-colonel ; dans leur embarras de l'obtenir, ils s'adressèrent à M. de La Fayette, qui en conféra avec les officiers. Celui-ci fit afficher que les gardes pouvaient se présenter chez M. de Mathan, qui leur délivrerait leur congé.

M. de La Fayette alla ensuite à la commune réclamer sa justice pour les gardes françaises qui avaient rendu de si grands services. On libella une sorte de certificat, témoignage d'estime et de reconnaissance de la ville de Paris, signé du maire et du commandant général, qui serait délivré à chacun d'eux; on ordonna de mettre les scellés sur la caisse du régiment, et on arrêta que le produit de la vente des fonds formés par des retenues de la solde serait partagé entre les soldats patriotes, tant ceux qui entreraient dans la garde nationale que ceux qui désireraient se retirer.

Tous les moyens de séduction avaient été employés d'avance pour opérer la dissolution des gardes françaises et enlever cette garde au roi. Le district des Filles Saint-Thomas pour sa part prouva par ses comptes qu'il avait payé pour eux quatorze mille francs de vin et de cervelas. L'Assemblée décida un supplément de prêt, qu'elle fixa à vingt sols par jour, et fit remonter ce traitement jusqu'au commencement de la révolution, disant qu'il était juste que les soldats de la liberté eussent une paye plus forte.

Une des choses qui contribuèrent le plus à l'ordre intérieur de Paris fut la mise en uniforme de la garde nationale de Paris, car ces bourgeois habillés diversement et seulement armés de fusils n'en imposaient pas à la foule des brigands qui excitaient sans cesse des insurrections. Il est une vérité d'expérience, c'est que les hommes assemblés ne sont bien frappés que par les yeux; il faut que le magistrat et la force armée aient, comme le comédien, le costume de leur rôle pour marque distinctive, sans quoi le peuple ne voit dans le magistrat et le bourgeois que son voisin ou son compère. Le hasard servit bien la ville de Paris : la milice de Villeneuve-Saint-Georges avait arrêté et conduit à Paris cinq voitures chargées de drap pour le compte du gouvernement. Cela fut trouvé de bonne prise et envoyé à l'Arsenal et aux Célestins. Le dimanche 9 août, plusieurs bataillons de gardes nationaux firent bénir leurs drapeaux dans leurs paroisses respectives; ils avaient tous revêtu l'uniforme national, que M. de La Fayette s'était empressé de prendre (1).

La formation de la garde nationale désorganisa toute la classe bourgeoise commerçante et celle des ateliers. L'ambition de porter une épaulette tourna tous les esprits : en moins de huit jours tout Paris parut être une garnison militaire. Les femmes vendaient leurs bijoux pour la dépense de l'équipement de leur mari. Ceux qui ne s'habillaient pas étaient peu considérés; les ateliers et boutiques diminuèrent; les pères plus sages se mirent dans les bureaux, et leurs enfants endossèrent la giberne. Les arts s'en ressentirent; quantité de moyens d'industrie, concentrés dans des familles ouvrières de père en fils depuis plusieurs générations, furent perdus par l'éparpillement de ceux qui les exerçaient ; coup funeste au commerce industriel de la capitale. Les étrangers en profitèrent

---

(1) Toute la livrée de la dernière classe des serviteurs du roi fut changée en uniforme national et les valets transformés en capitaines et en lieutenants. L'épaulette tournait toutes les têtes; les musiciens de la chapelle eux-mêmes parurent à la messe en uniforme, et un soprano y chanta un motet en habit de capitaine de grenadiers. Le roi en fut choqué et leur défendit de paraître en sa présence dans un costume aussi déplacé. (*Note du comte de Paroy.*)

pour attirer chez eux par toutes sortes de moyens nos chefs d'atelier. La Suisse s'enrichit de l'émigration des ouvriers de Lyon, et la Prusse et l'Allemagne de ceux de Paris. J'en cite un exemple dont j'ai été témoin. Des commissionnaires de Berlin venaient acheter à Paris des tabatières en blanc, c'est-à-dire en carton brut, sans être peint, ni verni ; les artistes de Berlin les peignirent et confectionnèrent sur les modèles de Paris. Ces commissionnaires débauchèrent les ouvriers en carton, qui allèrent s'installer à Berlin et aux environs ; aussi les Allemands firent désormais eux-mêmes leurs boîtes de carton, qui constituaient pour nous un commerce considérable. Il en fut de même d'autres branches d'industrie.

Une quantité innombrable de moyens artistes peignaient en France ces tabatières en cartonnage de divers formes et usages. Ceux-ci étant partis à l'armée ou employés dans les administrations, les maîtres tabletiers ne trouvaient plus de monde pour les embellir. Plusieurs me témoignèrent leur embarras. J'imaginai de remplacer les peintures par de jolies gravures. Je réussis au point que, la mode en étant venue, vu le bon marché, il s'éleva plusieurs nouvelles fabriques. Je leur fournissais les ronds de boîte, premièrement à 6 francs la douzaine ; les mêmes sont tombés à dix sols la douzaine, vu la concurrence. J'en imprimais douze sur la même planche. Je ne soutins la concurrence que par la grande variété et supériorité d'exécution sur les autres. Ce genre d'industrie a eu une grande vogue et dura très longtemps ; on les appelait des boîtes à la Paroy. Mais, comme tout dégénère, les contrefacteurs employèrent de mauvais artistes, et les gravures furent données jusqu'à cinq sols la douzaine.

On essayait toujours d'effrayer le public par toutes sortes de moyens. Une patrouille ramassa dans la rue Saint-Bon, au coin d'une borne, un tas de chiffons imprégnés de soufre qu'un particulier y avait laissé tomber en s'enfuyant à la vue de la patrouille. On porta le paquet à la ville; le bruit s'en répandit avec toutes sortes de versions. Chacun faisait ses réflexions, lorsqu'on nomma des commissaires pour reconnaître l'emploi de ces linges soufrés. Tous attestèrent qu'ils avaient été fabriqués à l'usage des marchands de vin, qui s'en servaient pour monter leur vin blanc. Cela fut publié, et les inquiétudes cessèrent.

Le Palais-Royal était toujours le ralliement ou pour mieux dire le club banal de tous les gens oisifs et désœuvrés de Paris, et des étrangers, qui ne savent où passer leur temps après les affaires de la journée. Il y a plus de quarante mille étrangers qui logent en hôtel garni, qui ne sont pas censés habitants et pourtant sont citoyens français; ils ne peuvent assister aux délibérations des districts, mais comme dans les districts on opine souvent sur des objets qui n'intéressent pas seulement la commune, mais toute la France, les papiers publics en parlent. Les étrangers, répandus dans les cafés du Palais-Royal et autres, se réunissaient en petits groupes pour en causer dans le jardin; peu à peu ils formèrent un district, qui fut le Palais-Royal. Les malveillants et gens ayant intérêt aux divisions, profitant de tout ce qui pouvait servir leurs vues, se joignirent à ces petits groupes, les grossirent de leurs créatures et y firent des motions écoutées et suivies.

Il est constant que c'est au Palais-Royal que se firent les motions de ne pas laisser mettre à Bicêtre quelques gardes françaises détenus à l'abbaye Saint-Germain, puis de les faire réintégrer en prison, lorsqu'on eut la certitude que le roi avait promis de faire grâce quand l'ordre serait rétabli. C'est là aussi que furent fêtés les soldats patriotes et qu'on les y harangua au nom de la patrie, et qu'on décida de prendre les armes, d'aller s'emparer du trésor, et de se rendre à l'Arsenal et aux Invalides. Si ce n'est pas du Palais-Royal que partit l'ordre de massacrer M. de Launey, c'est là qu'on apporta sa tête après la prise de la Bastille. C'est là aussi que les têtes de Foullon et de Bertier furent promenées en triomphe autour du jardin. Dans toutes les grandes villes, il y aura toujours un lieu de réunion pour les désœuvrés, qui s'y assembleront pour causer et pour savoir les nouvelles du jour et même de l'heure. La grande profusion de papiers publics et de journaux qu'on se procure au Palais-Royal alimentait les discussions politiques. La quantité de cafés et de réverbères dans les galeries y faisait voir clair la nuit comme le jour. Le mal est que plus les groupes sont nombreux, plus une idée incendiaire y fait de progrès. Combien de fois le Palais-Royal n'a-t-il pas excité l'attention de la police et le jardin a-t-il été cerné et fermé pour en dissiper les attroupements! Ce semblait être le bureau de nouvelles de tout Paris : de toutes les sections on venait les y puiser, et en un instant elles étaient répandues dans toute la capitale.

Tous les jours il arrivait des nouvelles désastreuses des départements, où on pillait et incendiait les châteaux. Le peuple des campagnes, après avoir refusé d'acquitter le cens et les redevances, ne voulait plus payer d'impôt. M. Target lut à l'Assemblée à ce sujet le projet d'une proclamation qui avait été demandée pour arrêter les excès des campagnes. La fameuse séance du 4 août, dans laquelle le régime féodal fut détruit et où on abolit tous les titres et privilèges, résume la révolution tout entière.

Le 6 août, il y eut une grande insurrection à l'Hôtel de ville. On avait arrêté un bateau chargé de poudre sorti de l'Arsenal pour être transporté au dehors de Paris; on manda les régisseurs, qui expliquèrent que l'Arsenal ne pouvait contenir que vingt mille livres de poudre; qu'il s'y trouvait de la poudre de guerre, de la poudre à giboyer royal et de la poudre de traite; que comme celle de guerre était la seule utile à Paris et qu'il n'y en avait plus que deux cent quarante livres en magasin, tandis que les deux autres étaient en abondance, on avait pensé renvoyer celles-ci à Essonnes pour les y échanger contre pareille quantité de poudre de guerre. M. de La Salle avait signé cette autorisation en ajoutant *pour M. de La Fayette,* ne pouvant le prendre sur lui. On envoya à l'Arsenal pour vérifier le fait et la quantité et qualité de chaque espèce de poudre; le tout se trouva conforme. Plusieurs citoyens furent admis à cette visite; on arrêta, malgré cela, M. de Lavoisier et M. Lefaucheux, régisseur des poudres, qui justifièrent facilement à l'Hôtel de ville leur conduite et furent mis en liberté. Mais la fureur populaire se porta sur celui qui en avait donné l'ordre, et on fit faire sur la place une proclamation de l'arrêté du matin. Dans ce moment M. de La Fayette arriva à l'Hôtel de ville.

A peine entré, les portes furent forcées malgré la garde, et la foule se précipita dans la salle. M. de La Fayette demanda au peuple ce qu'il voulait; on lui dit les motifs de ressentiment et on désigna M. de La Salle pour victime. M. de La Fayette déclara nécessaire que l'accusé vînt se justifier. Le hasard avait fait qu'au moment d'entrer à l'Hôtel de ville M. de La Salle avait appris le sujet de la rumeur par quelqu'un qui ne le connaissait pas et s'était retiré prudemment. On expédia cinquante hommes armés pour aller le chercher chez lui, avec ordre de le conduire en prison; mais le peuple exigea qu'il fût envoyé à la ville. M. de La Fayette alors représenta fermement que nul n'avait le droit de menacer et d'insulter l'accusé. Il rappela les services importants que M. de La Salle avait rendus à la Révolution, étant le premier de la noblesse qui avait embrassé sa cause, et il proposa de jurer sa sûreté. La plus grande partie des assistants firent leur serment, et on remarqua que ceux en petit nombre qui n'avaient pas levé la main étaient des agitateurs du peuple et reconnus pour soudoyés. La preuve en est que pendant ces mouvements opérés dans la salle un homme resta huché sur la branche d'un réverbère, avec une corde neuve d'une main et une lumière de l'autre, pendant les trois quarts d'heure où on cherchait M. le marquis de La Salle dans l'Hôtel de ville, jusque dans le clocher de l'horloge; un homme même entra dans la salle de l'Assemblée comme un forcené, le bras nu, une hache à la main, et alla jusqu'à lever le tapis de la table du bureau des représentants pour chercher si le marquis n'était pas caché dans leurs jambes. La populace força toutes les pièces de l'Hôtel de ville,

renversa les cartons et les papiers, dont plusieurs furent
dispersés et perdus dans cette tumultueuse journée.
Cette scène se passa le soir. M. de La Fayette, voyant
cette insurrection, fit une manœuvre qui lui réussit ; il
fit former le carré, qui, s'agrandissant insensiblement
de nouveaux soldats, força le peuple à reculer sans
qu'il s'en aperçût et sans qu'il fût tenté de résister,
c'est-à-dire sans danger. Pendant l'exécution de cette
manœuvre, M. de La Fayette était injurié par le
peuple, qui l'accusait de vouloir sauver M. de La Salle.
Il donna des ordres de perquisition pour satisfaire la
foule furieuse. Les soldats revinrent dire qu'ils ne
l'avaient pas trouvé, qu'il était à sa maison de campagne. On l'y envoya querir. Sur ces entrefaites, on
vint prévenir M. de La Fayette que la place de l'Hôtel
de ville était dégagée, et qu'il n'y avait plus que la
troupe ; alors il se leva, et s'adressant au peuple qui
l'entourait : « C'est assez, dit-il, mes amis, vous êtes
fatigués et je n'en puis plus, la Grève est libre et les rues
adjacentes dégagées. Je vous assure que Paris ne fut
jamais plus tranquille : allons, retirons-nous tous en
bonnes gens. » Ce simple discours, prononcé avec
naturel et bonhomie, étonna les esprits. Plusieurs
s'élancèrent vers les fenêtres, regardèrent, et, n'apercevant plus sur la place que de nombreux détachements de troupes et de gardes françaises, ils songèrent
à la retraite. M. de La Fayette reprit la parole et les
congédia dans les termes les plus affectueux ; ils sortirent en ordre, et cette troupe de furieux se trouva
soudain changée en une assemblée calme qui se retira
en comblant le général de bénédictions. Le sang-froid
et la prudente conduite de M. de La Fayette dans cette

occasion sauvèrent la ville d'une grande émeute.

M. de La Fayette, accompagné de tout le comité militaire, alla à l'Assemblée nationale proposer le règlement de l'organisation de la garde nationale parisienne; il y prononça ces remarquables paroles :

« Je vous apporte, messieurs, une cocarde qui fera le tour du monde et une constitution civique et militaire qui changera le système de la tactique européenne et réduira les gouvernements absolus à l'alternative d'être battus s'ils ne l'imitent pas ou d'être renversés s'ils osent l'imiter. »

M. Necker, rentré au ministère, avait trouvé le Trésor public épuisé dans un moment où la licence suspendait les payements des impôts; il avait la douleur de voir détruire son propre ouvrage et ses espérances par les effets résultant des causes qui l'avaient produit. Il proposa à l'Assemblée un emprunt de trente millions. Mirabeau, qui avait fait demander à M. Necker de l'associer au ministère des finances, piqué de son refus, résolut de le perdre; il s'opposa à l'emprunt. M. Necker avait exposé les besoins pressants du Trésor public, et, pour paralyser l'impression du discours hostile de Mirabeau, il fit paraître à l'Assemblée les six ministres du roi. M. le garde des sceaux, après un tableau énergique de l'état du royaume et des actes de violence qui s'y commettaient de toutes parts, demanda à l'Assemblée nationale qu'elle rendit à l'autorité la force nécessaire pour défendre les propriétés partout violées (1). Ce discours fit grande impression

---

(1) C'est dans la séance du 7 août 1789 qu'eut lieu le discours de l'archevêque de Bordeaux, Champion de Cicé, garde des sceaux. Necker prit ensuite la parole pour exposer à l'Assemblée l'état précaire des finances. Mirabeau ne parla que dans la séance du 8.

et l'impôt fut décrété, malgré Mirabeau, dont le crédit populaire commençait à décroître, quoiqu'on admirât les ressources de ses moyens et de son éloquence.

Mirabeau objectait que les mandats exigeaient impérativement qu'on ne s'occupât des finances qu'après la Constitution. M. Necker exposait le tableau des finances : les recettes du Trésor royal en août et septembre ne devant monter qu'à trente-sept millions deux cent mille francs et les dépenses montant à soixante-huit millions, il y avait donc un déficit de trente millions. Mirabeau s'amenda, vu la nécessité, et fut de l'avis de M. le duc de Lévis, à savoir de faire l'emprunt sous la garantie des députés. C'est dans ce moment que M. le marquis de Lacoste proposa de déclarer que les biens ecclésiastiques appartiennent à la nation, de supprimer la dîme à compter de 1790, de pensionner les titulaires actuels, de faire fixer les honoraires des évêques et des curés, et de détruire les Ordres monastiques.

L'emprunt fut voté et son intérêt fixé à quatre et demi. Il ne fut pas couvert; et, vingt jours après, il n'y avait encore au Trésor royal que deux millions six cent mille livres.

Au milieu de tous ces grands intérêts qui occupaient l'Assemblée nationale, la Cour et les classes aisées de la société, il se forma une espèce d'association en pèlerinage des femmes du marché Saint-Martin. Elles se réunirent avec toutes les jeunes filles de leur quartier habillées en blanc, accompagnées du bataillon de leur district, avec de la musique. Elles allèrent comme en procession porter en actions de grâces un bouquet à la patronne de Paris; au retour, elles entrèrent à l'Hôtel de ville faire leur compliment au maire, en lui offrant un bouquet et un gâteau. Tous les autres districts voulurent imiter celui de Saint-Martin, de sorte que pendant longtemps ce fut un spectacle pour les désœuvrés de la capitale qui allaient voir passer ces processions.

A l'instant où les gardes françaises quittèrent leur corps pour se joindre à la garde nationale, beaucoup de Suisses les imitèrent. Quelque temps après, ces soldats vinrent à la caserne de Chaillot avec un grand nombre de citoyens armés réclamer leurs drapeaux. On avait été averti de leur démarche, et on les avait enlevés. Un officier suisse, qui se trouvait là, se présenta pour savoir ce qu'ils demandaient; on lui répondit qu'ils voulaient leurs drapeaux; il répliqua que le drapeau appartenait au bataillon, et non à des soldats isolés, qui l'avaient quitté et qui n'y avaient aucun droit. Il leur demanda s'ils avaient un ordre de M. de La Fayette ou du district. Ils répondirent n'en avoir aucun; alors l'officier leur dit : « Au reste, les drapeaux ne sont pas à la caserne, vous pouvez vous en assurer en nommant quatre d'entre vous et quatre citoyens pour faire une perquisition. » Ceux-ci ne trouvèrent rien, et tous alors se retirèrent avec humeur, disant qu'ils reviendraient en plus grand nombre. L'officier courut en hâte à la ville prévenir M. de La Fayette, qui, déjà averti, avait donné l'ordre d'y envoyer douze citoyens armés et un officier pour sauvegarde. M. Durocher, commandant de la maréchaussée, se transporta à la caserne pour prévenir le désordre. Les Suisses revinrent en plus grand nombre, forcèrent les portes et tuèrent M. Durocher d'un coup de fusil, après l'avoir renversé de son cheval. L'officier porteur de l'ordre de M. de La Fayette fut arrêté en arrivant ; on le désarma et on le conduisit à la ville. Cette nouvelle attrista tout le monde, en ce qu'elle prouvait l'anarchie dans laquelle on vivait.

Plusieurs citoyens et militaires, qui avaient concouru à la prise de la Bastille, se présentèrent à la ville pour se faire reconnaître et demander que leurs titres fussent constatés. C'étaient les sieurs Hulin, Maillard et Arné : on nomma à cet effet des commissaires qui déclarèrent que le 14 juillet MM. Hulin, Élie, Maillard, Richard-Dupin, Humbert, Legris, Ducostel, Georget et Arné s'étaient distingués à l'attaque et à la prise de la Bastille, et l'Assemblée les recommandait en conséquence aux districts.

MM. de La Fayette et Bailly, sur la dénonciation qu'il y avait chez Mme la comtesse Diane de Polignac, sœur du duc, en son château d'Emmery, beaucoup de papiers et une grande correspondance, y envoyèrent des commissaires pour y faire une exacte perquisition ; ils n'y ont rien trouvé.

Le premier serment fait en France à la nation vint de la nécessité de réprimer les désordres énormes qui se commettaient dans les campagnes. Des gens y circulaient et abusaient le peuple. On lui disait que tous les droits des cens, les rentes, les impôts même, étaient supprimés. On engageait les habitants des campagnes à ne pas payer. On les porta à brûler les chartriers, les châteaux ; on alla même jusqu'à supposer des édits du roi et de l'Assemblée qui autorisaient la destruction des châteaux. L'Assemblée, voulant faire cesser ces calamités, ordonna aux municipalités de poursuivre les perturbateurs, de défendre les attroupements séditieux, de faire dresser des rôles des gens sans aveu, et enjoignit aux troupes nationales et de ligne, officiers et soldats, de prêter le serment d'être fidèles à la nation, à la loi et au roi.

Le mardi 11 août, jour mémorable, l'Assemblée décréta la suppression de la vénalité de la magistrature, du casuel des curés, des privilèges des provinces, d'état et de ville, l'admission de tous les citoyens à tous les emplois, la suppression de la pluralité des bénéfices. Elle vota ensuite un *Te Deum* en actions de grâces de ces soulagements du peuple et de l'union de ses représentants, et elle proclama Louis XVI *restaurateur de la liberté publique*.

Il se passa à Versailles une scène qui indigna tous les honnêtes gens. Un homme condamné à la roue pour avoir assassiné son père fut délivré par le peuple, qui cria grâce au moment de l'exécution ; le parricide échappa à la vengeance des lois et disparut. Une femme indignée pensa être victime de la fureur populaire ; la force armée l'en arracha au moment où elle allait être pendue.

Le 24 août, l'Assemblée ordonna la levée des scellés apposés sur les effets et caisses des gardes françaises, et la distribution d'une somme de cent cinquante mille francs à tous les soldats qui composaient le régiment le 14 juillet. C'était à peu près cinquante francs par homme. Mon père ayant servi dans sa jeunesse dans les gardes françaises, et mon oncle, le vicomte de Vaudreuil, ayant été major dans ce corps, j'y prenais beaucoup d'intérêt et je me procurai facilement auprès des officiers tous les détails désirables. Les soldats s'étaient répandus dans tous les districts, où ils vivaient libres et sans discipline, la plupart livrés à la débauche. On n'osait les rappeler à l'ordre, mais on désirait que cela vînt d'eux-mêmes. Leur comité leur enjoignit de se rendre à leur caserne pour y reprendre leur discipline militaire. Cet ordre fut sanctionné par un arrêté particulier de l'Assemblée.

Le 18 août, Brissot fut accusé, avec la société des *Amis des noirs* de Londres et de Paris, de vouloir soulever les esclaves de Saint-Domingue contre les blancs.

L'exemple des gardes françaises eut de l'influence sur l'esprit de l'armée. M. de La Fayette apprit que des militaires de toutes armes se rendaient à Paris pour entrer dans la garde nationale. L'Assemblée nationale, informée de ce fait, prit un nouvel arrêté portant qu'on ne recevrait plus aucun soldat qui quitterait son régiment sans congé; puis on envoya au-devant de ceux qui arrivaient pour leur enjoindre de retourner à leurs corps respectifs. Sans cette mesure, toute l'armée serait venue à Paris.

Le public s'occupa de l'annonce de la représentation de la pièce de *Charles IX* par Chénier, réclamée par un fort parti. Il n'était pas prudent d'exposer sur la scène un des plus effroyables abus de l'autorité arbitraire et de faire voir un roi ordonnant lui-même le massacre de son peuple et tuant ses sujets de sa propre main, au moment où on venait de proclamer la monarchie inviolable et de nommer Louis XVI restaurateur de la liberté. Chénier temporisa, sachant par expérience, en sa qualité de coopérateur de la Révolution, que la valeur du terme *à la demande du public* correspondait à la cabale de quelques particuliers. Les comédiens répondirent aux réclamations du parterre qu'ils n'avaient pas la permission de jouer *Charles IX*. Le public s'écria que la censure était abolie, et qu'il ne fallait plus de permission (1). M. Bailly, maire de Paris, de qui relevait la juridiction du théâtre, renvoya la décision à l'Assemblée nationale, qui ordonna l'examen de la pièce et nomma à cet effet des commissaires ; ceux-ci traînaient leur rapport en longueur, mais à la fin, Chénier et ses partisans l'emportèrent et obtinrent que la représentation de *Charles IX* aurait lieu le 4 novembre 1789.

La fermentation était toujours grande à Paris pour les subsistances et le pain ; on redoutait la famine. Chacun voulait faire des provisions. On avait mis des gardes à chaque boulangerie ; on faisait distribuer du riz cuit aux pauvres. Il existait des farines avariées ; on voulait les faire passer en les mêlant à de la meilleure. La pénurie obligeait à ces mesures de précaution. On envoyait de tous côtés des détachements pour protéger l'arrivée des farines à Paris. Il se formait des attroupements considérables, dont la crainte de manquer de vivres était le prétexte ; on savait que les malveillants agissaient en tous sens pour soulever le peuple et le diriger suivant les circonstances. Dans ce but, on arrachait avec soin les affiches des actes publics, tellement que l'Assemblée nationale dut les mettre sous la sauvegarde des citoyens.

On craignait une insurrection pour le jour de la Saint-Louis. Le 25 août, M. de Saint-Priest donna à Versailles, au nom du roi, un grand dîner dans la

---

(1) C'est le 19 août 1789 que les spectateurs du Théâtre-Français réclamèrent le *Charles IX* de Chénier.

salle des Ambassadeurs à M. de La Fayette, à M. Bailly et aux municipaux de l'Hôtel de ville. Les malfaiteurs voulurent profiter du temps où MM. de La Fayette et Bailly étaient absents pour monter leur coup. On avait insinué à la plus grande partie de la garde nationale d'accompagner son général et M. le maire comme garde d'honneur, ce qui privait ce jour-là Paris d'une partie de ses forces actives. M. de La Fayette, instruit du complot, obtint de l'Assemblée nationale un arrêté défendant à tous les citoyens armés de sortir de Paris le mardi 25. En conséquence, ce jour-là on posa aux barrières de fortes gardes, avec ordre de ne laisser passer personne en uniforme ou armé. De plus, des patrouilles circulèrent dans les rues.

Le maire et le général La Fayette arrivèrent comme en triomphe à Versailles, au milieu de la joie du peuple et de la garde qui les escortaient. La garde nationale de Versailles se joignit à celle de Paris pour leur faire honneur. Les femmes des marchés de Paris et de Versailles criaient : Vivent M. Bailly, M. La Fayette! Vive la commune de Paris! La ville de Paris avait l'air de faire son entrée à Versailles, tant l'affluence de monde était grande. La joie était générale de voir les deux chefs de la capitale venir, au nom de ses habitants, offrir au roi, le jour de sa fête, l'hommage de son amour, de son respect et de sa fidélité. Je me trouvais ce jour-là à Versailles et je fus témoin de tous ces détails; j'en étais ému malgré moi, car, quoique je cherchasse à me flatter que le tout se pourrait tourner à l'avantage du roi, je ne voyais dans tout cet appareil d'attachement que les suites de l'insurrection révolutionnaire.

Le roi reçut M. de La Fayette et M. Bailly, conduits par le grand maître des cérémonies, M. le marquis de Brézé, dans la grande chambre où se trouvait le lit de parade. Le roi était assis et couvert, entouré de *Monsieur*, des grands officiers de la couronne et de ses ministres. Jamais la ville de Paris n'avait été reçue avec un si grand appareil. M. Bailly prêta son serment un genou en terre et sur l'autre un superbe bouquet que les dames de la halle lui avaient remis pour Sa Majesté et qui était recouvert d'un voile de gaze, sur lequel on avait brodé en lettres d'or : *A Louis XVI, le meilleur des rois*. M. Bailly, maire, présenta au roi M. le marquis de La Fayette, commandant général de la garde nationale parisienne, et à son tour celui-ci présenta son état-major et ses officiers. Le roi dit qu'il comptait sur leur zèle pour le rétablissement de l'ordre et de la tranquillité dans la capitale. La députation alla ensuite successivement dans le même ordre chez la reine, M. le Dauphin, Madame Royale, Monsieur et Madame, Madame Élisabeth et Mesdames tantes du roi, puis chez tous les ministres et chez M. le garde des sceaux.

On voit par le détail de ces honneurs et de cette réception que les temps étaient bien changés; on caresse politiquement ceux que l'on craint.

M. de Saint-Priest fit à table les honneurs aux convives invités par le roi. M. Bailly porta, au nom de la ville, la santé du roi, de la reine, de M. le Dauphin et de la famille royale, et ensuite celle des ministres présents. M. de Saint-Priest porta celle de M. Bailly et du général de La Fayette, mais il ne fut question ni de la nation ni de la commune.

Un peu avant le dessert, M. de La Fayette se leva pour aller voir le dîner que la garde nationale de Versailles donnait à celle de Paris; il les trouva animées des meilleurs sentiments de concorde et de fraternité. La garde nationale de Versailles voulut par acclamation nommer le général de La Fayette son commandant, mais il refusa, alléguant la raison d'incompatibilité.

Après dîner, toute la garde sollicita l'honneur d'être présentée au roi. Sa Majesté y consentit et parut à son balcon. Les cris de *Vive le roi!* se prolongèrent avec l'ivresse du cœur, et chacun se retira tranquillement. Cette journée fut un vrai jour de fête par l'harmonie et la joie répandues partout.

Le 27 août, le marché entre les gardes françaises et la commune fut conclu pour la vente de tous les meubles et immeubles appartenant à ce régiment. La commune n'examina pas leur droit de propriété, mais le considéra comme celui d'une prise de guerre. On ne voulait pas désobliger ces militaires, qu'on avait intérêt à ménager comme étant actuellement la seule force active; puis on croyait leur devoir de la reconnaissance. M. l'abbé d'Espagnac et M. de Sémonville, nommés commissaires, représentèrent à la commune que tous les meubles et immeubles lui coûteraient un million trente mille quatre cent cinquante francs, que pour ce prix on acquerrait les canons, les fusils et les lauriers cueillis par cette brave légion dans la révolution. La commune se trouva ainsi engagée pour plus d'un million. Cent trente mille francs furent payés comptant, le reste en billets payables, à chaque garde française, au bout de trois mois. Il y avait à peu près deux mille deux cent trente gardes françaises; ils eurent chacun un billet de trois cent dix-huit livres, outre leur part dans les cent trente mille francs et les cent cinquante mille livres déjà distribués. Quel encouragement pour l'insurrection !

Le malheureux emprunt de trente millions n'ayant pu s'effectuer, l'Assemblée en décréta un autre de quatre-vingts millions, moitié en argent, moitié en contrat (27 août 1789).

Le public s'occupa fort de Pinet, agent de change, qui fit une banqueroute de cinquante-trois millions. Il était le caissier général d'une société secrète dite *les accapareurs*, dont l'existence a fait longtemps le malheur public. En vertu de marchés passés à diverses époques avec les ministres, elle jouissait du privilège funeste d'accaparer les grains de France et de les transporter dans les îles de Jersey et Guernesey, d'où ils ne sortaient qu'en payant des droits exorbitants. Cet abus ne put survivre à la Révolution, mais il ne finit qu'à la mort de Pinet et à sa banqueroute. Ce Pinet avait amassé une fortune énorme ; le sort de Bertier et de Foullon, membres de cette association, l'avait beaucoup effrayé. Le 29 juillet 1789, il sortit de chez lui à huit heures du soir, après avoir dîné tranquillement avec sa famille et invité du monde à souper ; il ne revint pas. Le lendemain matin, on sut qu'il avait reçu un coup de feu dans la forêt du Vésinet, près de Saint-Germain en Laye, où il avait une maison de campagne. On le soupçonna de s'être suicidé, quoiqu'on ait soutenu qu'il avait été assassiné. On pensa que plusieurs de ses associés, qu'il pressait vivement de venir à son secours, s'étaient délivrés de lui pour mettre fin à ses importunités ou dans la crainte de révélations indiscrètes. Pinet, avant de mourir, recommanda particulièrement un livre rouge renfermant la sûreté de ses créanciers. Ce portefeuille ne s'est pas retrouvé, ce qui donna lieu à d'affreux soupçons. La fuite de la plupart de ses associés détruisit la funeste association des accapareurs. Quinze cents familles au moins, qui avaient prêté à Pinet, furent réduites à la misère.

Passant sur les boulevards le 17 septembre, j'y vis fouetter publiquement par la garde une jeune fille ; on m'assura qu'on la punissait d'avoir dit qu'elle se f... de la garde. La *Chronique* se récria contre cette indécence ; depuis, on força une maison rue Saint-Honoré où on dansait et on fouetta les dames, après avoir forcé les hommes à sortir.

Parfois on voyait des scènes comiques. Un district demanda à M. de La Fayette l'autorisation d'aller chercher des canons à la terre des *Boulets* appartenant à M. Talon. La loi n'autorisait pas ces expéditions, mais on regardait comme politique de dépouiller les particuliers de ces moyens de défense. On répondit qu'on ne pouvait que lui donner la permission de sortir, mais à ses frais. On alla aux Boulets conquérir ces canons, que M. Talon permit d'enlever, mais ils étaient en bois, ce qui fut un objet de risée pour les autres districts.

Un particulier, nommé le marquis de Saint-Huruge (1), mauvais sujet, avait épousé une femme galante, qui le quitta à cause de ses mauvais procédés pour elle, et qui, grâce à des gens puissants, trouva

---

(1) Victor-Amédée La Forge, marquis de Saint-Huruge, né à Mâcon en 1750, mort à Paris en 1810.

moyen de le faire enfermer à Vincennes, puis à Charenton. Le marquis en sortit et se réfugia en Angleterre, d'où il revint en 1789 pour prendre part aux manifestations du parti populaire. Il avait un gros et vilain physique et une voix de stentor ; il assistait à toutes les assemblées populaires et était, paraît-il, salarié pour jouer son rôle, car on ne lui connaissait aucun moyen d'existence ; méprisé de tous les partis, même du sien, à cause de son manque de talent et de courage, il ameuta le peuple, qu'il voulait conduire à l'Assemblée nationale pour s'emparer des membres qu'il accusait d'être contre-révolutionnaires : mais il fut, ainsi que sa troupe, arrêté aux barrières par la force publique. Il figura aux 5 et 6 octobre 1789, 28 avril 1791, 20 juin 1792, 10 mars et 31 mai 1793 ; il mourut en 1805. M. de La Fayette avait paralysé ses moyens en l'engageant à prendre l'habit de garde national et en l'invitant à venir le voir. On eut soin de répandre qu'il avait des liaisons secrètes avec ce général, ce qui le rendit suspect à tous les partis.

IV

Médaille frappée en l'honneur du 4 août. — Discussion sur le double principe d'hérédité. — Dons patriotiques : le roi et la reine envoient leur vaisselle d'argent à l'hôtel de la Monnaie (22 septembre). — Bénédiction à Notre-Dame des drapeaux de la garde nationale (27 septembre). — Repas offert par les gardes du corps au régiment de Flandre et à la garde nationale de Versailles; intervention du roi et de la reine (1er octobre). — L'assemblée des représentants de la commune arrête que la cocarde tricolore serait seule portée par les citoyens (4 octobre). — Envahissement de l'Hôtel de ville par les femmes de la halle; départ de celles-ci pour Versailles et mise en marche de l'armée parisienne, sous la conduite de La Fayette (5 octobre). — Arrivée des femmes à Versailles; le roi reçoit une députation de six femmes présentées par Mounier. Collision avec les gardes du corps. Intervention de Laurent Le Cointre pour faire donner des vivres à cette foule. Arrivée de l'armée parisienne ; entrevue du roi et de La Fayette. Le peuple de Versailles fraternise avec les Parisiens (5 octobre). — Envahissement du château. Dangers courus par la reine. Apaisement des troubles. Le roi promet de se rendre à Paris. Départ du roi et de la famille royale. Arrivée à Paris et réception enthousiaste de la famille royale à l'Hôtel de ville. Installation de Leurs Majestés aux Tuileries (6 octobre). — Discussions sur la liste civile et sur le titre de *roi des Français*. — La ville de Versailles sollicite le retour du roi et de l'Assemblée (8 octobre). — Passeport accordé au duc d'Orléans pour se rendre en Angleterre, après une entrevue avec La Fayette (14 octobre). — Assassinat d'un boulanger et publication de la loi martiale (21 octobre). — Pétition des amis des noirs (25 octobre). — Arrestation du fermier général Augeard. — Protestations contre la loi martiale. — Décret déclarant propriété de l'État les biens ecclésiastiques (2 novembre). — L'Assemblée nationale siège dans la salle du Manège aux Tuileries (9 novembre).

L'Assemblée nationale suivait toujours son plan de constitution, dont les détails et discussions sont dans les journaux et mémoires du temps (1). Je ne m'oc-

---

(1) Le *Moniteur*, le *Point du Jour*, le *Journal de Paris*, l'*Histoire de la Révolution par deux amis de la liberté*, les *Mémoires de Ferrières*, les *Essais historiques de Beaulieu*, et autres. (*Note de Paroy.*)

cupe que des faits qui occasionnèrent dans l'Assemblée et dans le public les plus grandes rumeurs. Le roi n'avait pas encore sanctionné le fameux décret du 4 août en dix-neuf articles, rendu avec tant d'enthousiasme d'une part et un abandon si perfide de l'autre. Chapelier présidait l'Assemblée ; le délire était si grand qu'après l'abandon de tous les droits féodaux et de tous les privilèges, l'Assemblée décréta de frapper une médaille en mémoire de ce jour solennel et de supplier le roi d'assister au *Te Deum* qui serait chanté dans sa chapelle en actions de grâces. Le décret de la déclaration des droits de l'homme en dix-huit articles occupa beaucoup l'Assemblée et le public. Ses partisans l'appelaient un chef-d'œuvre de sagesse et de conception de l'esprit humain.

Une autre discussion de haute importance pour l'hérédité de la couronne eut lieu sur la motion de M. le marquis de Juigné. L'Assemblée proclama à l'unanimité le double principe d'hérédité. On se souvient que les Bourbons d'Espagne avaient renoncé au trône de France par le traité d'Utrecht, et, dans la crainte que, si la branche régnante venait à manquer, l'article constitutionnel ne pût annuler cette renonciation, M. Arnoult proposa l'exclusion formelle des descendants de Philippe V. On demanda d'abord l'ajournement indéfini de la motion. M. le duc d'Orléans, qui avait des intérêts personnels à cette discussion, se retira pour laisser l'Assemblée plus libre. M. de Sillery, son partisan, produisit alors une renonciation du roi d'Espagne et les lettres patentes de 1713, disant que la renonciation de la branche des Bourbons d'Espagne ne pouvait être révoquée. La discussion fut vive et l'effervescence augmenta par l'opinion du duc de Mortemart, qui soutint que la renonciation faite dans le traité d'Utrecht n'empêchait pas le souverain d'Espagne de régner en France, mais lui interdisait seulement de réunir les deux couronnes. Mirabeau s'opposa vivement à cette opinion, disant qu'elle blessait le droit public et la dignité nationale, qu'elle tendrait à faire croire qu'un individu pouvait léguer des nations comme un vil troupeau. La discussion fut scandaleuse : le parti d'Orléans, qui était nombreux, voulait qu'à toute force, en cas d'événements, le duc d'Orléans et ses hoirs n'eussent rien à redouter. Plusieurs séances se passèrent à discuter avec chaleur le même objet, sans décision ni décret de l'Assemblée.

Les dons patriotiques affluaient de toutes parts. Le roi et la reine envoyèrent à l'hôtel de la Monnaie leur vaisselle d'argent. Les députés de Berry en annoncèrent la nouvelle à l'Assemblée en disant : « Que la nation ayant offert le centième de leur fortune, ne souffrira pas que son monarque se prive des chefs-d'œuvre de nos artistes, tandis qu'ils sont recherchés par les autres puissances ; qu'elle supplie Sa Majesté de recevoir les effets précieux de la main de ses peuples, qu'elle prouvera que l'Assemblée nationale a eu raison, en la mettant sous la sauvegarde de l'honneur et de la loyauté françaises, de compter sur tous les sacrifices de cette nation sensible et généreuse. »

D'autres membres observèrent que dans l'argenterie du roi, la main-d'œuvre excédait de beaucoup la valeur intrinsèque de la matière. L'Assemblée décréta à l'unanimité que son président irait de suite vers le roi pour le supplier de ne pas faire porter sa vaisselle ni celle de la reine à la Monnaie. Le roi lui répondit qu'il était, ainsi que la reine, touché des sentiments de l'Assemblée nationale, qu'il le chargeait de l'en assurer, mais qu'il persistait dans une mesure que la rareté du numéraire rendait indispensable, que ni la reine ni lui n'attachaient aucune importance à ce sacrifice.

Le même soir, M. Berthier, gouverneur de l'hôtel de la guerre, fit déposer sur le bureau sa vaisselle d'argent, dont il prêta la valeur à la nation sans intérêt pour tout le temps qu'elle en aurait besoin. Quantité de dons pareils et autres suivirent celui-là. M. le duc de Charost donna cent mille francs.

La municipalité de Versailles avait demandé un régiment pour faire la garde du château. Les gardes françaises l'ayant appris sollicitèrent ce poste. L'appel du régiment de Flandre à Versailles avait été approuvé par M. de La Fayette. La demande des gardes françaises était inconvenante, puisqu'ils avaient quitté leur poste à Versailles, étant de service, et il était impossible de leur confier désormais la garde du château. Il y eut à ce sujet des attroupements à Paris; plusieurs districts réclamèrent hautement l'introduction de ces troupes.

Le dimanche 27 septembre, on bénit avec une grande pompe à Notre-Dame les drapeaux de la garde nationale parisienne, déjà bénits partiellement dans les districts. On tira du garde-meuble de la couronne tout ce qui pouvait contribuer à l'ornement de la cathédrale; on en induisit dans le peuple que le roi voulait caresser la garde nationale pour la séduire.

L'Assemblée invita par un décret les archevêques, évêques, curés, chapitres, supérieurs de communautés religieuses de l'un et l'autre sexe, fabriques, confréries, à faire porter à la Monnaie toute l'argenterie des églises, fabriques, chapelles et confréries, qui ne serait pas nécessaire pour la décence du service divin.

M. Necker, après avoir fait connaître à l'Assemblée les besoins urgents de l'État, dont la caisse se trouvait vide, fit son offrande de cent mille francs, disant que c'était plus que son revenu. Le président lui répondit qu'aucun sacrifice de M. Necker n'étonnait l'Assemblée nationale.

Le 1er octobre, les gardes du corps, voulant fraterniser avec le régiment de Flandre et la garde nationale de Versailles, invitèrent leurs officiers à un repas splendide dans la salle de l'Opéra du château. Les dragons de Montmorency, les gardes suisses, les Cent-Suisses de la prévôté et maréchaussée de l'état-major, furent bien accueillis. L'orchestre joua le fameux air : *O Richard ! ô mon roi ! l'univers t'abandonne.* Au deuxième service, on but à la santé du roi, de la reine, du Dauphin et de la famille royale. M. le duc de Guiche, capitaine des gardes, assistait à ce repas.

Le roi, qui revenait de la chasse, fut invité à contempler le spectacle, qu'on lui dépeignait comme très gai ; la reine y vint aussi, tenant M. le Dauphin par la main, et s'avança jusqu'au bord du parquet. Aussitôt la salle retentit d'applaudissements et d'acclamations ; tous les convives, debout, l'épée à la main, burent à la santé de Leurs augustes Majestés, qu'ils avaient l'honneur de posséder parmi eux. Leurs Majestés se retirèrent après. De ce moment le festin dégénéra en orgie; une grande profusion de vins de toutes espèces avait chauffé les cerveaux; on sonna la charge, les loges furent escaladées, on offrit la cocarde blanche, que les gardes du corps n'avaient pas quittée, aux officiers de la garde nationale, qui l'arborèrent. Dans l'ivresse, on se permit quelques propos contre l'Assemblée nationale. La cour de marbre devint ensuite le théâtre de ce tumulte. L'inquiétude régna un moment dans Versailles, jusqu'au moment où la fatigue et l'ivresse eurent réduit les acteurs de cette orgie à l'impuissance.

Le lendemain, comme il restait encore plusieurs pièces de vin, le corps de garde, qui avait été l'ordonnateur du festin, vint prévenir les camarades; il fut décidé qu'on se réunirait pour les boire. On commanda un déjeuner de pâtés, jambon et viandes froides, sur une longue table dans le manège. On n'avait pas eu le temps d'y faire porter des chaises; on mangea debout; les provisions de bouche s'étant trouvées insuffisantes le 1er octobre pour tous les soldats qui s'étaient présentés, on en invita quatre-vingts. Le déjeuner fut gai; on porta la santé du roi, de la reine, du Dauphin, de la famille royale, de la nation et de l'Assemblée.

L'ordre public ne fut pas troublé; un seul homme, qu'on soupçonne d'être un intrus, se permit des propos incendiaires. On fit dans ce temps-là circuler le bruit qu'une foule de chevaliers de Saint-Louis, d'anciens officiers, d'employés déjà compris dans les réformes, avaient signé une promesse de se joindre aux gardes du corps, que le registre où ils s'inscrivaient renfermait déjà plus de trois mille signatures, et que le projet des chefs était d'enlever le roi et de le conduire à la citadelle de Metz pour faire en son nom la guerre à la France. Ces bruits sans fondement trouvaient créance dans le peuple, que des malveillants voulaient pousser à un mouvement. Les actions les plus simples du roi et de la reine étaient jugées défavorablement. La reine avait donné des drapeaux à la garde nationale de Versailles, qui lui en fit ses remerciements par une députation. « Je suis bien aise, dit la reine, d'avoir donné les drapeaux à la garde nationale de Versailles. La nation et l'armée doivent être attachées au roi, comme nous le leur sommes nous-mêmes. J'ai été bien enchantée de la journée de jeudi. »

L'approbation de la reine du repas des gardes du corps servit de prétexte aux plus graves accusations. Le court instant qu'elle avait paru au festin ne lui avait laissé voir qu'un élan d'enthousiasme inspiré par la présence du roi et de la reine. Elle n'avait pas eu connaissance des excès qui s'étaient produits après son départ. Elle n'aurait pas rappelé cette journée aux députés de la garde nationale, si elle eût su qu'elle avait été odieuse.

Paris était depuis longtemps en proie à la disette. Il fallait pour y remédier les efforts combinés de MM. Necker et Bailly, qui luttaient contre les accapareurs de grains, contre les villes qui interceptaient les approvisionnements. On faisait courir le bruit que la cocarde noire avait été arborée à Versailles et qu'on avait en divers endroits arraché la cocarde nationale à plusieurs citoyens. L'assemblée des représentants de la commune déclara, pour prévenir ces désordres, que la cocarde tricolore, rouge, bleue et blanche, serait dorénavant la seule que porteraient les citoyens. On multiplia les factionnaires et les patrouilles, pour empêcher la multitude de forcer les corps de garde afin de se procurer des armes.

Le lendemain matin, sur les neuf heures, les marchandes des halles et du faubourg Saint-Antoine s'assemblèrent en tumulte sur la place de Grève. Le prétexte de cet attroupement était le manque absolu des farines. La séance n'était pas encore ouverte que la foule se grossissait d'hommes armés de piques, de haches et de croissants. La garde nationale forma un bataillon carré devant l'Hôtel de ville pour en défendre l'entrée. Des cris de fureur donnèrent le signal de l'attaque, et des pierres volèrent de toutes parts sur les soldats-citoyens, qui se replièrent dans l'intérieur. Aussitôt les femmes se précipitèrent à leur suite. Elles ne parlaient plus de leur besoin de subsistance, mais d'obtenir de M. le maire et des représentants de la Commune la permission d'aller à Versailles; toutes criaient ne pas vouloir d'hommes avec elle. M. le chevalier d'Ermigny, qui commandait la garde nationale en l'absence de MM. de La Fayette et de Gouvion, voulant prévenir le désordre et profiter de cette disposition pacifique, les engagea à garder elles-mêmes l'Hôtel de ville. Elles se chargèrent de cet emploi; plusieurs se placèrent avec M. d'Ermigny sur le perron et parvinrent à ne laisser passer que les personnes de leur sexe et à contenir les hommes qui les accompagnaient. Elles remplirent la cour, les escaliers et les salles. Quelques-unes montèrent au beffroi et sonnèrent le tocsin; d'autres se répandirent dans les bureaux, mais sans commettre de désordre ni de violence. Un petit nombre entreprit de délivrer les prisonniers détenus à l'Hôtel de ville, ce à quoi elles réussirent. Toutes les autres désavouèrent cet attentat. Sur ces entrefaites, on força une petite porte de l'Hôtel de ville donnant sous l'arcade; l'ouverture de ce passage rendait inutiles les mesures de défense employées de l'autre côté. Hommes et femmes alors entrèrent pêle-mêle, et il se commit de grands désordres à la faveur de cette confusion. Les portes du magasin d'armes furent forcées et les armes pillées; on brisa aussi les portes de la caisse et du Trésor, on força plusieurs armoires et on enleva deux paquets contenant chacun cent billets de caisse de mille livres. Ces scélérats furent arrêtés au moment où ils allaient, avec des torches, mettre le feu aux endroits les plus combustibles de l'édifice, et, sans le courageux dévouement de quelques bons citoyens, c'en était fait des titres les plus importants, de quantités d'effets et objets précieux, et du trésor de la ville, qui contenait, tant en papier qu'en argent, une somme de 2,545,357 francs.

Tandis que cela se passait dans l'intérieur, les femmes qui avaient pénétré les premières s'en étaient retirées et marchaient sur Versailles, sous la conduite des volontaires de la Bastille, entraînant, bon gré, mal gré, toutes les femmes qu'elles rencontraient en chemin. Des canons les suivaient, assujettis avec des câbles sur des voitures qu'elles avaient arrêtées pour cet usage. Elles portaient aussi de la poudre et des boulets. Les unes conduisaient les chevaux, d'autres étaient assises sur les canons et tenaient la mèche à la main. On a évalué leur nombre à quatre mille et celui des hommes à environ quatre à cinq cents. Vers midi, plusieurs détachements de la garde nationale, envoyés par les districts, commencèrent par rétablir l'ordre sur la place de Grève ; trois cents grenadiers firent évacuer entièrement l'Hôtel de ville, et l'assemblée des représentants ouvrit sa séance.

Cependant le tocsin sonnait de toutes parts ; la troupe rassemblée sur la place et la foule qui s'amoncelait de nouveau attendirent quelque temps avec patience le résultat des délibérations de la commune. Celle-ci envoya d'abord chercher M. Bailly ; ensuite elle rédigea l'avis suivant pour l'Assemblée nationale et les ministres :

« MM. les représentants de la commune de Paris, actuellement assemblés à l'Hôtel de ville, ont l'honneur de prévenir M. le président de l'Assemblée nationale et MM. les ministres du roi qu'une fermentation, qui s'est déclarée dans presque tous les quartiers de Paris, a rassemblé depuis neuf heures du matin sur la place de l'Hôtel de ville plusieurs groupes d'hommes et de femmes qui se sont portés en foule à l'Hôtel de ville, et qu'au milieu du désordre des particuliers ils se sont livrés au pillage, qui heureusement a été arrêté. MM. les représentants de la commune ne reconnaissent d'autre prétexte à cette émeute que la fermentation subite excitée par la crainte de manquer de pain. Le peuple, sortant de l'Hôtel de ville, où il commençait à s'armer en partie, paraît porter ses pas sur Versailles. Déjà M. le commandant général a rétabli l'ordre dans l'Hôtel de ville et s'occupe à rétablir le calme dans Paris. Il paraît que l'insurrection s'est faite à la fois par le peuple dans différents quartiers, et que cette insurrection est préméditée et paraît bien loin d'être finie. L'Assemblée instruira le président et MM. les ministres du roi de ce qui se passera à la suite de la journée; elle n'a cru devoir mettre aucun retard dans l'avis qu'elle envoie en ce moment par un de ses membres, parce qu'elle est trop peu nombreuse pour en députer plusieurs. »

Les représentants de la commune s'occupèrent de suite des subsistances en envoyant des troupes aux barrières Saint-Martin et Saint-Denis, rue d'Enfer, pour protéger l'arrivée des convois de grains; ils firent aussi recueillir à Mantes ce qui y était resté d'un convoi de grains qu'on y avait pillé, et prendre à la hâte dans les magasins de la ville tout ce qui restait encore de grains et de farine. Ces délibérations, qui se faisaient à huis clos, étaient troublées par les cris qui venaient de la place. Le peuple était ennuyé de son inaction et demandait à partir pour Versailles.

M. de La Fayette descendit sur la place et fit part des arrêtés qui venaient d'être pris, mais, ne pouvant s'opposer avec espoir de succès aux vœux qui se manifestaient déjà d'une manière redoutable, il provoqua de la commune l'ordre suivant :

« L'assemblée des représentants de la commune de Paris, vu les circonstances et les désirs du peuple, et sur les représentations faites par M. le commandant général qu'il était impossible de s'y refuser, a autorisé M. le commandant général et même lui a ordonné de se transporter à Versailles, lui recommande en même temps de prendre les précautions nécessaires pour la sûreté de la ville et, sur le surplus des mesures ultérieures à prendre, s'en rapporte à sa prudence. »

Il était près de cinq heures : M. de La Fayette

détacha, pour former l'avant-garde, trois compagnies de fusiliers avec trois pièces de canon ; sept à huit cents hommes armés de fusils, de piques et de bâtons, précédaient cette avant-garde, ayant à leur tête un lieutenant de la garde non soldée.

A cinq heures sept minutes à la ville, la garde commença à défiler sur trois colonnes avec de l'artillerie et des chariots de guerre, au bruit des applaudissements et des bravos d'un peuple immense. Il n'y avait dans les rangs que deux soldats-citoyens, mais on remarquait dans les intervalles des compagnies beaucoup de particuliers mal vêtus, bizarrement armés et qui ressemblaient aux vagabonds dont l'armée cherchait à débarrasser Paris.

On n'arriva à Versailles qu'à près de minuit. Les femmes parties le matin avaient été arrêtées et retenues par les courriers qui voulaient les devancer, de peur qu'on ne tentât de leur fermer les passages. Maillard, leur commandant et ensuite leur orateur, avait su les contenir dans la route. Elles avaient traversé sans obstacle le pont de Sèvres, avaient fait halte en ce lieu et s'étaient fait donner en payant tout ce qui leur était nécessaire. Près de Versailles, Maillard les rangea sur trois lignes et leur représenta qu'on ne s'attendait pas à leur venue ; que leurs intentions étaient ignorées, qu'on leur supposerait des vues hostiles, et qu'il fallait éloigner la défiance et les alarmes, et ne montrer que des dispositions pacifiques. Elles sentirent la justesse de ces représentations, et, après avoir placé leurs canons à l'arrière-garde, elles s'avancèrent en chantant l'air de Henri IV, entremêlé des cris : « Vive le roi ! » Les habitants de Versailles accouraient de leur côté en criant : « Vivent les Parisiennes » !

Une partie de cette troupe s'introduisit dans les salles de l'Assemblée nationale; le reste s'avança jusqu'aux grilles du château, dont les gardes du corps leur défendirent l'accès. On battit la générale à Versailles : le régiment de Flandre, les dragons, les gardes suisses et la garde nationale prirent les armes, mais la garde nationale, abandonnée de ses commandants généraux, ne savait où marcher ni à quoi se résoudre. Les officiers la disposèrent en partie dans l'avenue de Paris, en partie dans celle de Sceaux et à l'ancienne caserne des gardes françaises.

Les soldats du régiment de Flandre étaient à peine en bataille qu'à la vue des femmes qui se mettaient gaiement dans leurs rangs sans frayeur, ils mirent leurs baguettes dans leurs fusils et les firent retentir pour prouver qu'ils n'étaient pas chargés. « Nous avons bu le vin des gardes du corps, disaient-ils, mais cela ne nous engage à rien ; nous sommes à la nation pour la vie. Nous avons crié : *Vive le roi !* comme la nation elle-même le crie tous les jours ; notre intention est de servir fidèlement le roi, mais non pas contre la nation. » Ils ajoutèrent que leur désir et leur espérance étaient de porter la cocarde patriotique, qu'un de leurs officiers en avait commandé mille chez un marchand de Versailles, qu'ils ignoraient pourquoi on ne les leur avait pas encore distribuées. Un garde du corps, furieux de ces discours, maltraita un soldat, qui lui tira un coup de fusil et lui cassa le bras. Les dragons annonçaient de leur côté la ferme résolution de prouver leur dévouement à la cause du peuple.

M. Mounier, président de l'Assemblée nationale, député vers le roi avec plusieurs membres, se vit, en traversant la place d'Armes, entourer de femmes qui voulaient l'accompagner au château; il obtint avec beaucoup de peine qu'elles n'y entreraient qu'au nombre de six. Le roi arrivait du bois de Meudon; M. de Cubières, écuyer cavalcadour, avait été lui annoncer qu'une multitude de femmes venaient de Paris lui demander du pain : « Hélas! avait-il dit, si j'en avais, je n'attendrais pas qu'elles vinssent m'en demander! » Il prit sur-le-champ le chemin de Versailles. M. Mounier présenta au roi les femmes qui formaient son cortège; il lui exposa leurs réclamations, les besoins urgents de la capitale, et l'engagement que venait de prendre l'Assemblée nationale de faire tous ses efforts, de concert avec Sa Majesté, pour seconder les approvisionnements de Paris; il le supplia de procurer des secours à cette ville, s'il en avait à sa disposition.

Le roi répondit avec émotion qu'il déplorait les malheurs de la situation. Les femmes parurent sensibles à l'expression de sa bonté et à sa douleur. L'une d'elles, nommée Louison Chabry, jeune bouquetière de dix-sept ans, lui parla en très bons termes : elle se jeta ensuite aux genoux du roi et demanda la permission de lui baiser la main. Le roi la releva et l'embrassa, en l'assurant qu'il allait donner des ordres pour faire arriver des grains et pour que le pain fût en abondance. Les femmes sortirent en criant : « Vivent le roi et sa maison! »

Des sentiments très divers animaient la foule attroupée sur la place. A leur retour, les femmes qui étaient allées chez le roi furent injuriées, et on taxa leur récit d'imposture. Elles furent même exposées à de mauvais traitements et sur le point d'être pendues au premier réverbère; elles ne durent leur salut qu'à deux de leurs compagnes et à deux gardes du corps.

Les hostilités paraissent avoir commencé dès cet instant. Un détachement des gardes du corps, commandé par le comte de Guiche, s'étant avancé sur l'avenue de Paris, rencontra quelques femmes, qui se disposaient à retourner dans la capitale. On assure qu'un garde du corps frappa une de ces femmes d'un coup de sabre et lui fendit le crâne, et que quelques-uns firent feu sur elles avec leurs pistolets. Le détachement des volontaires de la Bastille, qui était au bout de l'avenue, accourut au bruit, fit une décharge de mousqueterie sur les gardes du corps et les mit en déroute. Il en resta deux sur la place et trois chevaux. Une femme eut le bras coupé, une autre fut étouffée entre les chevaux, une troisième fut blessée à la tête d'un coup de pommeau d'un sabre.

Du côté du château, un homme, nommé Brunout, vêtu en garde national de Paris, apercevant un vide à la tête des gardes du corps, entra dans les rangs, le sabre à la main, suivi de huit à dix femmes poussant de grands cris. Le marquis de Savonnières, lieutenant des gardes du corps, ordonna d'arrêter cet homme, qui était parvenu à occasionner un grand désordre parmi les chevaux; mais ceux-ci étant effarouchés, on ne put l'empêcher de passer. Alors M. de Savonnières partit au galop avec M. le vicomte d'Agoult, second aide-major des gardes du corps, et M. de Mondollot, maréchal des logis; ils poursuivirent tous les trois ce forcené, à qui ils donnèrent deux coups de plat de sabre sur le dos. Ils l'abandonnèrent, quand ils le virent se réfugier dans une des baraques placées près de la cour des Ministres. Mais à peine MM. de Savonnières, d'Agoult et de Mondollot eurent-ils le dos tourné pour aller rejoindre leur escadron qu'ils furent couchés en joue. M. de Mondollot fut averti par quelques-uns des spectateurs. M. de Savonnières allait lentement, lorsqu'il reçut un coup de feu qui lui cassa le bras, et, si d'autres fusils n'avaient pas raté, MM. d'Agoult et de Mondollot eussent augmenté le nombre des victimes de la fureur populaire. La décharge fut faite par des officiers de la garde nationale de Paris. Cette escarmouche redoubla l'animosité, et le combat s'engagea sur-le-champ. Deux coups de carabine tirés par les gardes du corps atteignirent trois femmes. Une riposte des gardes nationaux atteignit deux des assaillants et les renversa de dessus leurs chevaux. Des hommes du faubourg Saint-Antoine et des gardes françaises pointèrent trois pièces de canon chargées à mitraille, mais une grande pluie empêcha l'amorce de prendre. En ce moment de nouvelles défenses de tirer furent signifiées aux gardes du corps de la part du roi, ce qui vraisemblablement prévint un horrible massacre. M. le comte d'Estaing alla annoncer à la garde nationale que le lendemain les gardes du corps prêteraient le serment et porteraient la cocarde patriotique; plusieurs voix s'écrièrent : « Ils n'en sont plus dignes ! »

La consternation et les alarmes régnaient dans le château: On avait engagé le roi de s'éloigner avec la reine et la famille royale, et d'aller à Rambouillet; on avait même chargé des voitures, elles étaient prêtes

JOURNÉE DU 5 OCTOBRE 1789. 115

pour le départ, afin de sortir par la porte de l'Orangerie ; mais un détachement de la garde nationale de Versailles les fit rentrer et referma la grille.

Par une négligence impardonnable, la municipalité de Versailles n'avait pris aucune mesure pour fournir des vivres à la multitude répandue dans les places ou abritée de la pluie dans les églises et dans les galeries de l'Assemblée nationale. Le besoin d'aliments ajoutait à la fermentation. Le Cointre (1), commandant la garde nationale de Versailles, voyant des hommes armés de canons placés devant l'Assemblée nationale, leur demanda leur nombre. Personne ne pouvant lui répondre, il alla vers eux, suivi de son aide de camp. Il demanda à être introduit sans escorte. Étant descendu de cheval, on le plaça devant les canons, les mèches allumées ; alors il s'écria à haute voix : « Quel sujet vous réunit, et que voulez-vous ? » Un cri général partit de tous côtés : « Du pain ! et la fin de nos affaires ! » Il répondit : « On va subvenir à vos plus pressants besoins, mais on ne peut vous permettre de vous répandre dans la ville avec vos armes. Un malheur qui arriverait troublerait la tranquillité du royaume que nous devons respecter. Je réponds donc que vous ne dépasserez pas la porte que vous occupez, et je vais travailler à ce qu'il vous soit délivré suffisamment de pain. Combien êtes-vous ? » — « Six cents. » — « Eh bien ! autant de livres de pain vous suffiront-elles ? » — « Oui ! » Il se rendit à la munici-

---

(1) Laurent Le Cointre, né à Versailles en 1744, marchand de toiles, devint député de Seine-et-Oise à l'Assemblée législative et à la Convention, et mourut en 1805.

palité avec une députation de cette troupe d'insurgés et dit : « Je fais à ces messieurs le tableau touchant des hommes qui m'envoient vous demander 600 livres de pain. J'observe que le serment de ne pas entrer dans la nuit n'a été fait et reçu qu'à ces conditions. »
M. de Montaran, chargé des subsistances, observa qu'il ne pouvait disposer d'une aussi grande quantité de pain. M. Clause, le maire, ordonna le transport pour empêcher les insurgés de fondre sur Versailles. Un membre observa l'embarras de la distribution, et celui du transport et payement. M. Le Cointre offrit deux chevaux, un domestique et de l'argent pour payer, disant qu'il se chargeait de faire exécuter l'ordre, et qu'on ne pouvait ni refuser ni faire attendre un secours indispensable. M. de Montaran exposa alors que le seul sacrifice possible en ce moment était de donner deux tonnes de riz. On alla aux voix pour savoir si on donnerait du riz ou du pain. Il y eut neuf voix pour le riz et sept pour le pain. On chargea M. Le Cointre d'aller savoir si la troupe voulait le riz cuit ou cru.

Les gardes du corps étaient toujours restés sur la place d'Armes. M. d'Estaing ordonna à la garde nationale de se retirer. Quelques compagnies cédèrent à cette injonction, mais le plus grand nombre déclara qu'il ne s'éloignerait qu'après avoir vu défiler les gardes du corps. Ceux-ci en reçurent l'ordre et longèrent l'esplanade pour se rendre à leur hôtel. Le dernier peloton mit le sabre à la main et témoigna quelques mouvements de mécontentement et d'humeur. Les gardes du corps allèrent, par les rues de l'Orangerie et de la Surintendance, se ranger en bataille avec le régiment suisse, partie sur la terrasse, partie dans la cour des Ministres. L'un des gardes du corps démontés dans le premier combat, M. de Moucheton, chevalier de Saint-Louis, était alors tombé entre les mains de furieux qui voulaient lui trancher la tête et l'amenèrent au corps de garde, se disputant l'affreux honneur de lui porter les premiers coups. M. de Baleine, officier de la garde nationale, les supplia de lui accorder la vie; l'infortuné remit ses armes à cet officier, en déclarant n'avoir participé à aucun complot. On lui reprocha le diner des gardes du corps; il dit qu'étant retenu dans son lit avec de la fièvre, il ne s'y était pas trouvé, mais qu'ayant entendu battre à cheval il avait cru de son honneur de se joindre à son corps. M. de Baleine attira ces furieux dans un dortoir à côté, sous prétexte de tenir un conseil de guerre. Des volontaires, d'accord avec lui, firent sortir M. Moucheton et le mirent en sûreté dans une chambre de la caserne des gardes françaises : peu s'en fallut que ses libérateurs ne fussent victimes de leur humanité.

La nuit, le mauvais temps, l'inaction des gardes du corps mirent fin à ces déplorables scènes. Des aliments furent distribués aux femmes de Paris et à leurs furieux acolytes, et on attendit assez tranquillement l'arrivée de l'armée parisienne.

Le mardi 6 octobre, sur le minuit, à la nouvelle de l'arrivée de la garde nationale parisienne, M. Mounier, président de l'Assemblée nationale, fut appelé par le roi. Il se rendit près de lui avec un grand nombre de députés. Le roi avait, dans cet intervalle, été prévenu par M. de La Fayette, qui avait apporté à Sa Majesté les assurances de la fidélité de la capitale et l'avait tranquillisé sur la marche des troupes. Sa Majesté dit : « Je vous avais fait appeler parce que je voulais me faire entourer des représentants de la nation et m'éclairer de leurs conseils dans cette circonstance difficile. Mais M. de La Fayette est arrivé avant vous et je l'ai déjà vu. Assurez l'Assemblée que je n'ai jamais songé à me séparer d'elle et que je ne m'en séparerai jamais. »

L'armée parisienne arriva sans obstacle; M. de La Fayette avait mis pied à terre à Sèvres pour parler aux compagnies et, à mesure du défilé, leur inspirer les sentiments les plus convenables dans la conjoncture. La pluie l'incommodait; les soldats voulurent le forcer de prendre une voiture pour continuer la route, mais il refusa et se mit à cheval à la tête de l'armée parisienne. A Montreuil il leur fit prêter le serment de respecter la demeure du roi. Arrivé à la première grille du château, il somma les officiers qui commandaient la maison du roi de le laisser entrer avec deux députés de la commune de Paris, pour parler à Sa Majesté. Toute la garde du roi était sur pied, on ouvrit la grille, qui était condamnée et fermée à clef, puis la seconde grille, et M. de La Fayette et les deux députés furent introduits dans le cabinet du roi, où étaient Monsieur, frère du roi, M. le comte d'Estaing, M. le maréchal de Beauvau, M. Necker, M. le garde des sceaux et autres seigneurs, ainsi que les principaux officiers de la garde.

M. de La Fayette dit au roi qu'il venait auprès de lui avec deux députés de la ville de Paris, afin de lui témoigner l'amour des Parisiens pour sa personne sacrée, et l'assurer qu'ils verseraient tous leur sang pour sa sûreté; que vingt mille hommes armés étaient dans l'avenue de Versailles, que la volonté d'un peuple immense avait commandé aux forces et qu'il n'y avait là aucun moyen de les empêcher de se porter à Versailles, mais qu'il leur avait fait prêter le serment de maintenir la discipline la plus exacte et la plus sévère. Le roi et Monsieur interrogèrent les deux députés de la commune de Paris, et demandèrent ce qu'elle souhaitait. Les deux députés répondirent : 1° qu'on suppliait Sa Majesté avec les plus vives instances de ne confier la garde de sa personne sacrée qu'aux gardes nationales de Paris et de Versailles ; 2° que la commune de Paris suppliait le roi de faire communiquer par ses ministres les états et les moyens de subsistance de la capitale, afin de rassurer la multitude sur les craintes qui redoublent aux approches de l'hiver ; 3° que le peuple demandait à grands cris une constitution et des juges pour vider les prisons, et que le roi se hâtât de sanctionner les travaux des représentants de la nation ; 4° que le roi donnerait une grande preuve de son amour à la nation française s'il voulait venir habiter le plus beau palais de l'Europe, au milieu de la plus grande ville de son empire, et parmi la plus nombreuse partie de ses sujets.

Sur le premier article le roi répondit que MM. de La Fayette et d'Estaing pouvaient en conférer ensemble, car il y consentait volontiers ; sur le second, que le ministre présent, M. Necker, avait des ordres à cet égard ; sur le troisième, qu'il l'avait signé le jour même. Il ne fit pas de réponse précise sur le quatrième article.

De retour sur l'avenue, M. de La Fayette rapporta à la garde nationale parisienne les réponses du roi et quelques paroles affectueuses que celui-ci avait ajoutées pour la garde elle-même. Il l'informa du décret rendu par l'Assemblée nationale et sanctionné le jour même par le roi pour l'approvisionnement de Paris, de l'acceptation pure et simple de la déclaration des droits et des articles constitutionnels, enfin de la résolution inébranlable où était Sa Majesté de rester au milieu de son peuple.

L'allégresse fut générale; les habitants de Versailles s'empressèrent de venir offrir leur maison à leurs frères d'armes de Paris. M. de La Fayette se contenta de faire placer autour du château le même nombre de gardes qui, dans les temps paisibles, veillaient ordinairement à la sûreté. Le reste des soldats citoyens se retirèrent soit chez les particuliers, soit dans les églises. Un de leurs détachements se logea dans l'hôtel des gardes du corps, où il n'y avait plus qu'une vingtaine de ces derniers. Ceux d'entre eux qui n'étaient pas nécessaires à la garde des portes intérieures s'étaient portés à Trianon et à Rambouillet, où ils se tenaient cachés. Le roi et la reine se couchèrent vers les deux heures après minuit. A cinq heures du matin, M. de La Fayette vint faire la visite de toutes les portes, et, trouvant le plus grand calme partout, il alla prendre quelque repos à l'hôtel de Noailles, indiqué par lui pour son quartier général.

Dès le point du jour une partie des femmes parisiennes et des vagabonds qui avaient suivi l'armée se répandirent dans les rues de Versailles. Des brigands mêlés parmi eux les excitaient au pillage, à la vengeance et au meurtre. Cette troupe s'avança vers le château, qui était mal gardé, et dont les grilles étaient ouvertes; elle entra dans les cours, partagées en plusieurs bandes. L'une d'elles, voyant un garde du corps à une croisée, le provoqua avec mille invectives et cris insultants. Celui-ci eut l'imprudence de faire feu et de tuer un jeune volontaire. Alors la fureur du peuple redoubla; on assaillit et força le château : on crut reconnaître le coupable dans un garde du corps, qu'on traîna dans la cour de marbre, et auquel on trancha la tête, pour être transportée à Paris avec celle d'un de ses camarades tué la veille.

Les brigands et les femmes qui n'étaient pas occupés à cette boucherie, montèrent par le grand escalier : un garde du corps, nommé Moreau, qui voulait leur fermer le passage, fut maltraité horriblement. Il se dégagea après des efforts inouïs et parvint à joindre ses camarades et à se replier avec eux dans la salle du roi et dans la grande salle. La foule les poursuivit, enfonça un panneau de la porte, et chercha à les percer à coups de pique. Ils se retirèrent dans d'autres pièces ; une partie de la populace se précipita par cette ouverture et se dirigea principalement du côté de l'appartement de la reine, en proférant contre elle des imprécations atroces.

La reine n'était pas encore levée ; un garde du corps entr'ouvrit la porte de la première antichambre et prévint ses femmes du danger qui la menaçait. Lui et cinq ou six de ses camarades vinrent se ranger devant la porte de sa chambre, tandis que les brigands tâchaient de se faire jour. Ce garde du corps était M. de Miorande de Sainte-Marie ; il a déposé depuis au Châtelet que, le 6 octobre au matin, il était descendu pour s'opposer à l'envahissement du château par la foule armée et qu'il avait dit : « Mes amis, vous aimez le roi et vous venez l'inquiéter jusque dans son palais ! » Qu'alors il fut attaqué par ces furieux, qu'il leur échappa et, pensant au danger que pouvait courir la reine, se hâta de la prévenir de se sauver ; qu'entendant ces brigands vomir contre cette princesse les plus horribles imprécations, il cria à Mme Tibaud, femme de chambre de la reine : « Madame, sauvez la reine, on en veut à sa vie ! Je suis seul contre deux mille tigres, mes camarades ont été forcés de quitter la salle ! » Que dans ce moment un de ces furieux lui donna sur la tête un coup de crosse de fusil et le laissa pour mort sur la place. La reine s'habilla à la hâte et se réfugia chez le roi par une porte dérobée, tandis que le roi se rendait chez elle par un autre chemin. On lui amena ses enfants, et Madame Élisabeth vint la rejoindre.

Les scélérats, qui avaient pénétré dans l'appartement de la reine, furieux de ne pas l'avoir trouvée, sondèrent son lit, déchirèrent ses draps à coups de pique ; on voyait qu'ils étaient excités par l'appât d'un grand gain ou séduits et payés pour se conduire ainsi. En cet instant des forcenés étaient sur le point d'arracher du cabinet du roi quelques gardes du corps qui s'y étaient réfugiés, après avoir jeté leurs armes. Un huissier leur ordonna de se retirer sur-le-champ. Frappés comme d'une frayeur panique, ils lachèrent les gardes du corps et se retirèrent sur-le-champ. Le roi revint presque aussitôt et se disposa avec sa famille à se montrer au peuple.

De ce moment le désordre cessa dans le château, grâce au zèle et au courage de l'armée parisienne, qui se répandit aussitôt dans les cours et les appartements du château et chassa devant elle les brigands intimidés, des mains desquels elle arracha les gardes du corps sur le point d'être immolés et les effets volés qu'ils s'étaient appropriés. M. de La Fayette, à la tête d'une troupe, fit sabrer des furieux qui allaient pendre dix-sept gardes du corps aux fatals réverbères déjà descendus à cet effet.

Tandis que tout fuyait, les gardes du corps, réfugiés dans l'intérieur du château, parurent aux fenêtres, levant en l'air leurs chapeaux décorés de la cocarde nationale, jetant leurs bandoulières et criant : « Vive la nation ! » Le peuple répondit avec acclamation : « Vive le roi ! Vivent les gardes du corps ! » De leur côté, les soldats citoyens, présentés au roi par M. de La Fayette, ne pouvaient contenir leur émotion en voyant Sa Majesté demander la grâce et la vie de ses gardes, et les invitèrent à descendre sur la place, ce qu'ils firent aussitôt. M. de La Fayette reçut leur serment. Alors les témoignages unanimes de concorde et de fraternité dissipèrent les alarmes et assurèrent le retour de la tranquillité.

Le roi, la reine et le Dauphin se montrèrent alors sur le balcon de la cour de marbre. Ils furent accueillis par de vifs applaudissements et des cris réitérés de : *Vive le Roi !* Une oppression, causée par une vive émotion, empêcha le roi de parler. M. de La Fayette dit, en son nom, qu'il allait s'occuper de tout ce qui pourrait contribuer au soulagement du peuple. Sa Majesté rentra avec la reine et le Dauphin, puis un moment après, sur la demande de la multitude, la reine reparut seule avec ses enfants, et bientôt le roi vint la rejoindre avec Madame Élisabeth. Plusieurs voix s'étaient écriées : « Le roi à Paris ! » Ce vœu, en un instant, devint universel.

« Mes amis, dit le roi d'une voix très forte, j'irai à Paris avec ma femme et mes enfants. C'est à l'amour de mes bons et fidèles sujets que je confie ce que j'ai de plus précieux. »

Au milieu des acclamations et attendrissements de la multitude, une voix cria : « Vive la reine ! » ce qui fut unanimement répété. Le roi dit ensuite : « On a calomnié mes gardes du corps, leur fidélité à la nation et à moi doit leur conserver l'estime de mon peuple. » — « Oui ! oui ! Vive le roi ! Vivent les gardes du corps ! » Le roi alors se retira avec sa famille. M. de La Fayette présenta au peuple plusieurs gardes du corps et les embrassa publiquement. Cet exemple fut suivi, ces militaires furent comblés de démonstrations amicales et en retour demandèrent à marcher dans les rangs de la garde nationale quand le roi se rendrait à Paris.

Le départ du roi fut fixé à une heure après midi. Pendant ce temps, la salle de l'Assemblée nationale était remplie, depuis l'ouverture de la séance à neuf heures du matin, de quantité de ses membres inquiets des événements. D'autres s'étaient rendus auprès du roi, et parmi eux mon père et mon oncle le marquis de Vaudreuil, qui ne le quittèrent pas et furent témoins d'une partie des tristes événements de la journée. L'Assemblée arrêta d'envoyer auprès de Sa Majesté une députation de trente-six de ses membres destinés à l'entourer dans ces moments critiques. Sur la motion de Mirabeau et de Barnave, elle décréta que le roi et l'Assemblée nationale seraient inséparables pendant la durée de la session actuelle.

M. l'abbé d'Eymar, président de la députation, présenta au roi le décret, et dit : « Sire, j'ai l'honneur de remettre entre les mains de Votre Majesté le décret par lequel l'Assemblée nationale vient de déclarer unanimement la personne de son roi inséparable des représentants de la nation pendant la session actuelle. Elle croit manifester un vœu digne du cœur de Votre Majesté et consolant pour elle dans la circonstance. » — « Je ne me séparerai jamais d'elle », répondit le roi avec effusion de cœur.

L'abbé d'Eymar ayant demandé une réponse par écrit, le roi remit un billet ainsi conçu : « Je vois avec une vive sensibilité les nouveaux témoignages de l'attachement de l'Assemblée. Le vœu de mon cœur est, vous le savez, de ne jamais me séparer d'elle. Je vais me rendre à Paris avec la reine et mes enfants. Je donnerai tous les ordres pour que l'Assemblée nationale puisse y continuer ses travaux. »

L'Assemblée nomma une nombreuse députation pour accompagner le roi à Paris.

Dès qu'on eut la certitude de la venue du roi à Paris, toute la population se porta à sa rencontre et forma une double haie depuis Passy jusqu'à l'Hôtel de ville. Une grande partie de l'armée parisienne arriva d'abord avec les canons et les femmes armées de piques, à pied, à cheval, en charrette, sur des trains d'artillerie. Puis venaient les voitures de farine qui précédaient les voitures de la cour, environnées de députés, de cavalerie bourgeoise, de grenadiers et de femmes. Ces dernières étaient mélangées à des forts de la halle portant de grandes branches de peuplier qui faisaient un effet pittoresque au milieu des piques et des baïonnettes. Elles chantaient des chansons grivoises, où la reine n'était pas ménagée, puis, montrant d'une main la famille royale et de l'autre les charrettes de farine, elles disaient à la multitude : « Mes amis, nous vous amenons le boulanger, la boulangère et le petit mitron. » Le régiment de Flandre, les gardes du corps, les Cent-Suisses, confondus pêle-mêle avec une foule bruyante et joyeuse, suivaient les voitures. Le corps d'armée, divisé par compagnies, fermait cette marche à la fois imposante et risible.

En avant de la barrière de la Conférence, M. Bailly et une députation de la commune s'approchèrent du carrosse du roi. M. Bailly harangua le roi en lui présentant les clefs de la ville ; le roi lui répondit qu'il se trouvait toujours avec plaisir et confiance au milieu des citoyens de sa bonne ville de Paris.

Leurs Majestés n'arrivèrent à l'Hôtel de ville qu'à huit heures et demie du soir ; elles s'assirent sous un dais qui leur avait été préparé. Monsieur, Madame et Madame Élisabeth prirent place à côté du roi et de la reine ; des sièges particuliers avaient été disposés pour les membres de l'Assemblée nationale. Le roi avait l'air calme et serein ; la reine affectait de l'assurance, mais paraissait très émue et concentrant un chagrin profond. La salle retentissait de battements de mains et des cris de : « *Vive le Roi !* »

M. Bailly obtint le silence et dit : « Je vais vous rendre compte, Messieurs, de la réponse que le roi a eu la bonté de me faire. Sa Majesté m'a dit qu'elle se trouverait toujours avec plaisir au milieu des habitants de sa bonne ville de Paris. » Il avait oublié les mots : « *et avec confiance* » dont le roi s'était servi ; la reine les lui rappela : « Vous entendez, Messieurs, reprit le maire, vous êtes plus heureux que si je l'avais dit moi-même. »

A la suite des applaudissements les plus vifs, le duc de Liancourt annonça que l'Assemblée nationale avait décrété qu'elle était inséparable du roi et qu'elle tiendrait à l'avenir ses séances à Paris. Cette nouvelle fut reçue aux acclamations réitérées de : « Vive l'Assemblée nationale ! »

M. Moreau de Saint-Méry (1) fit ensuite un discours, auquel le roi parut prendre le plus vif intérêt. Puis, Leurs Majestés passèrent dans une salle voisine, d'où elles se montrèrent au peuple, qui les combla de bénédictions. De là elles se rendirent aux Tuileries avec leur auguste famille, en témoignant leur satisfaction du calme, de l'ordre et de l'union qu'elles voyaient régner autour d'elles.

Mirabeau, dans la séance du 6 octobre, dit à l'Assemblée, après avoir parlé de la dette publique avouée et consolidée, que les Anglais avaient su concilier avec la sûreté de la constitution ce que la nation doit non seulement à ses créanciers, mais au maintien et à la splendeur du trône ; que la liste civile, c'est-à-dire la somme assurée pour la dépense de la maison du roi et de celle des princes, le payement de ses gardes, les gages de ses ministres, des ambassadeurs et des juges même, était

---

(1) En sa qualité de président des électeurs de Paris.

votée par le Parlement au commencement de chaque règne. Cette liste civile est assignée sur un revenu fixe, dont le Parlement peut bien changer la répartition, mais qui ne peut être diminuée pendant la vie du roi sans son consentement. « Qu'on se figure, ajouta-t-il, ce que serait un roi qui serait obligé de demander chaque année à ses peuples les sommes nécessaires à son existence et pour son entretien, comme particulier et comme roi. Si le pouvoir exécutif n'est qu'un meuble de décoration, il est trop cher ; si le pouvoir est nécessaire au maintien de l'ordre et à la protection des citoyens et à la stabilité de la constitution, craignons de l'énerver ; je propose de rédiger ainsi l'article qui nous occupe : Aucun impôt ne sera accordé pour plus d'un an, à l'exception de ceux qui seront particulièrement affectés à la liste civile du roi et au payement successif des intérêts et du capital de la dette nationale. »

On débattit longuement le titre de *roi des Français*, sur ce que la qualification usitée de roi de France faisait entrevoir qu'il pouvait disposer du territoire de la France à sa volonté, qu'il fallait suivre l'ancienne formule *Francorum rex*. Les plus vifs applaudissements retentirent dans la salle, avec des acclamations réitérées en l'honneur du roi des Français. Si je m'appesantis sur ces détails de la liste civile et du titre de roi des Français, c'est que j'ai été témoin qu'ils ont occupé particulièrement toute la famille royale et la cour.

La ville de Versailles, sentant l'étendue de la perte qu'elle faisait par le départ du roi et de l'Assemblée nationale, envoya une députation à l'Assemblée pour la prier de ne pas l'abandonner et dire qu'elle comptait sur le retour de Leurs Majestés dans une ville qui avait été leur berceau et la résidence de nos rois depuis plus d'un siècle. — La réponse de l'Assemblée fut évasive; le président répondit que depuis longtemps les rois de France sont habitués à voir leurs sujets rivaliser d'amour et de sensibilité, que l'Assemblée prendra la demande de Versailles en considération.

Le même jour l'Assemblée reçut une lettre du roi l'invitant à trouver un local convenable pour ses séances et la prévenant qu'il allait donner des ordres afin qu'on fasse sans délai les préparatifs nécessaires, et que rien ne puisse ralentir leurs utiles travaux. Des malveillants répandirent le bruit dans le public que la reine allait faire retirer du mont-de-piété tous les effets engagés pour moins de vingt-quatre francs. Le peuple se porta au château dans l'espoir d'obtenir des cachets; des attroupements se formèrent dans le jardin, au mont-de-piété et dans les districts; tout faisait redouter une nouvelle crise. M. de La Fayette se fit autoriser à déployer la force militaire contre les rassemblements, qui furent heureusement dissipés sans coup férir.

Quelques jours après, le roi, pour ne pas rendre vaines les espérances du peuple, accorda gratuitement la remise des linges de corps et habillements d'hiver engagés pour vingt-quatre francs au plus. M. de La Porte, intendant de la liste civile, me dit que cela n'avait pas été à douze mille francs.

Le dimanche 11 octobre, M. Bailly témoigna à l'Assemblée son indignation et sa douleur de voir des prêtres, des gentilshommes de toutes les provinces déserter le royaume et se retirer en pays étranger; il dit que M. le comte d'Artois était à Turin, où le roi lui avait donné une garde de cent hommes avec toutes les marques de distinction, que M. le prince de Condé était en Suisse, le maréchal de Broglie à Namur, le baron de Breteuil à Vienne, le cardinal de Loménie et M. de Sartine à Cadix.

De nombreuses demandes de passeports inquiétaient la commune. M. le duc d'Orléans en réclama un pour l'Angleterre, ce qui intrigua beaucoup. On savait que le duc avait eu une vive explication avec M. de La Fayette, qui lui avait conseillé, en raison de bruits calomnieux sans doute, répandus sur lui dans le public, de s'absenter pour le moment; en effet, on avait promené son buste et crié, pendant les événements des 5 et 6 octobre : *Vive M. le duc d'Orléans!* A la commune, un homme avait proposé de le nommer lieutenant général du royaume. Tout cela avait l'air d'une conjuration formée contre la reine.

M. de La Fayette demanda au duc d'Orléans un rendez-vous chez M. de Coigny et lui tint ce discours : « Prince, la France et le roi ont besoin également de la paix, et votre présence en ces lieux y paraît un obstacle; on abuse de votre nom pour égarer la multitude et exciter du désordre. Vous avez des relations en Angleterre, vous y pourrez servir votre patrie et vous devez ôter sur-le-champ aux perturbateurs du repos public tout prétexte. » Après cette entrevue, M. le duc d'Orléans se décida à partir, mais, pour voiler le véritable motif de son départ, le roi lui offrit une mission particulière. M. le duc d'Orléans alla prendre congé de Sa Majesté, qui le reçut froidement. Mirabeau, ayant appris son départ, s'écria : « Il ne mérite pas la peine qu'on s'est donnée pour lui! » Ce propos fut relevé et rendu public.

Après une longue discussion au sujet de M. le baron de Besenval, retenu à Brie-Comte-Robert, on décida de le faire juger par le Châtelet, dont le tribunal avait été chargé provisoirement de la connaissance des crimes de lèse-nation. En conséquence, le baron fut transféré dans la prison du petit Châtelet, où il eut la liberté de voir ses amis. Toute la société se réunissait les soirs chez lui. Son intérieur était comme un club à nouvelles; chacun s'empressait d'en recueillir en ville pour lui en donner.

Le roi n'avait pas formellement assuré qu'il fixerait son séjour à Paris. M. de La Fayette l'en sollicita plusieurs fois, mais le roi lui répondit d'un ton ferme : « Je ne refuse pas de fixer mon séjour dans la capitale, mais je n'ai pas pris encore une détermination à ce sujet et je ne veux pas faire une promesse que je ne suis pas décidé à remplir. » Dans la soirée du 6, M. Bailly, à la tête d'une députation des représentants de la commune, se rendit auprès de Sa Majesté pour la supplier de fixer son séjour habituel à Paris. Le roi lui répondit que, d'après les assurances qu'il lui donnait de l'affection et de la fidélité de la commune de sa bonne ville de Paris, et dans la confiance d'y voir régner la paix et la tranquillité, il venait de réitérer à l'Assemblée nationale sa résolution de seconder ses vœux et de ne pas s'en séparer, et que, dès qu'on aurait désigné un local pour la tenue des séances, il donnerait les ordres nécessaires pour le faire préparer.

La députation passa ensuite chez la reine, à qui

M. Bailly adressa un discours; la reine lui répondit :
« Je reçois avec plaisir les hommages de la ville de Paris; je suivrai le roi avec satisfaction partout où il ira, et surtout ici. »

Le mercredi 21 octobre, Paris fut encore témoin d'une scène horrible, excitée par des gens soudoyés pour agiter le peuple. Un boulanger de la rue du Marché-Palu avait déjà délivré six fournées de pain et commençait la septième, quand une femme, n'ayant pu avoir du pain, exigea qu'il lui laissât visiter ses magasins pour s'assurer s'il n'y avait pas de pain caché. Elle trouva trois pains de quatre livres rassis qui étaient la provision des garçons; elle en prit un, et une fois dans la rue, elle dit à la multitude assemblée à la porte du boulanger que celui-ci avait caché une partie de sa fournée. Aussitôt le peuple força la faible garde de deux sentinelles placées à la porte de chaque boulanger pour maintenir l'ordre de la distribution, et, outre les pains rassis, il trouva vingt douzaines de petits pains frais destinés aux pratiques particulières, qu'on disait être des députés. On cria aussitôt de le pendre au réverbère. L'infortuné boulanger (1) demandait à être mené au district. On voulait l'entraîner à la Grève, mais des officiers du district obtinrent de le faire conduire au comité de police. Là d'honnêtes voisins rendirent compte de sa probité, déclarant qu'il avait toujours eu bien soin d'approvisionner le district de Notre-Dame; qu'il s'était toujours approvisionné de farine, qu'il en avait même prêté à ses confrères; le boulanger lui-même avoua qu'il cuisait

---

(1) Ce boulanger s'appelait François.

depuis longtemps huit ou neuf fournées par jour, que son four était encore plein, et qu'il avait mis quelques pains de surplus pour lui, sa famille et d'anciennes pratiques. Les membres du comité engagèrent deux femmes à se rendre à la Grève pour raconter ces faits au peuple. En ce moment fit irruption une troupe de forcenés et de furies. Une d'elles eut l'audace de dire au président du comité(1) : « Vous faites toujours esquiver nos ennemis, mais votre tête aujourd'hui nous répond de la sienne. » Aussitôt le boulanger fut arraché aux gardes nationaux et à la protection des lois, descendu sur la place et aussitôt pendu et décapité. Pour mieux faire connaître son état, ces furieux prirent le bonnet d'un garçon boulanger qui passait dans la rue et en couvrirent cette tête, qu'ils forcèrent les boulangers qui passaient de baiser. La jeune femme enceinte du malheureux volait à son secours; sur le pont Notre-Dame ses regards virent une tête sanglante, et elle tomba évanouie; les bourreaux la reconnurent; ils eurent la barbarie d'approcher de ses lèvres cette tête ensanglantée et lui laissèrent le visage couvert de sang. On l'emporta expirante.

La fermentation populaire était à son comble. Les députés de la commune prièrent l'Assemblée de publier la loi martiale sans désemparer ; il y eut de grandes discussions à ce sujet ; on mettait en avant que l'assassinat du boulanger tenait à des complots dont on n'avait que trop d'indices. On proposa de donner plus de moyens d'activité au comité des recherches. Chose remarquable, Robespierre fut le

---

(1) Guillot de Blancheville. (Cf. *Moniteur*, II, 90.)

seul qui combattit la loi martiale (1). Le comité des recherches fut investi de tous les pouvoirs pour faire les perquisitions et découvrir les auteurs des troubles et manœuvres qui pouvaient avoir lieu contre la tranquillité publique et le salut de l'État. Le comité de police de la ville fut chargé de fournir au comité des recherches tous les renseignements connus et à rechercher. On s'occupa du projet de loi contre les attroupements pour le présenter de suite à la sanction royale; on proposa un plan d'établissement d'un tribunal chargé de juger les crimes de lèse-nation et on autorisa provisoirement le Châtelet de Paris de juger en dernier ressort les prévenus de cette sorte de crime. On décréta la loi martiale dans tous les cas où la tranquillité publique serait en péril; les officiers municipaux seraient tenus, en vertu du pouvoir qu'ils ont reçu de la commune, de déclarer les circonstances où la force militaire devait être employée, sous peine d'en répondre personnellement. Tous les articles de cette loi furent publiés et affichés par tout le royaume avec profusion et reproduits dans tous les journaux, afin que le peuple n'en ignorât.

La commune de Paris fit tout son possible pour détourner et calmer l'agitation populaire. Le commandant général employa toute la force armée pour empêcher la multitude de se porter aux Tuileries et préserver l'Assemblée nationale et l'Hôtel de ville de l'invasion. Il fit enlever de force la tête du boulanger et arrêter trois coupables. Le roi envoya à la veuve de cet infortuné six billets de mille livres, et la commune

---

(1) Cf. le discours de Robespierre dans l'*Histoire parlementaire de la Révolution française*, par BUCHEZ et ROUX, III, 201.

lui fit porter des consolations et dire qu'elle et son fils au berceau étaient sous la garde de la commune, qui pourvoirait à leurs besoins.

Toutes ces scènes sanglantes attristaient les bons citoyens, qui voyaient que le peuple, instrument aveugle de grands criminels cachés, se livrait facilement à ces exécutions sanguinaires, dont on craignait tous les jours voir renouveler les horreurs.

Les amis des noirs, après avoir voulu échauffer l'imagination publique par des écrits sur la malheureuse existence des noirs et gens de couleur esclaves dans nos colonies, présentèrent une pétition des hommes de couleur libres. M. Joly, avocat aux conseils (1), demanda que l'Assemblée leur accordât une représentation particulière, les fit participer aux places et distinctions honorables dont ils étaient exclus, et leur donnât le droit de suffrage dans les assemblées coloniales. Le président répondit en les engageant à déposer sur le bureau leurs requêtes et pièces à l'appui. Cette première adresse des gens de couleur fut présentée le jeudi 22 octobre. Comme on voyait le but de cette démarche, tous les propriétaires colons pressentirent que bientôt on demanderait la liberté des nègres.

M. de Menou (2) occupa l'Assemblée des bruits répandus sur la mission de M. le duc d'Orléans en

---

(1) Étienne-Louis-Hector de Joly, né à Montpellier en 1756, lieutenant du maire de Paris en 1789, ministre de la justice du 4 juillet au 10 août 1792, mort en 1837.

(2) Jean-François de Menou, né à Boussay (Indre-et-Loire) en 1756, maréchal de camp, député de la noblesse du bailliage de Touraine aux États généraux, successeur de Kleber comme général en chef de l'armée d'Égypte, mort en 1810.

Angleterre; il dit que le but de ce voyage avait été de le soustraire à l'accusation d'un grand complot, que plusieurs membres de l'Assemblée nationale passaient dans le public pour être des agents de son ambition, que le prince avait été arrêté à Boulogne et demandait sa mise en liberté pour venir lui-même, à l'Assemblée nationale, détruire les graves inculpations dont il était l'objet. M. de Menou ajouta que s'il était retourné en Angleterre, le décret lui serait envoyé à son domicile, et il réclama que l'Assemblée députât vers le roi son président pour lui communiquer le décret et le supplier de rappeler M. le duc d'Orléans.

« Il est de notoriété, dit M. le duc de Liancourt, que M. le duc d'Orléans est chargé par le roi d'une mission diplomatique, et j'ose ajouter que ce prince m'en a donné connaissance et a accepté avec plaisir cette occasion de servir à la fois les intérêts de la nation et ceux de Sa Majesté. » Il ajouta qu'il n'y avait ni accusation ni dénonciation contre ce prince, ni plaintes formées contre lui; que, s'il en existait, il fallait demander au roi le prompt rappel de M. le duc d'Orléans pour qu'il subît le jugement auquel tout sujet inculpé doit être soumis, que l'Assemblée nationale ne peut faire attention aux mauvaises interprétations que les malveillants mettent en avant. On passa à l'ordre du jour.

On publia avec grand appareil ce jour-là la loi martiale; deux des assassins du boulanger furent pendus, et un volontaire non soldé du district de Saint-Louis, prévenu d'avoir coupé la tête de cet infortuné, fut dégradé et conduit au Châtelet.

Le dimanche 25 octobre, la pétition des gens de

couleur fit grande sensation dans le public, qui se prononça en leur faveur ; mais, comme on protégeait également la cause des esclaves qui réclamaient leur liberté, les gens de couleur furent aussi révoltés que les blancs à l'idée de rendre la liberté aux esclaves pour en faire des citoyens. Le public s'occupa beaucoup de cette intéressante cause, qui fit pressentir que la liberté des nègres entraînerait la perte des colonies.

Le public s'intéressa fort à l'arrestation de M. Augeard (1), riche fermier général et garde des sceaux de la reine, dénoncé au comité de police par un de ses commis, nommé Ségier, soldat de la garde nationale. Ce commis écrivait quelquefois, sous la dictée de M. Augeard ; quelques phrases contre la Révolution, infidèlement surprises par cet individu, furent livrées au comité de police. Les agents envoyés pour arrêter l'inculpé le trouvèrent caché dans le lit d'un laquais. On saisit chez lui des plans et des projets de campagne, dans le cas où le roi se retirerait à Metz. Interrogé à ce sujet, M. Augeard répondit que ces plans étaient imaginaires. Il fut livré au Châtelet et acquitté. Par la suite M. Augeard émigra et rédigea la protestation des princes contre la constitution de 1791 ; il revint en France le 18 brumaire et mourut en 1805. Il a laissé des écrits extrêmement curieux sur les intrigues de la cour depuis 1771 jusqu'en 1775 et sur les événements arrivés en France à cette époque (2). L'ayant souvent rencontré dans la société, j'en parle comme d'un homme de mérite.

(1) Jean-Mathieu Augeard, né en 1731, secrétaire des commandements de Marie-Antoinette.
(2) Les *Mémoires secrets* d'Augeard ne furent publiés qu'en 1866.

L'administration de la ville de Paris est le centre de tous les mouvements ; ses ressources sont les plus nombreuses, mais aussi ses maux sont plus grands et les désordres plus redoutables. Paris, l'asile des talents, est aussi l'assemblage à la fois des richesses et de la misère. S'il recèle le patriotisme et les vertus, il est aussi le refuge de tous les crimes qui viennent s'y cacher dans l'ombre. La police doit y être plus active et différente de toute autre, parce que Paris ne ressemble à aucune autre ville, que sa population est immense et qu'elle a des rapports immédiats avec toutes les villes du royaume. Son administration doit être armée de force, de vigilance et de sagesse.

La proclamation de la loi martiale, d'abord sollicitée avec fureur et reçue avec une gratitude apparente, commença à donner des inquiétudes aux sentinelles avancées de la Révolution, aux journalistes et orateurs des districts. Dans celui de Saint-Martin des Champs on proposa d'empêcher l'exécution de cette loi et de ne pas porter l'uniforme national tant qu'elle serait en vigueur. On y arrêta d'engager tous les districts à demander à l'Assemblée l'abrogation de cette loi. Plusieurs districts prirent des arrêtés contraires. Cette division d'opinion prouva qu'il existait un parti contre tout ordre public.

Dans la séance de lundi 2 novembre, l'Assemblée décréta : 1° que tous les biens ecclésiastiques sont à la disposition de la nation, à la charge de pourvoir d'une manière convenable aux frais du culte, à l'entretien de ses ministres et au soulagement des pauvres, sous la surveillance et d'après les instructions des provinces ; 2° que dans les dispositions à faire pour subvenir à l'entretien des ministres de la religion, il ne pourra être assuré à la dotation d'aucune cure moins de douze cents livres par année, non compris la maison et le jardin dit presbytère. Cette loi, qui fit grande sensation dans le public, fut le résultat de grandes et savantes discussions. Les ecclésiastiques seuls parurent s'en plaindre.

La nouvelle division du royaume en départements occupa les esprits ; bien des provinces tinrent à l'honneur de leurs noms. Comme le but était de détruire tous les privilèges, de changer les pays d'État et de créer l'unité par tout le royaume, on présenta un plan de division, fondé sur la population répartie en cent vingt-cinq départements, au lieu de quatre-vingts.

On croyait dans le public que Mirabeau avait des vues d'entrer dans le ministère, mais le décret, rendu sur la proposition de Lanjuinais, que nul membre de l'Assemblée ne pouvait devenir ministre pendant la session, détruisit cette espérance. Mirabeau voulut opposer à ce projet un discours ingénieux et piquant; on y applaudit, mais le décret passa avec une sorte d'enthousiasme (1).

Le 9 novembre, l'Assemblée nationale siégea pour la première fois dans la salle qui lui avait été préparée à l'ancien manège des Tuileries. Ce local situé près du château facilita les communications avec le roi. On a reproché à la forme de la salle de n'être pas sonore et d'être fatigante pour les orateurs.

(1) Séance du 7 novembre 1789.

V

Organisation du service intérieur de la maison du roi aux Tuileries. — Vie intime de Marie-Antoinette; soirées chez Mme de Tourzel et chez la princesse de Lamballe. — Affluence de la noblesse aux Tuileries; les femmes portent des bouquets de fleurs de lys et des nœuds de ruban blanc. — Imprudences du parti royaliste. — Plan du marquis de Favras. — Arrestation de celui-ci (26 novembre 1789); son procès, son exécution (19 février 1790); animosité de La Fayette contre lui. — La veuve et le fils de Favras présentés à Marie-Antoinette. — Propositions d'enlèvement de la famille royale, toutes repoussées par le roi, qui se méfiait des émigrés de Coblentz. — Canon mis en batterie sur le terre-plein du Pont-Neuf, par ordre de La Fayette. — Mort de l'empereur Joseph II (20 février 1790). — Le club des Jacobins et le club de 1789. — Rivalités de ces deux clubs. — Conduite impolitique de la noblesse et du clergé. — Guerre de libelles. — La presse révolutionnaire. — Organisation des émeutes. — Détails donnés à ce sujet au comte de Paroy par M. de la Porte. — Rabaut de Saint-Étienne trésorier des protestants et recevant de ses coreligionnaires de l'étranger des subsides qui servirent souvent à payer des mouvements révolutionnaires.

Le service intérieur de la maison du roi s'organisa peu à peu aux Tuileries comme à Versailles, ainsi que celui de Madame Élisabeth et de Mme la princesse de Lamballe. Le roi y avait ses heures de réception à son lever et à son coucher pour ceux qui avaient eu l'honneur de la présentation; le public le voyait, quand il passait avec la famille royale pour aller à la messe.

La reine avait repris dans son intérieur ses habitudes ordinaires et s'occupait beaucoup de l'éducation de monseigneur le Dauphin et de Madame Royale. Elle accompagnait le roi à la messe et avait dans son salon, deux fois par semaine, son jeu de loto, où elle admettait les dames à qui elle faisait l'honneur d'une invitation. Les autres jours, elle descendait ordinairement chez M. et Mme de Tourzel, gouverneurs des Enfants de France, avec M. le Dauphin et Madame Royale, qui jouaient avec Mlle Pauline de Tourzel et d'autres demoiselles. La reine jouait quelquefois au trictrac avec Mme la princesse de Lamballe et quelques personnes. Ordinairement elle faisait la chouette. Elle aimait fort la musique, mais il n'y eut pas de concert au château. Elle s'occupait à des ouvrages à l'aiguille et entreprit un grand travail de tapisserie, dont elle distribuait à ses dames des morceaux à faire.

Mme la princesse de Lamballe eut aussi quelques soirées brillantes dans ses appartements au pavillon de Flore. La reine y assistait quelquefois, mais y restait peu et rentrait dans son intérieur, où elle s'entretenait avec quelques dames de tout ce qui concernait sa position.

Toute la noblesse, restée à Paris, se faisait un devoir de se présenter assidûment chez le roi ; aussi l'affluence était-elle considérable aux Tuileries. Les marques d'attachement se manifestaient même par des témoignages extérieurs. Les femmes portaient d'énormes bouquets de lys à leur côté et sur leur tête, et des nœuds de ruban blanc, ce qui occasionnait quelquefois au spectacle du bruit entre les loges et le parterre, dans le but de faire ôter ces parures que le peuple regardait comme des signes dangereux. On vendait dans les rues des cocardes nationales, et les marchands se tenaient près des sentinelles qui arrêtaient ceux qui n'en portaient pas et les obligeaient d'en acheter pour s'en aller. Les jeunes gens se faisaient un mérite de ne pas porter ce signe, quoique le roi s'y fût soumis.

Le roi faisait sans cesse des démarches auprès de l'Assemblée pour rétablir le calme. Les gens de la Révolution ne croyaient pas à sa sincérité, et les royalistes servaient cette incrédulité en disant hautement que le roi n'était pas libre et que tout ce qu'il faisait était nul et ne l'engageait à rien pour l'avenir. Ces propos indiscrets se tenaient partout; on discutait à table, sans penser que les valets appartenaient au parti ennemi. Il y avait autant d'imprudence et de légèreté dans le parti royaliste que de ruse, d'audace et de persévérance dans le parti révolutionnaire.

L'aventure du marquis de Favras fit grande sensation dans le public. Ce Favras, homme à la tête ardente, s'était imaginé, lors de l'arrivée du roi à Paris, qu'il serait possible de faire une contre-révolution. Son plan consistait seulement à enlever le roi, à le conduire à Péronne, à s'assurer de la personne de M. de La Fayette et de M. Necker, à réunir douze mille hommes à cheval dans Paris et à les faire soutenir par une armée composée de vingt mille Suisses, vingt mille Sardes et douze mille Allemands. Favras communiqua son projet à quelques personnes de l'entourage de Son Altesse Royale Monsieur. Ce plan leur avait paru extravagant; elles n'y firent pas plus d'attention qu'à cent autres de même espèce qu'imaginaient tous ceux qui voulaient se donner quelque importance; mais les serviteurs du prince auraient rougi d'être les délateurs de ces malheureux. Il est résulté de leur silence que le marquis de Favras ayant sondé quelques soldats de la troupe de M. de La Fayette et ayant osé se permettre d'avancer que son plan avait la sanction de plusieurs grands personnages, il fut dénoncé à M. de La Fayette, qui le fit arrêter (1), puis envoyer au Châtelet pour y être jugé. Le nom de Monsieur se trouvant impliqué dans cette affaire, ce prince se hâta d'aller se disculper auprès du roi et reçut ordre de se rendre sur-le-champ à la commune de Paris, afin de prévenir, sans perdre un moment, tous les soupçons qui allaient circuler et que la méchanceté ne manquerait pas d'envenimer. L'apparition de ce prince à la commune, le ton de franchise et de dignité avec lequel il y parla, eurent tout le succès qu'il pouvait espérer d'une pareille démarche. M. de La Fayette mit à la poursuite du malheureux Favras un acharnement qui lui sera toujours reproché. Le rapporteur du procès, M. de Quatremère, entendit de sa bouche et répéta ces paroles funestes : « Si M. de Favras n'est pas condamné, je ne réponds pas de la garde nationale. »

M. le marquis de Favras fut condamné et pendu à la place de Grève (2) pour avoir rêvé ce qu'il croyait le salut de la France. Il excita beaucoup d'intérêt, par la fermeté avec laquelle il soutint son procès et sa condamnation, et par le courage avec lequel il mourut. On prétend qu'on lui avait persuadé qu'il était politiquement nécessaire qu'il se laissât condamner, et

---

(1) Favras fut arrêté le 26 novembre 1789.
(2) Le Châtelet commença le 9 février 1790 le procès du marquis de Favras, qui fut condamné et pendu en place de Grève le 19 du même mois.

qu'on l'avait assuré de sa grâce et d'un sort en pays étranger.

Quelques jours plus tard on présenta la veuve et le fils de Favras à la reine, qui faillit s'évanouir à la vue de cette famille infortunée, victime de son attachement à la cause royale, et leur fit donner cent louis, avec l'assurance qu'elle ne les abandonnerait jamais.

J'ai su depuis indirectement qu'on avait plusieurs autres propositions d'enlever la famille royale, mais que, malgré l'assentiment de la reine, le roi ne voulut jamais y consentir. Quelques mots prononcés par Mme la princesse de Lamballe, lorsque je lui exprimai mon vœu à ce sujet, me confirmèrent ce fait. Leurs Majestés craignaient l'influence des princes et des émigrés qui étaient à Coblentz et qui auraient pu les mettre en tutelle. Ils auraient désiré l'aide de l'empereur d'Allemagne, mais les propos indiscrets tenus à Coblentz sur la faiblesse du roi et la nécessité d'une régence empêchèrent Leurs Majestés d'écouter aucune proposition.

Leurs Majestés eurent la douleur de voir, à la suite de l'exécution du marquis de Favras, M. de La Fayette faire placer un énorme canon de trente-six en batterie sur le parapet de la partie du pont Neuf où se trouvait la statue de Henri IV. Ce canon semblait menacer le pavillon de Flore. On répandit le bruit qu'il n'avait été placé sur ce terre-plein que pour donner ou répéter le signal des fêtes et suppléer au canon de la Bastille, qui avait la même destination.

La mort de l'empereur Joseph II, survenue sur ces entrefaites (1), affecta beaucoup la reine, qui cepen-

(1) Le 20 février 1790.

dant reprochait à son frère ses principes philosophiques.

Il existait, dans la majorité de l'Assemblée, une scission sourde qu'entretenaient les jalousies et les prétentions des deux clubs qui préparaient les décrets : le club des Jacobins et le club de 1789. Le club des Jacobins devait son origine à quelques députés bretons qui, lorsque les États généraux étaient à Versailles, se rassemblaient tous les jours afin de prendre une délibération uniforme et d'agir selon les circonstances. Cette association devint bientôt plus nombreuse; tous ceux qui tenaient au parti démocratique se joignirent aux députés bretons; c'est là qu'on décidait la nomination des présidents et des secrétaires, qu'on donnait l'exclusion aux députés qui n'étaient pas dans les bons principes, qu'on préparait les décrets, et qu'on convenait des intrigues à suivre et des correspondances à entretenir. L'Assemblée s'étant rendue à Paris, le club breton loua une salle aux Jacobins de la rue Saint-Honoré et continua à s'assembler sous le nom de *Club des Amis de la constitution*. Ce club commença ses séances à Paris, le 6 octobre 1789; composé d'abord exclusivement de députés, on y admit des membres de la commune et des districts. Les révolutionnaires, sentant le grand avantage qu'ils pourraient tirer de cet établissement pour dominer à la fois Paris et l'Assemblée et pour étendre leur influence sur les provinces, ne se bornèrent pas à accueillir quelques membres des autorités constituées; ils reçurent tous ceux qui se présentèrent, n'exigeant d'autres titres qu'une soumission aveugle à la volonté des chefs et un entier dévouement aux principes révolutionnaires. Ce nouveau club compta bientôt douze cents membres, parmi lesquels plusieurs journalistes, tous les agents de la faction d'Orléans et une foule d'étrangers chassés de leur patrie, gens sans moralité pour qui les révolutions sont un patrimoine.

Le club des Jacobins, ainsi que les nations trop populeuses de l'antiquité, envoya des colonies dans les principales villes du royaume et forma à Paris des affiliations. — Les deux Lameth et Barnave le gouvernaient. — Robespierre, Petion, Anthoine, Salle, Dumetz, tous chefs de bandes, mais réunis par les mêmes intérêts et agissant de concert, souffraient impatiemment le joug des deux Lameth et, jaloux de la popularité de Barnave, épiaient l'occasion de la lui enlever.

Le club de 1789, ainsi nommé de l'année initiale de la Révolution, ne s'ouvrit pourtant que le 12 mai 1790(1). Il était composé de députés qui voulaient une constitution monarchique mixte, telle à peu près que celle proposée par le comité de l'Assemblée ; leurs efforts ne tendaient qu'à l'établissement de cette constitution, qu'ils voulaient garantir des entreprises de la cour et des attaques des nobles et des prêtres. Ils espéraient que Louis XVI, né sans ambition, content des avantages que lui réservait le nouveau gouvernement, habitué à n'avoir que l'ombre de la royauté, à être mené par la reine et par ses ministres, se réunirait à eux et adopterait de bonne foi la Constitution. Cet espoir était fondé sur le caractère connu du roi; aussi les clubistes de 89 n'attribuèrent-ils pas à ce

---

(1) Ce club siégeait dans un local du Palais-Royal. Il célébra, le jeudi 12 mai 1790, son installation par un banquet de cent trente personnes, parmi lesquelles Bailly et La Fayette. (Cf. *Moniteur*, IV, 368.)
— Le manuscrit porte, par erreur, 12 *avril*.

prince les obstacles qu'ils éprouvaient, et ils avaient raison. Louis XVI, abandonné à lui-même, se serait soumis aux circonstances.

Le marquis de La Fayette, Bailly, Rœderer, Dupont de Nemours, Chapelier, le duc de La Rochefoucauld, l'abbé Sieyès, chefs du club de 89, étaient originairement membres de celui des Jacobins, mais, fatigués du caractère bruyant des séances, de la déraison des orateurs et de la nécessité d'obtenir et de capter la faveur populaire, nécessité qui force l'honnête homme de dissimuler parfois sa pensée, et s'il veut commander, d'obéir d'abord à tous les caprices d'une multitude ignorante et grossière, ils cessèrent peu à peu d'assister aux séances des Jacobins et vinrent s'installer pompeusement dans un superbe local au Palais-Royal avec tout le fracas propre à attirer et frapper la multitude.

Le club de 89 eut aussi un grand nombre d'auxiliaires parmi les philosophes, les académiciens, les capitalistes, les hommes de lettres tels que : Condorcet, Marmontel, Chamfort, Clavière; il comptait parmi ses membres les principaux meneurs des comités et les plus marquants de la majorité de l'Assemblée. On y discutait, ainsi qu'aux Jacobins, des matières politiques, mais avec décence; de plus, d'excellents diners ajoutaient à l'intérêt de la réunion; on trouvait au club tous les papiers publics; — au reste, on y ambitionna, tout comme aux Jacobins, la faveur populaire et on y employa, pour l'obtenir, les adresses et les députations : car on cherchait aussi à tromper le peuple, à lui persuader qu'on était uniquement occupé de l'amour du bien public, lorsqu'on n'était animé réellement que d'un esprit d'intérêt personnel et de domination. D'un côté, les vainqueurs de la Bastille venaient-ils féliciter les Jacobins de leur énergie, au même instant les dames de la Halle arrivaient au club de 89, adressaient un beau compliment au génie de M. Bailly et n'oubliaient pas le bon général La Fayette, le grand Mirabeau, qui disait de si belles choses à l'Assemblée, ni M. Chapelier, qui, sans cesser d'être Breton, était devenu bon Parisien. Le comte de Mirabeau, haï, mais craint et recherché par les deux clubs, faisait pencher la balance ou pour l'un ou pour l'autre, selon qu'il se réunissait à celui des Jacobins ou à celui de 89. Il ne possédait la confiance d'aucun des chefs, mais ceux-ci l'employaient à faire passer leurs délibérations secrètes. Car les Jacobins et les membres du club de 89 avaient un comité dans lequel ils discutaient et arrêtaient les différents projets relatifs à la Révolution avant qu'on les portât à l'assemblée générale et qu'on les soumit par leur publicité à l'opinion publique influencée d'avance.

Les Jacobins et les 89, quoique ennemis irréconciliables, se réunissaient cependant quand il s'agissait d'attaquer la noblesse, le clergé ou l'autorité royale. Ils avaient un égal besoin de popularité. Il arrivait souvent que les Jacobins proposaient une loi bien folle, bien contraire à l'utilité générale, mais dont les avantages, prônés d'avance par les journalistes de leur parti, étaient devenus parmi le peuple opinion dominante, et cela dans l'espoir que les clubistes de 89 combattraient la loi proposée et que cette résistance leur ferait perdre leur popularité. Il en arriva tout autrement; les clubistes de 89, instruits des vues secrètes des Jacobins, aussi indifférents qu'eux pour le bien public, qu'ils sacrifiaient les uns et les autres sans pudeur ni remords à leur ambition particulière, quoique convaincus que la loi proposée était nuisible, loin de la combattre, renchérissaient encore de popularité sur les Jacobins par des amendements plus accommodés aux désirs de la multitude. La Fayette, sentant le tort que lui causait cette division en partageant entre lui et les Lameth la faveur populaire, tenta plusieurs fois des moyens de rapprochement entre les deux clubs, mais il exigeait, pour prix de sa médiation, que les Jacobins se réunissent à lui dans toutes les motions qu'il présenterait à l'Assemblée et s'arrangeassent à les faire passer. Les Lameth et Barnave n'eurent garde de consentir à un arrangement qui leur eût ôté toute leur prépondérance au club et à l'Assemblée, et les eût mis dans la dépendance de La Fayette.

Il n'y avait donc à l'Assemblée nationale qu'à peu près trois cents membres véritablement probes, exempts d'esprit de parti, étrangers à l'un et l'autre club, voulant le bien pour lui-même, indépendamment d'intérêts de corps, toujours prêts à embrasser la proposition la plus juste et la plus utile, de quelque côté qu'elle vînt. Ce sont ces hommes modérés qui ont fait le peu de bonnes lois sorties de l'Assemblée nationale; ce sont eux qui ont empêché tout le mal qu'elle n'a pas fait, en adoptant tout ce qui était bon et en éloignant tout ce qui était mauvais. Ils ont souvent pesé sur le sort final de propositions qui sans eux eussent été adoptées ou rejetées par esprit de faction ou d'intérêt.

Les membres du parti de la noblesse et du clergé se faisaient remarquer par leur conduite impolitique. Comme ils ne tendaient qu'à dissoudre l'Assemblée et à jeter une défaveur sur ses opérations, loin de s'opposer aux mauvais décrets, ils semblaient s'en réjouir, disant que plus ceux-ci seraient fous et déraisonnables, plus leurs adversaires se perdaient. Ils sortaient de la salle, lorsque le président posait la question; ils invitaient leurs partisans à les suivre, ou, s'ils demeuraient, ils convenaient avec eux de ne pas délibérer. Les clubistes, devenus par cet abandon maîtres de la majorité de l'Assemblée, décrétaient sans opposition tout ce qu'ils voulaient. Les évêques et les nobles ne pouvaient se persuader que le nouvel ordre des choses pût subsister. Par cette manière de faire si impolitique, ils hâtèrent, sans le vouloir, leur propre ruine et celle de la monarchie. Au lieu de gagner la confiance et la considération du peuple par une conduite froide et réservée, qui leur eût acquis son estime, ils n'écoutaient pas les discours; riant entre eux et parlant haut, ils témoignaient une insouciance insultante pour l'Assemblée et le peuple qui emplissait les tribunes : leur seule excuse était que les évêques et les nobles ne pouvaient se persuader que la Révolution avait germé depuis longtemps dans l'esprit des Français et avait développé et fixé leur opinion sur les abus de l'ancien régime. Ils s'obstinaient à vouloir conserver leurs anciens privilèges dont le peuple ne voulait plus, et leur opposition força successivement les révolutionnaires à étendre leur système de révolution au delà même du but qu'ils s'étaient proposé.

Les constitutionnels clubistes de 89 n'approuvaient pas le système désorganisateur ; ils croyaient avoir rallié par le serment fédératif Louis XVI et les Français à la Constitution, mais ils s'aperçurent que cette prétendue liberté n'était qu'une licence odieuse et effrénée, qu'elle avait produit le désordre et l'anarchie dans les provinces, que l'insurrection des troupes et leur indiscipline étaient l'indice d'une entière dissolution de l'ordre social, et qu'eux-mêmes risquaient d'être entraînés dans l'abîme qu'avaient creusé leurs projets ambitieux et leurs espérances coupables.

Les Jacobins, animés par l'esprit révolutionnaire, poursuivaient un but ; ils prétendaient qu'il était nécessaire de raviver l'esprit public, de soutenir l'opinion, presque entièrement changée par les intrigues des malveillants. Les journalistes de leur parti inondaient Paris et la France d'écrits incendiaires ; ils ne parlaient sans cesse que de complots aristocrates, de ligues de puissances étrangères, d'invasion sur le territoire français ; ils semaient dans l'esprit du peuple des méfiances contre le roi, la reine et les ministres. Plusieurs députés constitutionnels, Malouet, Clermont-Tonnerre, Virieu et quelques autres essayèrent d'arrêter ce débordement d'atrocités et de calomnies ; ne pouvant y réussir et opposer la loi à la licence, ils opposèrent les libelles aux libelles. Les journalistes se partagèrent ; tous les partis...eurent leurs écrivains. On vit alors un tas d'hommes sans mérite, déhontés, vendus aux factions désorganisatrices, prôneurs effrontés des scélérats qui les payaient, exercer une dictature à laquelle ils soumirent le roi, l'Assemblée, chaque député, chaque citoyen. L'homme probe, la tête enveloppée de son manteau, attendait en silence les coups empoisonnés des plumes vénales des Gorsas, des Marat, des Brissot, des Carra, des Camille Desmoulins, et d'autres agents plus vils encore du comité d'insurrection dirigé par les chefs des Jacobins et des Orléanistes. Voulaient-ils une émeute, on répandait des motions vagues d'assassinat, et, à l'aide de cinq ou six affidés, qui se dispersaient sans affectation parmi le peuple, on formait des rassemblements d'hommes oisifs et crédules auxquels venaient se joindre les satellites du parti de la calomnie. Par des récits infidèles, par des citations de noms inconnus et de personnages illustres, on séduisait aisément une populace ignorante que les écrits des journalistes avaient rendue féroce. On lui conseillait le pillage et l'assassinat comme le plus sûr moyen d'arrêter par la peur les complots de ses ennemis. — Tandis que les uns échauffaient les esprits, les distributeurs d'argent se promenaient au milieu des groupes. Rencontraient-ils une figure empreinte d'un air de scélératesse, ils sondaient l'homme en lui demandant : « Êtes-vous sûr ? » S'il répondait : « Un homme sûr », le distributeur lui donnait douze francs ; c'était un engagement pour suivre l'impulsion du chef de l'émeute. S'agissait-il de rassembler des bandes éparses, on annonçait quelque temps d'avance que, tel ou tel jour, il y aurait à Paris ou dans un village désigné un grand désordre, des assassinats, un pillage important, précédés d'une distribution d'argent aux gens sûrs et aux chefs subalternes ; les vagabonds, les braconniers, les échappés de galères, accouraient de quarante lieues. C'est ainsi que les Jacobins et les Orléanistes étaient parvenus à lever une armée nombreuse et redoutable de malfaiteurs, sans autre paye qu'un peu d'argent distribué de loin en loin avec l'espoir du pillage et la sûreté de l'impunité du crime.

J'ai appris une partie de ces détails par M. de La Porte, intendant de la liste civile, qui, par sa place, avait sa police et ses espions. Tous les clubs lui rapportaient ce qui se faisait et ce qui se projetait. Mais il ne pouvait déjouer leurs desseins, les moyens des révolutionnaires étaient plus grands que les siens. Rabaut de Saint-Étienne était le trésorier des protestants et était soutenu par Necker, qui désirait que ceux-ci pussent jouir en France du même privilège que les catholiques. Il y avait un comité de correspondance très actif avec les protestants d'Allemagne, de Prusse, et autres pays, lesquels étaient, pour la plupart, banquiers ou négociants. Ils envoyaient à Rabaut de Saint-Étienne de grosses sommes pour le succès de leurs projets, et cet argent servit souvent à payer des mouvements révolutionnaires.

VI

Création de quatre cents millions d'assignats (17 avril 1790). — Discussion sur la dissolution de l'Assemblée; discours de Le Chapelier, l'abbé Maury et Mirabeau (19 avril). — Réunion de la noblesse et du clergé au club des Capucins; protestation signée par deux cent quatre-vingt-dix députés de la minorité. — Élection du comte de Virieu à la présidence de l'Assemblée; adoption de la proposition de l'avocat Bouche, portant que nul ne pourrait exercer de fonctions sans renouveler le serment de n'avoir jamais signé de protestation contre les décrets de l'Assemblée. Démission du comte de Virieu, signataire de la protestation de la minorité (27 avril). — Communication du comte de Montmorin sur la situation de l'Espagne et de l'Angleterre (14 mai). — Discussion sur le droit de paix et de guerre (16 mai). — Discours et projet de Mirabeau (20 mai). — Réponse de Barnave, qui est porté en triomphe par le peuple, pendant que Mirabeau est hué (21 mai). — Nouveau discours de Mirabeau et adoption de son projet de décret (22 mai). — Publication du Livre rouge; entrevue de Necker et de Camus; plaintes de ce dernier à l'Assemblée (5 mars au 10 avril). — Décret sur les domaines de la couronne (9 mai). — Discussion sur l'organisation judiciaire; rejet du jury en matière civile (30 avril) et consécration des tribunaux sédentaires (3 mai).

Les révolutionnaires étaient parvenus à faire décréter par l'Assemblée, après plusieurs séances écoulées dans des débats très animés, pour quatre cents millions d'assignats forcés, le 17 avril 1790. Cette opération eût été bonne si elle eût été suffisante aux besoins de l'État ; mais c'était d'un autre côté ouvrir aux révolutionnaires une mine plus inépuisable que toutes celles du Pérou et les sauver des embarras des finances et de la dépendance de M. Necker et des agioteurs de son parti. Pour faire passer cette première émission, ils avaient eu recours à leurs manœuvres ordinaires. On vit arriver une foule d'adresses de toutes les provinces. Thouret assura que Rouen était prêt à échanger quarante millions d'assignats contre quarante de numéraire. Bailly vint, à la tête de la commune, lire une lettre des négociants de Paris qui sollicitaient une création de cinq cents millions d'assignats forcés ; il ajouta qu'il avait entre ses mains une somme fixe de soixante-dix millions destinée à payer une partie des biens ecclésiastiques que la ville de Paris était prête à s'aliéner. Mais plus les ennemis de la Révolution s'opiniâtraient à rejeter la création des assignats, plus les révolutionnaires mettaient de zèle et d'activité à les faire adopter. Dans un café un membre du club des Jacobins disait hautement : « Je n'entends rien aux finances, j'ignore si les assignats sont une bonne ou mauvaise opération, mais, puisque les aristocrates n'en veulent pas, nous devons les vouloir et les faire passer. »

On approchait du mois de mai ; plusieurs bailliages avaient borné à une année les pouvoirs de leur député. Les contre-révolutionnaires, jugeant l'occasion favorable, reprirent le projet de dissoudre l'Assemblée ; ils se portèrent aux assemblées primaires, insinuèrent que la composition de l'Assemblée actuelle était vicieuse, qu'on y voyait des membres élus par des ordres qui ne subsistaient plus, que, le temps fixé pour les pouvoirs de plusieurs étant expiré, il fallait nommer d'autres députés. Chapelier, tout en vantant la souveraineté du peuple, qui avait le droit de retirer les pouvoirs qu'il a délégués, dit que ce principe était sans application à la circonstance présente, que ce serait détruire la Constitution que de renouveler l'Assemblée avant son achèvement, que c'était l'espoir de ceux qui désiraient la voir périr et faire renaître tous les abus du despotisme, la distinction des ordres et la prodigalité du trésor public à leur profit. A ces mots, tous les yeux se fixèrent sur l'endroit où siégeaient les évêques et les nobles (1).

L'abbé Maury prit brusquement la parole : « Dans quel sens, dit-il, sommes-nous les représentants de la nation ? jusqu'à quel point sommes-nous liés à nos mandats ? Je le demande à tous ceux qui respectent la foi publique. Celui qui a juré à ses commettants de revenir au terme de l'expiration de ses pouvoirs, peut-il rester parmi eux quand son mandat n'existe plus ? Est-ce à nous à dire comme Dieu : Arrêtez-vous là et ne franchissez jamais ces limites ? L'on parle du serment du 20 juin. Eh ! Messieurs, la Constitution est achevée, il ne vous reste que de déclarer que le roi possède la plénitude du pouvoir exécutif. Nous ne sommes ici que pour assurer au peuple français le droit d'influer sur la législation, pour établir que l'impôt sera consenti par le peuple pour assurer notre liberté. Oui, la Constitution est faite, et je m'oppose à tout décret qui limiterait les droits du peuple sur ses représentants. Les fondateurs de la liberté doivent respecter la liberté de la nation. Elle est au-dessus de nous, et nous détruirions notre autorité en détruisant l'autorité nationale. Qu'est-ce qu'une convention nationale ? C'est une assemblée représentant une nation entière. Toute l'histoire n'en

---

(1) Ceci se passait dans la séance du 10 avril 1790.

présente que deux exemples, l'un à la mort d'Élisabeth : lorsque Jacques Ier, roi d'Écosse, fut appelé au trône d'Angleterre, les Écossais s'assemblèrent pour déterminer si l'Écosse s'unirait à l'Angleterre ou formerait un gouvernement séparé. L'autre exemple est celui que donna le Parlement d'Angleterre ; à la retraite du roi Jacques II, il se transforma en convention nationale pour disposer de la couronne et changer la forme du gouvernement. Ainsi, tant qu'un roi est assis sur le trône, point de convention nationale ; il ne pourrait y en avoir que dans le cas où la nation entière se serait élevée contre un gouvernement pour s'y soustraire et vous aurait munis de pouvoirs exprès et indépendants. Si vous les avez, ces pouvoirs, il ne tient qu'à vous de déclarer le trône vacant et de bouleverser l'Empire (1). »

Ces dernières paroles excitèrent de violents murmures ; les révolutionnaires ne voulaient pas qu'on révélât leurs véritables desseins. L'abbé Maury continua : « S'il est donc vrai, Messieurs, que sous un seul rapport votre pouvoir ait quelques bornes, vous n'êtes pas une Convention nationale. Croyez-vous que les législations subséquentes, ayant la même mission que vous, se croient liées par vos décrets ? Voici, Messieurs, ma profession solennelle : nous devons obéir religieusement à notre constitution, si nous ne voulons pas tomber dans la plus douloureuse anarchie, mais vous ne pouvez pas lier les pouvoirs de vos successeurs. »

---

(1) Le *Moniteur* (IV, 157) donne un texte plus développé du discours de l'abbé Maury et dans un autre ordre. La partie des exemples tirés de l'histoire d'Angleterre ne se trouve pas, comme ici, dans la péroraison, mais au milieu du discours.

De nombreux applaudissements des évêques et des nobles firent connaître à l'abbé Maury qu'il avait parfaitement saisi le vrai point de la question. Les révolutionnaires étaient plongés dans un morne silence, dont ils furent agréablement distraits en voyant Mirabeau monter à la tribune. Celui-ci, prenant un ton de dignité, dit : « On demande depuis quand les députés du peuple sont devenus Convention nationale. Je réponds : C'est du jour où, trouvant l'entrée de leur séance environnée de soldats, ils allèrent se réunir dans le premier endroit où ils purent s'assembler pour y jurer de périr plutôt que de trahir et d'abandonner les droits de la nation. Nos pouvoirs, quels qu'ils fussent, ont changé ce jour de nature; quels que soient les pouvoirs que nous avons exercés, nos efforts, nos travaux les ont légitimés, l'adhésion de toute la nation les a sanctifiés. Vous vous rappelez le mot de ce grand homme de l'antiquité, qui avait négligé les formes légales pour sauver la patrie. Sommé par un tribun factieux de dire s'il avait observé les lois, il répondit : « Je jure que j'ai sauvé la patrie! ». Messieurs, ajouta Mirabeau en élevant fortement la voix et en se tournant du côté où siégeaient les communes, je jure que vous avez sauvé la France (1). »

A ce magnifique serment, l'Assemblée entière, comme entraînée par une inspiration subite, ferma la discussion et décréta que les assemblées électorales ne s'occuperaient pas de nouveaux députés, que cette élection n'aurait lieu que lorsque la Constitution serait

---

(1) Ce discours diffère par la forme et par l'étendue de celui du *Moniteur*, qui, dans la phrase finale, substitue le mot de *république* à celui de *France*.

près d'être achevée, qu'alors l'Assemblée nationale prierait le roi de désigner le jour où les assemblées électorales se formeraient et éliraient la première législature.

Les évêques, sentant bien que le roi ne les soutiendrait qu'autant qu'ils parviendraient à se faire un parti capable de lutter contre les contre-révolutionnaires, se rallièrent aux députés qui appartenaient au Parlement ou à la noblesse et à quelques membres des communes, presque tous privilégiés et attachés à la magistrature. Ils annoncèrent que, voulant s'éclairer et éclairer le peuple sur ses véritables intérêts, ils se rassembleraient tous les jours pour discuter publiquement les séances de l'Assemblée. Ce nouveau club s'ouvrit dans l'église des Capucins, rue Saint-Honoré. La curiosité y attira beaucoup de monde. L'archevêque d'Aix et M. d'Epréménil pérorèrent longuement sur la ruine du trône, sur l'anéantissement de l'autorité royale. L'abbé de Barmond et le président Frondeville assurèrent que la plupart des décrets de l'Assemblée étaient attentatoires aux droits des personnes et des propriétés; mais, comme plusieurs de ces décrets étaient favorables au peuple, les évêques et les nobles s'occupèrent seulement du refus qu'avait fait l'Assemblée de déclarer la religion catholique la religion d'État. Ils proposèrent, pour l'instruction du peuple, une déclaration motivée de leurs sentiments sur cette matière importante. On rédigea une protestation; deux cent quatre-vingt-dix députés la signèrent; les évêques la répandirent à profusion dans Paris et les provinces. Elle y fut reçue diversement, selon les intérêts et opinions des partis. Les évêques et les chapitres y adhérèrent; les gens qui tenaient à l'ancien ordre des choses affectèrent de la regarder comme une charte conservatrice de la religion; les révolutionnaires la traitèrent d'incendiaire, de fanatique, et comme ne tendant qu'à exciter une guerre de religion.

Les membres du club des Capucins s'imaginèrent dominer à leur tour l'opinion publique; ils eurent bientôt lieu de s'apercevoir que le peuple, excité par le parti contraire, n'avait aucune confiance en eux et les regardait comme ses ennemis. Les révolutionnaires, quoique ne craignant pas de perdre leur popularité appuyée sur des bases plus solides, pensèrent que ce nouveau club pourrait former un point de réunion, auquel se rattacheraient les députés qui ne partageraient pas leur sentiment et tous les ennemis du nouvel ordre de choses, et peignirent au peuple le club des Capucins comme un rassemblement contre-révolutionnaire, assurant qu'on y tramait des complots, qu'on cherchait à y anéantir les décrets de l'Assemblée nationale, et que, si on tolérait une pareille révolte, la contre-révolution était faite. Le peuple, mobile instrument des hommes en qui il avait placé sa confiance, se porta aux Capucins, en chassa les évêques et les nobles, les poursuivit jusque dans la rue, en les accablant d'injures, et ferma l'église.

Les évêques et les nobles choisirent un autre local pour y tenir leurs séances; les révolutionnaires les en firent encore chasser, et, les poursuivant de retraite en retraite, sans leur donner aucune relâche, ils obtinrent de la municipalité, sous prétexte de maintenir la tranquillité publique, une défense de tenir toutes réunions de citoyens qui ne seraient pas autorisées par elle.

Les révolutionnaires, pour rendre leur triomphe plus complet, infligèrent à M. de Virieu (1), qui venait d'être appelé à la présidence de l'Assemblée (2), une mortification qui fut sensible aux députés signataires de la protestation du clergé ; l'avocat Bouche proposa de décréter que tout député entrant dans l'exercice de fonctions à lui confiées par l'Assemblée serait tenu de renouveler le serment de février et de jurer qu'il n'avait jamais pris et ne prendrait jamais part à une protestation contre les décrets de l'Assemblée nationale, acceptés et sanctionnés par le roi. Les révolutionnaires, avec qui cette motion avait été concertée, l'accueillirent par de vifs applaudissements. Les signataires de la protestation reconnurent que cette motion était dirigée contre eux. L'évêque de Nancy (3) rappela le décret de l'Assemblée portant que le scrutin était l'unique loi pour la nomination d'un président ; que M. de Virieu étant déjà nommé, la motion de Bouche ne pouvait avoir un effet rétroactif. Après bien des débats, cette motion fut adoptée. M. de Bonnay, qui quittait la présidence, déclara que le résultat du scrutin donnait la majorité à M. de Virieu. Celui-ci assura l'Assemblée, d'un ton très modeste, qu'il n'avait pas ambitionné les honorables fonctions auxquelles venait de l'élever la majorité des suffrages, mais qu'il ne se

---

(1) François-Henri, comte de Virieu, né à Grenoble en 1754, député de la noblesse du Dauphiné aux États généraux, tué à Lyon le 9 octobre 1793.

(2) Le 24 avril 1790, un premier scrutin avait, sur 654 votants, donné 313 suffrages au duc d'Aiguillon et 245 au comte de Virieu. Le 25, le duc obtint 283 voix et le comte 255 sur 682. Enfin, le 27, le comte de Virieu fut élu président par 393 suffrages contre 371 au duc d'Aiguillon. C'est avant la proclamation de ce scrutin que Bouche proposa et fit adopter sa motion.

(3) Henri, duc de la Fare, député du clergé de Nancy aux États généraux.

croyait plus à lui, du moment que cette majorité avait prononcé sur son sort; il dit qu'il allait chercher dans les décrets de l'Assemblée la conduite que les circonstances lui imposent, qu'un homme voué à la chose publique n'avait pas pu, dans un long intervalle d'événements critiques, approuver toutes les opinions, sans qu'on en dût conclure contre son zèle pour le bien public, que d'ailleurs, si on connaissait quelque protestation faite par lui de la nature de celle annoncée par la motion de M. Bouche, il était prêt à la retirer, du moment où elle lui serait présentée; il ajouta que sa mémoire ne lui rappelait aucun acte de cette nature, qu'il acceptait l'honneur qu'on venait de lui faire et renouvelait en sa conscience le serment d'être fidèle à la nation, à la loi et au roi, d'obéir aux décrets de l'Assemblée nationale et de n'avoir pris et de ne prendre jamais part à aucun acte de protestation contraire aux décrets acceptés ou sanctionnés par le roi, ou tendant à affaiblir le respect et la confiance qui leur sont dus.

La protestation du clergé ayant été imprimée, il était avéré que M. de Virieu l'avait signée. Il est vrai que le décret, objet de cette protestation, n'était pas sanctionné. Les révolutionnaires, contents d'avoir obligé M. de Virieu à prononcer un serment qui jetait du louche sur sa véracité, le laissèrent d'abord tranquille dans sa présidence, se réservant de lui donner bientôt l'humiliation d'une abdication forcée. D'un autre côté, les signataires avaient vu avec peine M. de Virieu désavouer en quelque sorte sa signature et se soumettre à un serment qui devait les exclure des dignités de l'Assemblée. M. de Rochebrune, après avoir tenu conseil avec MM. de Cazalès, de Montlosier et l'abbé Maury, pria M. de Virieu de s'expliquer sur la nature du serment qu'il venait de prêter, parce que le décret ordonnant ce serment lui paraissait contraire à la liberté d'opinion et à l'intérêt de ses commettants. M. de Virieu répondit que le serment prêté ne s'étendait qu'aux décrets sanctionnés par le roi, que s'il existait d'autres protestations revêtues de sa signature contre les décrets non sanctionnés, il ne les rétractait pas. Il ajouta : « Si on exige des éclaircissements, je suis prêt à les donner. » Alexandre Lameth, saisissant ces dernières paroles, somma M. de Virieu de déclarer si sa disculpation portait sur ce que les décrets contre lesquels il a protesté ne sont pas acceptés par le roi, et s'il entendait que les membres de l'Assemblée ne devaient pas être soumis à ces décrets, même avant la sanction. Il ajouta que le premier principe de tout corps délibérant est la soumission passive de la minorité aux décisions de la majorité. « Si donc M. le président a signé une déclaration contre un décret non sanctionné, je fais la motion qu'il soit procédé à une autre nomination; je demande que M. de Bonnay reprenne le fauteuil, un membre ne pouvant présider une assemblée devant laquelle il est en cause. »

Les révolutionnaires crièrent à M. de Virieu de descendre du fauteuil, et les signataires lui enjoignirent d'y rester. Le président répondit qu'il allait consulter l'Assemblée. Les révolutionnaires soutinrent que M. de Virieu n'avait pas même ce droit. Celui-ci, au milieu du tumulte de mille motions qui se croisent, veut parler, mais sa voix est étouffée. Il prie M. de Bonnay de présider à sa place, étant excédé de fatigue. Celui-ci prétend qu'il n'y a pas même lieu à interpellation, d'après la manière dont s'est justifié M. de Virieu. « Il est question, dit Charles de Lameth, d'une déclaration qui cause de l'inquiétude au peuple et des alarmes à plusieurs membres de cette Assemblée, parce qu'elle peut influencer le monarque, retarder et même empêcher sa sanction. Mais, ajouta-t-il malicieusement, si quelqu'un de nous a cru que M. de Virieu n'avait signé aucun acte contraire au décret, lorsqu'on l'a entendu prononcer son serment, je demande de quel accueil le peuple regardera sa restriction jésuitique, je demande si c'est le moyen d'établir la confiance due aux décrets de l'Assemblée nationale de voir son président souscrire lui-même à une déclaration contre le plus important d'entre eux. » La plupart des députés entrèrent dans la discussion, selon les intérêts divers des hommes dont ils étaient les organes ; enfin, M. de Virieu, las du rôle désagréable qu'on lui faisait jouer depuis deux heures, profita d'un moment de silence occasionné par la lassitude des deux partis pour déclarer qu'il résignait entre les mains de l'Assemblée une place qu'il ne croyait pas pouvoir occuper (1). Tous les journaux révolutionnaires annoncèrent le soir même le fait en ces termes : « Faux serment de M. de Virieu et sa destitution de président de l'Assemblée nationale à laquelle il avait été nommé par les aristocrates. »

Sur ces entrefaites, M. le comte de Montmorin, ministre des affaires étrangères, vint (2) communiquer à

(1) Le marquis de Bonnay rentra en possession de la présidence jusqu'au 29 avril, jour où l'abbé Gouttes fut élu président par 554 voix contre 200 à l'abbé de Montesquiou.

(2) Il y a là une inexactitude. Le 14 mai, le comte de Montmorin ne vint pas à l'Assemblée, mais on y fit lecture d'une lettre de lui au président sur les armements de l'Angleterre et de l'Espagne.

l'Assemblée la situation de l'Espagne et de l'Angleterre et les démarches inutiles faites jusqu'à ce jour pour engager ces deux puissances à se rapprocher. Toutes deux avaient commencé à armer, et la France ne pouvait se dispenser de fournir à l'Espagne les secours stipulés par les traités. Le roi priait l'Assemblée de décréter les fonds nécessaires à l'armement de quatorze vaisseaux. « Je ne crois pas, répondit Alexandre de Lameth (1), que l'Assemblée puisse en ce moment accorder la demande du ministre des affaires étrangères. La nation souveraine doit-elle déléguer au roi le droit de faire la guerre ou la paix ? Pouvons-nous, dans la cause des rois contre les peuples, leur confier le pouvoir de verser à leur gré le sang des citoyens et d'exposer leurs propriétés ? »

Barnave soutint qu'avant de prononcer sur la demande du ministre, il fallait décider la grande question de droit de guerre ou de paix ; il parla avec emportement des ruses des ministres, espèce d'hommes auxquels on fait grâce en disant que leurs desseins sont douteux. Plusieurs orateurs occupèrent la tribune pour traiter de cette importante question. Les révolutionnaires l'avaient déjà résolue dans leur comité secret et avaient préparé d'avance l'opinion publique à leur décision (2). Ils virent avec étonnement se lever dans leur sein même un adversaire dangereux, dont le crédit et l'influence pouvaient faire prendre une tournure contraire à leurs vues. Le comte de Mirabeau, gagné, dit-

(1) Le manuscrit met par erreur *Charles de Lameth*. C'est dans la séance du 15 mai qu'eut lieu cette discussion.

(2) L'Assemblée avait commencé, le 16 mai, la discussion sur cette question : « La nation doit-elle déléguer au roi l'exercice du droit de la paix et de la guerre ? »

on, par la cour, voulait revêtir le roi du droit de paix et de guerre; La Fayette et quelques députés du parti patriote l'appuyaient secrètement. Mirabeau (1) proposa avec beaucoup d'adresse l'opinion qu'il allait énoncer, dans un très long et éloquent discours, souvent interrompu, même par le côté royaliste, parce que, tout en accordant au roi le droit de déclarer la guerre, il examinait s'il convenait de lui adjoindre un comité de l'Assemblée. Il termina en ces termes : « Messieurs, par cela seul nous confondrions tous les pouvoirs; en confondant l'action avec la volonté, la direction avec la loi, bientôt le pouvoir exécutif ne serait que l'agent d'un comité; nous ne ferions pas seulement les lois, nous gouvernerions; car, quelles seraient les bornes de ce concours, de cette surveillance? C'est en vain que vous tenteriez de les assigner; elles seront toutes violées. Prenez garde encore. Ne craignez-vous pas de paralyser le pouvoir exécutif par le concours de tels moyens? Messieurs, lorsqu'il s'agit d'exécution, ce qui doit être fait par plusieurs personnes n'est jamais bien fait par aucune..... Enfin, n'a-t-on rien à appréhender d'un roi qui, couvrant les complots du despotisme sous l'apparence d'une guerre nécessaire, rentrerait dans le royaume à la tête d'une armée victorieuse, non pour reprendre son poste de roi-citoyen, mais pour reconquérir celui de tyran?... Je vous demande si, par une telle objection, vous ne transportez pas aux monarchies l'inconvénient des républiques. C'est parmi les nations qui n'avaient pas de roi que les succès ont fait des rois. C'est pour Car-

---

(1) Dans la séance du 20 mai 1790.

thage, c'est pour Rome que des citoyens tels qu'Annibal et César étaient dangereux. Tarissez l'ambition, faites qu'un roi n'ait rien à regretter que ce que la loi ne saurait lui accorder; faites de cette grande magistrature ce qu'elle doit être et n'appréhendez plus qu'un roi rebelle, abdiquant sa couronne, s'expose à courir de la victoire à l'échafaud! ».

M. d'Éprémenil cria au président de rappeler M. le comte de Mirabeau à l'ordre, parce qu'il oubliait que la personne du roi a été déclarée inviolable et sacrée. Le comte de Mirabeau, jetant sur d'Éprémenil un regard de pitié : « Je me garderais bien, dit-il, de répondre à l'inculpation qui m'est faite avec tant de mauvaise foi. Vous avez tous entendu ma supposition d'un roi despote, révolté, qui vient à la tête d'une armée de Français conquérir la place de tyran; or, dans ce cas, le roi n'est plus un roi constitutionnel... »

Les révolutionnaires, qui s'attendaient bien au discours de Mirabeau, craignirent son influence sur les députés patriotes et sur les royalistes; mais les sachant trop faibles dans l'Assemblée contre l'immense majorité du côté gauche, ils s'attachèrent à combattre Mirabeau, dont les principes étaient d'autant plus dangereux qu'ils paraissaient devoir réunir tous les suffrages des gens raisonnables et bien intentionnés. Ils chargèrent Barnave de cette tâche difficile. Celui-ci, flatté de ce choix, osa, sans consulter ses forces, se mesurer avec le comte de Mirabeau : le lendemain, 21 mai, il monta à la tribune et dit :

« Vous avez décrété que l'Assemblée aurait seule le droit de faire la loi et le roi celui de la faire exécuter; on a reconnu en principe la nécessité de la division des pouvoirs, mais parce que l'exécution de la loi exigeait promptitude et ensemble, il fallait la confier à un seul homme. Je laisse les projets qui tendent à attribuer au roi le droit de faire la guerre; ils sont incompatibles avec la liberté et n'ont pas besoin d'être approfondis. M. de Mirabeau conclut à accorder le droit de déclarer la guerre exclusivement au roi. Il cite l'ambition des ministres, leur influence au conseil et sur l'esprit du roi, qui peut être animé par l'amour-propre ou la vengeance personnelle à exercer; il dit que l'Assemblée peut bien refuser les impôts pour soutenir une guerre, au succès de laquelle est nécessairement lié le ministre qui l'a commencée. A quoi sert la responsabilité et même la mort d'un ministre, lorsque la fortune publique est diminuée après des revers non impossibles et que vos concitoyens et vos frères ont péri? Les vrais citoyens vous diront : Donnez au roi tout ce qui peut faire sa gloire, sa grandeur; qu'il commande, qu'il dispose de nos armées, qu'il nous défende, quand la nation l'a voulu, mais n'affligez pas son cœur en lui confiant le droit redoutable de nous entraîner dans une guerre, de faire couler le sang avec abondance, de perpétuer le système faux et perfide de rivalité et d'inimitié réciproques, système qui déshonore les nations (1). »

Barnave fut souvent interrompu par les acclamations bruyantes des révolutionnaires et de leurs affidés, qui l'applaudissaient avec d'autant plus d'ostentation qu'ils sentaient mieux eux-mêmes la justesse de ses moyens. Au sortir de la séance, une foule de peuple accueillit Barnave par de nouveaux battements de

---

(1) Ce n'est qu'un résumé du très long discours de Barnave.

mains, le porta en triomphe jusque sous les fenêtres du roi avec cet air d'insulte que donne la victoire et en criant : « Vive Barnave! » et en lui prodiguant le titre de sauveur de la patrie, tandis que le comte de Mirabeau, hué de tous, entendait retentir autour de lui ce cri sinistre : « A la lanterne! » et ne se dérobait qu'avec peine aux traitements dont ce même peuple se préparait à l'outrager.

Les deux Lameth, jaloux depuis longtemps de Mirabeau, qu'ils regardaient comme un obstacle à leur domination, crurent avoir trouvé une occasion de le dépopulariser. Charles de Lameth à la tribune (1) reprocha à Mirabeau en termes peu ménagés de trahir les intérêts du peuple, et le lendemain tous les colporteurs crièrent : *La grande trahison du comte de Mirabeau!* libelle composé et imprimé dans la nuit même qui précéda la discussion, et dans lequel on accusait Mirabeau d'avoir reçu une grosse somme d'argent pour faire déléguer au roi le droit de guerre ou de paix. Cet écrit fut remis au comte de Mirabeau par un de ses amis le lendemain 22 mai, en entrant dans la salle de l'Assemblée. Celui-ci ayant jeté les yeux sur le titre : « J'en sais assez, dit-il, *on m'emportera de l'Assemblée triomphant ou au tombeau.* »

Mirabeau, comprenant que dans les révolutions, où l'opinion est une puissance, cette opinion roule et entraîne même ceux qui ont le plus contribué à la créer, s'attacha à prouver que le débat élevé entre lui, Barnave, et les Lameth, n'était qu'un combat d'amour-propre, une rivalité de gloire, et que, d'accord sur les principes,

---

(1) Dans la séance du 21 mai.

ils différaient seulement sur la manière de les présenter.

« Il faut s'expliquer clairement », interrompit Du Port. « Les discussions amicales, répondit Mirabeau avec un grand sang-froid, valent mieux pour s'entendre que les insinuations perfides de la calomnie, les inculpations forcenées, les haines de la rivalité, les machinations de l'intrigue et de la malveillance. On dit depuis plusieurs jours que la section de l'Assemblée qui veut le concours de la volonté royale dans l'exercice du droit de faire la paix et la guerre est parricide de la liberté publique; on répand des bruits sourds de perfidie, de corruption; on invoque la vengeance populaire pour soutenir la tyrannie des opinions. » Ici, Mirabeau se tourna du côté de Barnave : « Et moi aussi, on voulait me porter en triomphe, et maintenant on crie dans les rues : *La grande conspiration du comte de Mirabeau!* Je n'avais pas besoin de cette leçon pour savoir qu'il est peu de distance du Capitole à la roche Tarpéienne; mais l'homme qui combat pour la raison et pour la patrie ne se tient pas si facilement pour vaincu. » En prononçant ces derniers mots, Mirabeau regarda d'un œil fier les Lameth : « Celui qui a la conscience d'avoir bien mérité de son pays et surtout de lui être utile, celui qui ne se rassasie pas d'une vaine célébrité, qui dédaigne les succès d'un jour pour la véritable gloire, cet homme porte avec lui la récompense de ses services. Il ne doit attendre sa moisson, sa destinée, la seule qui l'intéresse, la destinée de son nom, que du temps, juge incorruptible, qui fait justice à tous. Armé de mes principes d'équité, je prie ceux de mes adversaires qui ne m'entendront pas de m'arrêter, afin que je puisse m'expliquer plus clairement, car je suis décidé de déjouer les reproches tant répétés de subtilité, d'évasion, de subterfuges, et s'il ne tient qu'à moi, cette journée dévoilera le secret de nos loyautés respectives. M. Barnave m'a fait l'honneur de ne répondre qu'à moi; j'aurai pour son talent (ceci fut dit d'un ton ironique) le même égard; il le mérite à plus juste titre. »

Mirabeau combattit ensuite, d'une manière victorieuse, les objections de Barnave, établit les principes qu'il avait posés et leur donna tous les développements dont ils étaient susceptibles. Lisant alors dans les yeux de la plupart des députés la certitude de son triomphe, il ajouta avec ce ton de confiance qu'inspire le sentiment de la supériorité : « Il me semble que le vrai point de la difficulté est parfaitement connu, que M. Barnave n'a pas du tout abordé la question. Ce serait un gain trop facile que de le poursuivre dans les détails, où, s'il fait voir quelque talent, il n'a jamais prouvé qu'il ait la moindre connaissance d'un homme d'État, ni celle des affaires humaines. Il a déclamé longuement contre les maux que pouvaient faire ou qu'ont faits les rois; il s'est bien gardé de remarquer que dans notre constitution le monarque ne peut plus être despote, ne rien faire arbitrairement; il s'est bien gardé surtout de parler des moyens populaires. »

Mirabeau descendit de la tribune au bruit des acclamations et des applaudissements redoublés, laissant la confusion et le dépit sur le visage de Barnave et des Lameth. Quoique la haine et le désir de la vengeance s'aperçussent visiblement dans leur cœur, aucun cependant ne tenta de lui répondre. L'Assemblée, fatiguée d'une discussion qui, dégénérée en personnalités, ne pouvait plus l'éclairer, alla aux voix : le décret proposé par Mirabeau fut adopté avec quelques amendements, qui amenèrent de nouvelles et vives discussions, où tour à tour Mirabeau, Barnave et les Lameth s'efforcèrent de soutenir leur opinion et d'insinuer au peuple des tribunes que c'était la leur qu'adoptait l'Assemblée.

La cour venait de remporter un grand avantage ; le décret confiait réellement au roi le droit de faire la guerre et la paix (1). Les révolutionnaires, plus humiliés

---

(1) Voici le texte voté par l'Assemblée, sur la proposition de Mirabeau :

« L'Assemblée nationale décrète comme articles constitutionnels :

« 1° Le droit de la paix et de la guerre appartient à la nation. La guerre ne pourra être décidée que par un décret de l'Assemblée nationale, qui sera rendu sur la proposition formelle du roi, et qui sera sanctionné par lui.

« 2° Le soin de veiller à la sûreté extérieure du royaume, de maintenir ses droits et ses possessions, est délégué, par la Constitution, au roi ; lui seul peut entretenir des relations politiques au dehors, conduire les négociations, en choisir les agents, faire des préparatifs de guerre proportionnés à ceux des États voisins, distribuer les forces de terre et de mer, ainsi qu'il le jugera convenable, et en régler la direction en cas de guerre.

« 3° Dans le cas d'hostilités imminentes ou commencées, d'un allié à faire soutenir, d'un droit à conserver par la force des armes, le roi sera tenu d'en donner sans aucun délai la notification au Corps législatif, et d'en faire connaître les causes et les motifs, et si le Corps législatif est en vacances, il se rassemblera sur-le-champ.

« 4° Sur cette notification, si le Corps législatif juge que les hostilités commencées sont une agression coupable de la part des ministres ou de quelques autres agents du pouvoir exécutif, l'auteur de cette agression sera poursuivi comme coupable de lèse-nation ; l'Assemblée nationale déclarant à cet effet que la nation française renonce à entreprendre aucune guerre dans la vue de faire des conquêtes, et qu'elle n'emploiera jamais ses forces contre la liberté d'aucun peuple.

« 5° Sur la même notification, si le Corps législatif décide que la guerre ne doit pas être faite, le pouvoir exécutif sera tenu de prendre sur-le-champ des mesures pour faire cesser ou prévenir toute hostilité, les ministres demeurant responsables des délais.

« 6° Toute déclaration de guerre sera faite en ces termes : *De la part du roi des Français et au nom de la nation.*

qu'abattus de cet échec, n'en furent que plus âpres à regagner ce qu'ils croyaient avoir perdu. Ils savaient que leur crédit parmi le peuple tenait à leurs succès dans l'Assemblée; ils feignirent des craintes pour la liberté, crièrent à l'influence ministérielle, et mirent en avant la publication du livre rouge, registre des déprédations, des folles dépenses, des dons abusifs d'un gouvernement à la fois pillard et prodigue (1). La connaissance qu'en eut le public fit faire un pas de géant à la Révolution. Il existait encore un autre livre, nommé *des décisions*, et non moins déprédateur; le comité des finances en exigea communication, sous prétexte qu'il était nécessaire à son travail. M. Necker, qui reconnaissait le tort qu'il avait eu de remettre le livre rouge entre les mains du comité, éluda la demande; mais plus le ministre apportait de difficultés, plus les révolutionnaires, qui jugeaient de l'importance de ce se-

« 7° Pendant tout le cours de la guerre, le Corps législatif pourra requérir le pouvoir exécutif de négocier la paix, et le pouvoir exécutif sera tenu de déférer à cette réquisition.

« 8° A l'instant où la guerre cessera, le Corps législatif fixera le délai dans lequel les troupes mises sur pied au-dessus du pied de paix seront congédiées, et l'armée réduite à son état permanent; la solde desdites troupes ne sera continuée que jusqu'à la même époque, après laquelle, si les troupes extraordinaires restent rassemblées, le ministre sera responsable et poursuivi comme criminel de lèse-nation.

« 9° Il appartient au roi d'arrêter et de signer avec les puissances étrangères tous les traités de paix, d'alliance et de commerce, et autres conventions qu'il jugera nécessaires au bien de l'État; mais lesdits traités et conventions n'auront d'effet qu'autant qu'ils auront été ratifiés par le Corps législatif. »

Le texte de ce dernier article comprend les modifications proposées par Mirabeau dans la séance du 24 mai et adoptées par l'Assemblée.

(1) La mémoire du comte de Paroy l'a trompé en cette occasion. La publication du *Livre rouge* a précédé la discussion du droit de paix et de guerre, au lieu d'en avoir été la conséquence. Elle fut en effet décidée, le 1er avril 1790, par le comité des pensions. (Cf. *Moniteur*, IV, 53 et 54.)

cond registre par les efforts qu'on faisait pour le soustraire à tous les regards, s'obstinaient à l'exiger. Camus (1) se rendit chez le ministre des finances; il y eut des propos très aigres entre eux deux. Necker reprocha à Camus la publication du livre rouge, malgré la parole donnée que ce livre resterait au comité des pensions. Camus reprocha à M. Necker sa feintise, son refus de rendre des comptes et de déclarer le véritable état des recettes et des dépenses. Le lendemain, Camus se plaignit à l'Assemblée des délais que M. Necker apportait au travail du comité des finances en refusant les éclaircissements nécessaires (2).

L'Assemblée ordonna à M. Necker de fournir un état exact des fonds en caisse, des impositions en retard, du déficit, de ses causes et des dépenses qu'exigeaient les secours extraordinaires. La publication du livre rouge fut suivie d'un décret du 9 mai, qui attaquait encore plus directement le monarque et la monarchie. Les révolutionnaires établirent en principe que les domaines de la couronne appartenaient à la nation, qu'en conséquence ils étaient aliénables à titre perpétuel et incommutable; que les propriétés foncières du prince qui parviendraient à la couronne et celles qu'il acquerrait durant son règne, à quelque titre que ce fût, seraient de plein droit réunies et incorporées aux domaines de la couronne; que les acquisitions faites par le roi à titre singulier et non en vertu des droits de la couronne seraient à sa dispo-

---

(1) C'est lui qui avait dénoncé l'existence du Livre rouge dans son rapport du 5 mars 1790.
(2) Séance du 10 avril 1790. Camus dit avoir demandé communication de ce registre des décisions dès le 18 mars.

sition pendant la durée de son règne et, ledit temps passé, retourneraient à la couronne (1). Ils voulaient par ces décrets mettre le roi dans la dépendance et ravaler l'image imposante de dignité attachée depuis quatorze siècles au titre de roi, en lui donnant le nom humiliant attaché à un salarié d'État. On désirait présenter au peuple le roi comme un impôt onéreux à l'État et une excroissance inutile, dont l'amputation diminuerait une charge pesante. On exaltait la générosité de la nation envers le roi, et le peuple ignorait que les domaines immenses appelés *de la couronne* n'étaient réellement que les biens patrimoniaux appartenant à titre singulier et héréditaire à la famille des Bourbons, et que le roi seul était lésé dans cet inique marché.

Les révolutionnaires, sachant quelle influence avaient eue quelques mots nouveaux par l'application qu'on en avait faite, et combien ils pouvaient contribuer à la perte du roi, de la reine et de la monarchie, affectèrent de donner au roi le titre de *premier citoyen français* et de *premier fonctionnaire public*. On insinua dans l'esprit du peuple qu'il était le seul souverain. Aussi celui-ci ne vit plus dans le roi qu'un délégué obligé d'agir, non d'après sa propre volonté, mais d'après celle du peuple, riche non de ses propres domaines, mais de la générosité du peuple, ne tirant son éclat que de la splendeur du peuple, et par conséquent son mandataire comptable, ressortissant pour toutes ses actions au tribunal du peuple.

Pour compléter la ruine entière de la monarchie les

---

(1) Le décret sur les domaines de la couronne est du 9 mai 1790.

révolutionnaires imaginèrent de renverser l'ancienne magistrature et de créer un nouveau pouvoir judiciaire en substituant aux Parlements des tribunaux composés de juges temporaires élus par le peuple, ce qui enlevait au roi cette partie de l'administration, si dépendante par sa nature du pouvoir exécutif, et la remettait, ainsi que toutes les autres, entre les mains de l'Assemblée et du peuple. Le remboursement des charges de l'ancienne magistrature augmentait la dette nationale de huit cents millions; ce capital faisait quarante millions d'intérêt annuel. Pour gagner le peuple et lui faire accepter avec joie l'anéantissement des Parlements, les révolutionnaires lui promirent la justice gratuite, ce qui, dans la crise où se trouvaient les finances, eût paru une entreprise folle, s'ils n'avaient tranché ce nœud gordien en considérant les finances comme un objet presque étranger à la Constitution.

Adrien Du Port, chargé de présenter le projet du comité sur l'organisation du nouveau pouvoir judiciaire, proposa des juges en matière civile, des juges ambulants tenant des assises dans les différents cantons, de grands juges parcourant le royaume et prononçant sur les causes d'appel.

Le jury en matière criminelle étant établi depuis longtemps en Angleterre, chacun paraissait par cela même convaincu de son avantage; on n'était divisé que sur le jury en matière civile. Les zélés démocrates soutenaient qu'il fallait arracher jusqu'à la dernière racine de la magistrature ancienne, sans quoi on la verrait bientôt pousser de nouvelles tiges et redevenir ce qu'elle était autrefois, un pouvoir dans l'État. Les constitutionnels monarchiques, tout en convenant de la vérité de ces principes, représentaient les inconvénients d'un jury en matière civile, dans un moment où les anciennes lois étant en partie détruites et en partie conservées, il n'existait plus aucune base de législation propre à guider les jurés dans la décision des affaires qui leur seraient soumises. De plus, en rejetant de la Constitution toute espèce de tribunaux, on craignait de mécontenter cette foule de gens de robe attachés à l'ancienne jurisprudence. Tous ces avocats et procureurs, membres de l'Assemblée, étaient moins guidés par la haine de la monarchie et l'amour de la liberté que par le sentiment de l'envie que ressent presque malgré lui l'inférieur contre son supérieur; ils se voyaient frustrés, par l'établissement d'un jury en matière civile, de leur espérance de s'emparer de places lucratives et honorables.

L'abbé Sieyès avait conçu un plan tout philosophique, mais, aussitôt qu'Adrien Du Port eût annoncé le projet d'un jury en matière civile, tous les procureurs et avocats jetèrent les hauts cris. Vainement Barnave, Du Port, Robespierre s'efforcèrent d'en prouver la nécessité, vainement les deux Lameth pronostiquèrent de nouveaux malheurs, annoncèrent de nouveaux complots, de nouvelles entreprises contre-révolutionnaires, vainement Charles Lameth alla jusqu'à détailler d'un ton sinistre les malheurs affreux qui résulteraient des tribunaux, d'où renaîtrait le despotisme; les avocats et procureurs, en majorité dans l'Assemblée, l'emportèrent, et le jury fut rejeté (1).

Les mêmes motifs empêchèrent l'adoption des

---

(1) Séance du 30 avril 1790.

assises des grands juges et consacrèrent les tribunaux sédentaires (1). L'Assemblée, pour tenir les villes dans la dépendance, avait laissé croire à chacune que celle qui lui prouverait le plus de dévouement obtiendrait la préférence.

Les révolutionnaires furent encore obligés d'abandonner le projet des tribunaux d'appel. Du Port, Barnave et les deux Lameth se retranchèrent dans l'ambulance des tribunaux, avec les mêmes raisons que pour les autres. L'avocat Garat, l'aîné, en homme de talent, réfuta solidement leurs arguments, et les procureurs et avocats détachèrent encore cette pierre de l'édifice du nouvel ordre judiciaire proposé.

Les évêques et les nobles avaient tranquillement laissé les avocats, les procureurs et les démagogues se débattre entre eux et n'avaient pas pris de part à leurs délibérations.

(1) Séance du 3 mai 1790.

VII

Départ de la famille royale pour Saint-Cloud (4 juin 1790). — Service de la garde nationale pendant ce séjour. — Projets des révolutionnaires contre la noblesse. — Les frères Lameth cherchent à se rendre populaires en faisant décréter l'abolition de ce corps privilégié. — — Députation de prétendus envoyés de tous les peuples de l'univers. Discours du baron de Cloots, s'intitulant l'orateur du genre humain. Réponse du président Menou (19 juin). — Alexandre Lameth et Lambel proposent l'abolition de la noblesse héréditaire. La Fayette appuie cette motion. Le Peletier de Saint-Fargeau réclame que tous les citoyens portent leur véritable nom. Mathieu de Montmorency demande l'abolition des armes et des armoiries. Objections présentées par l'abbé Maury. Réponse de Barnave. Le baron de Landenberg-Wagenbourg proteste au nom des nobles d'Alsace et quitte la séance. L'Assemblée vote le décret d'abolition (19 juin). — Mécomptes de la majorité, qui espère, mais en vain, que le décret ne sera pas sanctionné par le roi. — Discussions sur la constitution civile du clergé. Protestations des évêques et de tous les ecclésiastiques du côté droit de l'Assemblée. Déclaration de l'évêque de Clermont (9 au 17 juin). — Vente des biens du clergé. Opposition de l'abbé Maury. Décret ordonnant l'aliénation des domaines nationaux (25 juin).

L'incommodité du séjour de Paris fit désirer à la reine d'aller à Saint-Cloud. Le roi y consentit, et le voyage fut décidé (1). La garde nationale y suivit la Cour (2). Le roi obtint la liberté de sortir sans garde

---

(1) Le départ s'effectua le 4 juin 1790, et le roi l'annonça, le même jour, à l'Assemblée nationale. (Cf. A. TUETEY, *Répertoire général des sources manuscrites de l'histoire de Paris pendant la Révolution française*, t. I, n° 1738.)

(2) Bailly avait, le 1er juin, prié La Fayette d'envoyer à Saint-Cloud un détachement de garde nationale destiné à la garde du roi et de sa famille. (Cf. A. TUETEY, t. I, n° 1737.)

et de n'être accompagné que par un aide de camp de M. de La Fayette. La reine et le Dauphin en avaient chacun un auprès d'eux. Leurs Majestés sortaient ordinairement en voiture vers les quatre heures et ne rentraient que sur les huit ou neuf heures du soir. Vers la fin du mois de juin on me dit de ne pas m'éloigner et de me tenir prêt, pour le cas où on aurait besoin de moi, mais on ne s'expliqua pas davantage (1).

La noblesse avait pris une part trop active à la querelle du clergé et des révolutionnaires pour que ceux-ci ne cherchassent pas à l'entraîner dans la ruine générale. Elle était liée étroitement par son origine et par son existence politique à l'ancienne constitution du royaume. Les révolutionnaires sentirent qu'ils ne pouvaient renverser l'une sans anéantir l'autre. Un incident dont ils surent profiter en hâta l'exécution. Les deux Lameth n'avaient pas recueilli tout le fruit qu'ils espéraient de la différence d'opinion manifestée lors de la question du droit de guerre entre La Fayette et Mirabeau. Le temps de l'élection des membres du département et des autres administrateurs approchait. Charles de Lameth ambitionnait la place de commandant général de la garde nationale de Paris (2); Alexandre de Lameth aspirait à dominer le club des Jacobins, et par lui l'Assemblée; il leur fallait une grande popularité; ils crurent avoir trouvé un moyen sûr de l'acquérir en faisant décréter l'extinction de la

---

(1) Le bruit courut que ce séjour de la famille royale à Saint-Cloud masquait un projet de fuite. Cette phrase du comte de Paroy prouve que les soupçons populaires n'étaient pas sans fondement.

(2) Charles de Lameth démentit formellement ce bruit dans une lettre à La Fayette. (Cf. *Moniteur* du 29 mai 1790.)

noblesse héréditaire. A ce motif se joignit celui de la vengeance : les deux Lameth étaient l'objet de la haine de la noblesse, qui s'étendait presque à un égal degré aux nobles passés aux communes le 26 juin 1790, et à ceux qui, depuis la réunion des ordres, siégeaient avec les députés des communes au côté gauche de l'Assemblée. Quoique députés du même ordre et ne devant avoir qu'un intérêt commun, les uns et les autres avaient épousé l'esprit de parti et avaient le même désir de se nuire.

Les membres de la majorité de la noblesse, fiers d'avoir toujours marché, comme ils s'en vantaient, dans le sentier de l'honneur, repoussaient avec mépris les nobles de la minorité. Ceux-ci, reconnaissant trop tard qu'ils étaient dupes d'ambitions particulières, hasardèrent quelques démarches pour se rapprocher du corps de la noblesse. « Il ne nous reste plus qu'à nous jeter entre vos bras », dit un jour M. le marquis de Gouy d'Arsy à l'abbé Maury. « Dites plutôt à nos pieds », répondit durement l'abbé.

Ces dispositions de la majorité de la noblesse de l'Assemblée, partagées par le corps de la noblesse de France, forcèrent les Lameth de chercher un appui dans le peuple; voyant leur salut attaché à la perte de la noblesse, ils ne balancèrent que sur les moyens. Mais, voulant s'approprier l'honneur de ce grand événement, ils se cachèrent de La Fayette et ne s'ouvrirent qu'à quelques nobles et aux députés des communes dont ils étaient sûrs.

Le 19 juin, jour définitivement arrêté pour consommer cette grande entreprise, on arrangea un spectacle inattendu, propre à frapper la multitude. On rassembla soixante étrangers, gens vivant à Paris d'escroqueries et d'intrigues ; on les décora de noms pompeux d'envoyés de tous les peuples de l'univers, on les affubla d'habits et de costumes analogues à leur rôle, on épuisa le magasin de l'Opéra, on mit à leur tête un aventurier prussien, qui se faisait nommer le baron de Cloots du Val de Grâce et qui prit ce jour-là le nom d'Anacharsis Cloots, l'orateur du genre humain. C'était un intrigant subalterne, propre à jouer ce rôle de présenter, au nom du genre humain, une pétition à l'Assemblée nationale. Le baron de Menou, d'accord avec les Lameth, présidait ce jour-là ; il ordonna aux huissiers d'introduire les pétitionnaires. Cloots entra, suivi d'une troupe de gens qu'on annonça être Prussiens, Hollandais, Allemands, Anglais, Espagnols, Turcs, Arabes, Indiens, Tartares, Persans, Chinois, Mongols, Tripolitains, Suisses, Italiens, Américains, Grisons et Nègres. Chacun portait le costume de son pays.

A l'aspect de cette grotesque mascarade, chacun ouvrit de grands yeux et attendit en silence une explication. Les initiés remplissaient la salle d'acclamations bruyantes ; les tribunes, ivres de joie de voir l'univers au milieu de l'Assemblée nationale, battaient des mains, trépignaient des pieds ; le président Menou chercha à prendre dans son fauteuil un air de dignité qui ne cadrait pas avec sa figure. Les huissiers crièrent : Silence ! et Cloots prononça d'un ton emphatique le discours suivant :

« Le faisceau imposant de tous les drapeaux français, qui vont se déployer au Champ de Mars le 14 juillet, dans le même lieu où Julien foula tous les préjugés, où Charlemagne s'environna de toutes les vertus, cette cérémonie civique ne sera pas seulement la fête des Français, mais encore la fête du genre humain. La trompette qui sonne la résurrection d'un grand peuple a retenti aux quatre coins du monde, et les chants d'allégresse des chœurs de vingt-cinq millions d'hommes libres ont réveillé les peuples ensevelis dans un long esclavage. La sagesse de vos délibérations et de vos décrets, Messieurs, l'union des enfants de la France, ce tableau ravissant donne des soucis amers aux despotes et de justes espérances aux nations. A nous, il nous est venu une grande pensée, oserons-nous dire qu'elle sera le complément de la grande journée nationale ? Nombre d'étrangers de toutes les nations de l'univers demandent à se ranger au Champ de Mars, et le bonnet de la liberté qu'ils élèveront avec transport sera le gage de la délivrance prochaine de leurs malheureux concitoyens. Les triomphateurs romains se plaisaient à traîner les peuples vaincus à leur char, et vous, par le plus honorable des contrastes, vous verrez dans votre enceinte des hommes libres dont la patrie est dans les fers et dont la patrie sera libre un jour par l'influence de votre courage inébranlable et de vos lois philosophiques. Nos vœux et nos hommages seront des liens qui nous attachent à votre char de triomphe. Jamais ambassade ne fut plus sacrée ; nos lettres de créance ne sont pas tracées sur du parchemin, mais notre mission est gravée en signes ineffaçables dans le cœur de tous les hommes, et, grâce aux auteurs de la déclaration des droits, ces chiffres ne seront plus inintelligibles aux tyrans. Vous avez reconnu authentiquement, Messieurs, que la souveraineté réside dans le peuple. Or, partout le peuple est sous le joug de dictateurs qui se disent souverains. En dépit de vos principes, on a usurpé la dictature, mais la souveraineté est inviolable, et les ambassadeurs des tyrans pourront honorer votre auguste fête comme la plupart d'entre nous, dont la mission est avouée tacitement par nos compatriotes, souverains opprimés. Ah! quelle leçon pour les despotes! Quelle consolation pour les peuples opprimés, quand nous leur apprendrons que la première nation de l'Europe, en rassemblant ses bannières, nous a donné le signal du bonheur de la France et des deux mondes! Nous attendons, Messieurs, dans un respectueux silence, le résultat de vos délibérations sur la pétition que nous a dictée l'enthousiasme de la liberté universelle. »

On ne peut décrire les cris de joie et les bruyantes acclamations excités par le discours du Prussien Cloots. Les tribunes s'imaginaient déjà voir Paris la capitale du genre humain et tous les peuples accourir admirer les vainqueurs de la Bastille, et écouter dans le silence muet de l'étonnement les sublimes et éloquents motionnaires du Palais-Royal. Le président Menou parvint avec sa sonnette à apaiser cette bruyante effervescence; il répondit à l'orateur du genre humain avec une gravité digne de cette scène falote : « Messieurs, l'Assemblée va prendre en considération votre demande, mais c'est à condition qu'après cette auguste fête vous retournerez dans votre patrie; que là, vous raconterez à vos concitoyens ce que vous avez vu, que vous direz à vos rois, à vos administrateurs, qu'il est temps que les peuples soient libres, et qu'ils n'ont qu'un parti à prendre, c'est d'imiter le grand exemple que leur donne Louis XVI, restaurateur de la liberté. »

Cette mission civique terminée, les ambassadeurs de l'univers et Cloots, l'orateur du genre humain, furent admis aux honneurs de la séance. Alexandre de Lameth, profitant de l'ébranlement produit par cette farce populaire sur les têtes parisiennes, monta à la tribune et dit : « Le jour où les députés de toutes les provinces se rassemblent pour jurer une constitution qui promet aux Français la liberté et l'égalité, ne doit pas rappeler à quelqu'un de nos frères des pensées de servitude et d'humiliation. Les figures représentant quatre provinces, dont les députés ont toujours été comptés parmi les plus fermes appuis des droits de la nation, sont enchaînées comme les images de peuples tributaires au pied de la statue de Louis XIV. Souffrirons-nous que des citoyens qui viennent jurer une constitution pour ces généreuses provinces, aient les yeux frappés d'un spectacle que des hommes libres ne sauraient supporter ? Non, les monuments de l'orgueil ne doivent pas subsister sous le règne de l'égalité ; détruisons des emblèmes qui dégradent l'homme. »

« C'est aujourd'hui le tombeau de la vanité ! s'écria le député Lambel ; je demande que l'on abolisse la noblesse héréditaire, et qu'il soit défendu à toutes personnes de prendre les qualités de marquis, de comte, de baron, etc. — J'appuie la motion de Lambel, reprit Charles de Lameth ; les titres qu'il vous invite à proscrire blessent l'égalité, base de notre Constitution ; la noblesse héréditaire choque la raison et contrarie la véritable égalité ! »

La surprise des nobles fut extrême ; on ne s'attendait point qu'un objet si important pour une classe entière de citoyens fût soumis à la discussion sans avoir été fixé par l'ordre du jour, d'autant plus qu'un article du règlement portait qu'aucune loi constitutionnelle ne serait proposée dans une séance du soir. Or, rien n'était plus constitutionnel que de savoir s'il y aurait ou s'il n'y aurait pas en France de noblesse héréditaire. Les révolutionnaires prouvèrent par leurs applaudissements, d'accord avec ceux des habitués des tribunes, que la motion de Lambel était concertée, et qu'on avait résolu d'emporter la délibération.

Cependant quelques amis de La Fayette coururent l'avertir de ce qui se passait. La Fayette, furieux que les deux Lameth, ses ennemis personnels, aient seuls, aux yeux de la populace, le mérite de l'abolition de la noblesse, se rendit en hâte à l'Assemblée et monta à la tribune : « La motion de M. Lambel, dit-il, est tellement nécessaire que je ne pense pas qu'elle ait besoin d'être appuyée ; mais si elle en a besoin, j'annonce que je m'y joins de tout mon cœur. »

Le vieux Goupil de Préfelne fit la motion que le titre de monseigneur ne fût donné qu'aux seuls princes du sang royal. La Fayette répondit que dans un pays libre il ne doit exister que des citoyens et des officiers publics. « Il faut à la vérité une grande énergie à la magistrature héréditaire du roi, mais pourquoi accorder le titre de prince à des hommes qui ne sont à mes yeux que des citoyens actifs, lorsqu'ils ont des conditions prescrites à cet égard ? » Les acclamations des tribunes, que reçut La Fayette pour avoir enchéri sur les Lameth, le consolèrent un peu d'avoir été devancé par eux et lui laissèrent espérer que leur astucieuse politique n'obtiendrait pas le succès dont ils s'étaient flattés.

Les nobles demandèrent l'ajournement et le renvoi de la discussion à la séance du lendemain. Les cris et les huées des révolutionnaires et des tribunes repoussèrent leur réclamation : — « Pauvreté ! répondit froidement le comte de Faucigny-Lucinge, vous détruisez les distinctions de la noblesse et vous conservez celles des banquiers, des usuriers, des gens à cent mille livres de rente !... » — « Point de délai, s'écria le vicomte de Noailles, plus de distinction que celle des vertus ; qu'on supprime les livrées ! » A ces mots, chacun s'évertua et proposa un amendement : « Que tous les citoyens portent leur vrai nom, s'écria le président de Saint-Fargeau, et ne portent pas le nom d'une terre. Je m'appelle Louis-Michel Le Peletier. » — « Effacez de plus ces canons, reprit Sillery, l'*ultima ratio regum*, les rois n'ont plus de guerre. » Au milieu de ces propositions et des mouvements qu'elles excitaient, le jeune Mathieu de Montmorency, élève de l'abbé Sieyès, obtint après de longs efforts de monter à la tribune et parla de l'ardeur avec laquelle il s'associera toujours aux grands travaux de l'Assemblée nationale et aux éternels principes qu'elle ne cesse de consacrer et de propager ; il gémit d'être arrivé quelques minutes trop tard ; il témoigna ses craintes de voir le champ entièrement moissonné. Il ne doute pas, ajouta-t-il, que la nouvelle proposition qu'il va faire n'ait échappé à la justice de l'Assemblée, à savoir que, dans ce jour d'anéantissement général des distinctions antisociales, on n'épargnera pas une des marques qui rappellent le plus le système féodal et l'esprit chevaleresque, qu'on abolira les armes et les armoiries, et que les Français ne porteront plus dorénavant que les mêmes enseignes, celles de la liberté ! Le jeune Mathieu de Montmorency obtint par ces sacrifices quelques légers battements de mains.

L'abbé Maury, après avoir laissé passer la première effervescence occasionnée par ces différentes motions faites par des personnages privilégiés, monta à la tribune. — « Messieurs, dit-il, dans la multitude des questions qui sont soumises à votre délibération, je ne sais sur quel objet particulier je dois fixer mes regards. Les uns proposent d'ôter à la statue de Louis XIV les emblèmes d'esclavage ; d'autres demandent l'anéantissement des dignités sociales et le retour à l'égalité absolue. Chacun de ces objets mérite un examen particulier. Je ne refuserai d'en discuter aucun. La noblesse de France est constitutionnelle ; s'il n'y a plus de noblesse, il n'y a plus de monarchie. Cette question est donc assez importante pour être tranchée dans une séance du matin. Ce n'est pas toujours au milieu de l'enthousiasme qu'on prend les plus sages délibérations. Ne pourrait-on pas dire à ceux qui poursuivent avec tant d'acharnement ces innovations ce que quelqu'un disait à un philosophe : Tu foules aux pieds le faste, mais c'est par un faste plus grand ? Si l'on veut traiter cette question, qu'elle soit ajournée. »

— « Et moi, répondit Barnave, je demande qu'elle soit jugée sans désemparer. » — « Il ne s'agit point, ajouta La Fayette, d'un nouvel article constitutionnel ;

il s'agit d'un décret réglementaire; nous ne voulons point perdre à ces objets les séances du matin destinées à la Constitution ; nous ne faisons dans ce moment qu'en déduire une conséquence nécessaire. »

Le tumulte et les cris succédèrent à ces paroles. Chapelier lit un projet de décret. Les nobles réclamèrent de nouveau l'ajournement; les débats recommencèrent; l'ajournement fut rejeté; on mit aux voix le décret de Chapelier. « Ce décret, reprit l'abbé Maury, a besoin d'être amendé : on prétend que la noblesse est née en France de la féodalité; c'est une extrême ignorance. La noblesse existait plus de deux cents ans avant la féodalité et les fiefs. » — « Lisez l'abbé de Mably », interrompirent les révolutionnaires. — L'abbé Maury continua : « Avant la conquête des Gaules, la noblesse héréditaire existait chez les Gaulois ; lisez les *Commentaires* de César, vous y trouverez les noms des premiers Gaulois célèbres dans la nation par la noblesse. » — Les révolutionnaires, ne pouvant plus objecter de raison que leur volonté, interrompirent l'abbé Maury, criant aux voix. On soutint que la discussion était fermée. M. le baron de Landenberg-Wagenbourg, député de la noblesse d'Alsace, monta à la tribune et obtint un moment de silence : « Messieurs, dit-il, c'est en 1789 que la noblesse d'Alsace a eu l'avantage et l'honneur de s'unir à la noblesse française. Mes commettants m'ont dit : Rendez-vous à cette auguste assemblée, mais par votre présence n'autorisez rien de contraire à notre honneur et à nos droits. Je les connais, Messieurs ; fidèles sujets et soumis, ils verseront leur sang pour leur roi : ils me désavoueraient, ils me trouveraient indigne de paraître devant eux, si j'autorisais par ma présence une délibération si injurieuse à leur honneur. Je me retire donc, la douleur dans le cœur. Je dirai à mes commettants : Soumettez-vous aux lois de l'Assemblée nationale; ils se soumettront, mais ils sauront qu'ils sont nés gentilshommes, et que rien ne saurait les empêcher de vivre et de mourir en gentilshommes. »

Ce discours noble et touchant fut loin de ramener les révolutionnaires à des sentiments de justice : en vain plusieurs membres de la noblesse voulurent se faire entendre, on couvrait leurs voix par des cris, des vociférations à ne pas s'entendre. On était résolu de l'emporter de force. Les Lameth, qui ne doutaient pas que ce décret ne leur acquît une grande popularité, insistèrent avec force pour qu'il fût rendu sur-le-champ. La Fayette et Mirabeau, craignant en s'y opposant de perdre eux-mêmes la popularité qui faisait leur force et que les Lameth cherchaient à leur enlever, non seulement n'osèrent le combattre, mais crurent devoir encore enchérir sur les Lameth. Le décret fut rendu. Jusque-là les nobles avaient souffert avec assez de patience tout ce que l'Assemblée nationale avait fait contre eux. La plupart des gentilshommes de province, qui avaient vu jusque-là sans chagrin la nouvelle constitution s'établir, en devinrent de ce moment les ennemis irréconciliables ; il se forma une ligue entre le clergé, la noblesse et les parlements. Ces trois corps, éloignés l'un de l'autre avant la Révolution, se réunirent dans un même esprit et travaillèrent avec une égale activité à renverser un ordre de choses dans lequel on ne leur laissait plus de place.

Les révolutionnaires ne tardèrent pas à s'apercevoir qu'ils avaient commis une lourde faute. Ils sentirent les conséquences d'un décret rendu avec précipitation ; ils virent que quelques factieux en tiraient seuls tout l'avantage, que la noblesse héréditaire d'après la Constitution était un préjugé qui devait naturellement s'affaiblir chaque jour. Ils auraient désiré que le roi y refusât sa sanction. Le peuple leur eût su gré de leur zèle pour l'égalité, son idole, et l'odieux du *veto* eût retombé sur le monarque. On agita la question dans le conseil. Necker opina pour que le roi opposât son *veto* : il ne voyait en cela que l'avantage de sa chère constitution. Les autres ministres, enchantés des nombreux ennemis que venait de s'attirer l'Assemblée, conseillèrent à Louis XVI de tout sanctionner. Les révolutionnaires, désappointés dans leur projets, insinuèrent dans le public qu'on admettrait des amendements. Mais François de Beauharnais, dans une assemblée où il en fut question, dit : « Point d'amendements ; on ne transige point avec l'honneur ! »

Les évêques demandaient un concile national et déclaraient de ne rien accorder à tout ce que désavouerait l'Église. Les révolutionnaires n'en furent que plus animés à poursuivre leur projet. La chaleur des discussions ne permettait pas le calme nécessaire pour sagement traiter une affaire de cette importance ; l'esprit de haine et de vengeance éteignit bientôt tout sentiment de justice et de raison. A chaque nouvel article du décret sur la constitution civile du clergé il s'élevait toujours de nouveaux débats très tumultueux. Les évêques, voyant qu'ils étaient sacrifiés, voulaient donner aux discussions un air de violence qui parût exclure la liberté des opinions. L'évêque de Clermont (1) déclara qu'il se devait à lui-même, qu'il devait à son ministère et à son caractère de réitérer la demande faite par l'archevêque d'Aix (2) d'un concile national et de déclarer qu'il ne pouvait prendre aucune part à la délibération, ni se soumettre à aucun décret rendu par l'Assemblée (3). Tous les ecclésiastiques siégeant au côté droit du président se levèrent et adhérèrent à la déclaration de l'évêque de Clermont (4).

Les révolutionnaires se vengèrent des hauteurs et de ce qu'ils appelaient l'entêtement des évêques et du haut clergé en réduisant le traitement des titulaires actuels des bénéfices. Les évêques, dont le revenu n'excédait pas douze mille francs, furent maintenus dans cette somme; ils obtinrent de plus la moitié de l'excédent, pourvu qu'il ne s'élevât pas à trente mille francs de rente. Presque tous en avaient plus de cent; beaucoup passaient deux, trois allaient même jusqu'à huit cent mille. Les prieurs, abbés, prébendaires, dignitaires, chapelains et autres bénéficiers, dont le revenu n'excédait pas mille livres, n'éprouvèrent aucune

---

(1) François de Bonal, évêque de Clermont depuis 1776, député du clergé du bailliage de Clermont-Ferrand aux États généraux.

(2) Jean-de-Dieu-Raymond de Boisgelin de Cucé, archevêque d'Aix depuis 1770, député du clergé de la sénéchaussée d'Aix aux États généraux. Il avait, dans la séance du 29 mai 1790, proposé la réunion d'un concile national pour consulter l'Église gallicane sur les réformes ecclésiastiques.

(3) Séance du 1er juin 1790.

(4) Le décret sur l'organisation ecclésiastique du royaume fut voté le 2 juin 1790, mais celui sur la constitution civile du clergé ne passa que le 12 juillet.

En vente chez tous les Libraires

BULLETIN BIBLIOGRAPHIQUE

DE LA

LIBRAIRIE E. PLON, NOURRIT & Cie

10, rue Garancière, PARIS

MAI 1895

DERNIÈRES PUBLICATIONS HISTORIQUES

LA GORCE (Pierre de). — Histoire du second Empire. 2e édition. Deux vol. in-8°. Prix . . . . 16 fr.

Cet important ouvrage peut être considéré comme la première histoire impartiale de cette époque dramatique. Science de la composition, relief des portraits, richesse de détails inédits, impartialité dans les appréciations, tout concourt au succès de l'œuvre. Les chapitres sur le Corps législatif, les partis, la société religieuse, Orsini, les affaires italiennes, etc., offrent autant de tableaux d'une saisissante vérité. Ce travail considérable est, en un mot, tout à fait digne de l'attention publique par l'étendue des recherches et la grandeur même du sujet.

THIRRIA (H.). — Napoléon III avant l'Empire (1808-1854). Un vol. in-8°. Prix . . . . 8 fr.

C'est le premier ouvrage méritant dans toute l'acception du terme la qualification de livre d'histoire, qui paraisse sur Napoléon III, de sa naissance jusqu'au coup d'État. Il se recommande doublement à l'attention du public, d'abord par une impartialité absolue, ensuite par une documentation à laquelle on ne pourra guère ajouter. Remarquable par le style et par la belle ordonnance des matières, il s'adresse à toutes les catégories de lecteurs, puisqu'il offre tout à la fois l'attrait d'un roman et le puissant intérêt d'un travail historique de grande valeur, où l'auteur a entendu extérioriser la genèse de la restauration de l'Empire en montrant que l'acclamation bonapartiste de 1848 à 1851 avait des causes aussi lointaines que profondes. Cette œuvre est appelée, tant en France qu'à l'étranger, à un succès considérable.

JANSSEN (Jean). — *L'Allemagne et la Réforme.* Tome IV. L'Allemagne depuis le traité de paix d'Augsbourg en 1555 jusqu'à la proclamation du Formulaire de concorde en 1580. Traduit de l'allemand sur la 15e édition, par E. Paris. Un vol. in-8°. 15 fr.

Le livre du grand historien allemand Jean Janssen est à la fois l'œuvre d'un savant et d'un polémiste. L'auteur, avec une puissance d'érudition extraordinaire, fait l'apologie de la civilisation catholique et démontre que la Réforme a été une déplorable perturbation de l'état religieux et social de l'Allemagne, que, loin de constituer une heureuse rénovation, elle a abaissé le niveau des esprits et des mœurs.

Nous trouvons dans ce volume la même science, la même ardeur, la même hauteur de vue que dans les précédents, et nous comprenons mieux encore, en le lisant, l'énorme retentissement qu'un pareil livre a eu en Allemagne ainsi que la faveur avec laquelle sa traduction est accueillie en France.

BONNEVILLE DE MARSANGY (Louis). — Autour de la Révolution.
Un vol. in-18. Prix. . . . . 3 fr. 50

De nos jours, on aime à approfondir l'époque révolutionnaire dans ses moindres détails, pour en mieux pénétrer les causes, les incidents, les conséquences. C'est dans cet esprit d'analyse que M. L. Bonneville de Marsangy vient de publier une série d'études très documentées dans lesquelles revivent, d'une façon saisissante, d'illustres personnalités qui, à des titres très divers, ont été mêlées au grand mouvement populaire de 1789. Citons : Jean-Jacques Rousseau, Madame du Barry, Marie-Antoinette, Madame Roland, Lazare Carnot, le prince de Salm, le comte de Villèle, le prince de Talleyrand.

Dernière publication du même auteur :

— **Le chevalier de Vergennes.** *Son ambassade à Constantinople.*
Deux vol. in-8°. Prix. . . . . 15 fr.

(Mention honorable de l'Académie française.)

MAUGRAS (Gaston). — Le duc de Lauzun et la Cour intime de Louis XV. 5ᵉ édition. Un vol. in-8° avec portrait. Prix. 7 fr. 50

Rien de plus gai, de plus vivant que cette société du XVIII° siècle, où toutes les femmes étaient charmantes, tous les hommes spirituels et amoureux. M. Maugras a su nous montrer tout ce qu'il y avait de séduction dans cette société qui s'imaginait naïvement que la vie est faite pour en jouir. On garde de la lecture de cet ouvrage une impression si pénétrante que l'on croit avoir vécu dans ce milieu exquis.

WALISZEWSKI. — Autour d'un trône. *Catherine II de Russie.*
5ᵉ édit. Un vol. in-8°. Prix. . . . . 8 fr.

L'auteur du *Roman d'une impératrice* complète aujourd'hui son œuvre, en nous donnant l'histoire des collaborateurs, des amis et des amants de l'illustre Catherine. Hommes d'État, hommes de guerre, favoris, philosophes, littérateurs, courtisans étrangers, aventuriers et aventurières, tous revivent dans ce livre autour de la grande figure de celle qui fut si bien nommée la Sémiramis du Nord. *Autour d'un trône* est donc l'histoire amoureuse de cette souveraine, aussi ardente de cœur et de sens que d'esprit, et que ses conceptions politiques ne purent jamais détourner du plaisir d'aimer et d'être aimée jusqu'à son extrême vieillesse.

Dernière publication du même auteur :

Le Roman d'une impératrice. *Catherine II.* 11ᵉ édition. Un vol. in-8°. Prix. . . . . 8 fr.

(Ouvrage couronné par l'Académie française, prix Thérouanne.)

VANDAL (Albert). — **Napoléon et Alexandre Iᵉʳ.**

I. *L'alliance russe sous le premier Empire. De Tilsit à Erfurt.* 3ᵉ édition.

II. *1809. Le second mariage de Napoléon. Le déclin de l'alliance.* 3ᵉ édition. Deux vol. in-8° avec portraits. Prix. . . . . 16 fr.

(*Ouvrage couronné deux fois par l'Académie française, grand prix Gobert.*)

Dans ce remarquable ouvrage, l'auteur a su présenter sous la forme la plus attrayante, à l'aide de documents inconnus, les relations si intimes et si curieuses qui unirent les deux empereurs, l'action toute personnelle qu'ils cherchèrent à exercer l'un sur l'autre, leurs projets communs et leurs premiers dissentiments; puis le récit entièrement nouveau du second mariage de Napoléon, et enfin la brouille définitive des deux empereurs qui devait aboutir à la guerre fatale de 1812. Il en résulte sur leur caractère de véritables révélations en même temps qu'une vue d'ensemble très complète sur la politique napoléonienne. On peut puiser dans cette page d'histoire les plus utiles renseignements, car le passé est la leçon du présent.

ARTHUR LÉVY. — **Napoléon intime.** 11ᵉ édit. Un vol. in-8°. 8 fr.

Il y a sur Napoléon deux légendes : l'une qui nous représente le grand homme comme une sorte de demi-dieu, l'autre qui nous peint un Napoléon sous la forme d'un monstre. L'auteur s'est attaché à détruire ces deux légendes à l'aide d'innombrables documents ou inédits ou puisés dans les mémoires des témoins oculaires.

Napoléon ne fut ni un monstre ni un demi-dieu; pour la première fois, M. Arthur Levy nous montre un homme réel avec ses faiblesses, ses grandeurs et ses charmes. Ce livre d'histoire et de dissertation philosophique a tout l'attrait d'un véritable roman.

NICOULLAUD (Charles). — **Casimir Périer, député de l'opposition** (1817-1830). Un vol. in-8° avec portrait. Prix. . . . . . . 8 fr.

PINGAUD (Léonce). — **Un agent secret sous la Révolution et l'Empire.** *Le comte d'Antraigues.* 2ᵉ édition revue et augmentée. Un vol. in-18. Prix. . . . . 4 fr.

Le comte d'Antraigues a été un des personnages les plus importants de l'émigration; il a dirigé pendant plusieurs années la diplomatie secrète de Louis XVIII, et il s'est trouvé en relation avec les principaux hommes d'État de son temps en Espagne, en Autriche, en Russie, en Angleterre. De plus, ses voyages en Orient, son mariage avec une actrice célèbre, ses aventures en Italie, qui le mirent en rapport direct avec Bonaparte, son assassinat mystérieux en 1812, donnent à sa vie agitée tout l'intérêt d'un roman.

M. Pingaud, pour reconstituer cette singulière existence, a dû consulter les principales archives européennes, et son volume donne la substance d'innombrables documents intéressants pour l'histoire des cours et des chancelleries pendant la Révolution.

COSTA DE BEAUREGARD (Mⁱˢ). — **Le roman d'un royaliste sous la Révolution.** *Souvenirs du comte de Virieu.* 2ᵉ édition. Un vol. in-8° avec deux portraits. Prix. . . . . 7 fr. 50

Député à l'Assemblée constituante, le comte de Virieu, dont l'auteur de ce livre nous raconte la dramatique existence, fut un de ces gentilshommes qui crurent, en 1789, à l'avènement d'une monarchie libérale.

En nous retraçant ses rêves, ses désillusions, sa fin tragique, le marquis Costa se trouve avoir écrit un chapitre nouveau de l'histoire de la Révolution dans ce style éloquent et coloré qui a déjà valu un si vif succès à *Un homme d'autrefois*.

THUREAU-DANGIN (Paul). — **Histoire de la monarchie de Juillet.** Sept vol. in-8°. 2ᵉ édition. Prix . . . . 56 fr.

(*Ouvrage couronné deux fois par l'Académie française, grand prix Gobert.*)

SOREL (Albert). — **L'Europe et la Révolution française.**

Tome Iᵉʳ : *Les mœurs politiques et les traditions.* 3ᵉ édition. Un vol. in-8°. Prix . . . . 8 fr.
Tome II : *La chute de la Royauté.* 3ᵉ édit. Un vol. in-8° . . 8 fr.
Tome III : *La guerre aux Rois (1792-1793).* 2ᵉ édit. In-8° . 8 fr.
Tome IV : *Les limites naturelles (1794-1795).* 2ᵉ édit. In-8° . 8 fr.

(*Ouvrage couronné deux fois par l'Académie française, grand prix Gobert.*)

SOREL (Albert). — **Lectures historiques.** — *Un partisan.* — *Un émigré.* — *Mémoires de soldats.* — *Le drame de Vincennes.* — *Talleyrand et ses Mémoires.* — *Une agence d'espionnage sous le Consulat.* — *Le Consulat de Stendhal.* — *Napoléon et Alexandre.* — *Deux précurseurs de l'Alliance russe.* — *M. Thouvenel et la question romaine.* — *La Révocation de l'édit de Nantes.* — *Bossuet historien de la Réforme.* — *Tolstoï historien.* 2ᵉ édition. Un vol. in-18. Prix . . . . 3 fr. 50

MAZADE (Ch. de). — **L'Europe et les Neutralités.** *La Belgique et la Suisse*, par Ch. de Mazade, de l'Académie française. Un vol. in-18. Prix . . . . 2 fr.

LENTHÉRIC (Ch.). — **Le Rhône.** — **Du Saint-Gothard à la mer.** *Histoire d'un fleuve.* Deux vol. in-8° avec 17 cartes et plans. 18 fr.

(*Ouvrage couronné par l'Académie française, prix Bordin.*)

P. H. X. — **La Politique française en Tunisie.** *Le Protectorat et ses origines (1854-1891).* Un vol. in-8°. Prix . . . . 7 fr. 50

(*Ouvrage couronné par l'Académie française, prix Thérouanne.*)

Sous presse pour paraître prochainement :

MAUGRAS (Gaston). — **Le Duc de Lauzun et la Cour de Marie-Antoinette.** Un vol. in-8°. Prix . . . . 7 fr. 50

THIRION (H.). — **La Vie privée des financiers au XVIIIᵉ siècle.** Un vol. in-8°. Prix . . . . 7 fr. 50

réduction. Ceux dont le revenu dépassait cette somme obtinrent la moitié de l'excédent, sans que la totalité de leur traitement pût s'élever au-dessus de mille francs (1).

Les révolutionnaires joignirent la raillerie et l'insulte à la violation du droit de propriété des ecclésiastiques. Ils mirent comme base de leurs principes le droit imprescriptible d'une nation de disposer de l'usufruit des biens du clergé et d'augmenter le traitement des pauvres du superflu des ministres du culte. Sur l'observation que quelques évêques avaient des dettes, Robespierre répondit : « Eh bien ! qu'ils économisent ; ils les payeront ! Un homme auquel on accorde trente mille livres de rente ne laisse pas l'Assemblée inquiète sur son sort (2) ! »

Le traitement des ministres du culte réglé, les révolutionnaires résolurent d'effectuer de suite la vente des biens du clergé. L'évêque d'Autun, M. de Périgord, lut un long projet de décret (3). L'abbé Maury monta à la tribune et se récria, disant que le projet de l'évêque d'Autun méritait l'éloge de la rue Vivienne et des agioteurs de Paris qui gouvernent la France et les finances. Le duc de La Rochefoucauld réclama la parole pour répondre aux injures de l'abbé Maury et monta à la tribune. L'abbé Maury saisit alors le duc

---

(1) Séances des 16 et 17 juin 1790.
(2) On ne trouve pas trace de ces phrases dans le texte des observations présentées par Robespierre dans la séance du 16 juin 1790.
(3) Le comte de Paroy fait là une confusion. C'est dans la séance du 13 juin que le duc de La Rochefoucauld lut le projet de décret sur l'aliénation des biens nationaux, et que Talleyrand présenta des modifications. Le 25 juin, la discussion commença sur ce projet, et c'est alors que l'abbé Maury intervint.

de La Rochefoucauld par les deux épaules, lui fit faire plusieurs pirouettes et l'obligea de lui céder la place. Des éclats de rire partirent du côté droit, et des cris de fureur du côté gauche. L'abbé Maury, inaccessible aux hurlements qui retentissaient autour de lui, continua : « Tel est, messieurs, le calcul des agioteurs ; si les biens du clergé sont mis en vente, les assignats qui ne perdent que trois pour cent tomberont au prix des autres effets, ou bien les autres effets monteront au prix des assignats. Quelle curée pour les hommes qui ont ces effets dans leur portefeuille ! Mais n'est-il pas indispensable, avant de mettre en vente les biens du clergé, de connaître la dette publique ? Son rapport se monte à sept milliards. Je tiens ce fait d'un des membres de la commission de liquidation. » Cette adroite annonce, capable d'alarmer et d'occuper tous les esprits, excita une grande rumeur dans l'Assemblée; plus de vingt députés révolutionnaires se précipitèrent à la tribune et demandèrent à rétorquer l'assertion calomnieuse de l'abbé Maury. Le député Lucas le traita d'incendiaire. L'avocat Bouche dit que la tribune ne devait pas être souillée par de pareilles impostures. Le curé Gouttes, président du comité de législation, se faisant jour au milieu des députés qui assaillaient la tribune, assura que le comité n'avait pas pu faire un tel aveu, puisque le travail de la dette publique n'était pas achevé ; il somma l'abbé Maury de nommer le député qui lui avait fait cette déclaration : « C'est un membre du comité », reprit l'abbé. « Vous avez dit que vous parliez au nom du comité même », répliqua Dupont. — « M. Dupont avance une imposture, dit l'abbé Maury ; j'ai seulement demandé que l'universalité de la dette fût reconnue, car, si sur deux milliards de biens nationaux il y avait trois milliards de dettes, les créanciers de ce troisième milliard se trouveraient dans une position désagréable. Voici le raisonnement hypothétique que je présente. — Le baron de Batz, rapporteur du comité, m'a dit qu'il entrevoyait que la dette publique pouvait monter à sept milliards... » — Ici, des huées couvrirent la voix de l'abbé Maury. — « Il ne s'agit pas de huer, répliqua l'abbé, il faut gémir. J'argumente de l'obscurité et de l'immensité de la dette pour combattre le projet de laisser sans hypothèque une partie des créanciers de l'État pour favoriser les agioteurs, en dépouillant les premiers du gage qui appartient à tous. Outre cette hypothèque, les frais du culte sont fondés sur ces biens nationaux. »

Le député Anson calma ce mouvement d'inquiétude en protestant que la dette constituée ne montait qu'à un milliard et la dette non constituée à deux milliards; qu'il n'était pas même question de celle-ci dans le moment. Les révolutionnaires de l'Assemblée dirent qu'après cette explication on devait fermer la discussion. L'Assemblée déclara que tous les domaines nationaux, à l'exception de ceux dont la jouissance était réservée au roi, seraient aliénés d'après les formes qu'elle avait arrêtées.

VIII

Fédération du 14 juillet 1790. Le comte de Paroy y assiste. Ovations faites au roi et à la famille royale. Impopularité du duc d'Orléans. — Répugnances de Louis XVI à sanctionner le décret sur la constitution civile du clergé (août 1790). Il expose ses scrupules au duc de Villequier et à son médecin Vicq-d'Azyr, sous le sceau du secret. Le duc de Villequier l'engage à l'acceptation et invoque l'exemple de Henri IV. Indiscrétion de Vicq-d'Azyr, qui raconte à sa femme la conversation du roi et est entendu par un domestique espion. Colère de Louis XVI, qui a une vive explication avec ses deux serviteurs. Vicq-d'Azyr s'avoue coupable et est congédié par le roi. Confession de Vicq-d'Azyr au duc de Villequier. — Instruction sur les crimes des 5 et 6 octobre 1789 (11 août). Proposition de poursuites du duc d'Orléans et de Mirabeau. L'Assemblée décide qu'il n'y a pas lieu à accusation contre eux (2 octobre). — Insubordination de l'armée. Insurrection de la garnison de Nancy, réprimée par le marquis de Bouillé (31 août). Le comte de Paroy consacre par une gravure l'héroïque dévouement de Desilles. — Tumultes à Paris. Le peuple veut se porter sur Saint-Cloud, mais est dispersé par La Fayette (2 septembre). Le comte de Paroy va prévenir le roi à Saint-Cloud. — Impopularité croissante de Necker. Sa réponse aux attaques de Camus. Sa fuite à Saint-Ouen (3 septembre). Sa démission (4 septembre). Son arrestation à Arcis-sur-Aube (9 septembre) et sa mise en liberté (11 septembre). Jugement sévère du comte de Paroy à son égard. — Motion du baron de Menou contre les ministres. Opposition de Cazalès. Rejet de la motion par l'Assemblée (19 au 21 octobre). Mot plaisant de Goupilleau. — La commune de Paris vient, par l'organe de Danton, réclamer la démission des ministres (10 novembre). — Retraite de La Tour-du-Pin, ministre de la guerre, et de Champion de Cicé, garde des sceaux (16 et 21 novembre).

L'anniversaire du 14 juillet, jour de la prise de la Bastille, avait été choisi par l'Assemblée pour une fédération générale de tous les Français (1). On avait

(1) Le 5 juin 1790, après la lecture d'une adresse des citoyens de

ordonné à toutes les gardes nationales de France et à tous les corps de l'armée d'envoyer une députation à cette fête civique. Le duc d'Orléans profita de cette circonstance pour revenir en France, sans la permission du roi. Sa qualité de député, disait-il, lui imposait le devoir d'assister à la Fédération. Avant de quitter Londres, il adressa à M. de La Touche, son chancelier, membre de l'Assemblée, un mémoire qu'il lui ordonna de lire à la tribune et où il exposait que son séjour en Angleterre était désormais inutile au service du roi, et qu'il ne pouvait avoir égard aux représentations que M. de La Fayette lui avait fait signifier par son aide de camp, pour lui faire entendre que les motifs qui avaient rendu son voyage nécessaire subsistaient encore et que sa présence en France servirait de prétexte aux malveillants pour exciter les plus grands troubles. Après la lecture de cette lettre, M. de La Fayette répéta à la tribune ce que son aide de camp avait dit de sa part à M. le duc d'Orléans. L'Assemblée, qui n'avait pas de raison de tenir M. le duc d'Orléans éloigné, passa à l'ordre du jour (1). Le prince arriva, et bientôt l'Assemblée nationale et toute la France furent agitées plus que jamais. Les révolutionnaires eux-mêmes se divisèrent en deux partis qui, quoique séparés seulement par quelques nuances d'opinions, furent toujours plus acharnés l'un contre l'autre que pour les partisans de l'ancien régime. A son retour de Londres, M. le duc d'Orléans alla voir le roi aux Tuileries. Sa Majesté lui dit avec bonté :

Paris à tous les Français, demandant une confédération générale pour le 14 juillet.
(1) Séance du 6 juillet 1790.

« Venez, monsieur, vous apprendrez à être bon Français. » Ce prince aurait dû se convaincre, à l'occasion de la Fédération, que le gros de la nation, loin d'être factieux, n'était composé que de bons Français.

Tous les fédérés, à leur arrivée, demandaient à être présentés au roi, et, témoins des vertus de ce monarque et de leur auguste souveraine, ils rivalisaient d'empressement à leur payer un juste tribut d'éloges et d'admiration. M. de La Fayette, qu'on accusa à tort d'avoir provoqué cette fête pour s'y faire déclarer généralissime de toutes les gardes nationales du royaume, puisque lui-même avait fait rendre un décret portant qu'on ne pouvait commander la garde nationale de plus d'un département, et avait refusé celle de Versailles comme incompatible avec celle de Paris, M. de La Fayette conduisit souvent des députations au roi et à la reine. Un chef des fédérés d'Anjou, M. de Launay d'Angers, profita de cette circonstance pour adresser à cette princesse un compliment très flatteur. Ce même M. de Launay fut par la suite membre de la Convention et un des ennemis les plus impitoyables de la royauté.

Je fus témoin de toute la cérémonie de la Fédération. M. de La Porte, intendant de la liste civile, me fit placer dans un des appartements de l'École militaire, près d'une des pièces où était la famille royale. J'y trouvai M. le comte du Pujet et le marquis d'Allonville, tous deux gouverneurs des Enfants de France. J'avais été dans le régiment du roi-infanterie avec ce dernier ; il m'attendait ; nous convînmes de ne pas nous quitter et de surveiller l'appartement où devait se tenir la famille royale, qui n'était pas encore arrivée. Il faisait un temps horrible, le peuple semblait dans le délire, et plus la pluie tombait comme pour un déluge, plus les éclats de joie et les danses redoublaient. Les deux côtés des parapets en talus du Champ de Mars étaient couverts de monde avec des parapluies tendus. Des soldats fédérés et des gardes nationaux s'embrassaient et couraient pêle-mêle comme pour jouer; tout le monde paraissait satisfait. Enfin le ciel s'éclaircit, les nuages se dissipèrent; le roi, la reine et la famille royale arrivèrent et montèrent dans les appartements préparés à l'École militaire et où se trouvait un balcon en face du Champ de Mars. Ils furent accueillis par les acclamations de *Vive le roi!*

M. le duc d'Orléans, qui était dans l'enceinte des députés, dut s'apercevoir, au silence qui régnait autour de lui dans les rangs de l'Assemblée, depuis le départ des Tuileries jusqu'à l'arrivée au Champ de Mars, qu'il n'était pas populaire ce jour-là. Le dimanche précédent il en avait eu des preuves non équivoques dans les appartements qui précédaient ceux de Sa Majesté.

La description de la cérémonie du Champ de Mars est racontée par nombre d'historiens et dans les journaux du temps. Le fameux serment de la fédération fut prêté par le roi de son balcon; sur un signal fait de l'autel, les députés le prêtèrent également de leur place. M. de La Fayette prêta le sien sur l'autel, au nom des gardes nationaux, et ce serment fut unanimement répété par les fédérés et par tous les spectateurs.

Le roi et la famille royale furent reconduits aux

Tuileries au milieu des acclamations du peuple et des troupes.

On agita beaucoup, à l'Assemblée, la constitution civile du clergé. Le roi y répugnait; même, à ce sujet, il lui arriva une aventure qui l'affecta considérablement. Un soir, après que tout le monde se fut retiré, à son coucher, le roi resta seul avec M. le duc de Villequier, premier gentilhomme de la chambre, de service, et M. Vicq-d'Azyr (1), son médecin. Il avait le dos tourné au feu, l'air très pensif et agité. Son médecin Vicq-d'Azyr lui demanda s'il se sentait incommodé, qu'il avait l'air très agité. — « C'est que je suis bien tourmenté, dit le roi, d'un avis secret, que j'ai reçu ce soir, que demain on va décréter la constitution civile du clergé (2), qu'on doit me présenter pour la sanctionner, ce qui me répugne beaucoup, et je suis très embarrassé de ce que je dois faire. ». — « Mais, dit Vicq-d'Azyr, Sire, votre santé avant tout. Je vois Votre Majesté dans une agitation qui prouve qu'elle n'est pas dans son état naturel, et, si cela dure quelque temps encore, je crains qu'elle n'ait une maladie sérieuse. » — « Pour très agité, dit le roi, je le suis, et beaucoup. Qui ne le serait pas à ma place, de me voir forcé, par des considérations impérieuses, de sanctionner un décret qui répugne à ma délicatesse et à mon honneur? Mais je dois empêcher de plus grands maux qui résulteraient de mon refus. J'en sais les conséquences par les exemples de l'histoire d'Angle-

---

(1) Félix Vicq-d'Azyr, né à Valognes (Manche) en 1748, médecin, membre de l'Académie française, mort en 1794.

(2) La constitution civile du clergé fut décrétée le 12 juillet 1790, mais elle ne fut sanctionnée par Louis XVI que le 24 août.

terre ; je sais bien que c'est une conspiration des protestants qui ont pris le masque de la philosophie pour égarer l'opinion de la multitude; c'est le sentiment du pape, il ne me l'a pas laissé ignorer. Il aurait fallu prévenir de loin et neutraliser leur fatal projet; mais c'est fait, le sort en est jeté. Il ne me reste plus que l'espérance, dans des moments plus calmes, de paralyser peu à peu les pernicieux effets qui en résulteront. » — « Je suis de l'avis de Votre Majesté, dit M. de Villequier ; je pense que quand Henri IV se vit forcé de se faire catholique pour anéantir tous les troubles du royaume, il a dû bien lui en coûter, car il tenait beaucoup à sa religion ; mais sa prudence politique l'emporta, comme les sages réflexions de Votre Majesté lui prescrivent, dans ce moment, de céder à la nécessité des circonstances. »
— « C'est bien, dit le roi ; je vais me coucher et tâcher de me reposer si je peux, mais je vous recommande le plus grand silence sur ce que je viens de vous dire. » Tous les deux protestèrent de leur religieuse discrétion.

Le lendemain matin, à six heures, le roi envoya chercher M. de Villequier, dont la chambre à coucher était près de celle du roi, et lui dit très froidement : « J'ai à me plaindre de vous ; je vous croyais, monsieur, un homme d'honneur et attaché à ma personne. » — « Moi, Sire, dit M. le duc de Villequier, Votre Majesté n'a pas de plus fidèle et dévoué sujet. »
— « Eh bien, comment se fait-il que ce que je vous ai confié hier au soir ait déjà été connu ? J'en reçois l'avis par ce billet. » Le roi, alors, le lui lut.

« Votre Majesté a parlé sur l'avis que je lui avais

donné, d'après son assurance de ne pas révéler ce que mon zèle pour son intérêt me ferait hasarder de lui faire savoir. Dorénavant, elle ne peut plus compter sur moi. » — « Vous seul, monsieur, et Vicq-d'Azyr, étiez avec moi. » Le geste d'indignation et l'air de surprise de M. de Villequier prouvèrent plus encore au roi que ses protestations qu'il en était innocent. Il finit par lui dire : « Sire, en quittant Votre Majesté je me suis couché sans voir personne, et je ne me suis réveillé que quand elle m'a envoyé chercher. » — « Je vous crois, dit le roi, je ne puis aussi soupçonner Vicq-d'Azyr, mais je ne puis, dans mon malheur, m'en prendre qu'à moi. Je n'aurais pas dû parler, je suis le premier indiscret. Il ne m'est donc pas possible d'avoir confiance en personne. » Ces paroles navrèrent le cœur de M. le duc de Villequier, qui pria le roi d'envoyer chercher Vicq-d'Azyr. — « Faites-lui dire de venir », dit le roi. Quand le médecin arriva à la hâte et inquiet de la santé du roi, il fut étonné de le voir debout à côté de M. de Villequier.

« Monsieur, lui dit le roi, vous seul avez pu parler de ce que je vous ai dit hier soir, car nous n'étions que tous les trois, et j'ai la conviction que ce n'est pas M. de Villequier. Lisez ce billet que j'ai reçu ce matin. » — « J'ignore, dit Vicq-d'Azyr, qui a pu révéler ce que Votre Majesté nous a dit hier soir, car nous n'étions que trois, et, comme elle, je suis sûr que ce n'est pas M. le duc de Villequier. Quant à moi, en quittant Votre Majesté, j'ai été, tout triste de la voir si affectée, me coucher sans voir personne, et j'étais encore au lit quand elle m'a envoyé chercher, et je jure à Votre Majesté que ce n'est pas moi. » — « En voilà assez, dit le roi ; je le répète, c'est de ma faute, j'aurais dû moi-même être plus discret. » Il ajouta du ton de la plus grande sensibilité : « Qu'un roi est malheureux de ne pouvoir compter sur la discrétion d'aucun ami ! » et il se retira la main sur les yeux.

M. de Villequier, resté seul avec Vicq-d'Azyr, eut une explication assez vive, dont le résultat fut de dire qu'un tiers, caché sans doute, avait entendu ce qu'avait dit le roi. Ils ne pouvaient le concevoir, vu la disposition de l'appartement. Une heure après, Vicq-d'Azyr vint chez le roi ; comme son médecin, il avait ses entrées. Le roi était dans son cabinet. Il se jeta à ses pieds et dit en sanglotant : « Sire, je suis un malheureux doublement coupable. » — « Relevez-vous », dit le roi ému. — « Non, Sire, dit Vicq-d'Azyr ; je dois mourir de honte à vos pieds. Quand j'ai affirmé à Votre Majesté que je n'avais pas parlé, j'aurais cru pouvoir en faire serment devant Dieu même. » — « Comment? » dit le roi étonné. — « Voici le fait avec vérité, dit Vicq-d'Azyr : hier soir, en rentrant, tout contristé de la peine de Votre Majesté, ma femme s'en aperçut et m'en demanda la cause et s'il n'y avait rien de nouveau. — Non, lui dis-je, seulement la position du roi me fait peine, voilà tout. Je crains qu'elle n'altère sa santé. Je vais me coucher, car je suis fatigué. — Ma femme se coucha à côté de moi, et elle dormait encore ce matin quand Votre Majesté m'a envoyé chercher. N'ayant vu personne, et ma femme ne m'ayant pas quitté, je croyais pouvoir affirmer que ce que j'avais pu lui confier bien bas, sous l'oreiller, ne pouvait être relevé ; aussi je ne m'avouai pas le coupable, croyant être sûr de mon secret. Ce que m'a dit Votre Majesté me bourrela le cœur; ma conscience aussi m'accusait. C'est moi qui ai parlé... » — « C'en est assez, dit le roi, malheureux, sortez! A qui donc pourrai-je me fier désormais, ayant tout droit de compter sur votre fidélité! Sortez, vous dis-je. » Le roi envoya chercher M. le duc de Villequier et lui raconta la scène qui venait de se passer, et finit en disant : « Je ne puis faire de vrai reproche qu'à moi, je n'aurais pas dû en parler. » M. de Villequier, voulant savoir de Vicq-d'Azyr comment cela s'était passé, alla chez lui et le trouva dans la plus grande douleur. Vicq-d'Azyr lui raconta que, rentrant chez lui, étonné de ce que lui avait dit le roi, il avait dit à sa femme : « Je suis un malheureux perdu, j'ai trahi la confiance du roi, il le sait, je ne puis plus y aller. Tu sais ce que je t'ai confié cette nuit, le roi l'a su par un billet. Cependant, nous ne nous sommes pas quittés; ainsi, ce ne peut être toi, et personne ne peut nous avoir entendus; c'est un mystère auquel je ne comprends rien. » — « Ma femme, ajouta Vicq-d'Azyr, me voyant si bouleversé, voulut me faire prendre quelque chose et appela mon vieux domestique, qui se trouva sorti, ce qui m'étonna, le sachant très sédentaire et infirme. Le portier, à qui on demanda si on savait où il avait été, répondit : « Il est parti à la pointe du jour, mais il est rentré pendant que monsieur est allé chez le roi. Ensuite, il est reparti il y a un quart d'heure. » Ces deux sorties m'inquiétèrent. Mon domestique entra, un moment après, l'air gai. — « Comment, malheureux, lui dis-je, préoccupé de mon sujet, as-tu pu faire auprès de moi le métier d'espion et rapporter ce que tu as entendu?

Je sais tout. » — « Comment, monsieur, dit cet homme, c'était donc de conséquence? je l'ignorais. » — « Ah! c'est donc toi, malheureux, qui, après plus de vingt ans à mon service, me déshonore et me perds? Dis-moi tout, coquin! » — « Eh bien, monsieur, il y a plus de six mois que l'on est venu me proposer de me faire une pension de cinquante francs par mois si je voulais dire tout ce qui se disait chez vous. Comme je savais que l'on n'y disait et faisait rien de mal, j'ai accepté. On m'a bien payé exactement. Il y a quelques jours, en allant chercher un mois dans l'endroit indiqué, on me dit que je ne disais rien d'intéressant, et que la première fois que je rapporterais, on me donnerait douze cents francs, sinon qu'on me retirerait mes cinquante francs par mois. Hier soir, en arrangeant votre lit pour vous coucher, j'ai entendu madame vous faire des questions auxquelles il m'a paru que vous ne vouliez pas répondre. J'ai pensé que, peut-être, c'était à cause que j'étais là, et, voulant le savoir pour gagner les douze cents francs, après que vous avez été couché et après avoir couvert votre feu, j'ai fait semblant de m'en aller et suis resté dans la chambre, non sans avoir poussé la porte comme si je sortais. Je suis resté en dedans et je me suis glissé près du lit, et un quart d'heure après je vous ai entendu dire à madame ce que le roi vous avait dit. J'ai attendu que vous fussiez tous deux bien endormis et je suis sorti bien doucement, sans vous éveiller. Comme je ne croyais pas que cela pût vous faire tort, et espérant gagner les douze cents francs et ne pas perdre les cinquante francs par mois, j'ai été de grand matin raconter cela à la personne qui m'avait parlé.

— « C'est bien, dit-il, sois discret toujours et surveillant. Voilà un bon pour aller ce matin toucher les douze cents francs. » — Les voici, monsieur, je n'en veux pas, puisqu'ils sont cause de votre chagrin. » — « Malheureux, après plus de vingt ans à mon service, sans avoir jamais eu un seul reproche à te faire, tu perds en un instant ta fortune assurée pour le reste de tes jours et tu me déshonores aux yeux du roi ! Sors, et que je ne te revoie plus ! »

« Voilà, dit Vicq-d'Azyr, monsieur le duc, ma malheureuse aventure ; je ne puis plus me présenter chez le roi, ne méritant plus sa confiance, et mon supplice vient de mon attachement sincère pour lui. »

M. le duc de Villequier, n'ayant aucune raison consolante à lui donner, l'engagea à se retirer et à vivre isolément, et alla raconter au roi qu'il avait vu Vicq-d'Azyr. Le roi dit seulement : « Je le plains. »

Je tiens tous ces détails de M. le duc de Villequier, qui me les dit quelque temps après.

Cependant, sur la dénonciation des crimes des 5 et 6 octobre 1789 faite par le comité des recherches de la commune et par celui de l'Assemblée nationale, composés tous deux de patriotes et de révolutionnaires, l'Assemblée avait institué le Châtelet pour faire une information à ce sujet.

L'instruction se suivait lorsque le duc d'Orléans revint à Paris. Ce fut dans cet intervalle que la reine dit à la députation qui était venue aux Tuileries pour recueillir de sa bouche les informations qu'elle pourrait donner sur ces journées : « Je ne serai jamais la délatrice d'aucun de mes sujets : *j'ai tout vu, j'ai tout entendu, et j'ai tout oublié.* » L'antiquité ne peut s'honorer d'une réponse plus magnanime et plus généreuse.

Le Châtelet, ayant acquis un corps de preuves qui lui parut suffisant pour mettre en accusation M. le duc d'Orléans et Mirabeau, envoya un commissaire en faire rapport à l'Assemblée (1). Une loi nouvelle portait qu'aucun des membres de celle-ci ne pourrait être mis en jugement sans un décret spécial. Le ton emphatique avec lequel M. Boucher d'Argis, rapporteur du Châtelet, commença son rapport par le vers d'une tragédie :

Le voilà donc connu, ce secret plein d'horreur !

indisposa contre lui l'Assemblée et les tribunes. Le rapport et les dépositions étant imprimés, l'Assemblée crut y apercevoir le projet de faire déclarer le duc régent du royaume; mais la liaison de ce projet avec l'irruption des brigands les 5 et 6 octobre au matin et le massacre des gardes du corps ne lui parut pas assez démontrée pour laisser mettre ces deux députés en accusation. D'ailleurs, Mirabeau ne manqua pas de faire observer que ce n'était pas le procès du 6 octobre qu'on voulait faire, mais celui de la révolution; qu'on se proposait d'entretenir les haines et les vengeances, de provoquer les alarmes et les soupçons dans le royaume entier, en lui représentant la Révolution comme liée à toute sorte de crimes; de répandre enfin dans l'Europe une profonde horreur pour une révolution qui serait peut-être un jour celle du monde entier.

(1) La discussion sur les affaires des 5 et 6 octobre 1789 s'ouvrit le 11 août 1790.

La majorité de l'Assemblée nationale, effrayée par le seul mot de procès fait à la révolution, mit promptement fin aux débats en déclarant qu'il n'y avait pas lieu à accusation contre M. le duc d'Orléans et Mirabeau (1). Les révolutionnaires n'oublièrent pas le rôle de M. Boucher d'Argis dans cette affaire, car il fut une des premières victimes qui tombèrent sous la hache de la Terreur.

La même scission et la même diversité d'intérêts, qui existaient entre les classes privilégiées et les communes, se voyaient dans l'armée entre les soldats et les officiers. Ces derniers, presque tous nobles, professaient hautement les principes les plus contraires à la Révolution. Les soldats avaient suivi l'impulsion générale, excités par les discours des hommes envoyés par les clubs de Paris et par la lecture des journaux révolutionnaires répandus avec profusion dans toute la France. Les soldats demandaient qu'on établît une égalité de droits et qu'on écoutât leurs réclamations, dont plusieurs étaient fondées; ils reprochaient aux états-majors de s'approprier par des marchés frauduleux une partie de leur faible solde, de ne rendre aucun compte des masses, de chasser avec des cartouches infamantes les soldats les plus patriotes (c'est ainsi qu'on appelait les plus turbulents et les plus insubordonnés); ils ajoutaient que le ministre, sachant que la nouvelle organisation de l'armée allait lui enlever la nomination des places, s'empressait de les remplir et en fermait ainsi l'entrée à ceux que les nouvelles lois y appelaient.

---

(1) Séance du 2 octobre 1790.

Les murmures, hasardés d'abord sourdement, devinrent bientôt publics par la protection ouverte des clubs; ils excitèrent une insurrection générale. Dans chaque régiment, il s'établit un comité révolutionnaire composé des soldats les plus turbulents et les plus insubordonnés. Dans ces comités, foyers très actifs d'indiscipline et de révolte, on rédigeait des pétitions. Le cabinet du ministre de la guerre était rempli de soldats qui venaient lui intimer fièrement la volonté de leurs commettants. Les soldats, sous prétexte de se faire rendre compte des masses, s'emparèrent des caisses militaires, se les partagèrent, et, lorsqu'ils n'y trouvaient pas l'argent qu'ils prétendaient leur être dû, ils forçaient leurs officiers de souscrire des engagements de sommes, qu'ils fixaient d'une manière arbitraire. L'Assemblée, instruite de ces désordres, rendit des décrets qu'elle jugeait propres à les calmer, mais dont les clubistes, qui craignaient l'armée et qui ne voyaient leur domination que par son entière désorganisation, empêchèrent l'exécution. L'esprit d'indiscipline et de révolte s'accrut de plus en plus. Un décret de l'Assemblée prescrivit un mode de compte des masses. Le régiment du roi, l'un des plus travaillés, parce qu'il était un de ceux que les Jacobins redoutaient le plus, à cause de sa composition, prétendit que les dispositions de ce décret ne pouvaient lui être appliquées. Il députa huit membres de son comité qu'il chargea d'accuser le ministre de la guerre et de se concerter avec les Jacobins. Le ministre fit arrêter ces huit députés à leur arrivée à Paris. Les Jacobins crièrent à la lettre de cachet, à la violation des droits de l'homme; ayant recours à leurs moyens ordinaires, ils excitèrent la population contre le ministre. L'Assemblée, sans paraître désapprouver la conduite de celui-ci, mais craignant que la nouvelle de cette arrestation amenât un mouvement dangereux, fit transférer aux Invalides les huit soldats du régiment du roi, et envoya à Nancy un aide de camp de La Fayette, afin de prévenir les faux bruits que les Jacobins ne manqueraient pas de répandre sur la manière dont les choses s'étaient passées. Un nouvel incident montra combien cette précaution était nécessaire. Le roi avait chargé M. de Malseigne, ancien commandant des carabiniers, de régler les comptes des trois régiments qui composaient la garnison de Nancy. Soit que M. de Malseigne n'apportât pas dans cette opération la douceur et la modération exigées par les circonstances, soit que des émissaires secrets aient travaillé l'esprit des soldats, il s'éleva des différends au sujet des comptes du régiment suisse de Châteauvieux. M. de Malseigne leur reprocha en termes très durs leur insubordination; ils répondirent qu'il leur fallait de l'argent. Quelques-uns des plus mutins proposèrent de retenir M. de Malseigne en otage jusqu'à ce qu'on leur eût rendu justice. M. de Malseigne, voulant prévenir le résultat d'une délibération qui allait dégénérer en révolte ouverte, s'avança vers la grille qui fermait le quartier; quatre grenadiers suisses la gardaient; ils lui présentèrent leurs baïonnettes et refusèrent de le laisser sortir. M. de Malseigne mit l'épée à la main et ordonna aux quatre grenadiers de se retirer; ceux-ci, loin d'obéir, menacèrent M. de Malseigne et, joignant l'effet aux menaces, l'attaquèrent tous quatre à la fois. M. de Malseigne para les coups avec son épée et blessa deux grenadiers; son épée s'étant brisée dans sa main, il saisit celle du prévôt général qui était près de lui, et, se faisant jour au travers de deux autres grenadiers, il se rendit chez M. de La Nouë, commandant de Nancy.

La fermentation devint extrême dans toute la ville ; les régiments du roi et de Mestre de camp prirent les armes. La populace se joignit à eux, et tous se préparaient à marcher vers l'hôtel du gouvernement. Les dispositions des révoltés n'étaient pas douteuses; ils s'emportaient avec fureur contre M. de Malseigne. Averti que sa vie était en danger et qu'il lui fallait sur-le-champ quitter Nancy, celui-ci sortit escorté de plusieurs officiers et prit le chemin de Lunéville. Dès qu'on eut appris l'évasion de M. de Malseigne, cent cavaliers de Mestre de camp montèrent à cheval et se lancèrent à sa poursuite; mais M. de Malseigne avait pris ses précautions; dès son arrivée à Lunéville, il avait envoyé un fort détachement de carabiniers sur la route de Nancy, avec ordre d'arrêter le détachement de Mestre de camp. Il s'engagea un léger combat, dans lequel neuf cavaliers de Mestre de camp furent tués et la plupart des autres faits prisonniers. Cependant quelques fuyards vinrent annoncer la défaite; la garnison courut aux armes, s'assura d'abord de M. de La Nouë, commandant de la place, et de tous les officiers, et marcha sur Lunéville, résolue à attaquer les carabiniers et à prendre M. de Malseigne mort ou vif. Elle trouva les carabiniers rangés en bataille sur la place d'armes de Lunéville; on s'envoya des députés de part et d'autre; les officiers n'entraient pour rien dans ces pourparlers; tout se traitait immédiatement entre les soldats de la garnison de Nancy et les carabiniers. Le résultat de ces conférences fut que les carabiniers consentirent à livrer M. le comte de Malseigne et à le conduire eux-mêmes à Nancy.

L'état de révolte ouverte de ces trois régiments exigeait de prompts remèdes. L'Assemblée arrêta que le roi prendrait les mesures les plus efficaces pour rétablir l'ordre à Nancy et pour s'assurer de l'entière exécution de ses décrets. Le roi nomma M. le marquis de Bouillé, commandant à Metz, général de la petite armée destinée à soumettre les révoltés. Celui-ci assembla aussitôt les troupes nécessaires à son expédition et se mit en marche. Son approche à la tête d'un corps de troupes considérable alarma les trois régiments.

M. le marquis de Bouillé avait, le même jour, 30 août, fait parvenir une proclamation à Nancy pour apaiser l'insurrection. Plusieurs soldats de Nancy furent députés pour faire des propositions de paix. Le comte leur répondit qu'il ne traitait pas avec des hommes rebelles aux décrets de l'Assemblée et aux ordres du roi; que si dans deux heures MM. de Malseigne et de La Noüe n'étaient pas rendus, et les trois régiments hors de la ville et leurs armes au repos, il exécuterait les ordres. Cette réponse consterna les corps administratifs de Nancy, qui, appréhendant les suites fâcheuses de la résistance des trois régiments, leur firent les plus vives instances pour les engager à se soumettre; mais les trois régiments répondirent qu'ils étaient décidés à se défendre. Ils comptaient sur l'effet de plusieurs lettres circulaires adressées aux soldats du marquis de Bouillé, lettres très propres par leurs maximes anarchiques à faire insurger son armée; aussi se vantaient-ils hautement dans Nancy qu'une heure de temps suffirait pour la dissoudre. Mais cette manœuvre n'eut pas le succès attendu ; les soldats du marquis de Bouillé, sourds aux insinuations perfides des émissaires chargés de les corrompre, reprochèrent à la garnison de Nancy d'être des traitres et des rebelles, et demandèrent à grands cris qu'on les menât au combat. L'armée continua sa marche. Le marquis de Bouillé reçut de nouveaux députés, auxquels il fit la même réponse. Il exigea de plus qu'on lui livrât quatre soldats de chaque régiment pour les envoyer à l'Assemblée nationale, qui les jugerait elle-même.

Les soldats de la garnison étaient très divisés ; les uns voulaient obéir aux ordres du marquis de Bouillé, les autres persistaient dans le dessein de se défendre. Les premiers mirent en liberté, le 30 août, MM. de La Nouë et de Malseigne, et se disposèrent à se rendre au lieu indiqué par le marquis, tandis que les autres allèrent se poster à la porte Stanislas avec une pièce de canon chargée à mitraille. M. de Bouillé fit avancer son avant-garde, composée en grande partie de gardes nationales de Metz. De nouveaux députés vinrent annoncer le départ des trois régiments. Alors le marquis changea son ordre de bataille et marcha vers la prairie, qu'il avait indiquée comme lieu de réunion. Deux de ses officiers l'avertirent qu'on apercevait quelques mouvements à la porte Stanislas. En effet, les Suisses de Châteauvieux, plus coupables que les autres, n'avaient pas renoncé à leur projet de défense; la troupe ordinaire des brigands d'émeute s'était jointe à eux, et tous avaient gagné la porte Stanislas. Les émissaires, voyant l'avant-garde du marquis de Bouillé s'avancer sans défiance, crurent l'occasion favorable d'engager le combat et tirèrent sur elle un coup de canon à mitraille. Cette attaque inattendue jeta quelque confusion dans les rangs de la garde nationale de Metz, mais les volontaires se rallièrent bientôt et ripostèrent par un feu très vif; s'avançant ensuite au pas de charge, ils enfoncèrent les portes de la ville et tuèrent indistinctement tout ce qui se trouvait dans les rues. Les rebelles, chassés de postes en postes, de maisons en maisons, ne présentèrent plus qu'une très faible résistance. Le régiment du roi demanda le premier à capituler; on lui ordonna de se retirer dans son quartier. Le marquis de Bouillé s'y rendit, reprocha aux soldats leur désobéissance et leur enjoignit de prendre la route de Verdun. Il envoya Châteauvieux à Marsal et Mestre de camp à Moyenvic, ce qui termina l'insurrection de Nancy.

Cette affaire m'avait particulièrement intéressé, car j'avais servi dans le régiment du roi, qui se trouvait compromis. Les relations d'amitié que j'avais conservées avec mes anciens camarades me mettaient au courant des événements. Je fus vivement affecté de la fin tragique du malheureux Desilles, victime, comme le brave d'Assas, de son héroïque dévouement, et qui a, comme lui, inscrit son nom dans l'histoire militaire de la France. Je n'ai pas cru pouvoir lui rendre un plus pur hommage qu'en perpétuant sa mémoire par une gravure, qui eut le plus grand succès à cause de l'intérêt inspiré par le sujet, répété plusieurs fois depuis par d'autres artistes.

La victoire du marquis de Bouillé consterna les jacobins, qui n'eurent qu'un cri contre la cour et les ministres. Ils craignaient que cet exemple d'une insurrection réprimée par la force et encore plus de l'accord inattendu des troupes de ligne et des gardes nationales profitât à l'action du gouvernement, et que le peuple fût amené à reconnaître la nécessité de se soumettre à la loi et d'obéir aux autorités créées par la Constitution. Cependant, pour rassurer leurs partisans et montrer à leurs adversaires que, malgré cet échec, ils ne se tenaient pas pour vaincus, ils agitèrent avec tant de succès les faubourgs que le soir même où on reçut à Paris la nouvelle de la prise de Nancy eut lieu un mouvement populaire (1). Plus de quarante mille hommes et femmes se portèrent aux Tuileries et hurlèrent autour de l'Assemblée pour réclamer le renvoi des ministres. Ce n'était là que le prétexte de ce rassemblement. Bientôt des motions plus incendiaires se firent entendre; on parlait d'arrêter le ministre de la guerre, de mettre le marquis de Bouillé en état d'accusation. Quelques orléanistes, profitant de la fermentation des esprits, crièrent : « Allons à Saint-Cloud! » Le roi et la famille royale étaient dans ce château depuis quelque temps, et il est probable que cette répétition de la journée du 6 octobre de l'année précédente eût été plus décisive si La Fayette n'était accouru à la tête de la garde nationale et n'avait dissipé cette multitude.

J'allai vite à Saint-Cloud prévenir de cette insurrection, dont j'avais vu les préparatifs. J'y arrivai trois heures avant que M. de La Fayette eût apaisé les

---

(1) Le 2 septembre 1790.

troubles. J'eus le temps de prévenir M. de La Porte, que je rencontrai comme il revenait à Paris, en sortant de chez le roi ; il y rentra et l'en avertit. Je l'attendis, et il me dit que le roi avait donné des ordres pour se rendre aux Tuileries par un autre chemin que celui des factieux.

M. Necker avait perdu beaucoup de sa popularité ; les révolutionnaires l'accablaient tous les jours de nouveaux désagréments qui auraient dû l'engager à prévenir un renvoi honteux et à faire une prudente retraite. Mais, entretenu dans la pensée flatteuse et chimérique que le salut de la France et la tranquillité de l'Europe reposaient sur son existence ministérielle, il bataillait contre le comité des finances et, quoique voyant avec effroi l'abîme dans lequel il avait plongé le roi, il s'abusait au point de croire pouvoir diriger les événements. Il visait à la célébrité ; il n'obtint que le mépris des divers partis et l'indifférence de la multitude ; il ennuyait, on voulait s'en débarrasser. Le vindicatif Camus s'en chargea ; il l'accusa de faire passer de l'argent à M. le comte d'Artois (1). Necker répondit par une lettre où, après s'être plaint des calomnies propagées dans d'infâmes libelles contre lui, et avoir protesté qu'il était le plus ancien et fidèle ami du peuple français, il déclara qu'il se sentait la santé affaiblie par l'excès du travail et des inquiétudes en tous genres, et qu'il aspirait au repos et à s'éloigner pour toujours du monde et des affaires (2). La popularité de Necker une fois perdue, il ne put inspirer le moindre intérêt ; on disait hautement : Est-ce bien à

---

(1) Séance du 25 juillet 1790.
(2) Cette lettre fut lue dans la séance du 1ᵉʳ août.

ce Necker à se plaindre des libelles et du changement de l'opinion publique? N'est-ce pas lui qui le premier l'a provoqué en employant des gagistes pour la séduire? Comment ose-t-il reprocher aux révolutionnaires de se servir, pour l'éloigner du ministère, des mêmes moyens dont il s'est servi pour faire éloigner Calonne, Brienne, Lamoignon, pour faire admettre la double représentation du Tiers, pour forcer Louis XVI à le rappeler le 15 juillet?

Necker voulut profiter, pour se venger de Camus, de la proposition du comité des finances de rembourser la dette publique en créant dix-neuf cents millions d'assignats monnayés; il adressa un long mémoire à l'Assemblée (1); il croyait, disait-il, remplir son devoir envers l'État et envers l'Assemblée elle-même en s'empressant de déclarer qu'il ne pouvait donner son assentiment au plan du comité, qu'il le trouvait extrêmement dangereux, qu'il n'avait d'autre but en ce moment que d'opposer une première résistance à une proposition qui lui paraissait la plus désastreuse, qu'il n'en connaissait aucune qui ne fût préférable au genre de ressource qui séduirait peut-être par sa simplicité, si sa simplicité n'était pas le renversement violent de tous les obstacles..

L'Assemblée écouta le mémoire de M. Necker avec une impatience marquée. Elle ne daigna même pas l'envoyer au comité des finances. Les révolutionnaires se regardaient en guerre ouverte avec l'ancien gouvernement et s'occupaient moins des inconvénients de la chose que de l'immensité des ressources qu'elle leur

---

(1) Ce mémoire fut lu dans la séance du 27 août 1790.

fournissait. S'apercevant qu'aucune humiliation ne pouvait déterminer M. Necker à quitter sa place, ils eurent recours à leurs ressources ordinaires. Quelques jacobins, renforcés d'hommes de la populace, se portèrent le 2 septembre autour de l'Assemblée et demandèrent à grands cris le renvoi des ministres; une autre troupe courut investir les hôtels du comte de La Tour du Pin et du comte de Saint-Priest. La Fayette, qui suivait de l'œil ce mouvement organisé aux Jacobins, envoya en hâte à huit heures du soir avertir M. Necker du danger qui le menaçait et l'engager à quitter son hôtel..... M. Necker partit sur-le-champ et se rendit à sa maison de Saint-Ouen. Cette arrivée nocturne et inattendue excita quelque émotion dans le village. M. Necker, ne se croyant pas en sûreté, jugea prudent de s'éloigner davantage. L'exemple effrayant de Bertier et de Foullon revint à sa mémoire. Il sortit à pied et erra jusqu'au matin dans la vallée de Montmorency. Ne se sentant pas la fermeté de tenir tête à l'orage, il écrivit le 4 septembre au président de l'Assemblée que sa santé était depuis longtemps affaiblie par la suite continuelle de ses travaux, qu'il différait pourtant de jour en jour de profiter des restes de la belle saison pour aller aux eaux, dont on lui avait donné le conseil absolu; que n'écoutant que son dévouement et son zèle empressé à déférer aux vœux de l'Assemblée, il commençait à se livrer au travail extraordinaire sur les finances, mais qu'un nouveau retour des maux qui l'avaient mis en grand danger cet hiver le décidait à ne pas tarder à aller retrouver l'asile qu'il avait quitté pour se rendre aux ordres de l'Assemblée. Il déclarait avoir remis au comité des finances son compte de recettes et de dépenses du trésor public du 1er mai 1789 jusqu'au 1er mai 1790, et, comme l'examen n'en était pas fini, laisser en garantie de son administration deux millions quatre cent mille francs et sa maison de Paris.

L'Assemblée reçut l'annonce du départ de M. Necker avec la plus humiliante indifférence. Cet homme, qui quelques mois auparavant avait traversé la France en triomphateur, fut partout traité en fugitif qui se dérobe à la responsabilité qu'il redoute. Il put juger dans son voyage du peu de fonds que l'on doit faire sur le peuple. La municipalité d'Arcis-sur-Aube le fit arrêter (1); elle manda à l'Assemblée que le peuple, pénétré des grands principes de la responsabilité des ministres, attendait ses ordres sur sa conduite. L'Assemblée, après plusieurs motions défavorables à Necker, décida (2) qu'il lui serait écrit une lettre qui lui servirait de passeport pour assurer son voyage et donna ordre à la municipalité d'Arcis-sur-Aube de le remettre en liberté. « Je consens à la lettre, dit Camus, mais qu'on se garde bien de complimenter l'ancien ministre des finances sur son administration. »

Ainsi disparut à jamais cet homme bouffi d'orgueil, rongé d'ambition, enivré de l'encens de ses gagistes. Il se crut un génie, il crut pouvoir gouverner sans en avoir le véritable talent. Son existence en France y a accumulé les maux qui l'ont accablée ; il a égaré un roi aimant le bien et l'a séduit par ses promesses mensongères. Le fait est qu'il n'était qu'un vrai charlatan,

---

(1) Le 9 septembre 1790.
(2) Séance du 11 septembre.

bon pour gérer une caisse de banque et non les finances d'un royaume.

Le départ de M. Necker ayant satisfait l'Assemblée, les autres ministres, malgré la défaveur des révolutionnaires, restèrent en place. Le comte de Saint-Priest le garde des sceaux, M. Champion de Cicé, avaient un grand motif de désirer rester ; ils comptaient toujours sur une contre-révolution à laquelle ils coopéreraient, et voulaient se trouver tout établis pour en recueillir les fruits.

Les Jacobins, se voyant déjoués, attendirent une occasion plus favorable pour se venger des ministres. Intérieurement atterrés de leur défaite de Nancy, ils profitèrent des troubles que les Jacobins de Brest venaient d'exciter dans cette ville et que la municipalité, suivant l'usage, rejeta sur la malveillance des ministres (1). Le baron de Menou, leur affilié, ne manqua pas, dans son rapport sur cette affaire, d'adopter ce dernier sentiment (2). Il demanda que le président allât, au nom de l'Assemblée, représenter au roi que la méfiance du peuple contre les ministres actuels mettait le plus grand obstacle au rétablissement de l'ordre public, à l'exécution des lois et à l'achèvement de la constitution.

La motion du baron de Menou excita les plus vives discussions. Cazalès, après avoir démontré les abus du ministère de Necker, peignit celui-ci comme un charlatan désertant lâchement, abandonnant la chose publique aux dangers qu'il avait lui-même suscités, et

---

(1) Une insurrection avait eu lieu à Brest le 16 septembre 1790 dans l'escadre à l'occasion de l'arrivée du vaisseau *le Léopard*.

(2) Séance du 19 octobre 1790.

ses compagnons comme des gens nuls, s'obstinant à garder une place qu'ils n'osaient plus tenir. Puis il soutint que la proposition de déclarer au roi que les ministres avaient perdu la confiance du peuple français attaquait les principes constitutionnels, que la liberté était fondée sur le partage des pouvoirs et leur entière indépendance; que c'était l'Assemblée elle-même qui avait désigné au roi les ministres actuels; que l'on n'accusait ceux-ci d'aucun délit capable de motiver leur exclusion, qu'on ne présentait aucune preuve, qu'une accusation vague était une invention tyrannique, que partout où elle serait adoptée il n'existerait plus de sûreté pour les lois et pour les hommes chargés de les faire exécuter; qu'une pareille entreprise contre la prérogative royale aurait les conséquences les plus funestes; que déjà l'on répandait parmi le peuple que le projet de l'Assemblée était d'enlever à l'autorité royale le peu de force qui lui restait; qu'un tel projet était loin des vœux de l'Assemblée, que c'était de la calomnie que de l'en accuser, mais que le dessein de forcer le roi à renvoyer ses ministres semblait l'annoncer et y conduire; enfin que si l'Assemblée l'adoptait, il ne restait plus aux vrais amis de la monarchie qu'à se ranger autour du trône et à s'ensevelir sous ses ruines.

La plupart des députés soutinrent la justesse de ces observations de Cazalès, et, malgré les vociférations des Jacobins, la motion de M. le baron de Menou fut rejetée (1). Mais les Jacobins ne se regardèrent pas pour battus; ils haïssaient trop le comte de Saint-

---

(1) Séance du 20 octobre 1790.

Priest pour regarder la question comme décidée. Dès le lendemain le baron de Menou essaya de revenir sur le décret rendu : il se plaignit de ce que le souffle empoisonné de l'influence ministérielle se fût fait sentir dans le sanctuaire des fondateurs de la liberté (1). Les tribunes applaudirent, les évêques et les nobles murmurèrent. Goupilleau, se levant et se tournant de leur côté, leur dit plaisamment : « Ne vous fâchez pas, Messieurs ; quand on parle de fondateurs de la liberté, ce n'est pas à vous que l'on s'adresse ! »

Cette nouvelle tentative n'ayant pas réussi, les révolutionnaires, conséquents dans leurs principes, eurent recours aux pétitions. La commune de Paris vint à la barre de l'Assemblée demander le renvoi des ministres (2). Danton dit : « Nous vous en conjurons, Messieurs, écartez du roi ses plus dangereux ennemis, puisqu'ils sont ceux de la nation. Elle a le droit de dire à ses mandataires qu'elle soupçonne d'infidélité : Vous êtes indignes de toute confiance, par cela seul que vous vous obstinez à rester dépositaires de mes intérêts pendant l'instruction d'un procès que je vous intente (3)... »

C'était moins pour conserver les ministres actuels que pour conserver au roi la prérogative essentielle

---

(1) Séance du 21 octobre.
(2) Séance du 10 novembre.
(3) La députation de la commune de Paris avait à sa tête le maire Bailly. Danton lut la pétition, mais ne parla pas en son nom personnel, comme pourrait le faire croire le récit du comte de Paroy. La citation donnée par celui-ci ne comprend que deux phrases de la pétition qu'il a soudées ensemble, par un procédé qui lui est familier. On trouvera dans le *Moniteur* et dans le *Journal des Débats* le texte de cette pétition, qui excita les fureurs de la droite de l'Assemblée nationale.

à la monarchie de prendre et de renvoyer à son gré ses ministres, que tous les députés attachés aux principes avaient rejeté la motion du baron de Menou. Aussi les ministres l'ayant pressenti et voyant qu'ils lutteraient en vain contre les Jacobins, décidés à les contrarier dans le bien qu'ils voulaient faire, et que leur opiniâtreté à conserver leur place deviendrait une occasion sans cesse renaissante de compromettre la tranquillité du roi, donnèrent successivement leur démission, satisfaits que l'Assemblée ne pût pas se vanter de les avoir fait chasser (1).

(1) Dès le 27 octobre 1790, le comte de La Luzerne, ministre de la marine, avait été remplacé par le comte de Fleurieu. Le 16 novembre, le comte de La Tour du Pin, ministre de la guerre, céda son poste à Du Portail, et, le 21, l'archevêque de Bordeaux, Champion de Cicé, remit les sceaux à Duport-Dutertre. Le comte de Montmorin, ministre des affaires étrangères, et le comte de Saint-Priest, ministre de la maison du roi, ce dernier particulièrement visé par les libéraux, restèrent cependant en fonction.

IX

Les chevaliers du poignard. Origine de cette dénomination. — Le peuple se porte sur le donjon de Vincennes et est dispersé par La Fayette (28 février 1791). Rassemblement de gentilshommes armés au château des Tuileries. Louis XVI leur ordonne de déposer leurs armes. — Maladie du roi (4 mars) et manifestations publiques à cette occasion. *Te Deum* d'actions de grâces chanté à Notre-Dame (20 mars). — L'air de la campagne est conseillé au roi. Préparatifs de départ pour Saint-Cloud. Le peuple s'oppose à ce voyage (18 avril). Scènes de violence. — Intervention de la reine pour sauver M. Gougenot, régisseur général. — Le roi se plaint à l'Assemblée (19 avril). — Causes de l'influence de Mirabeau. Négociations avec la Cour. Mort de Mirabeau (2 avril). Le comte de Paroy sert d'intermédiaire pour faire parvenir une lettre de Mirabeau à la reine. — Refus de Louis XVI de s'éloigner de Paris. Les derniers événements le déterminent à fuir. Difficultés de sortir du château des Tuileries. La reine découvre qu'on peut passer par l'appartement inoccupé du duc de Villequier. Le comte de Fersen, mis dans la confidence, fait construire une voiture. Le marquis de Bouillé poste des troupes sur le parcours du roi. Départ des Tuileries; arrivée et arrestation de la famille royale à Varennes (20 juin 1791). — Le peuple vient signer une pétition au Champ de Mars. Meurtre de deux particuliers. Proclamation de la loi martiale (17 juillet). Le comte de Paroy manque d'être arrêté ce soir-là en rentrant à Paris.

Depuis longtemps il circulait dans toutes les classes de la société et dans les clubs du Palais-Royal des bruits de projets de conspiration contre la famille royale, et cela pour tenir les esprits en inquiétude et porter les royalistes à quelques extrémités dont on espérait tirer parti. Il était naturel que les royalistes conçussent des inquiétudes sur la sûreté du château. Il s'en rassemblait souvent un grand nombre dans les appartements qui étaient comme un club, où ils venaient apprendre ou raconter ce qui s'était passé de nouveau dans la ville. Parmi eux étaient bien des désœuvrés ou d'autres arrivés de province, qui trouvaient dans ces appartements une ressource pour satisfaire leur curiosité. Il était difficile qu'un pareil rassemblement eût lieu sans qu'il se commît quelques indiscrétions. Une aventure, très naturelle au fond, donna lieu à la dénonciation des chevaliers du poignard, composés, disait-on, de personnes qui allaient faire leur cour au château.

Un vieux gentilhomme de province, âgé de plus de soixante ans, le chevalier de Court, étant allé très simplement vêtu faire sa cour au roi, avait sous son habit un petit couteau de chasse qu'il avait coutume de porter en tout temps au lieu d'épée. Un garde national, ayant aperçu le bout du couteau de chasse, arrêta ce gentilhomme, sous prétexte qu'il portait un poignard. Cette méprise fut reconnue au même instant, à la première explication ; mais les ennemis de la cour profitèrent de la circonstance pour dire qu'il existait une compagnie de chevaliers du poignard.

Au mois de février 1791, des bruits sourds, des attroupements particuliers, des propos des salons et des clubistes firent craindre aux amis du roi que les Jacobins méditassent un grand coup et cherchassent encore à soulever le peuple. On savait que ceux-ci se plaignaient de ce que non seulement les jours de cour, qui étaient les jeudis et les dimanches, mais les autres jours de la semaine il y avait une grande affluence de personnes en habit noir au château des Tuileries. Leurs émissaires ajoutaient que, si toutes ces personnes étaient de service, le roi avait trop de serviteurs, et que, si c'étaient des étrangers, cette exactitude de s'y rendre aux mêmes heures, avec le même habillement et en si grand nombre, cachait quelques projets hostiles. Ils cherchaient à donner ainsi le change sur les desseins sinistres qu'ils méditaient eux-mêmes.

On avait fait courir le bruit d'un complot jacobin, consistant à enlever la reine, à la séparer du roi et à l'enfermer au Luxembourg, puis à faire sanctionner cet attentat par l'Assemblée nationale au moyen d'une insurrection populaire, ainsi qu'on l'avait déjà fait par les attentats des 5 et 6 octobre. Les habitués du château se communiquèrent ces bruits et se promirent de redoubler de zèle et d'assiduité auprès de la famille royale, afin de prévenir autant que possible cette nouvelle atrocité. Comme j'avais un lit au château, dans une chambre de M. le marquis de Montmorin, j'allais et venais vingt fois par jour, et étais témoin de ce qui s'y passait. J'en rendais compte à M. de La Porte, qui, de son côté, sachant par ses espions une partie des menées des Jacobins, me faisait part de ce qu'il désirait que je communiquasse aux affidés du château.

Dans le courant de la journée du 28 février, une multitude de gens rassemblés par Santerre, le héros du faubourg Saint-Antoine, s'étant portés le matin au donjon de Vincennes pour le détruire, M. de La Fayette marcha à la tête de la garde nationale pour prévenir le désordre et les dissipa. On conçut les plus vives inquiétudes du retour de ces factieux; on crut au château que le moment de la conjuration était arrivé. On apprit depuis que cette insurrection, dirigée par la faction orléaniste, n'avait pour but que de faire mettre par le peuple le brasseur Santerre à la tête de la garde nationale à la place de La Fayette. Il se réunit dans la journée plus de trois cents gentilshommes au château, armés d'épées et de pistolets. A huit heures du soir la garde soldée revint de Vincennes, après avoir arrêté plusieurs mutins et dissipé le rassemblement. Comme tout paraissait paisible et qu'on vit la garde du château reprendre tranquillement ses postes, chacun pensa à se retirer; mais, à mesure que les personnes sortaient des appartements, elles furent arrêtées, fouillées, désarmées, frappées et poussées en bas des escaliers par les grenadiers de cette même garde soldée.

Quelques officiers de la garde nationale bourgeoise, ayant vu maltraiter plusieurs personnes de la cour et d'autres décorées de la croix de Saint-Louis, furent indignés de la brutalité de cette garde soldée et allèrent sur-le-champ en informer M. le duc de Brissac, ancien gouverneur de Paris et capitaine-colonel des Cent-Suisses, et M. le duc de Villequier, un des quatre premiers gentilshommes de la chambre du roi. Ces deux seigneurs allèrent aussitôt faire part au roi de ce qui se passait. Sa Majesté s'empressa de sortir aussitôt de ses appartements et dit à ceux qui étaient encore dans le salon des nobles : « Messieurs, je suis vivement touché de l'intérêt que vous prenez à ma personne, je vous en remercie du fond de mon cœur ; mais votre présence donne de l'inquiétude à la garde nationale; elle ne veut plus souffrir auprès de moi d'autres défenseurs. Comme elle paraît redouter que vous soyez armés et même que vous sortiez du château avec vos armes, vous n'avez qu'à les déposer ici. »

Le roi s'étant retiré, M. le duc de Villequier donna ordre au valet de chambre de service de vider les commodes près de l'appartement afin d'y mettre les armes. Chacun, sur cette invitation, s'empressa d'y déposer les siennes; tous se retirèrent, mais non sans avoir été fouillés par la garde soldée.

J'étais pour le moment absent du château, étant allé, par ordre de Mme la princesse de Lamballe, savoir des détails sur le rassemblement de Vincennes, pour qu'elle en rendît compte à la reine. J'appris, en arrivant au château, que le roi avait ordonné aux gentilshommes de déposer leurs armes pour éviter d'être maltraités par la garde. Je supprime ici les réflexions amères de fidèles serviteurs, qui se voyaient ainsi molestés et victimes de leur zèle. Il faut noter qu'on ne pouvait entrer au château sans carte signée de M. le duc de Villequier, premier gentilhomme de la chambre. Pour en avoir, il suffisait de deux répondants connus au château ; on les accordait facilement sur les derniers temps, de sorte qu'il s'en trouva trois cents de distribuées ainsi à plusieurs personnes venues des départements. C'est ce grand nombre de visages nouveaux qui donna des inquiétudes à la garde nationale. A son retour de Vincennes, on apprit au général La Fayette ce qui s'était passé; il adressa des reproches très vifs à ceux qu'il appelait dans son ordre du jour les chefs de la domesticité, et se fit apporter les armes déposées, pistolets, épées et couteaux de chasse, ce qui fit désigner ce rassemblement du nom des chevaliers du poignard.

Vers les onze heures du soir, une nouvelle troupe ivre de cette même garde soldée se présenta à la porte des appartements, força le valet de chambre de remettre les armes qui avaient été déposées, les emporta toutes et les vendit le lendemain à vil prix. Les journaux jacobins publièrent le lendemain que les chevaliers du poignard avaient été chassés du château à coups de crosse et à coups de pied.

Quelques jours après cet événement, le roi tomba dangereusement malade (1) par suite du chagrin de ne pouvoir faire le bien, et du défaut d'exercice, lui habitué à chasser presque tous les jours. On eut quelques inquiétudes sur son état. Les sentiments d'intérêt que la nation exprima sur la santé du roi furent si vifs et si multipliés que l'Assemblée nationale, qui ne désapprouvait aucune des insultes adressées à ce prince par la populace et par les journaux, crut devoir décréter qu'il serait chanté un *Te Deum* solennel à Notre-Dame pour sa convalescence (2). Le maire de

(1) Louis XVI tomba malade, le 4 mars 1791, d'un catarrhe accompagné de fièvre et de crachements de sang. Le 8, le vicomte de Noailles, président de l'Assemblée, communiqua le bulletin suivant, signé par les médecins Lemonnier, Vicq-d'Azyr et Andouillé : « Depuis vendredi dernier, le roi s'est senti atteint d'un catarrhe avec des mouvements de frisson et de fièvre; elle s'est déclarée plus manifestement dimanche matin. La langue chargée et le dégoût annonçaient des humeurs dans les premières voies, que plusieurs digestions troublées devaient faire soupçonner. On a donné un vomitif, dont l'effet a été facile et favorable ; néanmoins la toux, l'enrouement et la fièvre ont continué. Ce matin, les mêmes symptômes subsistent; le roi a toussé fréquemment la nuit et a eu fort peu de sommeil. » A chaque séance, jusqu'au 16 mars inclusivement, on lut le bulletin de la santé de Louis XVI.

(2) Ce ne fut pas l'Assemblée nationale, mais la municipalité parisienne qui fit chanter, le dimanche 20 mars, à Notre-Dame, un *Te Deum* en actions de grâces du prompt rétablissement du roi. (Cf. Étienne Charavay, *Assemblée électorale de Paris de* 1790, p. 563.)

Paris et le président de l'Assemblée vinrent féliciter Sa Majesté à cette occasion.

Les médecins avaient conseillé au roi d'aller pendant sa convalescence prendre l'air à la campagne. Depuis plus de six mois, il ne faisait d'autre exercice que d'aller le long de la terrasse de la rivière voir son fils. Ce jeune prince passait toutes les matinées chez M. l'abbé d'Avaux, son instituteur, pour lequel on avait arrangé un petit appartement dans celui des pavillons des angles des Tuileries qui termine cette terrasse. C'était la promenade ordinaire du roi ; encore fallait-il qu'elle fût terminée avant midi, heure où les portes des Tuileries étaient ouvertes au public.

La Cour fit ses dispositions pour passer à Saint-Cloud les premiers jours du printemps. Tous les préparatifs en furent publics, mais la faction jacobine, qui ne négligeait aucune occasion d'alarmer le peuple et d'entretenir la fermentation, fit courir le bruit que ce voyage cachait un projet d'émigration de la famille royale. On alla jusqu'à dire que la maladie du roi n'était qu'une feinte pour prétexter la nécessité d'un changement d'air et favoriser à la famille royale les moyens de fuir ; que le voyage prémédité n'était pas pour aller à Saint-Cloud, mais pour se rendre à Metz ou dans quelque autre ville frontière, et que, dans le doute, il convenait de s'opposer à tout déplacement de la famille royale. Les Jacobins, informés par des officiers de la bouche du roi et des écuries, séduits par eux, de l'heure du départ du roi, ameutèrent la multitude dans la matinée du 18 avril et excitèrent la garde soldée à maltraiter les personnes de service et à empêcher le départ.

L'heure fixée étant arrivée, la famille royale se présenta, les voitures partirent, mais ne purent faire que quelques pas dans les cours. Les rebelles, postés le sabre à la main devant la porte, empêchèrent l'avant-garde, les écuyers et toute la suite de passer outre; on entendait mille clameurs, telles que celle-ci : « A bas les valets! à bas les chevaux! On ne doit pas sortir de Paris avant la fin de la constitution. »

Dans cette situation, le roi ayant aperçu à quelque distance de sa voiture un de ses maîtres d'hôtel, M. Gougenot, régisseur général, l'appela pour lui dire de faire revenir les premiers officiers, ainsi que tout le service du château qui attendait la Cour à Saint-Cloud.

Les chefs de la cabale avaient toujours soin d'enivrer les grenadiers de la garde soldée, quand il s'agissait de quelques émeutes. Ces derniers, voyant un homme en frac parler au roi, le maltraitèrent, déchirèrent ses habits à force de le pousser et de le frapper, et finirent par l'entraîner dans un coin de la cour du château, où ils se proposèrent de le pendre, disant que *c'était un aristocrate, un espion à qui le roi venait de donner des ordres contre-révolutionnaires*. La reine, témoin de cette avanie, touchée du sort de cette victime de sa fidélité, mit la tête à la portière, criant : « Laissez cet homme, messieurs; il est à notre service et a droit de prendre les ordres du roi. » Puis elle s'adressa aussi aux officiers de la garde nationale bourgeoise, qui s'empressèrent d'aller sauver le maître d'hôtel du roi et vinrent aussitôt dire qu'ils étaient parvenus à lui ménager une retraite au château.

Le jeune Amédée de Duras, premier gentilhomme de la chambre, et M. Montdragon, maître d'hôtel du roi, furent aussi maltraités par ces grenadiers à moitié ivres.

M. de La Fayette, toujours timide et dominé par les événements, se contentait pendant ce temps-là de haranguer le peuple qui emplissait le Carrousel et d'aller demander au roi ses ordres pour repousser la multitude. Il voulut faire semblant de protéger le départ de la Cour, mais la populace, nullement effrayée de ces préparatifs, lui rappelait ses propres paroles : *que l'insurrection était le plus saint des devoirs*.

Le roi, après avoir été plus d'une heure dans cette perplexité, descendit enfin de sa voiture et remonta au château, le cœur brisé du nouvel outrage qu'il venait de recevoir. Il entendit une voix crier : « Le Veto a été obligé de mettre les pouces. »

Il se rendit à l'Assemblée (1), se plaignit de l'opposition que l'on avait mise à son voyage à Saint-Cloud, et déclara que, pour dissiper les bruits qu'on répandait dans l'Europe sur la contrainte qu'on exerçait à son égard, il était nécessaire que son voyage ne fût pas différé. Il protesta en même temps de son attachement à la Constitution et reçut beaucoup d'applaudissements.

L'Assemblée ne prit aucune délibération sur l'émeute qui avait empêché le départ du roi pour Saint-Cloud; seulement l'administration départementale, composée de membres de l'Assemblée, se plaignit dans une proclamation de l'excès de patriotisme des habitants de Paris (2). Elle déclara qu'ils n'avaient aucun droit de s'opposer aux volontés du monarque, et que c'était à

---

(1) Le 19 avril 1791.

(2) Cf. le texte de cette proclamation, signée par La Rochefoucauld, président du département de Paris, dans le *Moniteur* du 22 avril 1791.

la ville de Paris surtout de prouver que le roi était parfaitement libre.

La supériorité des talents de Mirabeau, l'influence entraînante qu'elle lui donna sur les esprits au commencement de la Révolution le rendirent l'idole du peuple en même temps que l'objet de la terreur et du ressentiment de son ordre; mais bientôt on reconnut qu'ennemi du despotisme ministériel, dont il avait eu personnellement à se plaindre, il n'en était pas moins attaché dans le fond à la monarchie. Sa popularité en diminua; les démagogues se crurent trahis, et les royalistes sensés espérèrent que ses talents, qui avaient contribué à ébranler le trône, le raffermiraient. Il est prouvé qu'il avait abandonné le parti démocratique pour embrasser le monarchique, et que, s'il manquait à la délicatesse en recevant de l'argent de la Cour, du moins il ne trahissait pas sa conscience. Son génie, sa pensée, ses talents et l'ascendant de son éloquence commandèrent toujours l'admiration de tous les partis, et sa mort prématurée excita des regrets universels. Il aimait la liberté par sentiment, la monarchie par raison et la noblesse par vanité. Il sentait sa supériorité, et quelquefois son expression avait une naïveté qui choquait même la médiocrité. Il dissimula son attachement à la monarchie avec adresse, parce que le parti populaire ne lui eût pas pardonné. Des députés républicains lui demandèrent un jour quel était le plus sûr moyen de détruire la noblesse : « Ce ne sera pas bien difficile, répondit-il, mais songez qu'il vous faudra toujours un patriciat en France. »

Dans l'armoire de fer on trouva un rapport au roi d'une conversation de Mirabeau.

« La position du roi, disait ce dernier, est d'autant plus critique que Sa Majesté est trahie par les trois cinquièmes des personnes qui l'approchent. Elle exige de la dissimulation, non pas de celle à laquelle on accoutume les princes, mais la dissimulation en grand, qui, ôtant toute prise aux malveillants, acquiert au roi et à la reine une grande popularité. Je suis porté à servir le roi par attachement à sa personne, par attachement à la royauté, mais encore également par mon propre intérêt. Si je ne sers pas loyalement et utilement la monarchie, je serai, à la fin de tout ceci, compris dans le nombre des huit ou dix intrigants qui, ayant bouleversé le royaume, en deviendront l'exécration et auront une fin honteuse, quand ils auraient pendant un moment fait ou paru faire une grande fortune. J'ai à réparer des erreurs de jeunesse, une réputation peut-être injuste; je ne puis y parvenir; je ne puis me faire un nom honorable que par de grands services. Il fallait peut-être une révolution, elle est faite. Il faut détruire le mal, rétablir l'ordre; la gloire sera grande. »

Dans deux lettres de M. de La Porte, intendant de la liste civile, trouvées dans l'armoire de fer, datées de mars 1791, on trouva cette appréciation sur Mirabeau : « Ses demandes sont claires, M. de Mirabeau veut avoir un revenu assuré pour l'avenir; il n'en fixe pas la quotité. S'il était question de traiter cet objet dans ce moment, je proposerais à Votre Majesté de donner la préférence à des rentes viagères constituées sur le Trésor public. Votre Majesté approuvera-t-elle que je le voie? Que me prescrit-elle de lui dire? Faudra-t-il le sonder sur ses projets? Quelle assurance de sa conduite devrai-je lui demander? Que puis-je lui promettre dans ce moment? Quelle espérance pour l'avenir? Si dans cette affaire il est nécessaire de mettre de l'adresse, je crois, Sire, qu'il faut encore plus de franchise et de bonne foi. M. de Mirabeau a déjà été trompé; il a dit, il y a un an, que M. Necker lui avait manqué de parole deux fois. Au surplus, je suis convaincu que c'est le seul homme qui, dans les circonstances actuelles, qui sont très critiques, puisse réellement servir Votre Majesté. C'est un homme violent; il est aujourd'hui en fureur contre le triumvirat qu'il appelle le *triumgueusat;* je pense qu'il faut saisir le moment pour le porter à des démarches qui ne lui permettent plus de s'y rallier. »

Le 3 mars, M. de La Porte écrivit au roi une lettre qui prouve que sa négociation allait rapidement : « La rupture est déclarée, dit-il, entre Mirabeau et les chefs des Jacobins. Ceux-ci paraissent décidés à le pousser à bout dans l'espérance de le regagner en l'effrayant. Cet avis me vient de leur directoire secret; il n'est donc question que de soutenir Mirabeau dans la résolution qu'il paraît avoir prise de son côté de rompre avec ces forcenés. »

Un autre écrit de Mirabeau sur les moyens de sauver la monarchie, conclut en conseillant au roi de se mettre à la tête de la Révolution. Au bas de ce mémoire était écrit : « 1° Le roi donne à M. de Mirabeau la promesse d'une ambassade; cette promesse sera annoncée par Monsieur lui-même à M. de Mirabeau. 2° Le roi fera sur-le-champ, en attendant l'effet de cette promesse, un traitement particulier à M. de Mirabeau de cinquante mille francs par mois, lequel traitement durera au moins quatre mois, M. de Mirabeau s'engage à aider le roi de ses conseils, de ses forces et de son éloquence dans ce que *Monsieur* jugera utile au bien de l'État et à l'intérêt du roi, deux choses que les bons citoyens regardent sans contredit comme inséparables, et, dans le cas où M. de Mirabeau ne serait pas convaincu de la solidité des raisons qui pourraient lui être données, il s'abstiendra de parler sur cet objet. » Au bas étaient l'approbation et la signature du roi.

Ce traité traîna en longueur et fut sans résultat. On reprit la négociation, et le roi traita directement avec Mirabeau; mais il n'était plus temps; les choses avaient changé, et Mirabeau ne survécut que de quelques jours à sa nomination à la présidence de l'Assemblée.

Il mourut le 2 avril 1791. Sa mort fut regardée comme une calamité publique : l'Assemblée décida que tous ses membres assisteraient à ses funérailles. Le paganisme n'en offre pas de plus somptueuses. Les spectacles furent fermés, et le département de Paris arrêta qu'on porterait son deuil. Les deux partis sentirent également sa perte : l'un regretta son appui, ne sachant pas qu'il allait être abandonné; l'autre voyait ses espérances détruites.

Mirabeau avait plus les habitudes que le fond des vices; il possédait celui de l'envie, naissant par la rivalité; mais hors l'objet de sa concurrence, personne n'aimait plus que lui à rendre justice au mérite et à tous les talents. Il honorait les réputations et était très serviable par caractère. Sollicité par M. de Montmorin, il refusa de s'allier à Louis XVI, à cause de la faiblesse de son caractère; il voulait bien tout faire pour le roi, mais rien par le roi. Il fit demander à M. Necker une entrevue; M. Malouet l'obtint. Le ministre n'adopta pas le plan de Mirabeau, qui, en sortant de son cabinet, s'écria : « Necker aura de mes nouvelles !... »

Voici une anecdote personnelle concernant les relations de Mirabeau avec la reine. Un jour, un petit commissionnaire m'apporta un billet qui portait simplement ces mots : « Comte de Paroy, Mirabeau vous donne rendez-vous ce soir sur le boulevard des Italiens, de 7 heures à 7 heures et demie précises; il veut vous parler et compte sur vous. » Je répondis que je serais exact au rendez-vous. Je fus préoccupé toute la journée de ce que ce pouvait être. Je connaissais beaucoup Mirabeau, avec lequel j'avais été en pension; mais je l'avais perdu de vue, et nos différences d'opinion au moment de la Révolution ne nous avaient pas rapprochés. Je me trouvai à sept heures au lieu indiqué. Mirabeau m'y attendait; il vint à moi en souriant : « Paroy, me dit-il, je compte sur vous pour faire tenir bien sûrement cette lettre à la reine; je vous prie de n'en parler à personne, voulant tenir ma démarche secrète. » Je le lui promis. « Nous ne nous voyons plus, ajouta-t-il en me prenant la main; mais tout cela finira. Adieu. » Il me quitta, et j'allai de suite au château remettre la lettre à Mme de Mackau, qui, sans me questionner, me promit de la donner le soir même à Madame Élisabeth, qui la ferait tenir à la reine. Le surlendemain, je reçus par la petite poste le billet suivant : « Merci; votre commission a été bien faite. M. » Si je n'avais pas connu l'écriture de Mme de Mackau, j'aurais cru que ce billet émanait d'elle; mais je ne pus douter qu'il était de Mirabeau, satisfait d'avoir reçu réponse à sa lettre, dont j'ai toujours ignoré le sujet.

Le roi s'était constamment refusé à sortir de Paris, malgré les instances souvent réitérées de ses serviteurs les plus dévoués, l'évidence des raisons les plus persuasives pour l'y déterminer et les facilités qui se présentèrent à lui dans plusieurs circonstances, surtout pendant le séjour assez long qu'il avait fait à Saint-Cloud durant l'été de 1790. La reine, qui lui en avait parlé plusieurs fois, n'avait jamais pu le déterminer. L'horreur de la guerre civile l'empêchait de s'éloigner de la capitale, et il n'aurait jamais pu s'y déterminer, si l'Assemblée se fût contenue dans les bornes de la modération et n'eût manifesté hautement le projet de s'emparer du pouvoir exécutif et de l'exercer jusque dans ses moindres détails. Le renvoi de ses ministres pour leur en substituer de révolutionnaires, et surtout l'atroce persécution contre la religion et les ministres des autels, dont le roi semblait complice, furent les véritables raisons qui lui rendirent sa situation insupportable et lui suggérèrent, dès la fin de 1790, le désir de se soustraire à l'empire de l'Assemblée. La reine fut la première personne à qui il s'en ouvrit. Connaissant le caractère du roi, elle n'osa pas d'abord l'affermir dans cette idée de fuite, mais, le voyant bien déterminé, elle songea sérieusement à en hâter l'exécution.

On ne pouvait sortir de Paris que par adresse; la force eût été inutile et même dangereuse. Quoique l'Assemblée semblât entrer en fureur toutes les fois qu'on élevait le plus petit doute sur la liberté du roi, et que, par décret, elle l'eût déclaré libre, il n'en était pas moins vrai que la famille royale était prisonnière, gardée à vue aux Tuileries sous la plus étroite surveillance. Six cents gardes nationaux appartenant à toutes les sections montaient la garde aux Tuileries; on voyait des soldats à cheval aux portes extérieures, deux corps de garde au pont tournant, des sentinelles à toutes les portes du jardin, et la terrasse du côté de l'eau était garnie de factionnaires de cent pas en cent pas. Dans l'intérieur, les sentinelles étaient plus multipliées qu'à Versailles; on en avait placé à toutes les issues qui conduisaient au cabinet du roi et de la reine, jusque dans un petit corridor noir pratiqué dans les combles, où étaient des escaliers dérobés pour le service de Leurs Majestés et attenants aux chambres des gens de service intérieur. Les officiers de la garde nationale faisaient le service de ceux des gardes du corps. Ni le roi ni la reine ne pouvaient sortir qu'ils ne fussent accompagnés par un certain nombre d'entre eux. Outre cette surveillance publique, il y en avait une autre plus difficile à tromper : c'était celle des valets intérieurs, presque tous gagnés et espions. Le roi et la reine en étaient si convaincus qu'ils ne pouvaient compter dans tout le personnel que sur les quatre premiers valets de chambre du roi et sur les premières femmes de chambre de la reine. Je tenais ces détails de Mme la baronne de Mackau, ancienne gouvernante de Madame Élisabeth. Elle logeait au château et Madame Élisabeth, qui lui témoignait beaucoup de considération et d'attachement, venait souvent causer avec elle de tout ce qui l'intéressait, la connaissant pour une femme d'excellent conseil.

La reine, toujours préoccupée de chercher les

moyens de sortir du château, avec le moins de risques possible, découvrit qu'une de ses femmes occupait une petite chambre, où il y avait une porte donnant dans l'appartement de M. le duc de Villequier situé au rez-de-chaussée et ayant une issue d'un côté sur la cour royale des princes, et de l'autre sur la cour royale. M. le duc de Villequier, premier gentilhomme de la chambre, obligé, comme tous les grands officiers, de cesser ses fonctions, avait émigré, et son appartement était inoccupé. La chambre de cette femme étant près de celle de Madame, la reine, sous le prétexte d'agrandir l'appartement de sa fille, s'en empara et envoya loger ailleurs la femme de service qui l'occupait. Pour mieux détourner les soupçons, elle fit en même temps d'autres changements. Sous le même prétexte, la première femme de chambre de Madame fut déplacée et mise au rez-de-chaussée dans l'appartement de Mme la princesse de Chimay, dame d'honneur.

Ces arrangements faits, il était aisé de passer, sans être aperçu, dans l'appartement de M. de Villequier, dont la reine s'était procuré la clef. Dès lors, on pouvait, sans grandes difficultés, sortir du château, car si de nombreuses sentinelles garnissaient les cours, il n'y en avait pas près de la porte de M. de Villequier, et de plus à certaines heures ces sentinelles étaient accoutumées à voir sortir du château beaucoup de monde à la fois, notamment vers les onze heures du soir, lorsque le service du château était presque fini.

Il fallait bien mettre quelqu'un dans la confidence pour faire les préparatifs nécessaires en voitures et en chevaux. La reine jeta les yeux sur M. le comte de Fersen, seigneur suédois au service de France, qui fut chargé des apprêts du voyage et de la direction du départ. La reine le savait depuis longtemps dévoué et comptait sur son courage autant que sur sa fidélité et sur sa discrétion. M. de Fersen se chargea de disposer, auprès de la barrière Saint-Martin, une voiture à six chevaux et à six places pour aller jusqu'à Clayes, deuxième poste sur la route de Châlons, et de prendre les voyageurs près des Tuileries pour les accompagner jusqu'à la voiture. Comme il fallait que celle-ci fût grande, commode et sûre, il prit le parti d'en faire construire, comme pour lui-même, une qui réunit tous ces avantages.

Avant le départ, le roi et la reine voulurent s'assurer un lieu de retraite, où on réunirait une force militaire capable de les protéger (1). Ils s'adressèrent au marquis de Bouillé, commandant en chef à Metz, sur la fidélité duquel on pouvait compter. Le départ fut fixé à la nuit du dimanche 19 juin au lundi 20. Le marquis, prévenu, prit ses dispositions sur la route de Châlons à Montmédy. Sous le prétexte de mouvements militaires, il fit placer, à partir de Montmédy, les régi-

---

(1) Je voyais souvent au château le comte de Moustier. Nous étions très liés, ayant été tous deux capitaines dans le régiment Dauphin-dragons. Nos entretiens ne roulaient que sur la position du roi et de la reine, et sur la nécessité de leur fuite pour éviter de plus grands malheurs. Le comte de Moustier, qui avait quitté le service militaire pour suivre la carrière diplomatique, était bien d'avis que le roi sortit de Paris, mais pour aller dans une ville frontière pendant tout le temps des troubles, et non pour quitter le royaume. Ce dernier parti, disait-il, amènerait des mesures rigoureuses de la part des révolutionnaires, ce qu'il fallait éviter, d'autant plus qu'il redoutait beaucoup la rentrée des princes avec les émigrés et leur esprit de vengeance. D'ailleurs, le roi pourrait mieux traiter d'une ville frontière. Le comte de Moustier me dit lui-même avoir présenté un mémoire à ce sujet. (*Note du comte de Paroy.*)

ments dans lesquels il avait le plus de confiance. Malheureusement il fut contrarié dans ses plans par les ordres du ministre de la guerre. Ce n'était plus le brave et loyal comte de La Tour du Pin, auquel les mémoires du marquis de Bouillé ont rendu un si honorable témoignage et dont le fils fût allé, dans cette occasion, comme lors de l'affaire de Nancy, combattre à côté du général. Aussi M. de Bouillé se vit-il enlever successivement les carabiniers, Royal-Liégois et Vigier, et, ce qui lui parut encore plus douloureux, Saxe-Hussard et Royal-Normandie, dont il était très sûr et qu'il comptait employer. Il fut contraint de se servir de régiments moins bons ; j'en excepte Royal-Allemand, le plus brave et le plus sûr de l'armée, qui heureusement était en garnison à Stenay et y resta.

M. de Bouillé annonça d'avance une tournée dans son commandement, afin de pouvoir, sans exciter de soupçons, sortir de Metz et se rendre du côté où le roi devait arriver. Il fit en même temps courir le bruit qu'il attendait un convoi d'argent pour la solde des troupes, et en profita pour envoyer quelques détachements sur les points dont il voulait s'assurer, masquant ses projets par quelques mouvements de troupes, dont il combina la marche et le séjour avec les heures probables du passage du roi. Enfin, sous le prétexte de la sûreté de la frontière, il fit tracer un camp sous Montmédy et donna des ordres pour y amener, les 20, 21 et 22 juin, neuf bataillons et vingt-six escadrons, formant environ dix mille hommes. L'artillerie y fut placée vers le 19, ainsi que les effets de campement. Les approvisionnements en grains et en munitions avaient été réunis d'avance pour trois mois, dans le plus grand secret. M. de Bouillé se rendit à Montmédy et à Stenay quelques jours avant le 20 juin pour prendre ses dernières dispositions.

Le départ eut lieu dans la nuit du 20 au 21 juin 1791. Les détails du voyage ont été donnés par Mme la duchesse d'Angoulême, seule survivante de ce voyage avec Mme de Tourzel (1). Après avoir traversé Châlons-sur-Marne et Clermont, on arriva à onze heures du soir à Varennes : on avait fait cinquante-six lieues en vingt-deux heures, dont il faut retrancher deux heures perdues en route pour raccommoder la voiture. L'impatience du roi lui faisait mettre souvent la tête à la portière; c'est ainsi qu'il fut reconnu par Drouet. Sans cette circonstance, la famille royale était sauvée (2).

On voyait arriver à Paris depuis quelques semaines quantité d'étrangers, la plupart habillés en gardes nationaux, mais dont le parler trahissait l'origine méridionale. Un jour, j'en vis débarquer du coche d'Auxerre sur le port Saint-Paul ; ils avaient avec eux des canons. Ils étaient attendus, car leurs camarades les reçurent en les embrassant. Ils ne paraissaient pas avoir de chef; ils se promenèrent par les rues en chantant des airs patriotiques. Tout cela faisait pressentir un nouveau mouvement. La municipalité, informée qu'un certain nombre de citoyens se proposaient

---

(1) Le comte de Paroy avait transcrit, sur le manuscrit même de la duchesse d'Angoulême, le récit de la fuite de la famille royale et de l'arrestation à Varennes ; mais ce récit a été trop souvent reproduit pour le publier ici de nouveau.

(2) Le comte de Paroy racontait après ce passage l'émotion qui se produisit dans Paris et à l'Assemblée, lors de la nouvelle de la fuite de Louis XVI. Comme son récit ne contenait rien de particulier sur des faits si connus, j'ai cru devoir le supprimer.

d'aller sans armes le 16 juillet au Champ de Mars, pour y rédiger une pétition, craignait que ce fût un prétexte pour couvrir un coup monté. Elle envoya des commissaires au Gros-Caillou pour vérifier l'état de l'autel de la patrie. Ils trouvèrent tout tranquille, et ils revenaient lorsqu'on vint les avertir qu'un aide de camp du général et un cavalier avaient été menacés et maltraités. Ils y coururent à l'instant et virent à l'entrée des groupes; un d'eux monta à cheval et publia l'arrêté du corps municipal et du conseil général. La cavalerie échangea des propos très vifs avec les soldats de la section de Bonne-Nouvelle. Les commissaires enjoignirent au commandant général de donner les ordres les plus sévères à la garde nationale. Alors arriva une députation des membres du club des Cordeliers. Elle avait à sa tête un chevalier de Saint-Louis, qui voulut parler. Un des commissaires, M. Leroux, lut les arrêtés. Le chevalier répondit que les membres du club s'étaient rassemblés paisiblement et sans armes, aux termes de la loi, et avaient donné la veille avis de leur intention à la municipalité, qu'ils venaient de faire une pétition à l'Assemblée nationale et ne demandaient que le temps de la signer. Les députés engagèrent les commissaires à les accompagner sur l'autel de la patrie et sollicitèrent la liberté de deux citoyens arrêtés le matin au Champ de Mars. On leur fit observer qu'ils n'étaient pas juges; ils offrirent d'envoyer une députation au corps municipal, ce qui fut convenu, à condition que chacun d'eux partirait aussitôt après avoir signé. Ils en donnèrent leur parole. Les commissaires écrivirent à la ville qu'ils avaient été retenus plus longtemps qu'ils ne l'avaient pensé, et qu'ils reviendraient aussitôt qu'ils seraient libres. La pluie survint et hâta les signatures et la nomination de la députation qui devait accompagner les commissaires de la municipalité.

En arrivant sur la place de Grève, ceux-ci apprirent qu'on venait d'y proclamer la loi martiale. M. Leroux resta sur la place et pria deux officiers municipaux de suspendre la proclamation jusqu'à ce qu'ils aient été entendus au corps municipal. M. Leroux entra dans la salle de l'Hôtel de ville et voulut parler ; on lui dit que l'arrêté était pris. Il voulut observer que l'affaire de deux hommes tués n'avait aucun rapport avec le rassemblement des citoyens du club des Cordeliers, qui n'avaient en rien manqué à la loi. Il demanda que leurs députés fussent entendus, qu'ils avaient sa parole et celle de ses collègues, et que le drapeau rouge déployé les ferait regarder comme des gens sans honneur et sans foi. Il réclama une copie conforme de l'arrêté déposé au greffe de l'arrondissement constatant que celui qui avait été pris relativement à la loi martiale était bien antérieur à leur retour.

L'Assemblée nationale, avertie de ce rassemblement, avait mandé à sa barre le département de Paris, la municipalité, les ministres, les accusateurs publics des six tribunaux d'arrondissement. Le président dit au département et à la municipalité que l'Assemblée savait qu'il se formait des rassemblements pour s'opposer au décret rendu la veille, que toute opposition prenant un caractère de résistance à la loi devenait répréhensible, que l'Assemblée ne voulait pas qu'on fermât les yeux sur de pareils désordres et qu'elle ordonnait au département et à la municipalité de Paris de dissiper les rassemblements par tous les moyens fournis par la Constitution, d'en poursuivre les auteurs et d'assurer la liberté publique. Elle donna ensuite les mêmes ordres aux ministres et aux accusateurs publics. Aussitôt le corps municipal siégea en permanence pour délibérer sur toutes les mesures à prendre et sur les conclusions du procureur de la commune, qui avait déclaré dans une proclamation : « Que tous attroupements, avec ou sans armes, sur les places publiques, dans les rues, carrefours, étant contraires à la loi, il avait défendu à toutes personnes de se réunir et de se former en groupe dans aucun lieu public, et ordonné à tous ceux qui étaient ainsi formés de se séparer dans l'instant. »

Cette proclamation avait été faite le matin à onze heures. Un membre du corps municipal annonça qu'il venait d'être instruit que deux particuliers avaient été attaqués dans le quartier du Gros-Caillou et avaient succombé l'un et l'autre sous les coups des personnes attroupées, et que leurs têtes étaient promenées au bout de deux piques. Cette nouvelle détermina le corps municipal à ordonner à trois de ses membres de se transporter au Gros-Caillou, avec un bataillon de la garde nationale. Le procès-verbal prouve que la municipalité, voulant épuiser les moyens de persuasion, recommanda à ses commissaires d'employer tous ceux que la prudence pouvait leur suggérer pour dissiper l'attroupement, et que, si elle les a autorisés à déployer la force publique, elle a voulu que ce fût à la dernière extrémité et dans le cas seulement de meurtre.

Pendant que l'on rédigeait le procès-verbal, la municipalité reçut une lettre du président de l'Assemblée nationale pour lui rappeler les ordres donnés la veille.

Cependant les nouvelles devenaient plus inquiétantes; des bruits, qui se convertirent en certitude, annonçaient que la garde nationale avait été insultée. Les citoyens armés sur la place de la maison commune partageaient les sollicitudes de la municipalité.

Déjà on avait conduit à l'Hôtel de ville quatre particuliers, qui avaient été arrêtés au champ de la Fédération et aux environs pour avoir lancé des pierres sur la garde nationale. L'un d'eux, interrogé par un administrateur de police, avait été trouvé porteur d'un pistolet chargé; il convint dans son interrogatoire qu'il avait jeté une forte pierre aux officiers de la garde nationale à cheval. C'est alors que le corps municipal, après avoir épuisé tous les moyens de persuasion, se détermina aux mesures de rigueur que la loi lui prescrivait et que l'Assemblée nationale lui avait commandées.

Les commissaires, envoyés au Champ de Mars et au Gros-Caillou pour constater les faits, consignèrent, sur leur procès-verbal, le meurtre de deux particuliers, commis par des inconnus, mais dans les circonstances les plus atroces; en effet, ces malheureux avaient été égorgés, leurs cadavres mutilés, leurs têtes coupées, et on se disposait à les promener dans la ville et à les porter au Palais-Royal, lorsque la cavalerie nationale était survenue pour empêcher l'exécution de ce projet.

Le corps municipal décida d'aller tenir ses séances

à l'École militaire. Arrivé au Champ de Mars, il fut menacé à plusieurs reprises, ainsi que la garde nationale, par des gens armés de bâtons, et assailli d'une grêle de pierres. Un coup de pistolet fut même dirigé contre les membres de la municipalité, et la balle, après avoir passé derrière M. Bailly, alla percer le haut de la cuisse d'un dragon qui s'était réuni à la garde nationale et qui mourut depuis de sa blessure.

L'ordre fut donné de publier la loi martiale; on n'eut ni le temps ni la facilité de faire les sommations prescrites par la loi, tellement on était pressé ; la garde fit feu sur les glacis d'où était parti le coup de pistolet. L'autel de la patrie fut évacué à l'instant même, et, avant que la municipalité et la colonne de gardes nationaux qui l'accompagnait fussent entrées dans l'enceinte du Champ de Mars, le reste de la foule fut dissipé. Deux chasseurs volontaires furent tués, et un cavalier blessé et renversé de son cheval. On distinguait bien des hommes qui animaient le peuple, mais ceux-ci étaient les premiers à fuir. On avait tiré à Paris le canon d'alarme et battu la générale dans toutes les sections.

Étranger à tous les mouvements populaires, je parcourais philosophiquement les rues et j'allai où me portait ma curiosité. Il me semblait être invisible, m'étant plusieurs fois trouvé dans les endroits où je n'avais pas le droit d'entrer. Je fus témoin de la fin de l'événement du Champ de Mars. Je revenais de Sceaux, où j'avais dîné chez M. de Foissey avec mon beau-père (1); j'avais suivi le boulevard pour ne pas traverser

---

(1) M. Taillepied de Baudé.

la ville. Arrivé près de l'enfourchement du boulevard qui va à l'École militaire, je fus arrêté par une foule qui marchait très vite. Il était bien sept heures du soir. Plusieurs voulaient me forcer de descendre de mon cabriolet, d'autres s'y opposaient, disant qu'il ne fallait pas arrêter les citoyens sans raison. La foule qui poussait éloigna ceux avec qui je me trouvais. J'étais près d'une contre-allée; j'y dirigeai mon cheval, mon domestique le tenant par la bride. La foule se tenait sur la chaussée du boulevard et rentrait à Paris, de sorte que je me trouvais comme libre, personne ne se trouvant dans la contre-allée. Heureusement j'avais un bon cheval et très aisé à conduire. Je me trouvai bien heureux d'échapper ainsi à cette bagarre, dont j'appris les détails à mon club.

X

Acceptation de la Constitution par Louis XVI (17 septembre 1791). — La noblesse et la bourgeoisie affluent aux Tuileries. Mécontentement de la noblesse. — Discussion au Palais-Royal entre le comte de Paroy et le chevalier d'Aigrefeuille sur la conduite à tenir envers le roi. Le comte soutient qu'il ne faut pas abandonner celui-ci, et il se rend à son coucher, où ne se trouvaient que six personnes. — Accueil flatteur reçu par le comte de Paroy de la part du roi et de la famille royale, au moment de l'allée à la messe (15 septembre). Ignorance de la cause de ces marques de faveur. Conversation avec Mme de Mackau. Confidences de Mme Campan, qui explique au comte la satisfaction éprouvée par Leurs Majestés de sa généreuse conduite au Palais-Royal. Le comte assiste au jeu de la reine, qui montre à son entourage les médaillons de la famille royale et le collier et les boucles d'oreilles, dus au talent du comte. Le soir, au coucher, le roi lui témoigne sa satisfaction et lui promet un troupeau de béliers mérinos d'Espagne. — Le comte de Paroy expédie ce troupeau dans sa terre. — La famille royale assiste à des représentations à l'Opéra, aux Français et aux Italiens. — Étonnement et joie de Madame Royale. Manifestation jacobine au théâtre des Italiens. — Le peintre David fait réclamer par les départements le portrait du roi acceptant la Constitution et la faisant lire à son fils. Opposition de Louis XVI à ce projet. Le comte de Paroy propose d'envoyer aux départements le même portrait qu'aux ambassadeurs. Conversation à ce sujet avec David chez M. de La Porte. Déconvenue de l'artiste, qui, pour se venger, suscite une scission dans l'Académie de peinture, dont il demande à changer les statuts. Entente avec Quatremère de Quincy. Portrait critique de celui-ci. Le département de Paris transforme l'Académie de peinture en École nationale des Beaux-Arts. Triomphe de David. Dernière séance de l'Académie de peinture. Lettre de remerciements à Louis XVI. Le comte de Paroy la remet au roi. Compliments de condoléance de Sa Majesté.

Après le retour de Varennes, les royalistes, les Jacobins et tout Paris furent occupés de savoir si le roi accepterait ou non la Constitution. Enfin le roi s'y décida après bien des pourparlers.

Jamais les Tuileries ne réunirent un aussi grand concours de monde que ce jour-là (1); on y voyait accourir en foule la noblesse, qui ne voulait pas abandonner son roi à la bourgeoisie, et celle-ci, fière de l'avoir conquis par la Constitution et de se trouver de par cette constitution l'égale de la noblesse. Tous les corps constitués arrivant en voiture encombraient les cours du château. L'ivresse du peuple, excitée par des gens payés pour l'exalter, était à son comble. Tout donnait l'illusion du bonheur. Le lendemain matin du jour où le roi avait accepté la Constitution, chacun s'empressait de témoigner au souverain sa satisfaction, tellement qu'il fallait à ce bon prince le don de lire dans les cœurs pour en douter. L'avant-veille, en effet, la scène était bien différente. Chacun était à ses réflexions; une inquiétude véritable tourmentait les esprits, et la noblesse témoignait franchement son mécontentement. Les constitutionnels jouissaient avec jactance de leur triomphe, tandis que les Jacobins, qui les jouaient tous, ne voyaient dans cette constitution qu'un piège adroit et un degré assuré pour détruire la royauté, seul but où ils aspiraient.

Les cris de « *Vive le roi!* » accompagnèrent le roi du manège au château, mais la noblesse n'y prit pas part, comme le prouvera l'anecdote suivante, qui m'est personnelle.

N'étant pas partisan de la Constitution, je n'avais pas suivi le roi à l'Assemblée nationale, où il s'était

---

(1) Le mercredi 14 septembre 1791.

rendu avec toute la famille royale. Le soir, j'allai au club du Palais-Royal, où se réunissait une foule d'habitués du château et de chevaliers de Saint-Louis, et où il se trouvait aussi beaucoup d'abonnés d'une opinion différente, ce qui causait quelquefois des discussions très vives. Le soir donc, sur les huit heures, voulant avoir des détails sur la journée et sur la séance royale, je fus au Palais-Royal. J'y entendis M. le chevalier d'Aigrefeuille, chevalier de Malte, dire après avoir marqué son improbation : « A présent que nous avons un roi bourgeois, je crois qu'au lieu de la noblesse, qui allait lui faire sa cour à son lever et à son coucher, il n'ira plus que les bourgeois financiers ou négociants, et le quartier de la Bourse remplacera le faubourg Saint-Germain. » Je trouvai ce propos déplacé, mais, personne ne disant mot, je ne crus pas devoir le relever. Encouragé par le silence, qu'il jugeait favorable, le chevalier ajouta : « Il y a bien des gens qui iront sans s'en vanter, ne voulant pas perdre l'habitude d'être courtisans, et je suis sûr que ce soir le roi n'aura pas quatre personnes à son coucher. » — « En ce cas, lui répondis-je, monsieur le chevalier, je serai du nombre de ces quatre, et je m'en tiens à honneur. » — « Oh ! vous êtes bien le maître, répliqua-t-il; vous n'aurez pas beaucoup d'imitateurs. » — « Tant pis, dis-je ; mais dans ce moment notre place est d'être auprès du roi ou des princes, et non pas de blâmer la conduite du roi, qui, s'il a accepté la Constitution, en est plus à plaindre, s'il ne l'a fait que malgré lui et parce que les circonstances impérieuses l'y forçaient. Au reste, monsieur le chevalier, il ne nous convient d'aimer le roi que comme il veut être aimé, et c'est dans un moment comme celui-ci qu'il est de notre honneur de ne pas l'abandonner, ne fût-ce même pour qu'en l'entourant d'autres ne s'en emparassent pas, et je vais m'habiller pour aller au château. »

Le chevalier d'Aigrefeuille avait dit vrai : nous n'étions que six au coucher du roi ce soir-là, M. le comte d'Haussonville, M. le baron de Vioménil, M. le comte de Vannoise, moi, le comte du Pujet et un monsieur dont je ne me rappelle pas le nom et qui, quoique n'étant pas une personne de marque, se croyait obligé de venir souvent au château. Le roi eut la bonté de nous parler à tous d'un ton qui exprimait son contentement de nous voir ; pour moi, du moins, j'en fus frappé, sans pouvoir en savoir le pourquoi. Le coucher fut court, le roi ayant déclaré être très fatigué de cette journée.

Le lendemain matin, tous les habitants de Paris étaient dans les rues. A peine pus-je passer pour arriver au château, dont les cours étaient pleines de voitures et même de fiacres. Comme j'y avais une petite chambre avec M. le marquis de Montmorin pour m'y habiller, et que je connaissais toutes les communications intérieures du château, je me rendis aux appartements qui étaient encombrés de monde. J'eus bien de la peine à parvenir à la salle du trône, où je trouvai MM. le baron de Vioménil, le comte d'Haussonville, le marquis de Montmorin et autres habitués du château. On annonça le roi ; chacun se rangea pour former deux haies. L'usage était que la famille royale marchât avec les officiers de leur maison devant le roi pour aller à la messe. En passant, la princesse de Lamballe me fit deux coups de tête en salut de satisfaction.

Habitué à lui faire ma cour tous les jours dans l'intérieur du château, je n'attribuai cela qu'à son obligeance ordinaire. Madame Élisabeth vint ensuite et, en souriant, me fit un gracieux salut de tête; elle avait auparavant salué MM. de Vioménil et d'Haussonville, mais ce sourire était bien pour moi; M. d'Haussonville le remarqua et me le dit, tout en en ignorant la cause. Je m'en défendis. La reine passa ensuite, saluant à droite et à gauche, et, quand elle fut devant moi, elle me fit signe du doigt qu'elle avait à son cou et à ses oreilles un collier et des boucles d'oreilles dont elle avait bien voulu récemment agréer l'hommage. C'étaient les portraits en petit médaillon de la famille royale gravés en or sur cristal. « Oh ! pour ce coup, me dit le comte d'Haussonville, vous ne pouvez pas attribuer à d'autres qu'à vous le signe que la reine vous a fait. » — « Je l'ai bien vu comme vous, répondis-je, mais je ne sais qui peut m'avoir valu cette marque de bienveillance de la part de la reine; vrai, il m'est impossible de le deviner. » Mme la duchesse de Tourzel suivait Madame Royale, qui marchait à côté de la reine; puis venait Mme la baronne de Mackau, qui me fit signe de monter chez elle. Habitué à la voir familièrement, cela me parut simple. Vint ensuite le roi, qui me fit un signe de tête marqué de satisfaction. « Vous devez être content, me dit encore le comte d'Haussonville, toute la famille royale vous a distingué particulièrement. » — « J'en ignore la cause », répliquai-je, et c'était vrai.

Devant aller dîner à la campagne, je n'attendis pas le retour de la famille royale après la messe; je sortis pour ne pas être embarrassé par la foule et rentrai chez moi pour mettre un frac. Presque aussitôt on m'annonça un domestique de Mme de Mackau, qui me transmit l'ordre d'aller trouver après la messe sa maîtresse, qui avait des choses très intéressantes à me confier. Je m'y rendis de suite, après avoir envoyé mon cabriolet m'attendre sur le quai. L'affluence des voitures sortant du château obstruait même le passage des gens à pied, et je fus plus d'une heure à parvenir chez Mme de Mackau, qui s'impatientait de ne pas me voir arriver. Quand j'entrai, elle me dit, venant à moi les bras ouverts : « Embrassez-moi pour la bonne nouvelle que j'ai à vous annoncer. Je ne sais qui vous sert si bien, mais le roi et la reine ont bien fait votre éloge hier soir et ce matin. » — « Sans doute, madame la baronne, lui répondis-je, il y a une méprise de nom : quelqu'un aura peut-être été assez heureux pour faire quelque chose d'utile ou d'agréable à Leurs Majestés ; il ne m'a manqué que l'occasion favorable, mais je vous donne ma parole d'honneur de n'avoir rien fait qui puisse m'attirer particulièrement leur attention, quoique depuis ce matin je me sois aperçu des marques de leur distinction particulière en allant à la messe, et que la reine même ait porté la main à son cou et à ses oreilles. » — « C'est, reprit Mme de Mackau, que lorsqu'on avait présenté à la reine un beau collier de diamants à sa toilette, la reine avait dit : J'aime mieux mettre aujourd'hui celui que m'a donné ce bon Paroy. Apparemment elle a voulu vous faire voir qu'elle l'avait à son cou. Vous voyez bien que c'est de vous et non d'un autre qu'il est question. Au reste, c'est votre secret, et je me réjouis avec vous de ce que la reine a dit ce matin au roi. Mais vous

irez, j'espère, ce soir au jeu de la reine à sept heures.
Peut-être vous en saurez davantage. » Je lui dis que je
tâcherais de venir de bonne heure, quoique allant
dîner à la campagne, ce dont je ne pouvais me dispenser,
l'ayant formellement promis après avoir refusé plusieurs fois. Elle me pria de revenir la voir en sortant
du jeu, qu'elle aurait peut-être quelque chose à me
dire.

Très préoccupé de la conversation de Mme de
Mackau et de ce qui m'était arrivé le matin, je ne
savais que penser. Je m'imaginais seulement qu'il y
avait un quiproquo de nom, que quelqu'un avait
rendu service au roi et qu'on avait cru que c'était moi.
Aussitôt dîner, je partis pour m'habiller et aller au jeu
de la reine. J'étais en cabriolet; je fus arrêté, en passant sur la place du Carrousel, par de grands signes
d'un monsieur, qui me dit que Mme Campan, première femme de chambre de la reine, et demeurant
aux Tuileries, me priait instamment de me rendre
chez elle, parce qu'elle avait quelque chose à me dire
de la part de la reine. Je lui répondis que j'irais avant
le jeu de la reine, si j'avais le temps, mais sûrement
après.

Dès que je fus habillé, je me rendis chez Mme Campan, qui demeurait dans un petit bâtiment en dedans
de la grille du château. Ne la connaissant pas, je lui
fis dire que j'étais venu pour savoir ce qu'elle désirait
de moi. Mme Campan accourut de suite au-devant de
moi avec un air de plaisir de me voir, et m'invita à
entrer dans son boudoir. Là elle me dit qu'elle s'empressait de me témoigner, de la part de la reine, combien elle avait été sensible à la preuve de dévouement

que j'avais donnée hier soir ; que le roi, présent quand la reine lui en avait donné l'ordre, l'avait chargé de m'assurer qu'il avait toujours compté sur moi et qu'il désirait pouvoir le reconnaître dans un moment plus heureux. Et Mme Campan ajouta : « Je m'acquitte avec plaisir, monsieur, de ma commission. » — « Mais, madame, lui dis-je, depuis ce matin je vis dans un étonnement continuel ; je vous assure que je n'ai rien fait qui puisse m'attirer ces marques de bienveillance de Leurs Majestés. Sans doute, c'est une erreur ; je l'ai déjà dit à Mme de Mackau ce matin, et, j'ai beau y réfléchir, c'est sans doute un autre qui a été assez heureux de donner des preuves de dévouement, dont je n'ai pas eu l'occasion. Donnez-moi, de grâce, quelques détails sur tout ce qui s'est passé à ce sujet. » — « Si fait, monsieur, répliqua-t-elle, c'est bien vous dont il est question, et personne ne le sait mieux que moi, puisque c'est moi-même qui en ai été faire part à la reine, qui l'a dit au roi devant moi, quand il a été la voir au sortir du conseil. Voilà ce qui y a donné lieu. Hier la reine, de retour avec le roi de la salle de l'Assemblée, où le roi avait accepté la Constitution, était si triste et si fatiguée que je l'engageai à se reposer après s'être déshabillée. Ses femmes sortirent ; je restai seule avec elle. Alors, les larmes aux yeux, elle me dit : « Campan, je suis bien malheureuse, je me suis aperçue que toute la noblesse, qui était dans la salle, avait l'air mécontente, et je sais qu'on dit que c'est moi qui ai engagé le roi à accepter la Constitution nouvelle. Ils sont tous bien injustes, et on ne m'aime pas ! S'ils savaient combien notre position est pénible et quelles circonstances ont forcé le roi à le faire ! Je suis bien malheureuse! » Alors la reine se mit à fondre en larmes. Je lui dis qu'elle s'affligeait trop et qu'elle se trompait sur les sentiments qu'on professait pour elle, qu'elle était aimée. « Oh! non, dit-elle, je ne m'abuse pas! » Et elle redoubla ses larmes, puis me dit : « Laisse-moi reposer deux heures, tu viendras après. » Je la couchai et rentrai chez moi, toute triste et affectée de voir la reine si tourmentée de ses idées. Il me vint une visite d'un ami qui, me voyant préoccupée, m'en demanda la cause. Je lui confiai ce que la reine m'avait dit de sa persuasion que personne ne l'aimait parmi la noblesse, qui la regardait comme la cause de la position du roi et comme ayant engagé le roi à accepter la Constitution, et qu'ils seraient tous abandonnés, s'ils étaient en danger. Alors cet ami se récria et dit : « Plaise à Dieu que le roi n'ait rien à craindre! mais il aurait bientôt autour de lui cette même noblesse que la reine croit être contre elle; je viens d'en voir la preuve tout à l'heure. » Alors il me raconta la discussion que vous avez eue hier à votre club avec un chevalier de Malte, ajouta que les autres pensaient comme vous, et que vous deviez avoir été au coucher du roi le soir même. Enchantée d'avoir à dire à la reine quelque chose qui pût un peu la distraire de ses tristes idées, je rentrai chez elle et la trouvai dans un grand état d'abattement, n'ayant pas reposé. « Eh bien, madame, m'écriai-je, Votre Majesté ne pourra plus me dire que personne ne s'intéresse à elle, puisqu'un ami est venu me narrer ce dont il avait été témoin, il y avait une heure. » Et je racontai ce qu'on m'avait dit, et je vous nommai. Alors la reine dit : « Oh! pour celui-là, nous en sommes bien sûrs, mais tous ne lui ressemblent pas. » Le roi, qui était venu voir la reine, ayant su qu'elle était couchée, avait donné ordre qu'on l'avertît quand elle s'éveillerait; il entra, et la reine lui répéta ce que je lui avais rapporté. Alors le roi me dit : « Vous lui en témoignerez de ma part ma satisfaction et vous me rendrez compte quand vous l'aurez vu. Je suis bien aise qu'il n'ignore pas que je lui en sais bon gré. » Monsieur le comte, ma commission est faite, et la circonstance vous a d'autant mieux servi que votre marque d'attachement était bien désintéressée, puisque vous deviez naturellement ignorer qu'il en fût question. » Je lui racontai les détails, sans nommer M. le chevalier d'Aigrefeuille; et en même temps je la priai de témoigner à Leurs Majestés que ce qui m'était arrivé était si simple que je n'aurais pas cru que cela aurait transpiré, que je m'étais dévoué pour leur service avec honneur et fidélité, et le prouverais, si l'occasion s'en présentait. Mme Campan m'invita obligeamment à revenir la voir; je le lui promis, et j'allai de suite au jeu de la reine. Sa Majesté n'était pas encore entrée dans la salle. A son arrivée avec Madame Élisabeth et Mme la princesse de Lamballe, chacun se rangea, et la reine fit le tour de la salle en invitant plusieurs dames à prendre part à son loto. M'ayant aperçu, elle me dit : « Monsieur de Paroy, vous serez chargé de payer. » Vers le milieu du jeu, elle ôta de son doigt une bague où étaient gravés en or sur cristal de roche les portraits du roi, de Madame Royale et de Mgr le Dauphin, et la montra à Mme la princesse de Tarente, qui était à côté d'elle, en lui disant : « Voyez comme c'est ressemblant; c'est M. de Paroy qui me l'a fait. » Et comme les autres

dames marquaient leur curiosité, la reine ajouta :
« Faites passer. » Ce qui me valut des compliments
flatteurs, mais je fus surtout touché de cette manière
délicate de la reine de me témoigner sa satisfaction de
ma conduite. Elle avait le même collier et les mêmes
boucles d'oreilles que le matin, et elle eut la bonté de
dire aux dames qui étaient au jeu : « Mon collier et
mes boucles d'oreilles sont également de l'ouvrage
de M. de Paroy. » Le soir, au coucher, le roi me
dit des choses obligeantes; il me demanda entre
autres si j'avais dans ma terre un troupeau de béliers
mérinos d'Espagne. « Non, Sire, répondis-je, il est
bien difficile de s'en procurer. » — « Eh bien, dit le
roi, je vous en donnerai de ceux de Rambouillet. »

Je fus surpris au bout de huit jours de voir entrer
chez moi une personne qui me dit avoir l'ordre de me
remettre deux béliers et six brebis d'Espagne, et de me
demander où je voulais qu'elle les fît conduire. Je la
priai d'attendre huit jours pour faire venir un homme
de ma terre. Effectivement, la semaine suivante, le
petit troupeau espagnol arriva dans une charrette, et
je l'envoyai de même à ma terre de Paroy, où ils firent
des élèves. Deux ans après, la nation ayant mis ma
terre en séquestre, les béliers servirent à d'autres
brebis, et la race s'abâtardit par son mélange avec le
reste du troupeau, de sorte que la bonté du roi ne m'a
pas été utile.

Après l'acceptation de la Constitution, le roi fut
invité à aller avec la reine et la famille royale à
l'Opéra. M. de La Porte m'en prévint et m'engagea à
accompagner sa femme, dont la loge était à côté de
celle destinée au roi. On jouait *OEdipe et Psyché*.

C'était la première fois que Madame Royale voyait l'Opéra. Je jouissais des sensations qu'elle éprouvait; elle y était tout yeux et tout oreilles. La pantomime de Psyché l'émerveilla; elle fit un cri au moment de l'enlèvement de Psyché par Zéphyr. La salle était pleine, et le roi et la famille royale furent unanimement accueillis par le cri de : *Vive le roi!*

Les Français et les Italiens désirèrent aussi avoir l'honneur de posséder Leurs Majestés; le roi le promit. Aux Français, la reine demanda qu'on jouât la *Gouvernante*. On s'occupa de composer le parterre et les loges de gens dévoués au roi. Aussi la famille royale eut-elle lieu d'être satisfaite des applaudissements répétés de toute la salle à son arrivée.

Aux Italiens, on eut avis que les Jacobins, piqués de n'avoir pu avoir de billets aux deux autres spectacles, avaient le projet de venir en nombre et de crier : « Vivent la nation et la Constitution! » Beaucoup s'y rendirent, en effet; on les reconnaissait en ce qu'ils avaient été les premiers à quitter l'usage de la poudre et à se faire couper les cheveux à la Titus. On jouait les *Événements imprévus*, de Grétry. Mme Dugazon, en chantant un duo commençant par ces paroles : *Ah! comme j'aime ma maîtresse!* s'inclina devant la reine. A l'instant, beaucoup de voix crièrent du parterre : « Pas de maîtresse! pas de maîtres! »

Un soir, au coucher, le roi s'approcha de moi et me dit en avançant toujours, tandis que je reculais jusqu'à la croisée : « On m'impatiente avec des pétitions des départements pour me faire peindre acceptant la Constitution et la faisant lire à mon fils; ils veulent faire exécuter ce portrait par David, le peintre. Je ne sais comment m'en débarrasser. — C'est très facile, Sire, répondis-je; les départements doivent se trouver honorés d'être traités comme les ambassadeurs représentant Votre Majesté en pays étrangers : tous ont son portrait en grand, copié sur un modèle original bien ressemblant. — Eh bien, arrangez cela avec M. de La Porte, vous me ferez plaisir. » Le lendemain matin, j'allai chez M. de La Porte, à qui je rapportai ce que m'avait dit le roi. « Ce serait parfait, dit M. de La Porte; mais ce David vient tous les matins avec de nouvelles pétitions des départements et me presse de lui donner une décision de Sa Majesté. J'en suis réellement importuné, sachant que cela déplaît au roi. — Eh bien, lui dis-je, je me charge de vous en débarrasser. Vous vous doutez bien que ce David, ayant à cœur de faire ce tableau, a écrit à tous les départements pour leur suggérer l'idée d'exprimer leur désir de le posséder, car les départements n'y pensaient pas. Toutes ces adresses ont été fabriquées à Paris, comme tant d'autres. — En ce cas, dit M. de La Porte, restez un quart d'heure, nous allons déjeuner, et je suis certain qu'il ne tardera pas d'arriver; c'est ordinairement son heure. » Effectivement, on vint dire à M. de La Porte que M. David demandait à lui parler. « Qu'il entre », dit M. de La Porte. David arriva avec un rouleau de papier à la main et dit avoir reçu encore de nouvelles pétitions. « M. David, lui dis-je, nous en parlions tout à l'heure, M. de La Porte et moi. » Et je lui rapportai que le roi m'avait chargé de lui dire qu'il croyait convenable de remettre la confection de ce tableau à plus tard; mais, sensible au désir exprimé par les départements d'avoir son portrait dans la salle de leurs séances, le roi avait ordonné à M. de La Porte de leur envoyer le même portrait qu'à ses ambassadeurs en pays étrangers, et j'ajoutai que M. de La Porte allait s'empresser d'exécuter les ordres du roi et de satisfaire aux vœux des départements. Comme cette solution ne convenait pas à David, qui comptait être chargé de la confection des portraits, il voulut répliquer. « C'est une affaire terminée, lui dis-je ; plus tard cela pourra avoir lieu, mais, pour le moment, ce serait importuner le roi que de lui en reparler. » David se retira avec un air très mécontent, et on n'en parla plus que dans quelques journaux jacobins.

David voulut se venger. L'Académie royale de peinture tenait toujours ses séances au Louvre, mais elles devenaient orageuses par les discours séditieux de David et de quelques autres peintres, qui réclamaient le changement des statuts. Comme j'étais membre amateur de cette académie, j'assistais exactement aux séances mensuelles. Un jour, David fit une sortie indécente contre M. Vien, président de l'Académie, qui leva la séance en disant qu'il n'ignorait pas le but de sa conduite. L'Académie se trouvait, comme l'Assemblée, divisée d'opinion, mais la grande majorité était pour la conservation de ses statuts et de son institution, que David se vantait ouvertement de faire changer. Il y réussit révolutionnairement de la façon suivante. Il tint chez lui des réunions de quelques académiciens et de jeunes agréés, et choisit un nombre d'élèves endoctrinés par lui et les siens. Il s'était assuré le concours d'un membre du département, qui, après avoir passé par tous les grades des clubs révolutionnaires, avait réussi à se faire nommer membre de la commune, puis du département. Cet homme, nommé Quatremère (1), fils d'un marchand de drap de la rue Saint-Denis, ayant quelque fortune et rougissant de l'état de son père, avait rêvé qu'il pourrait devenir artiste. Il suivit les écoles pendant vingt ans sans pouvoir obtenir le moindre prix. Il alla à Rome, non comme élève, mais à ses frais. Il voulut essayer la sculpture, il y échoua. Enfin, bafoué par tous ses camarades, il quitta la palette et le ciseau, et désirant être de quelque chose, il se fit recevoir à Rome de l'académie des Arcades, où tout le monde est admis pour de l'argent. Il se mit à écrire sur l'antiquité, en racontant à sa guise ce qui avait été dit longtemps avant lui. La Révolution ayant éclaté en France, Quatremère, qui ne voyait que république dans les livres qu'il commentait et qui ne parlait que de la Grèce et de Rome, revint à Paris, croyant, comme Lycurgue, y venir donner des lois. Il se montra dans tous les clubs : une grosse voix, un grand front, le mot de liberté à la bouche, le firent regarder comme un fort athlète de son parti. Devenu président de plusieurs clubs, grâce à ses motions jacobines, élu membre de la commune, puis du département, il parvint, toujours par les mêmes moyens, à obtenir le mandat de député à l'Assemblée législative. Il ne faisait encore partie que du département, lorsque David, d'accord avec lui, se présenta au département, accompagné de quelques académiciens apostats, de plusieurs agréés et d'un bon nombre d'élèves, qui prétendaient représenter l'académie. Quatremère, sur la demande de David, fit dé-

---

(1) Antoine-Chrysostome Quatremère de Quincy, né à Paris en 1755, mort en 1849.

cider que dorénavant l'école de dessin prendrait le nom d'*École nationale des Beaux-Arts*, et que le département se chargerait des frais de son entretien. David triomphant alla au Louvre et se fit ouvrir de force la porte de la salle du conseil de l'Académie. Il y tint une séance comme président et fit acte de possession au nom de la nation.

M. Vien, le directeur, ayant appris cet acte d'autorité de David, convoqua l'Assemblée en séance extraordinaire. David y vint avec les siens; la séance, fort vive, se termina par une scission. Alors M. Perrin, un des académiciens, dit : « Messieurs, avant de nous séparer, il est, je crois, de notre devoir et de notre reconnaissance de témoigner au roi, par une lettre de remerciement, de ce qu'il a, depuis deux ans, soutenu l'Académie des deniers de sa cassette. » David se récria et dit qu'il n'était pas de la dignité d'un artiste de la nation de s'avouer salarié par son subdélégué, qu'il ne signerait pas. Tous ses affidés parlèrent de même, et M. Renou, secrétaire de l'Académie, rédigea la lettre que nous signâmes tous. Je me chargeai de la remettre au roi. Nous nous séparâmes, et ce fut la dernière séance de l'Académie (1).

Le soir, au coucher du roi, je lui remis la lettre de l'Académie, lui disant que j'étais personnellement chargé de témoigner à Sa Majesté l'extrême douleur des fidèles membres de l'Académie. « Je sais tout ce qui s'est passé, dit le roi, j'en suis fâché. Dites à ces messieurs que j'espère, dans un temps plus heureux, reconnaître leur attachement. »

(1) La Convention supprima l'Académie de peinture sur un rapport de Grégoire, le 8 août 1793.

XI

Souvenirs rétrospectifs sur la famille royale et sur la cour. — Origine de l'amitié de la reine pour la duchesse de Polignac. Incidents d'un bal particulier donné par Marie-Antoinette. Éloge de la duchesse. — Le comte de Paroy, se trouvant chez la duchesse de Polignac, ajoute sur un dessin de la reine la représentation d'une scène dont il avait été témoin. La reine prend cette indiscrétion en bonne part et charge le comte de dessiner des emblèmes. — Le comte camarade d'enfance du duc d'Orléans. Éloge de la conduite et des vertus de la duchesse. Sa réception au Raincy. — Le Dauphin puni par Mme de Tourzel pour ne pas avoir su ses leçons. Intervention de la reine, qui excuse son fils et trouve que les procédés d'éducation ne sont pas à la portée d'un si jeune enfant. Le comte de Paroy propose le système de la lanterne magique et explique ses projets. La reine approuve, et le comte se met à l'œuvre, qui est interrompue par le 10 août. — Le comte donne à Robertson l'idée de construire une lanterne magique et l'aide dans cette entreprise. — Le fils du comte de Paroy est invité à jouer avec le Dauphin et montre beaucoup de finesse dans cette circonstance. — Le Dauphin revêt une armure dont le duc de Choiseul lui avait fait cadeau. Sur la demande de la reine, le comte fait le portrait du Dauphin dans ce costume. — La reine et le Dauphin tirent les Rois chez Mme de Tourzel. Distribution d'éventails et de médaillons sur lesquels le comte avait peint le Dauphin costumé en chevalier. — Esprit d'à-propos de la reine. Réponse faite par elle à La Fayette. — Romance intitulée *le Troubadour français* et chantée par les royalistes au moment de l'acceptation de la Constitution. — Le marquis de Paroy perd toute sa fortune par la révolte des noirs à Saint-Domingue. Son fils lui abandonne les revenus de sa terre de Paroy. — Le marquis de Paroy est nommé par les princes gouverneur de Saint-Domingue; il vient à Paris, et, sur les conseils de son fils, demande au roi la confirmation de cette fonction. Le roi refuse son consentement. — A l'occasion de l'adoption par l'Assemblée nationale d'une machine à décapiter, le comte montre au roi une ancienne estampe représentant ce genre de supplice.

Voici l'origine de l'affection de la reine pour Mme la comtesse Jules de Polignac. Son caractère doux et aimant et son amour du calme et de l'intimité ne la portaient pas à aller souvent à la cour. Son beau-père, le marquis de Polignac, ambassadeur de France en Suisse, lui en faisait des reproches et la pressait d'assister aux petits bals particuliers que la reine donnait dans ses appartements. Un jour que Mme de Polignac s'y trouvait, la reine, qui avait passé un moment dans son cabinet, rentra en s'écriant : « Bon Dieu, qu'il fait chaud ici! on étouffe, il n'y a pas moyen d'y tenir! » Elle dit alors à plusieurs hommes qui ne dansaient pas : « Messieurs, sortez! » et elle accompagnait cet ordre d'un geste. Un groupe d'hommes obéit à cette injonction ; la reine fit ouvrir une fenêtre et sortit un moment pour laisser renouveler l'air. Pendant ce temps les dames présentes, piquées que la reine eût fait sortir ainsi leurs maris, frères ou parents, invités au bal, convinrent de manifester leur mécontentement en se retirant. La reine rentra et dit : « Eh bien, mesdames, continuez donc de danser. » Personne ne remua, et toutes se regardèrent. La reine répéta : « Allons donc, mesdames, dansez! » Alors Mme de Polignac, quoiqu'une des plus jeunes et nouvellement présentée, s'avança vers la reine et lui dit : « Madame, Votre Majesté, en faisant à ces dames l'honneur de les admettre à ses bals, n'a sûrement pas eu l'intention de leur donner la mortification d'en chasser, comme elle vient de le faire, leurs maris et leurs frères, dont la plupart sont des danseurs. » — « Non, madame, répliqua la reine, je n'ai pas dit cela pour eux, mais pour beaucoup de personnes qui ne dansent pas; on ne pouvait se retourner. » Puis, passant dans la pièce voisine, où se trouvaient encore plusieurs de ces messieurs, elle les invita à rentrer, en protestant que ses paroles ne concernaient que ceux qui ne dansaient pas. Ils suivirent la reine dans la salle de bal. Celle-ci s'approcha de Mme la comtesse Jules de Polignac, et lui prenant les mains : « Madame, dit-elle, je n'oublierai jamais que vous m'avez donné une marque d'estime et d'attachement en me faisant apercevoir d'une chose qu'on aurait pu interpréter contrairement à mon intention. Je n'en ai eu aucune de faire peine à ces dames, ni à leurs maris; mes paroles ne les regardaient pas. Je désire votre amitié, faites-moi le plaisir de venir demain déjeuner avec moi. » Puis, se retournant, elle ajouta : « Allons, messieurs et mesdames, continuons le bal », et elle mit elle-même en train la première contredanse.

Depuis cette époque, l'amitié de la reine pour Mme de Polignac augmenta tous les jours, et celle-ci y fut sensible et en témoigna sa reconnaissance en donnant à la reine d'excellents conseils. Le roi lui-même manifesta son estime pour elle, et tous deux, voulant se l'attacher davantage, lui confièrent la place de gouvernante des Enfants de France, avec le titre de duchesse, et nommèrent son mari premier écuyer de la reine. Peut-être des personnes de son entourage profitèrent indiscrètement de sa faveur pour satisfaire leur ambition, mais la duchesse n'abusa jamais personnellement de sa brillante position. Elle aurait préféré vivre tranquillement dans un château, entourée de sa famille et d'amis, et souffrait d'être toujours en représentation à la cour. Sa mise simple et modeste répondait à son caractère. Elle sollicita souvent de la reine la permission de se retirer, sans pouvoir l'obtenir. Quelques petits congés passés à la campagne lui faisaient regretter de n'y pouvoir fixer son séjour. Sa faveur continua jusqu'à la Révolution.

La reine venait les après-dîners chez Mme la duchesse de Polignac, ou, plus exactement, chez M. le Dauphin, dont elle était gouvernante. Un jour, elle fit apporter un petit dessin à l'aquarelle qu'elle avait fait dans le parc de Trianon. Elle laissa ce dessin sur une table dans sa boîte à couleurs et alla faire une partie de trictrac avec Mme la princesse de Lamballe et M. le baron de Vioménil. Je profitai de ce moment pour enlever la boîte de couleurs et passai dans le cabinet de Mme de Polignac. Là je me dépêchai d'ajouter à cette vue une petite scène dont j'avais été témoin au même endroit. Quelques jours avant, la reine avait été l'après-dîner se promener à Trianon, pour voir les travaux qu'elle y avait commandés. Elle était à côté d'un petit ouvrier qui portait du gazon dans une brouette; elle dit qu'elle voulait se vanter d'avoir travaillé à son jardin; elle prit la brouette des mains de ce jeune terrassier et se mit à la pousser. Elle n'avait pas fait attention que ce terrain était en pente, de sorte que la brouette l'entraînant plus vite qu'elle ne voulait, la reine la lâcha en riant. Nous étions plusieurs derrière elle, et nous accourûmes. M. le duc de Villequier arriva le premier et lui dit très sérieusement qu'on avait craint qu'elle ne fût tombée, ce qui augmenta le rire de la reine.

Comme le dessin représentait la vue de cette pente, j'y peignis vite la scène où la reine lâchait la brouette en riant, et où le duc de Villequier debout lui parlait. Le duc était facile à reconnaître, petit, avec de larges épaules et le col court. Il était d'autant plus frappant de ressemblance par sa tournure que les autres personnages étaient de petites figures de six à sept lignes. Ce travail ne me prit que deux heures. Après le trictrac, la reine avait été jouer au billard dans une galerie à côté. Je remis le dessin dans la boîte, sans qu'on s'en aperçût, et Mme de Polignac la fit reporter chez la reine. Le lendemain matin, Mme de Polignac m'envoya à Paris un valet de pied me prier de venir sans faute à Versailles avant dix heures. Je fus exact au rendez-vous. « Mon cousin, me dit-elle très sérieusement, la reine est furieuse contre vous de ce que vous vous êtes permis d'ajouter des figures à son dessin. Elle m'a chargée de vous le témoigner et de vous défendre de vous présenter devant elle. Ainsi donc vous ne pouvez plus vous trouver chez moi aux heures où elle vient. » — « Cela n'est pas possible, répondis-je, d'après la connaissance que j'ai du caractère de la reine. Je crois, au contraire, qu'elle aura été bien aise de voir représenté sur son dessin le trait de l'événement de la brouette qui l'avait tant fait rire; d'ailleurs, personne qu'elle, en dehors de vous et de moi, ne peut savoir qu'elle n'ait pas peint cette petite aventure. Elle peut être sûre de ma discrétion. » — « Vous avez raison, répliqua Mme de Polignac; hier soir, la reine m'envoya chercher et me montra son dessin, qui n'avait pas de figure quand elle l'avait fait descendre chez moi. Comme elle avait questionné ses femmes et qu'aucune ne pouvait lui dire comment on avait pu toucher à ce dessin, elle me demanda si, parmi ma société d'hier, je ne soupçonnais personne d'avoir fait ces figures. Je pensai de suite à vous, et, comme j'hésitais à vous nommer, la reine me dit avec bonté : « Mais parlez donc ; je ne suis pas fâchée ; je trouve qu'on a rempli à merveille l'espace qui restait libre sur le devant du tableau, et de plus j'ai reconnu le duc de Villequier à sa tournure et Mme la comtesse Diane. » — « Eh bien, madame, j'avouerai à Votre Majesté que je crois que le coupable est un de mes cousins, le comte de Paroy, qui est peintre ; je ne puis soupçonner que lui. » — « Je vous charge de le savoir ; et faites-lui accroire que je suis très fâchée. Vous le gronderez fort, mais dans le fond je trouve ce qu'il a fait bien exécuté et je l'ai vu avec plaisir. Je veux qu'il n'en parle pas, dites-le-lui. » Donc, mon cousin, je vous préviens de tout cela. Je vous ai envoyé chercher de bonne heure pour vous en informer ; restez à déjeuner avec moi ; je suis sûre que la reine ne tardera pas à venir, mais n'ayez pas l'air de savoir qu'elle n'est pas fâchée. » Vers midi, la reine entra chez Mme de Polignac, qui écrivait, tandis que je regardais un gros livre d'estampes représentant des vues de Suisse. Je me levai et me reculai dans une embrasure de la fenêtre ; la reine, en passant devant moi, me jeta un coup d'œil sévère et alla droit à Mme de Polignac, à qui elle demanda si elle m'avait parlé : « Oui, dit-elle ; sa réponse est qu'il ne lui est pas venu dans l'idée qu'il pouvait manquer à Votre Majesté. » — « Oh ! je le crois, continua la reine, appelez-le. » — Mme de Polignac me fit signe de m'approcher ; j'obéis, d'un air respectueux et empressé. « Vous dessinez fort bien, dit la reine en souriant ; vous me l'avez prouvé hier sur mon petit dessin. » — « Madame, répondis-je, j'avais été témoin de la scène que j'y ai tracée, et qui avait fait rire Votre Majesté; j'ai pensé qu'elle ne trouverait pas mauvais d'en voir le souvenir rappelé sur le même endroit où elle s'était passée. » — « Mme de Polignac vous a bien grondé, n'est-ce pas? » — « Elle a suivi les ordres de Votre Majesté, mais j'avais confiance en sa bonté pour reconnaître que mon intention avait été de faire quelque chose qui lui serait agréable. » — « Vous avez eu une bonne idée; je vais envoyer ce dessin à Bruxelles à ma sœur; je suis sûre que cela lui fera plaisir. Je veux aussi vous montrer quelques autres petits sujets d'emblèmes que je lui adresse. » — Elle les envoya chercher; je dis à la reine que j'étais familier avec ces sortes de sujets, auxquels je m'étais particulièrement exercé dans ma société. « Eh bien! s'écria la reine, j'en ai plusieurs dans l'idée, je vous les donnerai, et vous me ferez plaisir de les rendre comme vous le concevrez. » Je lui répondis que je me trouvais autant honoré qu'heureux que mon talent pût lui être agréable. La reine m'en remit environ une vingtaine à faire en différentes fois. Elle trouva que j'avais bien rendu ce qu'elle désirait; elle en a envoyé plusieurs fois à sa sœur l'archiduchesse, qu'elle aimait beaucoup.

J'avais toujours été attaché au duc d'Orléans, que je connaissais depuis mon enfance et avec lequel j'avais été inoculé. Je jouai avec lui dans les petits jardins du Palais-Royal; plus tard il voulut bien me le rappeler, ce qui me donna l'occasion de lui faire ma cour. Ce prince était aimable, gai, ami des arts; sa société était agréable, et je n'avais pas à blâmer sa vie licencieuse. J'allais souvent au Palais-Royal faire ma cour à Mme la duchesse d'Orléans (1); Mme la princesse de Berghes, née Castelnau, ma cousine germaine, avait été élevée avec la princesse et était restée son amie; elle m'engageait souvent à l'y accompagner. La société de Mme la duchesse d'Orléans était composée en grande partie des dames de sa maison, qui étaient jeunes et cherchaient à lui plaire. Celles de Mme la princesse de Lamballe y venaient aussi. Mme la duchesse d'Orléans, d'un caractère admirable de bonté et de douceur, était adorée dans son intérieur. Elle recevait avec tant d'affabilité qu'elle paraissait reconnaissante de ce qu'on allât la voir. On ne voyait le prince chez elle que les jours de grande représentation. Je ne l'ai jamais rencontré au Raincy, où Mme la duchesse d'Orléans menait une vie de château. On y jouissait de la plus grande liberté et on trouvait tout réuni pour varier ses plaisirs : jeux de toutes espèces, voitures, chevaux, chasse, pêche, promenade sur l'eau. La princesse ne paraissait jamais si contente que quand elle savait que chacun s'était bien diverti. Très attachée au roi et à la famille royale, elle s'attira, par sa conduite sage et prudente, la considération et le respect de son mari, et l'amour de tout son entourage. Elle eut souvent l'occasion de jouir des marques de l'estime et du respect populaires. J'ai admiré sa résignation et j'ai été plus d'une fois dans les derniers temps témoin de sa douleur des événements de la Révolution. Elle me dit un jour avec sensibilité : « Ah! monsieur, je suis épouse et mère, c'est assez vous en dire! » Je conti-

---

(1) Louise-Marie-Adélaïde de Bourbon-Penthièvre, née à Paris en 1753, fille du duc de Penthièvre, mariée en 1769 au duc d'Orléans, mère du roi Louis-Philippe, morte en 1821.

nuai de la visiter pendant le temps de sa détention et de sa surveillance, jusqu'à ce que la loi de déportation de tous les Bourbons l'obligeât à se réfugier en Espagne (1).

Un soir, me trouvant chez Mme de Tourzel, la reine y vint avec M. le Dauphin et Madame Royale. M. le baron de Vioménil entra avec Mme la princesse de Tarente. La reine leur dit qu'elle allait faire un trictrac avec eux deux. Le petit dauphin, qui avait alors six ans, tenait, avec Madame Royale, Mlle Pauline de Tourzel pour l'embrasser, et il lui proposa de jouer avec lui. « Non, monseigneur, lui dit Mme de Tourzel, cela ne se peut pas. Nous sommes convenus que, quand vous ne sauriez pas votre leçon, nous ne jouerions pas. » — « Si fait, si fait, dit vivement M. le Dauphin, jouons ; je vous promets de mieux la savoir une autre fois. » — « Eh bien, monseigneur, nous jouerons ce jour-là. » Alors M. le Dauphin courut avec un peu d'humeur à la reine et lui dit : « Maman, mie Tourzel ne veut pas jouer avec moi ! » — « Si fait, dit la reine, priez-la poliment, et je suis sûre qu'elle jouera avec vous. » Le petit prince revint en sautant dire à Mlle de Tourzel : « Je vous en prie, jouons ! » Mme de Tourzel répliqua : « C'est impossible, monseigneur, vous savez bien nos conventions. Votre précepteur n'est pas content de vous aujourd'hui ; ainsi ma fille ne peut pas jouer avec vous. » Le Dauphin retourna à la reine, la larme à l'œil : « Maman, dit-il, mie Pauline ne veut pas du tout jouer. » — « Il faut donc que vous ayez fait quelque

---

(1) Emprisonnée en 1793 au Luxembourg, la duchesse d'Orléans fut déportée en Espagne en 1797.

chose de bien sérieux, dit la reine ; je vais voir cela. ». Le comte du Pujet, sous-gouverneur des Enfants de France, se trouvait là dans le salon à regarder jouer la reine ; il avait entendu la réponse de Mme de Tourzel. Il apprit à la reine la convention faite entre Mgr le Dauphin et Mlle de Tourzel, de ne pas jouer les jours où il ne saurait pas sa leçon, que cela lui était déjà arrivé plusieurs fois. « Voyons cela, », dit la reine en se levant. Puis, allant à Mme de Tourzel et tenant le petit prince par la main : « Mon fils, dit la reine, n'a donc pas bien su sa leçon aujourd'hui ? » — « Non, madame, je supplie Votre Majesté de ne pas s'en mêler. Ma fille en est la première victime, mais nous sommes convenus de cela entre nous. » — « Ah ! maman, dit le Dauphin, si tu savais comme c'est ennuyeux, la grammaire ! » — « Je le conçois, s'écria la reine ; mon fils est si vif qu'il ne peut s'appliquer. Il retient bien ce qu'il entend, mais, s'il faut fixer son attention sur un livre, cela le dégoûte tout de suite. Il faudrait une autre manière d'enseigner aux enfants ; puis cet enfant est trop jeune pour se fixer sérieusement. Qu'en pensez-vous, monsieur de Paroy ? il doit y avoir quelque moyen usité ? » — « Votre Majesté, répondis-je, pourrait employer la méthode que j'avais donnée à M. le comte de Bonnard, gouverneur des enfants de M. le duc d'Orléans ; mais M. le Dauphin est encore trop jeune pour qu'il en tire tout le prix. » — « Quel est-il ? » demanda la reine. — « Ce serait d'avoir des cadres appelés passe-partout, dans lesquels on mettrait des estampes représentant les sujets d'histoire qu'on voudrait apprendre à l'enfant ; on les placerait dans la salle à manger, et, avant de se mettre à table, le gouverneur aurait l'air de fixer avec intérêt l'estampe dont il expliquerait le sujet à un tiers. Il exciterait, par là, la curiosité de l'enfant, qui retiendrait l'histoire sans éprouver l'ennui d'une étude sur un livre, où son imagination est forcée de lui représenter, en idée, l'histoire décrite. M. le comte de Bonnard adopta mon idée : M. le duc d'Orléans la fit mettre le lendemain en exécution. M. le duc de Chartres et ses frères regardaient le moment de la leçon d'histoire comme une récréation. Mme de Genlis obtint de M. le duc d'Orléans de se charger de l'éducation des jeunes princes, et, au lieu de se servir des anciennes estampes, composées et gravées par de grands maîtres, elle voulut faire graver, par des artistes qu'elle protégeait, des sujets formant, à son avis, une galerie d'histoire pour l'éducation. Mais l'exécution en fut si longue qu'on dut abandonner ce projet. Votre Majesté a, dans la bibliothèque du roi, une collection d'estampes, la plus nombreuse connue, et dont les sujets sont l'œuvre des plus grands maîtres ; il lui sera facile de varier tous les jours les leçons pour l'histoire sainte et l'histoire profane ou pour tout autre sujet. » — « J'approuve fort cette idée, dit la reine ; il faut de suite la mettre en exécution. Vous me ferez plaisir de vous entendre avec M. du Pujet pour cela. » — « Mais, répliquai-je, M. le Dauphin est encore trop jeune pour bien profiter du moyen que je viens d'exposer à Votre Majesté. Ce sera excellent dans trois ou quatre ans, mais aujourd'hui il faut que les objets le frappent physiquement et s'inculquent dans son cerveau en agissant sur son imagination plus fortement que ne le ferait une gravure, dont l'enfant n'a aucune notion préalable. Cela ne l'amuserait pas, et l'enfant veut être amusé. On peut lui appliquer la devise de Santeul inscrite sur la toile du Théâtre Italien : *Castigat ridendo mores*, on corrige les mœurs en amusant. »

La reine m'écoutait avec attention et me dit : « Quel est donc le moyen que vous croyez le meilleur pour mon fils ? » — « C'est tout bonnement la lanterne magique. » — « Songez-vous, monsieur, que je vous parle sérieusement ? répondit la reine avec dignité, et vous me proposez la ridicule lanterne magique. » — « Oui, madame ; elle n'a été jusqu'ici que dans les mains des Savoyards ignorants, qui courent les rues avec leur marmotte. Les sujets peints sur les verres sont à la portée de leurs explications, et plus ils sont bizarres, plus ils plaisent et font rire les enfants. Depuis longtemps j'avais projeté d'en ennoblir l'emploi et de la faire servir utilement à la première éducation de l'enfance. Je supplie Votre Majesté de me permettre de le lui prouver en peu de mots. Le goût vif des enfants pour la lanterne magique m'a toujours frappé et m'a inspiré l'idée de la rendre utile en en changeant les sujets et en les multipliant par un procédé que je possédais de transporter la gravure d'une estampe sur le verre. De cette façon, je pourrais avoir un grand nombre d'exemplaires du même sujet et les propager à un prix modique. L'exécution, en effet, serait coûteuse, s'il fallait dessiner chaque sujet sur les verres, pour les peindre ensuite ; mais le prix de revient baisserait beaucoup par la multiplication. On pourrait présenter ainsi tous les sujets de l'histoire sacrée et profane, les saints mystères et la mythologie, les objets d'histoire naturelle et même les mathématiques. On y joindrait des livrets explicatifs des sujets, avec l'indication des ouvrages fournissant des détails plus étendus. Les collèges et les maisons d'éducation seraient heureux d'en avoir pour occuper les enfants, dans les récréations du soir. Une petite rétribution mettrait les directeurs de ces maisons à même d'avoir un nombre considérable de ces verres. Ce moyen d'éducation se propagerait de la Chine au Canada ; et je serais encore flatté que son point de départ fût l'éducation de M. le Dauphin. Mon projet serait déjà en partie exécuté, si je n'avais pas perdu ma fortune par la Révolution. »

« Votre plan m'intéresse beaucoup, dit la reine, mais je voudrais que vous me le développiez un peu plus, pour me faire ressortir les avantages des estampes dont vous m'avez parlé. » — « Les voici, madame : premièrement, ce qui frappe vivement les idées d'un enfant s'inculque dans sa mémoire au point qu'il ne l'oublie jamais. Plusieurs enfants, réunis dans une salle, ont l'esprit recueilli par suite de l'obscurité nécessaire pour la représentation des sujets qui leur apparaissent subitement lumineux sur un grand disque encadrant le tableau comme un médaillon. La curiosité électrise leur imagination, qui saisit avec avidité les détails de l'objet représenté. C'est un spectacle pour eux, d'autant plus intéressant qu'ils veulent expliquer à leurs petits voisins ce qu'ils sentent. Cette démonstration n'a pas la monotonie produite par la vue d'une estampe de couleur. » —

« Mais, répliqua la reine, je désirerais, pour mon entière satisfaction, que vous m'expliquiez comment un enfant peut, par ce moyen, mieux comprendre une estampe. » — « Cela m'est facile : d'abord l'enfant voit le sujet de la grandeur et de la couleur naturelles. Je prends pour exemple le fait suivant. Une conspiration se forma pour détrôner le roi Pépin, que son courage et sa sagesse avaient fait élire roi de France. Pépin, informé de ce complot, donna un tournoi, après lequel on lâcha dans l'arène un taureau et un lion furieux. Le lion eut bientôt terrassé le taureau ; alors Pépin, se levant et jetant sa couronne au milieu de l'arène, s'écria : « Que celui d'entre vous qui se croit plus digne que moi de la porter, aille s'en emparer. » Tous restèrent stupéfaits. Pépin saute dans l'arène, le sabre à la main, va droit au lion et lui perce le cœur, au moment où il allait étrangler le taureau couché par terre. Il remet ensuite fièrement sa couronne sur sa tête, au milieu des applaudissements universels. Dans un tel sujet, l'enfant, qui n'a aucune idée distincte d'un lion, croit cet animal moins dangereux qu'un taureau, qui est plus gros et armé de fortes cornes pointues ; il ne le considère que comme un gros chien. Mais quand il le voit terrasser et déchirer avec ses dents et ses griffes le taureau, il en prend une tout autre idée ; puis il admire le courage et l'adresse du roi qui, n'ayant pour toute arme qu'un sabre, attaque le lion et lui perce le cœur. Toutes les explications se font d'elles-mêmes dans l'esprit de l'enfant : il juge en même temps de la grosseur et de la couleur de chaque bête, et en raisonne avec ses petits camarades. Ils redressent ensemble leurs idées, et, comme c'est en même temps un spectacle et une leçon, ils ne l'oublient jamais. »

« C'est parfait, dit la reine, je suis très satisfaite de votre moyen et de vos raisons. Il faut absolument mettre votre idée à exécution et commencer par la Bible et l'Histoire de France, que j'ai à cœur d'apprendre ainsi à mon fils. » — « Je suis aux ordres de Votre Majesté, aussitôt qu'elle m'en aura procuré les moyens. » — « Oui, j'y songe; vous irez demain matin de ma part chez M. de La Porte ; je l'en préviendrai. Vous vous entendrez avec lui pour exécuter ce projet le plus tôt possible. » Dans le reste de la soirée elle reparla plusieurs fois de la lanterne magique, à laquelle M. le Dauphin tenait beaucoup, m'ayant entendu développer à la reine ce plan d'éducation. Le lendemain matin, avant neuf heures, M. de La Porte me fit prier de me rendre de suite chez lui. J'y accourus, ne pensant pas qu'il s'agissait de la lanterne magique. M. de La Porte me dit en riant : « Vous ne vous doutez sûrement pas pourquoi je vous ai invité à venir. J'ai reçu ce matin à sept heures un ordre de la reine de me rendre tout de suite auprès d'elle. Je me suis précipité. Elle me dit :
« Vous me voyez, monsieur, tout occupée d'un projet
« auquel, depuis hier, je ne fais que penser. Il s'agit
« d'une lanterne magique pour l'éducation de mon
« fils ; M. de Paroy vous expliquera tout cela. Il faut
« que vous mettiez à sa disposition l'argent nécessaire
« pour l'exécuter le plus promptement possible, car j'y
« tiens beaucoup. » — Je vous prie donc de me mettre au fait en déjeunant avec moi. » Je lui expliquai tous les détails de ce projet, qu'il comprit fort bien. Il

me demanda s'il coûterait bien cher. — « Non, lui répondis-je, un louis environ par sujet; de plus, la lanterne magique avec de belles lentilles. » — « Je donnerai des bons aux ouvriers pour être payés à la caisse, dit M. de La Porte; je vais vous compter mille écus, dont vous allez me faire un reçu motivé : je vous en remettrai d'autres, quand vous n'en aurez plus. »

Je fis graver plusieurs sujets de la Bible, environ une soixantaine, ainsi que de l'histoire de France, et exécuter la lanterne magique; mais le 10 août arriva et suspendit tout. Je possède encore plusieurs sujets que j'ai sauvés du naufrage révolutionnaire. Cela ressemble à une fantasmagorie ambulante, car c'est moi qui donnai l'idée à M. Robertson d'exécuter sa lanterne magique, qui eut un si grand succès et qui fit sa fortune. C'est chez moi que les premiers essais eurent lieu. Voici à quelle occasion : M. Robert était instituteur des enfants de M. Chevalier, dont le père avait été gouverneur dans l'Inde, à Chandernagor. Je voyais souvent celui-ci, Mme Chevalier étant proche parente de mon beau-frère, le marquis de Mortagne. L'éducation faite, M. Robert avait pris le petit collet, comme c'était assez d'usage pour les instituteurs; sur mon conseil, il ajouta à son nom la terminaison *son*, qui veut dire fils en anglais. Ce procédé réussit toujours auprès du public.

Je lui citai l'exemple d'un peintre en miniature, que j'avais beaucoup connu à Bordeaux. Il vint se perfectionner à Paris; un étranger l'emmena en Italie où il resta deux ans; il revint à Paris sous le nom italien de Sicardi, fut bientôt, grâce à ce subterfuge, à la mode et gagna une petite fortune.

Un jour, dînant chez M. Chevalier, M. Robert me confia son embarras sur le parti qu'il devait prendre, puisque l'éducation du jeune Chevalier était terminée. Il pensait retourner dans son pays et y faire des cours de physique. « A votre place, lui dis-je, je mettrais en exécution la lanterne magique de Philidor et j'en ferais un petit spectacle pour les enfants, plus amusant pour eux que les ombres chinoises. Philidor est mort avant d'avoir perfectionné son invention. J'y ai songé souvent, et, si vous voulez, nous nous en occuperons. » Il y consentit. Je gravai quelques sujets, que je transportai sur verre; l'essai réussit et encouragea l'abbé Robert, qui venait tous les jours chez moi. La difficulté était de rassembler sur un point un grand foyer de lumière; nous la résolûmes à l'aide d'un miroir parabolique et d'un gros quinquet. Nous ajoutâmes de petites mécaniques à chariot destinées à faire avancer, grossir, rapetisser et disparaître les objets à volonté. L'abbé consulta plusieurs physiciens et mécaniciens; il commença par ouvrir un petit spectacle, qu'il agrandit pour satisfaire la curiosité du public. Il y ajouta le mégascope, qui réfléchit les objets opaques. Le mien lui servit de modèle. Je m'en servais au soleil pour agrandir à volonté sur un grand carton les dessins, les gravures, les médailles et tous les corps opaques qu'on peut en en suivant les contours tracer facilement avec un crayon. M. Dufresne, artiste de l'Opéra et excellent dessinateur, a tracé en grand au soleil, avec mon mégascope, plus de quatre mille sujets.

M. Robertson fit des voyages à l'étranger, jusqu'en Russie. Peu à peu il ramassa une fortune. Il revint en France avec cinq à six mille francs de bénéfice. Je l'ai toujours trouvé très reconnaissant, mais j'aurais désiré qu'il perfectionnât davantage ses procédés.

Je passais ordinairement mes soirées chez Mme la princesse de Lamballe ou chez Mme la marquise de Tourzel, gouvernante des Enfants de France. La reine y venait presque tous les soirs; elle y jouait au tric-trac avec la princesse de Lamballe, M. le baron de Vioménil, le comte d'Haussonville, le chevalier de Coigny et autres, qu'elle faisait l'honneur d'admettre dans cet intérieur. Madame Royale y venait souvent aussi avec M. le Dauphin; elle avait alors treize ans, et le Dauphin sept. Ils jouaient ensemble au volant ou à d'autres petits jeux, auxquels prenait part Mlle Pauline de Tourzel, âgée alors d'environ quinze ans, et que Madame Royale traitait d'amie intime. Un jour, la reine me dit : « Vous avez un fils, monsieur de Paroy, quel âge a-t-il? » — « Huit ans, madame. » — « Il faut l'envoyer goûter avec mon fils, dit la reine; ils joueront ensemble. » — « Je profiterai avec reconnaissance de l'honneur que Votre Majesté me fait », lui répondis-je. J'en parlai à Mme de Soucy, sous-gouvernante, qui me dit : « La reine m'en a parlé déjà; je demanderai à Mme de Tourzel le jour que vous pourrez le conduire. » Je dis que, pour laisser mon fils libre, je n'y resterais pas. Le lendemain, Mme de Soucy me fit prévenir de mener mon fils le même jour, parce que M. le Dauphin, qui en avait entendu parler, l'avait demandé plusieurs fois. Je fis appeler mon fils, qui n'avait aucune idée des distinctions : « Tu vas aujourd'hui goûter avec M. le Dauphin, qui doit être un jour ton roi; il te proposera peut-être de jouer avec lui; aie l'air d'avoir du plaisir en acceptant, mais tu auras avec lui les mêmes égards que tu aurais pour moi, si nous jouions ensemble. » Comme il avait de l'esprit et déjà de l'aplomb, je ne lui en dis pas davantage. Je le conduisis donc chez M. le Dauphin, qui était avec son sous-gouverneur l'abbé dans une chambre voisine. Je confiai mon fils à Mme de Soucy et m'en allai. Le soir, elle me dit : « Votre fils sera, je vous assure, un fin courtisan ; d'après ce qu'il a fait, jugez-en. Il est entré en saluant ; M. le Dauphin a été au-devant de lui ; les deux enfants se sont regardés un moment en se toisant, puis M. le Dauphin lui a dit : « Monsieur, voulez-vous jouer ? avez-vous des joujoux ? Venez, je vais vous montrer les miens. » Votre fils les trouva fort beaux, puis dit à M. le Dauphin : « J'ai votre portrait que voilà, mon papa me l'a donné comme récompense, ayant été content de moi. » — « Je le connais, repartit M. le Dauphin ; il en a donné beaucoup le jour qu'on a tiré les Rois chez Mme de Tourzel. » Puis ils ont bien joué et goûté ensemble. La reine m'a chargée de vous dire de l'amener goûter quand vous pourrez. »

Un soir, M. le duc de Choiseul de Stainville fit hommage à M. le Dauphin d'une jolie armure complète de chevalier, casque, cuirasse, brassard, lance, sabre et bouclier, le tout en carton verni acier à clous dorés. M. le Dauphin, qui avait une très jolie figure, était charmant avec son casque ; c'était l'Amour armé en Mars. Chacun admirait son air fier et noble. Le jeune prince, la lance en main, allait de l'un à l'autre, faisant semblant d'attaquer. Mlle de Tourzel me dit : « Monsieur de Paroy, vous devriez faire son portrait comme il est avec son casque. » La reine, qui jouissait en mère du succès de son fils, ajouta : « Convenez, monsieur de Paroy, que mon fils serait charmant peint avec son armure. » — « C'est vrai, madame, lui répondis-je ; mais Votre Majesté me permettra de lui observer que M. le Dauphin est trop vif pour se tenir tranquille. Il est cependant facile de satisfaire Votre Majesté. Elle a à son cou un petit médaillon en camée bien ressemblant. Si Votre Majesté veut bien me le confier, elle aura ce qu'elle désire de suite. » — « Oh! non, répondit-elle, je ne puis me résoudre à me séparer de ce médaillon ; il est si ressemblant ; je serais inconsolable s'il lui arrivait un accident. » Je lui dis qu'elle pouvait être tranquille, et que je le lui rendrais le lendemain matin. La reine consentit à me le confier, à la condition de le lui rendre le lendemain avant onze heures du matin. J'allai de suite au Palais-Royal acheter une monture de médaillon toute pareille en un cercle d'or uni ; je me munis d'une plaque d'ivoire et me rendis chez moi ; il était dix heures du soir. Je préparai tout ce qu'il me fallait pour me mettre à l'ouvrage de grand matin ; c'était dans les longs jours. Pour être plus sûr de la ressemblance, je calquai le portrait si fidèlement sur camée blanc et fond indigo, genre où j'étais très exercé, que dans les deux cadres semblables on avait peine à distinguer la copie de l'original, à moins d'être un bon artiste. Le portrait était de M. Sauvage, de l'Académie, qui excellait dans l'imitation de la nature morte et la ronde bosse, genres où je m'étais beaucoup exercé. Je peignis ensuite sur un carton à la gouache l'armure du jeune prince, en laissant à jour la figure. En appliquant le carton sur le portrait en ivoire, cela avait l'air d'être le même tableau; mais, quand le carton peint était dessus, la figure semblait prendre un autre caractère et ôter un peu de la ressemblance, tant le costume semble changer une figure. A dix heures tout était fini, hors le carton, qui n'était qu'une ébauche avancée. J'avais peint sur le carton M. le Dauphin en action, regardant fièrement la lame de son épée, sur laquelle j'avais écrit le *Tu Marcellus eris* de Virgile.

J'allai aussitôt aux Tuileries et remis à Mme de Mackau les deux médaillons, ayant fait une marque au mien, non pour moi, mais pour la reine. La reine, en voyant les deux médaillons, dit : « Mais quel est le mien? ils se ressemblent tant que je ne puis les distinguer? faites venir M. de Paroy. » — « Vous m'embarrassez, s'écria la reine, quand j'entrai. Quel est celui que je vous ai remis hier? Je m'y tromperais. » Je lui montrai la différence des deux, puis j'ôtai le portrait du médaillon et le plaçai derrière le carton peint : « C'est charmant, dit la reine; mais je ne trouve pas mon fils si ressemblant que dans le médaillon. » Je dis à la reine : « Je l'ai copié pareil, pour être sûr de la ressemblance, ne voulant pas priver plus longtemps Votre Majesté de son portrait et me donner le temps de faire l'armure, qui n'est pas encore finie. » Alors j'ôtai le portrait du carton sur lequel étaient peints le casque et la cuirasse, puis, l'ayant remis dans son cercle, elle reconnut que c'était le même et dit : « C'est bien singulier, la différence qu'apporte un costume à une figure. » Elle le montra à tout son entourage; ce qui me valut quelques obligeants compliments. Je demandai à la reine la permission de le graver avec le costume de chevalier peint sur le carton. « Avec plaisir, me répondit-elle ; vous m'en donnerez plusieurs épreuves ; je veux en envoyer à Bruxelles à ma sœur l'archiduchesse, et je suis bien aise de n'être pas privée de mon médaillon. » Je gravai avec soin ce portrait et me fis aider par un bon artiste. Mme de Tourzel me dit un jour que c'était chez elle que M. le Dauphin devait tirer les Rois ; elle m'invita à m'y trouver et me prévint que la reine y serait. Je fis faire au *Fidèle Berger*, rue des Lombards, un épais gâteau de carton, imitant le gâteau des Rois. J'avais quelques jours devant moi. Je remplis ce gâteau de plusieurs douzaines d'éventails, sur lesquels était le petit médaillon de M. le Dauphin armé en chevalier et imprimé sur satin, ce qui faisait très bien. Il y en avait aussi d'autres avec le même portrait en camée sans armure, mais ayant des ailes sur le dos, comme un Amour, avec ces vers de Voltaire en légende :

> Qui que tu sois, voici ton maître,
> Il l'est, le fut et le doit être.

Mme de Tourzel était dans la confidence. Le gâteau couvert d'une grande serviette, M. le Dauphin fut invité à distribuer les parts. Il mit sa main sous la serviette, avec l'aide de Mme de Tourzel, et en retira un éventail : « Tiens, maman, c'est pour toi », dit-il à la reine, qui était à côté de lui. Un coup d'œil de Mme de Tourzel me désigna comme l'auteur de cette surprise. M. le Dauphin donna des éventails à toutes les dames et des médaillons aux hommes. Cette galanterie parut plaire beaucoup. Le vrai gâteau se tira ensuite ; il était disposé pour que M. le Dauphin fût roi, ce qui l'amusa beaucoup. Il vint beaucoup de visites le soir chez Mme de Tourzel. M. le Dauphin leur donna des médaillons ou éventails, de sorte que toutes les cheminées des appartements du château en furent ornées. Lors du malheureux jour du 10 août de fatale mémoire, ces médaillons devinrent un signe de ralliement.

En toute occasion, la reine montrait dans ses paroles autant de finesse que de dignité. Elle prouvait sa présence d'esprit en donnant des leçons ingénieuses et délicates à ceux qui, de gré ou de force, étaient devenus les instruments ou les coryphées des factions. Un jour que la reine accompagnait le roi dans une visite à la célèbre manufacture de glaces de Saint-Antoine, le peuple se précipita pour voir Leurs Majestés. « Madame, dit La Fayette à la reine, voyez comme le peuple est bon quand on va au-devant de lui. — Oui, monsieur, répondit-elle; mais vous savez bien qu'il n'en est pas tout à fait de même quand il vient au-devant de nous. »

Au moment de l'acceptation de la Constitution, les royalistes chantaient une romance intitulée : *le Troubadour béarnais*, et dont voici le texte :

> Un troubadour béarnais,
> Les yeux inondés de larmes,
> A ses montagnards chantait
> Ce refrain, source d'alarmes :
> Louis, le fils de Henri,
> Est prisonnier dans Paris!
>
> Il a vu couler le sang
> De cette garde fidèle
> Qui vient d'offrir en mourant
> Aux Français un beau modèle.

Mais Louis, fils de Henri,
Est prisonnier dans Paris!

Il a tremblé pour les jours
De sa compagne chérie,
Qui n'a trouvé de secours
Que dans sa propre énergie.
Elle suit le fils de Henri
Dans les prisons de Paris!

Le Dauphin, ce fils chéri,
Qui seul fait notre espérance,
De pleurs sera donc nourri.
Le berceau qu'on donne en France
Aux enfants des fils de Henri
Sont les prisons de Paris!

Il n'est si triste appareil
Qui du respect nous dégage;
Les feux ardents du soleil
Savent percer le nuage,
Le prisonnier dans Paris
Est toujours fils de Henri!

Français, trop ingrats Français,
Rendez au roi sa compagne;
C'est le bien du Béarnais,
C'est l'enfant de la montagne.
Le bonheur qu'avait Henri,
Nous l'assurons à Louis.

Chez vous l'homme a de ses droits
Recouvré le noble usage,
Et vous opprimez vos rois.
Ah! quel injuste partage!
Le peuple est libre, et Louis
Est prisonnier dans Paris.

Les événements de Saint-Domingue et le massacre

des blancs par les nègres eurent pour nous une importance considérable. Toute ma fortune et celle de ma famille étaient à Saint-Domingue, et nous nous vîmes ruinés. La douleur de mon père était grande d'être réduit à un tel état, à son âge, après avoir fait tant de sacrifices pour établir ses enfants, et de ne s'être réservé aucun bien en France. Il lui semblait dur d'attendre d'eux ses moyens d'existence et ceux de ma mère. Je lisais ce qui se passait dans son âme : « Mon père, lui dis-je, aux maux sans remèdes il faut la même résignation que pour supporter une grande infirmité, dont la Providence viendrait nous accabler. Vous plaindre intéressera d'abord, affectera plus ou moins la sensibilité de vos amis ; mais il y en a tant dans votre position que l'on s'y habituera. Vous aurez la mortification de croire les autres insensibles à votre malheur. En ayant une résignation noble, vous intéresserez. On ne perd pas indifféremment sa fortune, mais pensons au solide. Je vous parle avec reconnaissance de la bonté que vous avez eue de me donner par mon contrat de mariage la terre de Paroy. J'en jouis en propriétaire. Si vous n'aviez eu que ce bien, vous ne me l'eussiez pas donné. Trouvez bon que je ne m'en regarde que comme le dépositaire ; c'est dans l'ordre ; je ne fais pour vous que ce que vous avez fait pour moi, à la seule différence que je m'en réserve la propriété ; ayant un fils, je ne puis lui ôter ce qui doit lui revenir de droit. Mes deux sœurs et mon frère ayant été dotés, ils pensent, sans doute, comme moi, et de ce moment jouissez avec ma mère du revenu de la terre de Paroy, dont je vais vous donner la procuration de gestion, afin d'en agir comme vous le voudrez. » La seule réponse de mon père fut un tendre serrement de main. Pour le distraire, je continuai : « Mais peut-être avons-nous encore quelque espérance, ayant appris cette fatale nouvelle sans trop de détails. Les malheurs sont grands chez nous, mais tout n'est peut-être pas désespéré. »

Mon père reprit courage. Le lendemain, je lui apportai ma procuration la plus étendue, hors de vendre, en le priant de n'en plus parler. Il lui restait encore une somme considérable entre les mains de son correspondant, négociant à Bordeaux; mais cela se réduisit à peu de chose, car ce négociant retarda son payement et le fit en assignats, qui perdaient beaucoup. Mon père n'en retira donc presque rien.

Mon père, en sa qualité de député de la noblesse du département de Seine-et-Marne, avait protesté contre les décrets de l'Assemblée nationale et émigré. Il avait rejoint les princes. Je le mettais au courant de tout ce qui se passait en France par des moyens de correspondance convenus entre nous, et il transmettait les nouvelles à un de mes cousins, M. le comte de Vaudreuil (1), grand fauconnier de France, lieutenant général et cordon bleu, et conseiller intime des princes. Mon père

---

(1) Joseph-Hyacinthe-François de Paule de Rigaud, comte de Vaudreuil, né à Saint-Domingue le 2 mars 1741, était le fils aîné du marquis de Vaudreuil, lieutenant général, beau-frère du marquis de Paroy et son collègue à l'Assemblée constituante. Maréchal de camp en 1780, il était connu par son goût pour les arts et par sa belle collection de tableaux. Il avait émigré avec le comte d'Artois. Il ne rentra en France qu'avec les Bourbons en 1814, devint pair de France et lieutenant général, et mourut à Paris le 17 janvier 1817. — C'est à tort que le comte de Paroy donne à son cousin le titre de lieutenant général, car à cette époque le comte de Vaudreuil n'était encore que maréchal de camp.

me prévint un jour qu'il viendrait faire un petit voyage
à Paris pour se préparer à un plus grand, et il me chargea de diverses commissions qui devaient être prêtes
pour son arrivée. Peu de jours après, il arriva et m'annonça que Monsieur et M. le comte d'Artois l'avaient
nommé, en août 1791, gouverneur de Saint-Domingue,
pendant qu'il se trouvait à Heidelberg. Il devait aller
ménager dans cette colonie une retraite aux princes
et aux émigrés, pour le cas où ils seraient forcés d'en
venir à cette extrémité. Il fallait garder le secret le
plus absolu pour n'éprouver aucun obstacle en France
de la part du parti jacobin. J'objectai à mon père que
sa position était très délicate, parce que le roi, n'approuvant pas la conduite de ses frères, considérait
leurs actes comme nuls; que si en réalité il n'était
guère libre, il ne voulait pas qu'on parût le croire. Dans
ces conditions, c'eût été manquer à ses devoirs que de
ne pas faire part à Sa Majesté de sa nomination de gouverneur de Saint-Domingue. Mon père hésita d'abord;
ayant confié sous le sceau du secret les motifs de son
voyage à son ami le chevalier de La Tremblaye, celui-ci
fut de mon avis. Il fut convenu alors que je demanderais pour lui une audience au roi. Je ne pouvais l'obtenir que par Mme la baronne de Mackau, ancienne gouvernante de Madame Élisabeth, et dont la fille, Mme la
comtesse de Soucy, était sous-gouvernante de Madame
Royale. La famille royale était si espionnée qu'il était
difficile de parler au roi en particulier, et la reine
m'avait dit que, si j'avais quelque chose d'intéressant
à lui faire savoir, j'en prévinsse Medame Élisabeth, qui
avait la liberté d'aller chez Mme de Mackau par l'intérieur. Je priai donc cette dernière d'expliquer à

Madame Élisabeth que mon père revenait de Coblentz et désirait une audience particulière du roi, ayant une nouvelle importante à lui communiquer. Mme de Mackau me répondit au bout de deux jours que Madame Élisabeth avait parlé au roi, mais que celui-ci hésitait à accorder une audience sans en connaître le motif. Je répliquai que mon père ne pouvait le révéler qu'au roi. Le même jour Mme de Mackau me prévint que Madame Élisabeth viendrait le soir chez elle, et que je pourrais alors lui parler. Effectivement, je l'y vis sur les neuf heures. Elle m'annonça que le roi recevrait mon père et moi dans son cabinet le lendemain au retour de la messe, que nous y entrerions sans affectation avec le service de la chambre, et que M. de Septeuil, alors de service, me ferait signe de le suivre. Mon père et moi, en habit noir, après la messe, nous entrâmes dans l'appartement du roi, qui nous avait aperçus en passant. M. de Septeuil s'approcha de moi, et nous le suivîmes. Il me dit que le roi viendrait dès que tout le monde se serait retiré. Un moment après, le roi entra avec la reine; il nous sourit gracieusement et par un signe de tête nous invita à nous approcher. Mon père s'avança et lui exposa le motif qui avait déterminé les princes à lui conférer le gouvernement de Saint-Domingue; il ajouta que, se trouvant à Paris, il avait cru devoir, en fidèle sujet, demander à Sa Majesté la confirmation de sa nomination. Le roi répondit : « Je ne puis, monsieur, vous accorder ce que vous me demandez, et je ne dois rien écouter de tout ce qui y a rapport. » Alors mon père lui dit : « Comme je ne puis rester à Paris sans danger, ayant fait répandre dans ma province ma protestation comme député, j'ai l'honneur de prendre congé de Votre Majesté et je retourne auprès des princes. — Vous êtes le maître, monsieur, et je vous souhaite bonne santé. » Mon père et moi, après avoir salué le roi, nous nous retirions, lorsque Sa Majesté m'appelle et me dit : « Vous n'avez pas, monsieur, les mêmes raisons de vous en aller que monsieur votre père ; je croyais que vous nous resteriez. — Oui, Sire, et c'est avec autant de respect que de reconnaissance et d'affection que je me dévoue à Votre Majesté. » Le roi me fit un signe d'approbation, et nous nous retirâmes. Mon père partit trois jours après pour Coblentz, et moi, je restai à Paris.

J'ai su par Mme de Mackau, qui le tenait de Madame Élisabeth, que le roi avait témoigné à la reine être fort content de moi, et qu'il me considérait comme un de ceux sur lesquels il croyait le plus compter.

Ce fut un médecin, nommé Guillotin, qui, par un sentiment d'humanité, proposa de substituer à la potence un autre instrument de supplice. Il en proposa à l'Assemblée le modèle, qui fut adopté et baptisé du nom de guillotine, d'après le nom de son auteur (1). Le même soir (2), au coucher du roi, on parla de ce décret. M. le duc de Levis y fit une description de l'instrument : « Mais, dis-je, il n'est pas nouveau. J'ai

---

(1) Le comte de Paroy fait ici une confusion assez fréquente. Il attribue à Guillotin le modèle de la machine à décapiter, tandis que c'est le chirurgien Louis qui, au nom de l'Académie de chirurgie, fit, le 7 mars 1792, un rapport sur l'instrument le plus propre à la décapitation. Guillotin s'était borné à proposer comme mode de supplice plus prompt la décapitation, et à faire rédiger en ces termes l'article IV du Code pénal, le 3 juin 1791 : « Tout condamné à mort aura la tête tranchée. »

(2) Le 20 mars 1792, jour où l'Assemblée avait adopté le mode de décapitation formulé par le chirurgien Louis.

dans mes estampes le supplice d'un certain Marcus Æneus, avec une machine ressemblant à la guillotine. » Le roi entra dans ce moment et demanda ce dont il était question. M. le duc de Levis lui dit : « Sire, nous parlions de l'instrument de ce médecin, qu'on a baptisé *guillotine*, d'après son nom, et M. de Paroy nous disait avoir une estampe d'un sujet romain, où figure un instrument semblable. Il nous a promis de l'apporter pour la singularité du fait. » — « Mais, dit le roi, d'après le rapport qu'on m'en a fait, je ne désapprouve pas cette machine, et je la préférerais à la potence, qui fait souffrir le patient et qui en a manqué quelques-uns. »

Le lendemain, j'apportai au coucher du roi mon estampe. La différence était celle-ci : ce n'était pas une détente qui faisait tomber la hache, mais un soldat coupait avec son sabre la corde qui la retenait. Le roi regarda beaucoup cette estampe, sur laquelle il fit plusieurs réflexions. Hélas! je ne pensais pas alors que ce malheureux prince en serait la victime. Cette idée m'a bien souvent tourmenté depuis.

XII

Le comte parcourt les groupes des Tuileries (18 juin 1792). — Bruits d'attaque contre le château (19 juin). — Préparatifs des faubourgs Saint-Marceau et Saint-Antoine. Le bataillon des Filles Saint-Thomas se rend au château. Dispositions prises pour la défense. Preuves de dévouement du commandant Aclocque. Envahissement des Tuileries par le peuple (20 juin). — Le roi et la famille royale dans la salle du Trône. La reine fait porter le Dauphin chez Mme de Mackau. — Le peuple défile devant le roi, sur la tête duquel on place un bonnet rouge. — Le comte de Paroy monte la garde à la porte du roi dans la nuit du 20 au 21 juin. Il dessine de mémoire la scène de la veille. Louis XVI demande à voir le dessin, en reconnaît l'exactitude et en félicite l'auteur. — Le comte assiste au coucher du roi, qui le remercie de son dévouement (21 juin). — Il fait passer au comte d'Artois une lettre de la reine et se sert dans cette circonstance d'un garde du corps. — Subterfuges employés pour envoyer des lettres à Coblentz. — La duchesse de Polignac est au désespoir de ne plus recevoir de nouvelles de la reine. Le comte, averti par le comte de Vaudreuil, fait prévenir la reine par Madame Élisabeth. La reine fait écrire à la duchesse par Madame Royale et lui envoie mille louis. Moyens employés par le comte pour faire parvenir cette somme à la duchesse.

Depuis plusieurs jours les Marseillais se promenaient en groupe à Paris, chantant des airs patriotiques et insultant ceux qu'ils croyaient aristocrates (nom donné aux royalistes). Peu à peu les gardes nationaux des faubourgs les accompagnèrent, et j'en ai vu des pelotons de plus de deux cents remplir ainsi le milieu des boulevards. Ils commirent quelques troubles, mais le public étonné, les voyant soutenus, n'osait rien dire, ce qui les enhardit.

Le 18 juin, je parcourus tous les groupes des Tuileries. Chacun y commentait la lettre de La Fayette à l'Assemblée ; l'un le traitait de fou, l'autre de traître. « Il va venir avec son armée », s'écriait-on, et je me disais intérieurement : « Plût à Dieu ! » Les femmes disaient : « Il a violé les droits de l'homme ! » Les hommes : « Il parle en maître à l'Assemblée ; il veut singer le rôle de Monck. » J'entendis dire du roi : « C'est un traître, un coquin ! » et tenir les propos les plus injurieux contre la reine. On allait jusqu'à parler de créer un autre pouvoir exécutif.

Le 19 juin, dans la journée, un bruit circula qu'il y aurait pour le lendemain un coup monté contre le château. Chacun des habitués des Tuileries s'empressa de s'y rendre ; il n'y eut rien ce jour-là. Mais le lendemain, de grand matin, on apprit que les faubourgs Saint-Marceau et Saint-Antoine se réunissaient avec les Marseillais pour venir au château. Sur cette nouvelle, on renforça la garde, et le bataillon des Filles de Saint-Thomas, resté fidèle au roi, s'y rendit. Tous les militaires armés de leur épée affluèrent ; mais à cause des intelligences des factieux avec des gens du château, toutes les grilles étaient ouvertes et ne pouvaient se fermer ; on avait en effet placé une chaîne avec un fort cadenas entre les grilles pour empêcher la fermeture au moment de l'arrivée des Marseillais. Ce plan fut exécuté par des gens affidés, sans que les personnes du château s'en doutassent. De tous côtés dans la matinée on entendait des rappels et on voyait des rassemblements de troupes et de peuple remplir le Carrousel. Le roi convoqua son conseil et dit à M. le marquis de Chambonas, alors ministre de la guerre (1), de faire les dispositions militaires nécessaires de défense, mais de n'agir qu'à la dernière extrémité. La garde royale était dans les cours du château ; la cour actuelle était alors divisée en trois par des murs et de petits bâtiments en avant du côté du Carrousel. Le sieur Aclocque, brasseur, commandant la garde nationale de son quartier, venu au château, tâchait de rassurer le roi et la famille royale. Il paraissait tout dévoué et le prouva dans cette journée. La masse des troupes des faubourgs augmenta au point que le Carrousel en fut encombré. Les grilles des cours, qu'on avait fermées, furent bientôt forcées sous la pression de la populace et la garde repoussée sans pouvoir se défendre. Alors les cours furent inondées de gens courant au grand escalier pour entrer dans le château. Les Suisses et les gardes nationaux, placés sous le péristyle, incapables de résister à l'impulsion d'une telle masse et intimidés par les vociférations, montèrent dans les appartements pour s'y barricader. Ils furent suivis de si près par les Marseillais que tous entrèrent presque ensemble dans la première salle. La quantité de monde qui y était les empêcha de pénétrer plus avant. Alors l'un dit : « Allons chercher du canon, et nous les mitraillerons. » Plusieurs se détachèrent et peu après montèrent à bras par l'escalier deux pièces de canon sur le palier de la chapelle.

Le roi, la reine et la famille royale étaient dans la

---

(1) Victor-Scipion-Louis-Joseph de La Garde, marquis de Chambonas, neveu du maréchal de Biron, maréchal de camp, avait été nommé ministre des affaires étrangères en remplacement de Dumouriez, le 17 juin 1792. C'est donc à tort que le comte de Paroy le qualifie de *ministre de la guerre*, fonctions alors remplies par Lajard.

salle du Trône pendant ce temps-là avec les ministres et les habitués du château. On avait bien fermé la porte aux deux verrous et on savait la pièce antérieure pleine de troupes ; cela était rassurant, mais on ignorait ce qui se passait sur l'escalier.

La reine ordonna à M. Hue, valet de chambre de confiance de M. le Dauphin, de conduire par le petit escalier le jeune prince chez Mme de Mackau, qui demeurait dans les mansardes, et dit à M. le comte du Pujet et à moi de l'accompagner. M. Hue crut prudent de me faire passer en avant pour prévenir les obstacles et prier Mme de Mackau d'avertir s'il y avait le moindre empêchement. Le roi me fit un signe d'approbation. Je partis vite et je trouvai Mme de Mackau avec le comte de Vanoise. Elle me dit avoir une bonne cachette pour M. le Dauphin, en cas d'événement. Après avoir attendu un bon demi-quart d'heure, ne voyant pas arriver M. le Dauphin avec M. Hue (1), je sortis pour rejoindre le

---

(1) Dans une autre version de la journée du 20 juin, mais moins personnelle que celle-ci, le comte de Paroy raconte que le valet de chambre Hue emporta le Dauphin, et que la reine, ne se rappelant plus ses ordres, réclama son fils. Une femme de chambre, tout effarée, cria : « M. le Dauphin est enlevé! » La reine tomba évanouie, mais presque aussitôt une femme de la reine rapporta le Dauphin, que lui avait remis M. Hue. — Le comte ajoute aussi :

« Nous fûmes témoins de la vive sollicitude du roi pour la reine; il lui envoya des grenadiers qui parvinrent à la garantir des atteintes de la populace. On vint rassurer le roi sur la reine et ses enfants. J'en ai eu les détails par M. Hue qui rejoignit la reine dans la salle du Conseil. On jeta à M. le Dauphin un bonnet rouge; on demanda qu'il fût monté sur la table. Il fut une demi-heure à se familiariser avec ce spectacle et finit par en rire, en jouant innocemment avec ce bonnet rouge. La reine avait un maintien fort digne : les uns en étaient frappés, les autres y paraissaient insensibles; ici, on criait : Vive la reine! là, on vomissait mille horreurs. Les députés, restés auprès d'elle, en sortirent pénétrés de respect et attendris malgré eux. »

roi, mais le bruit confus que j'entendis au bas de l'escalier me prouva que l'issue n'était pas libre. Je retournai chez Mme de Mackau. A peine y fus-je entré que nous entendîmes dans le corridor une masse de monde marchant très vite sans discontinuer. Cela dura plus de deux heures à la pendule. On ne pouvait distinguer qu'un bruit confus, des jurements et le chant de la *Marseillaise;* mais on se rendait compte que le refoulement de la queue de la colonne les empêchait de s'arrêter. Peu à peu le bruit diminua ; alors je sortis et j'appris par quelques traînards qu'on les avait obligés de filer après avoir traversé les appartements ; qu'une partie était sortie par la porte donnant sur les jardins, et l'autre par un escalier donnant sur le corridor. Ils me dirent que le roi et la famille royale se portaient bien, qu'ils venaient de les voir en défilant devant eux. Je remontai tranquilliser Mme de Mackau en lui apprenant cette bonne nouvelle, puis je redescendis dans la salle du conseil où j'avais laissé la famille royale. Je la trouvai assise derrière des tables protégées par des grenadiers ; il y avait devant un espace vide par lequel la colonne défilant avait pu voir le roi.

La reine, qui m'aperçut, eut la bonté de me faire un signe de tête de satisfaction. Le comte du Pujet m'aborda et me raconta qu'au moment de monter avec M. le Dauphin, la reine l'avait appelé, ainsi que M. Hue, parce qu'on venait de lui dire qu'on avait forcé la salle d'à côté ; qu'alors le commandant Aclocque avait rassuré le roi en lui affirmant qu'on passerait sur son corps avant d'aller jusqu'à lui, et l'avait engagé à se placer dans l'embrasure d'une croisée avec la famille royale, en plaçant devant eux des bancs et des grenadiers pour empêcher la foule d'approcher. Pendant ce temps-là les sans-culottes, entrés de force dans la pièce voisine, braquaient le canon et se disposaient à y mettre le feu, quand quelqu'un leur représenta que la commotion ébranlerait la voûte qui pourrait les écraser dans sa chute. Cette considération les retint; ils pénétrèrent jusqu'à la porte de la salle où était le roi et voulurent la forcer à coups de crosse et de baïonnette; un d'eux même passa la sienne au travers d'une fente d'un panneau, tandis qu'on proférait des vociférations et des cris indignes contre le roi. Alors ce prince dit à l'huissier placé à côté de la porte : « Ouvrez, je ne veux pas qu'ils entrent en forçant la porte. » — « Mais, Sire... » dit l'huissier. — « Ouvrez, je le veux et vous l'ordonne », répéta le roi. L'huissier tira les deux verrous; la porte s'ouvrit, et la poussée fut si forte que les premiers entrés furent portés au fond de la salle, dont on dut ouvrir la porte. Santerre, commandant de la garde nationale, soit qu'il fût touché de la position de la famille royale, soit qu'il vît le premier coup manqué, dit au roi : « Ne craignez rien, je vous réponds de tout. » Puis il s'écria : « Allons, filez, mes b..., filez vite, sans vous arrêter ! » Et avec son sabre il les faisait dépêcher. Il y eut un moment de stagnation causé par l'encombrement de la porte et de l'escalier. Un petit homme, qu'on reconnut pour un perruquier, mit son bonnet rouge au bout de sa pique et dit : « Vive la nation ! Il faut que le roi mette le bonnet rouge. » Ce cri, répété par la colonne qui était dans la salle, le fut aussi par ceux de la pièce voisine. Santerre, soit qu'il fût bien aise de voir le bonnet rouge sur la tête du roi, soit qu'il voulût éviter un mouvement dangereux, prit le bonnet et le passa à un grenadier placé derrière le roi, lequel posa le bonnet sur la tête du souverain. Celui-ci, quelque indigné qu'il fût de cette indigne farce, conserva la figure la plus impassible et se résigna comme le Christ lors du couronnement d'épines. Santerre cria : « Vive le roi ! » et ce cri fut répété par tous et dans la chambre voisine. On ferma les portes ; le roi et la famille royale se placèrent derrière les tables, et le peuple défila devant eux précipitamment, sans s'arrêter, mais sans trouble. Plusieurs portaient de vieux et sales pantalons au bout de bâtons, se qualifiant de sans-culottes, nom qui leur resta, et criant : *Vive la nation* (1) !

Voilà ce que racontèrent MM. du Pujet et Hue, témoins de cette scène scandaleuse et sans exemple. On estime que plus de vingt mille hommes défilèrent devant le roi dans cette procession qui dura trois heures.

Vers les huit heures, le roi et la famille royale, après quelques réflexions sur cet événement, rentrèrent dans leur intérieur. Toutes les troupes étaient parties, même la garde de service depuis la veille.

---

(1) Dans une autre version, le comte de Paroy ajoute ces curieux détails :

« Un énorme dessus de table, taillé comme les livres de la loi de Moïse, sur lequel on voyait écrit en lettres d'or la Déclaration des droits de l'homme, paraissait être la grande relique de cette procession. Elle était entourée de femmes qui portaient des sabres et des broches. On voyait des hommes portant des branches d'olivier : les bonnets rouges étaient par milliers, et à chaque fusil ou à chaque pique pendait une banderole sur laquelle on lisait : « La Constitution ou la mort ! »

Celle-ci était restée toute la nuit sur pied, et au milieu du désordre on avait oublié de la relever et de la remplacer par la garde montante ; aussi n'y avait-il plus une seule sentinelle au château. Mais tout paraissait si calme, après le grand brouhaha de la journée, que l'on ne pensait seulement pas à la garde, tout faisant présumer que la nuit serait paisible.

Je fus me rafraîchir chez mon père, qui était malade, et lui donner des détails sur cette journée, pensant qu'il devait en être inquiet. Après l'avoir tranquillisé, je retournai au château sur les neuf heures, et me rendis chez Mme de Tourzel. J'y trouvai MM. le duc de Choiseul-Stainville, le marquis de Montmorin, le marquis de Brézé et le comte de Tourzel. Après avoir beaucoup parlé des événements de la journée, MM. de Choiseul, de Montmorin et de Brézé projetèrent d'aller faire des reconnaissances dans divers faubourgs et de revenir en rendre compte au château. M. de Tourzel dit qu'il resterait pour faire prévenir la reine par sa mère de ce qui surviendrait de nouveau. Moi, je me proposai pour aller monter la faction la nuit à la porte du roi et convenir avec M. de Septeuil, premier valet de chambre, couchant dans la chambre royale, d'un moyen de communication avec lui, ajoutant que ces messieurs viendraient m'y donner les nouvelles. Cela convenu, j'allai faire part à M. de Septeuil de mon projet et du plan de ces messieurs. Il me dit qu'il passerait sous la porte un ruban qui serait attaché à son bras, et que je n'aurais qu'à tirer pour l'avertir. Je le priai de me donner une arme quelconque ; il m'apporta un très beau sabre turc, dont on avait fait présent au roi quelque temps auparavant. Il fit mettre deux bougies allumées sur une table avec deux bouteilles de vin de Bordeaux et d'Espagne, un pâté et du pain, avec des fruits et de l'eau, et me souhaita le bonsoir.

Deux heures après, vers minuit, M. de Choiseul vint prévenir Mme de Tourzel que tout était bien tranquille dans Paris et les faubourgs; elle me l'envoya dire. M. de Montmorin vint de son côté me faire le même rapport. Voyant une collation, il me proposa d'entamer le pâté et de boire un verre de vin, ce que nous fîmes en causant des événements; puis il retourna faire une seconde tournée. A trois heures et demie, il faisait jour. M. de Septeuil m'ayant remis un cahier de papier, une plume et de l'encre, j'en profitai pour dessiner la scène de la veille, au moment où le roi ordonnait d'ouvrir la porte et où le colonel Aclocque lui disait d'être tranquille. A cinq heures et demie, M. de Septeuil sortit de la chambre du roi et me dit que Sa Majesté avait bien dormi toute la nuit, qu'il allait l'informer que tout avait été calme, et que j'avais monté la faction toute la nuit à sa porte. Il trouva mon dessin bien conforme à la vérité des faits. Il rentra dans l'appartement du roi, en m'engageant d'aller me reposer. « Non, lui dis-je, je ne quitterai mon poste honorable que quand je serai relevé par une autre sentinelle. » Je continuais mon dessin, lorsque j'entendis le roi venir à six heures et demie. Je me remis en faction, la pointe du sabre en bas. Le roi me dit : « J'ai su par Septeuil que vous aviez passé toute la nuit en faction à ma porte; vous devez être bien fatigué, surtout ayant été témoin de ce qui s'est passé la veille. » Je lui fis la réponse de Michaut à Henri IV. Le roi reprit : « Septeuil m'a parlé d'un dessin que vous avez fait de la scène d'hier. » — « Ce n'est qu'une légère esquisse, Sire ; la voilà sur la table. » J'allai la chercher ; il déclara reconnaître parfaitement la scène, et il ajouta comme par réflexion : « Ah! quelle journée ! » Il eut la bonté de me dire d'aller me reposer et rentra dans son appartement.

Toutes les autorités constituées, honteuses pour la ville de Paris de la scène indécente et horrible de la veille, s'empressèrent de venir, en corps, exprimer leur douleur au roi. Il arriva également de tous les départements des adresses pleines de témoignages d'indignation.

Le soir, je me rendis au coucher du roi; la chambre était remplie des personnages les plus marquants. Le roi, après avoir parlé à plusieurs, vint à moi et me dit : « Vous avez sans doute été vous coucher? » — « Non, Sire, répondis-je, le service du cœur ne fatigue pas le corps. » Le roi, en se retournant, ajouta : « Messieurs, c'est que M. de Paroy a passé la nuit dernière en faction à ma porte. » Cela me valut des compliments des personnes présentes. « Messieurs, leur dis-je, vous en auriez fait autant, si l'occasion se fût présentée. »

A cette époque, je fus chargé par la reine de faire passer une lettre à M. le comte d'Artois par la voie la plus sûre et la plus rapide. On était plus espionné que jamais, et la méfiance était encore augmentée par les faux bruits semés par les jacobins sur tous ceux qu'on soupçonnait d'être attachés au roi. Je connaissais un brave garde du corps, qui m'avait dit s'être fait beaucoup d'ennemis par son dévouement au roi et m'avait confié que, ne se croyant pas en sûreté à Paris, il aurait, s'il en avait eu les moyens, émigré et obéi aux sollicitations de ses parents et amis sortis de France. Il venait très souvent au château. L'ayant aperçu, je pensai à lui pour exécuter ma commission. Je lui dis de me joindre dans le jardin ; j'allai l'y attendre ; je lui demandai s'il était toujours dans les mêmes intentions : « Hélas ! s'écria-t-il, les moyens seuls me manquent, car, si je les avais, un quart d'heure après je serais hors de Paris. » — « Eh bien, répliquai-je, je vous les procurerai, si vous me donnez votre parole que vous vous chargerez d'une lettre pressée et risquerez tout pour la faire remettre vous-même. Le dessus sera une fausse adresse. » Je lui expliquai que je lui procurerais un passeport de domestique d'un négociant, que pour jouer ce rôle et défier tout soupçon il devait prendre une place dans le cabriolet à côté du conducteur. Il m'en donna sa parole d'honneur ; je lui recommandai de se tenir prêt et de revenir le lendemain à la même heure. — J'allai de suite chez Mme de Mackau pour la prier de faire prévenir la reine par Madame Élisabeth. On me pria de revenir le soir sur les huit heures. Madame Élisabeth me remit elle-même la lettre de la reine, en me disant qu'elle était de conséquence et qu'on s'en fiait à moi, ajoutant que la lettre n'était pas signée et que l'écriture était contrefaite, mais que le contenu en ferait reconnaître l'auteur. Elle m'enjoignit d'aller, le lendemain matin, chez M. de La Porte, qui avait ordre de me remettre cinq cents francs que j'avais jugé être nécessaires au garde du corps. Le lendemain matin, M. de La Porte me remit un billet de cinq cents francs que j'allai changer. Je fus ensuite prendre un passeport à l'Hôtel de ville; je l'arrangeai au signalement et au nom d'un domestique de négociant et me rendis aux Tuileries. Le garde du corps m'y attendait; je lui remis les cinq cents francs moitié en or, moitié en argent; nous allâmes ensemble rue Notre-Dame des Victoires prendre sa place dans le cabriolet à côté du cocher, et je ne le quittai que quand je le vis partir dans la voiture. Je le chargeai d'autres lettres pour Coblentz. Je fis dire à Madame Élisabeth que la lettre était partie et qu'elle serait fidèlement rendue. Je n'en ai plus entendu parler.

J'avais fait souvent passer des lettres que me faisait remettre Madame Élisabeth sous le couvert du nom, convenu avec M. le comte de Vaudreuil, d'un négociant nommé Wanderberg, à Vienne. De Vienne on les envoyait à Coblentz. Je les insérais entre la peau et le carton d'un vieux dictionnaire allemand, et il était impossible de les découvrir, à moins d'être dénoncé. J'écrivais une lettre attachée au petit paquet, j'y prévenais ce Wanderberg que son fils, en allant le joindre, avait oublié son dictionnaire qu'on m'avait remis; que, le port étant moins cher que sa valeur, je le lui renvoyais, croyant lui faire plaisir. Je ne lui donnais que des nouvelles insignifiantes de commerce et d'affaires et de sa soi-disant famille. Ce moyen m'a toujours réussi, et j'en ai plusieurs fois profité.

Un jour, je reçus une lettre de M. le comte de Vaudreuil, mon cousin germain; il m'écrivait de Vienne que c'était avec douleur qu'il était témoin du dépérissement de Mme de Polignac, qui séchait et mourait de chagrin de se voir abandonnée de la reine, sans en recevoir une légère marque d'intérêt; que plus elle avait été comblée par celle qui l'avait si souvent appelée son amie, plus elle était affectée de cet abandon; que le moindre témoignage de son souvenir lui rendrait le bonheur et la vie, qu'elle ne regrettait que son cœur. Mon cousin me mandait en même temps que si la reine avait connaissance de la triste existence de la duchesse, elle en aurait pitié; que ce qui la touchait le moins était de voir le besoin s'avancer à grands pas.

La lecture de cette lettre, qui me parvint un soir, me navra de chagrin. Je connaissais la sensibilité de Mme de Polignac et son extrême attachement à la reine; je ne l'avais pas perdue de vue depuis son enfance, lui étant parent et nos familles ayant toujours été très liées. Mme la comtesse d'Andlau, tante de Mlle de Polastron, l'avait élevée et passait sa vie chez Mme la marquise de Vaudreuil, sa parente. Cette dernière était tante de ma mère par son mari, et par amitié m'avait pris deux ans chez elle, depuis ma sortie de pension jusqu'à mon entrée au régiment, de sorte que je voyais Mme d'Andlau et Mlle de Polastron presque tous les jours. Ce fut ma mère qui fut chargée de négocier son mariage avec M. le comte Jules de Polignac, et la première entrevue avec Mlle de Polastron eut lieu chez elle. Depuis, j'avais toujours vécu dans son intime société, même dans le temps de sa plus grande faveur. Elle aimait beaucoup le dessin, et ce goût nous réunissait souvent des matinées entières. La douceur de son caractère et la bonté de son cœur ajoutaient au charme de son amitié. La reine avait su l'apprécier et en faire son amie; aussi était-il impossible que dans son heureuse et brillante position elle ne fût pas en butte à l'envie et même à la calomnie. Mme la duchesse de Polignac, malheureuse de l'abandon de la reine, me parut si à plaindre, que j'en fus douloureusement affecté et tourmenté toute la nuit, sans pouvoir dormir. Le lendemain, je me décidai à faire passer à la reine la lettre de M. de Vaudreuil, en lui mandant que je croyais satisfaire au besoin de son cœur en lui faisant connaître la triste position de Mme la duchesse de Polignac, qu'elle avait honorée du nom d'amie, et que la crainte de perdre son affection rendait malheureuse. Je remis à Mme de Mackau ma lettre pour la reine, en y renfermant celle de M. de Vaudreuil. Je lui en dis le contenu. Ma lettre parvint à la reine par Madame Élisabeth. Cette bonne princesse eut la bonté de me dire que la reine parlait souvent de Mme de Polignac dans son intérieur, et que certainement elle ignorait sa position; elle ajouta qu'elle me ferait savoir sa réponse.

Le lendemain, Mme de Mackau me dit : « Vous avez très bien fait d'avoir fait connaître à la reine la lettre de M. de Vaudreuil; j'ai été témoin qu'elle a dit à Madame Royale : « Il y a bien longtemps, ma fille, que vous n'avez écrit à Mme de Polignac, ce n'est pas bien. » La jeune princesse lui répondit : « Maman, cela m'aurait fait bien plaisir, mais je n'ai pas osé sans votre permission. » — « Vous le pouvez, lui répondit la reine, je ne vous l'ai pas défendu. Vous lui direz que nous l'aimons toujours bien et parlons d'elle souvent. » La jeune princesse écrivit tout de suite une lettre pleine de sensibilité et d'attachement, et la remit à la reine, qui la cacheta sans adresse et me la remit pour vous la donner en vous recommandant d'aller le lendemain matin chez M. de La Porte de sa part (1). » Mme de Mackau ajouta en confidence que le roi avait exigé de la reine qu'elle n'écrirait à personne, pour ne pas se compromettre.

Le lendemain, M. de La Porte me dit qu'il avait ordre de la reine de me remettre mille louis pour faire passer à Mme de Polignac. Je lui en fis le reçu, qu'il me demanda sans désignation d'emploi. J'étais très embarrassé pour les envoyer sûrement, sachant qu'on ne laissait passer aux frontières ni or ni argent monnayé. Je m'adressai à un gros marchand de drap, M. Le Gras, rue Saint-Honoré, le connaissant depuis longtemps pour un brave homme. Je me confiai à lui, lui disant que c'était pour de malheureux émigrés. Il

---

(1) J'ai eu entre les mains l'original d'une lettre de Madame Royale à la duchesse de Polignac. En voici le texte :

« Je vous prie de croire, Madame, que je ne vous aurais jamais accusée de manque d'amitié pour mes parents, mais j'ai jugé vos motifs. Vous me parlez de votre absence; je vous assure qu'elle est certainement aussi dure pour moi que pour vous. Vous venez d'avoir un grand chagrin; je vous prie de croire que je l'ai bien partagé, et que c'est encore une raison de plus pour que j'eusse désiré que vous fussiez ici. Maman vous embrasse de tout son cœur et me charge de vous dire qu'elle a bien pris part à votre affliction. Quand on perd une amie, on est bien à plaindre. Je le sais par expérience, car je l'ai bien éprouvé lorsque je vous ai quittée; mais moi, j'ai l'espérance de vous revoir. Je finis de parler de vos peines pour ne pas les prolonger.

« Vous m'avez demandé des nouvelles de mon frère. Il se porte toujours aussi bien que lorsque vous l'avez quitté, et il est bien grand et toujours aussi joli. On ne se fait pas d'idée de l'amabilité dont il est pour papa et pour maman. Il dit souvent des choses qui sont au-dessus de son âge. Il dîne tous les jours avec nous, et il y soupe quelquefois.

« Je vais vous apprendre une nouvelle, Madame, qui certainement vous fera plaisir : c'est que M. Reyé, votre valet de chambre, est valet de garde-robe de maman.

« Adieu, Madame; je vous embrasse et vous aime de tout mon cœur. »

me conseilla d'acheter du drap de troupe dont manquait l'Allemagne, que ce n'était pas sa partie de commerce, mais qu'il connaissait un très gros magasin, très bien assorti, où je trouverais ce qu'il me fallait. Sur mon observation de mon peu de connaissance dans les draps, il s'offrit de faire mon marché pour que je ne fusse pas trompé. J'acceptai sa proposition. Je lui remis les mille louis en vingt-quatre billets de banque. Il se chargea de faire bien emballer, douaner et envoyer à Vienne les marchandises, toujours à l'adresse de ce Wanderberg. J'en prévins particulièrement M. de Vaudreuil. Le tout fut prêt et partit le lendemain. M. Le Gras eut la délicatesse de faire son marché de façon que l'escompte de remise du comptant payât, outre les frais de caisses et d'emballage, une partie du transport.

Je m'empressai d'aller prévenir Mme de Mackau que ma commission était faite et partie, ainsi que la lettre, dont je portai réponse environ trois semaines plus tard. Un mois après, j'appris que le tout était arrivé à bon port, et qu'à la vente il y avait eu 1,387 francs de profit sur le prix acheté de Paris, ce qui paya au delà des frais de port. La reine, à qui je fis savoir ces détails, m'en fit témoigner par Mme de Mackau sa satisfaction.

XIII

Formation d'un camp de vingt mille hommes à Soissons (8 juin 1792). — Lettre de Louis XVI à l'Assemblée sur la célébration de la fête de la Fédération (5 juillet). — Suspension de Petion et de Manuel (6 juillet). Elle est levée par l'Assemblée (13 juillet). — Alarmes de la cour pour la sûreté de Leurs Majestés. Les comtes de Paroy et du Pujet visitent le Champ de Mars le matin du 14 juillet, et vont rendre compte de leur mission à M. de Septeuil. — Arrivée du roi au Champ de Mars. — Arrivée du cortège national. — Prestation du serment par le roi. — Anxiété de la reine, qui suivait la scène avec une longue vue. — Retour du roi et de la famille royale aux Tuileries. Enthousiasme des gardes nationaux.

L'anniversaire du 14 juillet n'avait pu être célébré en 1791, à cause de l'arrestation de Louis XVI à Varennes. L'Assemblée décida qu'il le serait cette année pour la seconde fois, mais elle voulut en faire une fête militaire. Le 8 juin, elle décréta la formation d'un camp de vingt mille hommes à Soissons, où devraient se rendre tous les Français venus à Paris pour la fédération. Ces fédérés commençaient à arriver de tous côtés, et il semblait que la cérémonie serait une occasion de troubles, d'autant plus que l'Assemblée avait éloigné les troupes de ligne et licencié l'état-major des gardes nationales, mesures qui laissaient sans défense la capitale et le gouvernement. Pour déjouer les projets des factieux, le roi écrivit, le 5 juillet, à l'Assemblée une lettre où on trouvait ces passages :

« Nous touchons à cette fameuse époque où tous les Français vont de toutes les parties de ce royaume célébrer la mémoire du pacte d'alliance contracté sur l'autel de la patrie le 14 juillet 1790. La loi ne permet qu'un renouvellement annuel du serment fédératif dans le chef-lieu. Mais nous avons une mesure qui, sans donner la moindre atteinte à la loi, me paraît être au niveau des grands événements qui se préparent de toutes parts... J'ai vu qu'il n'y avait pas de garantie plus sûre que la réunion des deux pouvoirs, renouvelant le même vœu, celui de vivre libre ou mourir... Un grand nombre de Français accourent de tous les départements; ils pensent doubler leurs forces si, près de partir pour les frontières, ils sont admis à la fédération avec leurs frères de la ville de Paris. Je vous exprime le désir d'aller au milieu de vous recevoir leur serment et de prouver aux malveillants, qui cherchent à perdre la patrie en nous divisant, que nous n'avons qu'un même esprit, celui de la Constitution, et que c'est principalement par la paix intérieure que nous voulons préparer et assurer nos victoires. »

La lecture de cette lettre fut accueillie par d'unanimes applaudissements.

Le 6 juillet, le conseil du département de Paris, composé de partisans de La Fayette, prit un arrêté solennel suspendant le maire de Paris Petion et le procureur de la commune Manuel pour leur conduite dans la journée du 20 juin. Cette mesure, sanctionnée par le roi le 11 juillet, fut dénoncée à l'Assemblée comme un attentat contre les sections et devint une affaire de salut public. Le 19, les ministres, après avoir rendu compte de leur gestion et de l'état de leurs départements respectifs, avaient donné leur démission et brusquement quitté la salle, ce qui fit que

Louis XVI se trouvait sans ministres comme à l'époque du 14 juillet 1789. De nombreuses pétitions réclamaient la mise en accusation de La Fayette et la réintégration de Petion. Le 11, l'Assemblée proclama la patrie en danger, et, le 13, intimidée par des pétitionnaires sortis des mêmes repaires qui avaient vomi les brigands du 20 juin, leva la suspension de Petion, ce qui était blâmer ouvertement le département et le roi.

Comme ce magistrat orgueilleux et vindicatif devait jouer un des principaux rôles dans cette fédération, et que d'ailleurs on le savait voué à la faction dite d'Orléans, tous les amis de la famille royale redoutaient ce jour-là pour la vie de Leurs Majestés. Des placards affichés avec profusion sur les murs invitaient tous les bons citoyens à ne pas sortir du Champ de Mars, le lendemain, sans avoir vengé le sang répandu le 17 juillet de l'année précédente. On voyait dans les boutiques des armes qu'une imagination féroce pouvait seule inventer. Mille avis perfides ou sincères, partant d'un zèle inquiet ou d'une rage atroce, arrivaient de tous côtés au roi et à la reine. On les prévenait que ce jour était marqué pour l'exécution des derniers forfaits, et qu'au milieu de la foule des assassins se précipiteraient sur leurs personnes sacrées. Les gardes suisses et quelques bataillons de gardes nationaux furent destinés à protéger la famille royale contre les bandes de Petion.

Les grenadiers des différentes sections avaient brigué l'honneur d'escorter la voiture du roi ce jour-là. Le 13, on désigna le bataillon des Filles-Saint-Thomas.

Le 14 juillet, le comte du Pujet et moi, alarmés des préparatifs de la veille, nous nous rendîmes au château chez M. de Septeuil, vers les sept heures du matin. Celui-ci nous dit que le roi était levé et avait témoigné le désir de savoir les dispositions qu'on avait faites au Champ de Mars, et s'il y avait déjà beaucoup d'attroupements. Nous répondîmes que nous allions nous assurer par nous-mêmes de ce qui en était, et que nous viendrions lui en rendre compte de suite. Nous partîmes en suivant la rivière, et arrivâmes au Champ de Mars, où nous vîmes divers petits groupes occupés à couronner de bonnets rouges tous les arbres, et environ cinquante pièces de canon. Le Champ de Mars paraissait désert; le petit nombre de personnes qui s'y trouvaient avaient l'air de s'y promener en curieux; on y disait que le peuple s'était porté à la Bastille pour y voir poser par soixante membres de l'Assemblée législative la première pierre de la colonne qu'on devait ériger sur les ruines de ce château. Aucun maréchal ne se trouvait à cette cérémonie, parce que la veille chacun d'eux ayant été invité par le ministre de la guerre, au nom de la municipalité, à figurer dans la marche où ils devaient porter l'oriflamme, et à se rendre à six heures du matin sur la place de la Bastille, tous avaient refusé leur concours à une aussi ridicule mascarade.

Le comte du Pujet et moi, nous entrâmes sur le Champ de Mars, où nous comptâmes quatre-vingt-trois petites tentes, chacune élevée sur un petit tertre et ayant devant elle un petit peuplier si frêle qu'on eût dit des plants d'arbres. Ces peupliers étaient ornés de banderoles tricolores, dont le mouvement causé par l'air les faisait balancer au point qu'on les croyait sur le point d'être renversés. Ces arbres symbolisaient les quatre-vingt-trois départements. Dans le milieu du Champ de Mars on élevait un tombeau, formé de quatre châssis de toile peinte en gris, en mémoire de ceux qui étaient morts sur les frontières. On lisait sur un des côtés :

Tremblez, tyrans, nous les vengerons!

L'autel de la patrie était comme imperceptible au milieu du Champ de Mars : c'était une colonne tronquée, placée sur la masse quadrangulaire érigée en 1790. Aux quatre angles se trouvaient quatre petits autels, sur lesquels on brûlait des parfums. A cent toises derrière l'autel, du côté du fleuve, on avait planté un grand arbre, appelé l'arbre de la féodalité, aux branches duquel étaient suspendus des cuirasses, des casques, des cordons bleus entrelacés de chaînes. Cet arbre émergeait d'un gros bûcher, sur lequel on avait amoncelé des couronnes, des tiares, des chapeaux de cardinaux, les clefs de Saint-Pierre, des mitres, des manteaux d'hermine, des bonnets de docteurs, des titres de noblesse et des sacs de procès. On y distinguait une couronne royale et parmi les écussons bien en évidence ceux de France, de Provence, d'Artois, de Condé. Chacun faisait la réflexion que celui d'Orléans y manquait. On devait proposer au roi de mettre le feu au bûcher. Une grosse figure de la loi et une autre de la liberté étaient placées sur des roulettes, à l'aide desquelles on faisait mouvoir ces deux divinités. Des deux côtés s'élevaient deux grandes tentes, l'une, à droite, pour le roi et l'Assemblée nationale, l'autre, à gauche, pour les corps administratifs de Paris. Enfin, cinquante-neuf pièces de canon étaient disposées sur le bord du fleuve. Après avoir bien remarqué toutes ces dispositions, du Pujet et moi, nous allâmes en rendre compte à M. de Septeuil; celui-ci le rapporta au roi, qui conférait dans ce moment avec M. de La Porte. Ce dernier nous enjoignit d'aller à l'École militaire nous placer dans la pièce attenante à celle destinée au roi, et il nous donna deux billets d'entrée. Nous eûmes assez de peine à y parvenir, tant la foule se portait au Champ de Mars par les avenues de l'École militaire et des Invalides. Le serment était annoncé pour midi. Le roi arriva à onze heures. Son cortège était imposant; un détachement de cavalerie ouvrait la marche, puis venaient de l'infanterie de ligne, les pages, les écuyers, suivis d'un grand nombre de personnes. Il y avait trois voitures; dans la première étaient M. le prince de Poix, M. de Brézé, le marquis de Tourzel, M. le comte de Saint-Priest; dans la seconde, les dames de la reine, Mmes de Tarente, de la Roche-Aymon, de Maillé et de Mackau; dans la troisième, le roi, la reine, Monsieur, Mgr le Dauphin, Madame Royale, Madame Élisabeth, Mme la princesse de Lamballe. Cinq cents grenadiers ou volontaires nationaux escortaient les voitures, et les ministres marchaient à côté des portières du roi. Quatre compagnies de grenadiers suisses fermaient la marche.

Les trompettes, les tambours et une salve d'artillerie annoncèrent l'arrivée du roi. Sa Majesté traversa les appartements avec un air calme et serein, et la reine avec la noble dignité qui ne la quittait jamais, mais on voyait sur son visage l'empreinte du malheur qu'elle voulait chercher à dominer. Madame Élisabeth semblait toujours un ange résigné au sacrifice de sa personne. Madame Royale avait une tristesse intéressante, et Mgr le Dauphin, beau comme l'Amour, inspirait le plus tendre intérêt. Le roi, la reine et la famille royale saluèrent avec sensibilité tout ce qui s'offrit à eux.

Une partie des troupes traversa l'École militaire sous le portique du milieu et alla se former en bataille sur le Champ de Mars, tandis que l'autre occupait les avenues du dehors. Le meilleur esprit animait les grenadiers, qui remplissaient l'antichambre de l'appartement où se tenait le roi. La reine parut avec le Dauphin en uniforme de garde national : « Il n'a pas encore mérité le bonnet, dit-elle aux grenadiers. — Madame, dit l'un d'eux, il y en a beaucoup ici à son service. » Des cris d'enthousiasme accueillirent ces paroles.

Enfin le canon annonça que le cortège national débouchait dans le champ de la Fédération. Le roi et sa famille se mirent au balcon, couvert d'un riche tapis de velours cramoisi brodé d'or. Toutes les personnes réunies dans les appartements se rangèrent à leurs côtés.

Le cortège national entra dans le Champ de Mars par la grille de la rue de Grenelle, défila sous le balcon du roi et se porta vers l'autel de la patrie. A la suite de cinquante gendarmes nationaux venait un groupe d'hommes, d'enfants, de femmes armés de piques, de haches et de bâtons. Une musique jouait le fameux air *Ça ira*. Des gens déguenillés faisaient des gestes et montraient des écriteaux insolents pour la personne du roi. Des cris de : *Vive Petion ! La mort ou Petion !* commencèrent à se faire entendre, poussés par des bandes de mendiants, des femmes ivres couronnées de fleurs, par toute la canaille des faubourgs, qui avaient écrit sur le derrière de leurs chapeaux avec de la craie : *Vive Petion!* Les six légions parisiennes défilèrent, pêle-mêle avec des femmes, des sans-culottes, coiffés de bonnets rouges et ayant des pains ou de la viande au bout de leurs baïonnettes ou de leurs piques, des aumôniers qui dansaient à la tête des régiments, au refrain de chansons infâmes hurlées par des espèces de furies, qui s'arrêtaient avec affectation sous le balcon du roi. On voyait au bout des bâtons des écriteaux, les uns atroces, les autres bêtes, comme celui qui portait : « Vivent les braves gens qui sont morts au siège de la Bastille ! » La confusion des langues, des hommes et des choses, et le mépris de toute pudeur et de toute honnêteté, voilà ce que représentait cette solennité qui devait être si auguste.

On remarquait que les cris de : *Vive Petion!* cessaient lorsque les soldats défilaient, surtout les grenadiers des légions et la ligne. Le 104ᵉ régiment défila après une troupe de brigands vomissant des infamies. Ce régiment fit halte sous le balcon, et sa musique joua, au milieu des applaudissements de la multitude : *Où peut-on être mieux qu'au sein de sa famille?* Le 105ᵉ régiment en fit autant, jusqu'à la section du faubourg Saint-Marceau. On remarquait aisément que les cris séditieux étaient proférés par les mêmes voix et par des gens apostés. Le brave Aclocque vint faire écarter la foule, et on respira quelques instants. On vit ensuite défiler des hommes portant les tables de la loi, un petit bas-relief de la Bastille et une petite machine où tout le monde reconnaissait la *guillotine*. L'Assemblée parut enfin et s'arrêta sous le balcon pour attendre le roi.

Le roi, après avoir serré la main de la reine avec un air expressif de tendresse et de résignation, descendit, escorté de toutes les personnes attachées à son service; le reste entoura la reine et le Dauphin. Le président de l'Assemblée, M. Aubert Dubayet, jeune officier d'infanterie, auquel la Révolution avait tourné la tête, reçut le roi à sa gauche, avec un maintien respectueux et décent. De l'autre côté était le vice-président Lacroix, les cheveux roulés et dans l'accoutrement d'un jacobin. Il y eut une petite altercation à l'occasion du service du roi. M. Dubayet insistait pour que tous ceux qui le composaient allassent en avant; et on le vit ordonner à un huissier de se tenir derrière lui. Une triple haie de grenadiers nationaux et suisses entourait le roi et l'Assemblée. Mais le roi, les députés, les soldats, la foule, tout se touchait, tout se pressait; il n'y avait pas d'espace vide. C'était une masse qui présentait une ondulation continuelle. Enfin la cavalerie, se portant en avant, déblaya le terrain, et je pus distinguer de l'École militaire le roi dans une espèce de carré vide formé par des troupes; pendant qu'il marchait vers l'autel, la cinquième section commença à défiler.

Jusque-là les cris séditieux de : « Vive Petion! » avaient paru poussés par des gens soudoyés, parce que c'étaient toujours les mêmes voix qui en donnaient le signal et les proféraient souvent seules; ils devinrent plus nombreux. On ne sait d'où venait ce ramassis de gens, mais les armes, les visages, les hurlements, le costume, tout était effrayant. Ils se rendaient justice eux-mêmes en criant sans interruption : « Vivent les gueux ! vivent les brigands ! vive Petion ! » Des groupes de prostituées chantaient aux oreilles de la reine les couplets les plus obscènes et les plus atroces qu'on pût imaginer. On criait : « A bas l'Autrichienne ! à bas M. et Mme Veto ! Petion ou la mort ! »

Enfin ce Petion, ce maire réintégré de la veille, parut à la tête de la municipalité. Les cris et les blasphèmes redoublèrent en sa présence. A le voir, la tête baissée, pâle, tremblant, embarrassé, on aurait cru qu'il avait la conscience bourrelée ; il n'osait pas lever les yeux sur le balcon, ni sur cette populace soudoyée ou enivrée, qui insultait en son honneur à la famille royale (1). La reine était cruellement distraite de ces insolences par ses anxiétés à l'égard du roi : quand elle ne put plus le suivre des yeux, elle prit une longue-vue et resta immobile, pendant une heure entière, tenant d'un bras le Dauphin et de l'autre suivant le roi avec sa lunette. Un instant elle s'écria : « Il a descendu deux marches ! » Ce cri excita un frissonnement d'inquiétude. Le roi, en effet, ne put gagner le haut de l'autel, parce que la foule occupait la partie supérieure. Il y eut alors un mouvement alarmant ; le député Dumas eut la présence d'esprit de crier : « Grenadiers, prenez garde à vous ! haut les armes ! » Les sans-culottes

---

(1) Consulter sur le girondin Petion, dont Paroy fait un si triste portrait, le volume de Dauban, intitulé *Mémoires inédits de Petion et Mémoires de Buzot et de Barbaroux* (Paris, Plon, 1866, in-8°). Petion, l'idole du peuple, fut réduit à échapper par le suicide à l'échafaud. Aussi commence-t-il ses *Mémoires* par cette phrase : « Je suis un des exemples les plus frappants de l'inconstance des faveurs populaires. » Sa déclaration avant de se donner la mort, faite avec son ami Buzot, est pleine de dignité et ne donne pas du caractère de Petion l'idée qu'en avait le comte de Paroy.

alors reculèrent et se replièrent sur la foule. Le moment du serment prêté au bruit d'une salve de cinquante-quatre pièces de canon rangées du côté du fleuve dut être assez imposant pour ceux qui étaient près de l'autel. La sixième légion n'avait pas encore défilé, lorsque la cavalerie annonça le retour du roi. Cette sixième légion, marchant au pas redoublé, fut coupée par l'escorte du roi et presque culbutée par le peuple.

Le président avait proposé au roi, après le serment, de descendre du côté du fleuve et de mettre le feu à l'arbre de la féodalité, auquel était suspendu l'écu de France. « Il n'y a plus de féodalité! » s'écria le roi, et il retourna à l'École militaire par le même chemin. Quand la reine le vit approcher, elle descendit au-devant de lui, et toute la famille royale alla attendre Sa Majesté au bas de l'escalier. Le roi, toujours calme, prit la main de la reine avec tendresse. Madame Royale et le Dauphin se jetèrent dans ses bras et baisèrent ses mains l'une après l'autre en pleurant. Il est impossible de rendre l'ivresse qui s'empara alors de l'entourage du roi et qui se communiqua aux gardes nationaux, aux troupes de ligne, suisses, peuple; dans la cour, aux fenêtres, aux balcons, tous criaient avec transport : « Vive le roi! Vive la reine! » Le roi et la famille royale, ainsi que leur suite, montèrent en voiture avec le même cortège qu'à l'arrivée. Seulement l'ordre de cérémonie n'était plus observé ; si le silence avait accompagné le cortège à l'École militaire, le retour fut un véritable triomphe au milieu d'une ivresse générale jusqu'à l'entrée des Tuileries. Là l'enthousiasme parut encore centuplé, depuis la cour royale jusqu'au grand escalier. Les grenadiers, hors d'eux-mêmes de plaisir et glorieux d'avoir ramené le roi, sans qu'il eût couru le moindre danger, manifestaient vivement leur joie; ils redoublèrent alors leur surveillance, dans la crainte que le court trajet de la cour ne leur enlevât tout le fruit de leur vigilance; forcés de laisser passer la voiture seule par la porte trop étroite, ils se précipitèrent de l'autre côté de la porte pour former une double haie. Aux bénédictions données au roi se joignaient de toute part des imprécations contre les Jacobins. Le roi et la reine montèrent tranquillement dans leur appartement, après avoir témoigné leur sensibilité aux braves militaires et à tous ceux qui les entouraient de leurs preuves de fidélité et d'attachement.

La joie fut universelle au château et dans Paris; les faubourgs et les malveillants s'étaient éclipsés sans bruit, et tout parut calme dans la capitale. Le soir, au coucher, le roi eut la bonté de me dire : « Vous êtes arrivé à temps au château, à ce que m'a dit la reine, pour y rassurer sur l'inquiétude où l'on pouvait être de nous. Votre lunette leur a été très utile. »

XIV

Bruits alarmants répandus dans Paris sur un dépôt d'armes aux Tuileries (juillet 1792). — Le comte de Paroy surprend, au club du Palais-Royal, une conversation sur les projets des Jacobins et prévient M. de La Porte. — Il confectionne une sorte de cuirasse pour le roi et la famille royale, et en fait l'expérience (8 août 1792). — Il va, sur la demande de la reine et de la princesse de Lamballe, reconnaître un canon placé sur la plate-forme du pont Neuf et braqué contre le pavillon de Flore. Conversation avec le capitaine de garde nationale commandant le poste (9 août). — Visite du maire Petion aux Tuileries (9 août). — Mauvaises dispositions prises par le commandant Mandat pour défendre le château. Observations du baron de Vioménil à ce sujet. Nouvelle du massacre de Suleau. Appréhensions de la princesse de Lamballe (10 août). — Mandat quitte le château sur l'ordre de la commune. On propose au roi de partir, mais celui-ci refuse, au grand chagrin de ses serviteurs. Le roi inspecte les postes des Suisses et des gardes nationaux. Il demande que ces derniers se tiennent près de lui. — Députation du département de Paris qui décide le roi à se rendre à l'Assemblée nationale. Les gentilshommes veulent suivre leur souverain, mais Rœderer s'y oppose, et Louis XVI refuse leurs services. Indignation du marquis de la Rochejaquelein et des autres nobles. — Pourparlers des Suisses avec le peuple. Le baron de Bachmann les fait cesser. Commencement de la fusillade. Un premier coup de canon frappe le mur entre deux fenêtres du château. Le comte est contusionné. Les gentilshommes ôtent leurs croix de Saint-Louis, dont la vue excitait le peuple. Préparatifs de défense. Chute du badalquin du lit de parade. — Le comte de Paroy se met à la tête de Suisses et de gardes nationaux, reprend sa croix de Saint-Louis, s'avance sur la terrasse des Feuillants et échange une fusillade avec un bataillon de la section des Gravilliers. Combat entre les Suisses et les Marseillais. Retraite des Suisses. Le comte réussit à se sauver. Il voit abattre la statue de Louis XIV sur la place Vendôme et rencontre M. Le Brun, qui l'empêche d'intervenir. Il rejoint son père, mais, après avoir mangé, il repart pour avoir des nouvelles de la famille royale. — Reconnu par le peuple pour un aristocrate, il est poursuivi et n'échappe que par un subterfuge. — Il sort de nouveau le soir. — Le maréchal de Mailly est sauvé par un sans-culotte.

La fin du mois de juillet se passa dans la plus affreuse agitation. Chaque jour des mouvements plus séditieux, des rumeurs plus alarmantes entretenaient la fureur du peuple et son aveuglement. Les factieux ne cessaient de lui répéter qu'un dépôt de cocardes blanches, d'armes et de munitions de toutes espèces, avait été formé aux Tuileries; ils ajoutaient qu'un parti redoutable était prêt à se déclarer pour la famille royale, que l'avant-garde du duc de Brunswick (ils nommaient ainsi le rassemblement des émigrés) était déjà parvenue à entrer dans Paris, et qu'aussitôt que les armées ennemies seraient aux portes de la capitale, le roi, assuré de ce secours, se mettrait à la tête des royalistes, fondrait avec eux sur l'Assemblée et, ressaisissant son pouvoir, exercerait sur le peuple la plus terrible vengeance.

J'étais bien informé de ces bruits par un des coryphées du parti jacobin. Je le fus plus personnellement dans la circonstance suivante : Un soir que j'étais au club du Palais-Royal, où venaient entre autres l'abbé Sieyès et M. le chevalier Doraison, et que j'attendais l'heure d'aller au coucher du roi, me trouvant seul dans la pièce et tenant un journal à la main, je m'endormis. Ayant le sommeil très léger, je fus réveillé par le bruit de la voix de M. Doraison, mais, feignant de dormir encore, j'entendis la conversation, qui roulait sur le regret que les coups montés du 20 juin et du 14 juillet eussent manqué. On y avait toujours gagné, disait-il, l'assurance de faire agir les mêmes personnes et le peuple, quand on le voudrait, et la conviction que le roi n'oserait jamais prendre sur lui de faire un acte de vigueur, parce qu'il ne voulait que temporiser, comptant qu'à la fin le peuple se lasserait. Il fallait donc, ajoutait-il, le prévenir, continuer à effrayer la cour, quitte à frapper un grand coup pour en finir, et battre le fer quand il était chaud. L'entrée d'autres personnes termina ce colloque et rendit la conversation générale sur les bruits qui couraient et que l'abbé Sieyès appelait *bavardages populaires*.

J'allai, le lendemain matin, rendre compte de cela à M. de La Porte ; il me dit avoir déjà reçu quelques avis par ses espions et affidés, qui s'étaient introduits comme Jacobins dans leurs réunions et leurs clubs, et m'assura qu'il en parlerait au roi pour aviser aux mesures de sûreté à prendre pour éviter le retour des journées du 20 juin et du 14 juillet. Mais le roi, temporisant toujours et croyant prévenir de nouveaux prétextes de sédition, écrivit au maire pour l'engager à venir faire la visite du château et vérifier par lui-même la fausseté de ces imputations. Petion, qui savait à quoi s'en tenir sur la vérité de ces bruits, non seulement eut l'impertinence de ne pas se rendre à cette invitation, mais ne daigna pas même envoyer une députation municipale au château. Le roi adressa la même sollicitation à l'Assemblée nationale, mais celle-ci ne crut pas de sa dignité de lui répondre et encore moins d'employer son empire sur le peuple pour le détromper.

Cependant l'aspect de la capitale devenait d'heure en heure plus effrayant et plus tumultueux. Des placards insolents étaient affichés dans les rues, sur les places publiques et jusque sur les murs du palais. Les Marseillais et les fédérés circulaient continuellement autour des Tuileries et se promenaient par pelotons en entonnant les chansons les plus révolutionnaires. Ils étaient suivis d'une populace mutinée et furieuse, qui réclamait le tocsin et la déchéance du roi. On voyait dans ces groupes des factieux leur faire la leçon et annoncer que le coup fatal allait enfin être porté.

En effet, dès les premiers jours d'août, on parlait presque ouvertement d'une attaque contre le château. Peu y croyaient, ne pensant pas la chose possible. Cependant on désigna même la date, et ce jour-là tous les habitués du château s'y rendirent, et les postes de la garde nationale furent doublés. Mais, soit que les Jacobins ne fussent pas prêts, soit qu'ils crussent le château mieux gardé qu'il ne l'était, il n'y eut aucun mouvement. Le 8 août, on se montra fort inquiet des bruits de projets hostiles, qui ne se vérifièrent que trop le surlendemain.

Pendant ce temps-là je ne quittais pas les Tuileries; j'y couchais souvent et j'avais fait porter des vêtements dans ma chambre, pour être libre d'entrer sans être habillé.

Tout dévoué au roi et à la famille royale, je n'étais sans cesse occupé que des moyens de leur rendre service. Jugeant, par l'événement du 20 juin, les projets criminels des Jacobins, je résolus de mettre Sa Majesté et sa famille à l'abri d'un assassinat. Je savais par expérience que trente doubles de taffetas de Florence, piqués en carré d'un pouce environ, présentaient une résistance telle par la souplesse et par la quantité de superficies multipliées, que l'outil le plus acéré, la balle même, ne pouvait les traverser et qu'on n'éprouvait que l'effet d'un fort coup de poing. En conséquence, je confectionnai moi-même un gilet pareil et une pièce d'estomac pour modèle, ce qui faisait dans la poche comme le volume de deux mouchoirs. J'allai les montrer à M. de La Porte, et je fis devant lui l'expérience du plastron de taffetas piqué. Je l'attachai au fauteuil, et, avec mon épée, je lui prouvai qu'on ne pouvait le percer. Il en fut surpris et l'essaya lui-même, sans y réussir. Je fis plus : je mis sur ma cuisse le plastron de taffetas, et avec un outil de graveur bien aigu, nommé grattoir, qui est le plus dangereux des poignards, je m'en frappai plusieurs fois de toute ma force. L'élasticité de ce petit matelas me faisait relever la main, sans que l'outil pénétrât plus de quelques doubles. « Ce n'est pas tout, lui dis-je, il faut que vous voyiez l'expérience de la balle ; venez avec moi en faire l'épreuve, pour que, bien convaincu des propriétés d'un pareil gilet, vous puissiez le proposer au roi afin qu'il en fasse usage en cas d'insurrection. » J'ajoutai que les cuirassiers avaient bien une armure conservatrice, que la mort du roi occasionnerait des malheurs incalculables et qu'il fallait prévenir, que la prudence était le courage des rois. Il fut de cet avis et convint que je dînerais chez lui et qu'après nous irions ensemble, comme pour nous promener, sur le boulevard du Temple, que nous ferions un tour à pied et profiterions de la foule pour entrer au petit spectacle, afin de dépister les espions dont il se savait environné. Nous ne nous mîmes pas près l'un de l'autre, et décidâmes de sortir au premier entr'acte et de descendre l'escalier qui conduisait à la rue basse où mon cabriolet m'attendait. Il avait, de son côté, ordonné à son cocher de l'attendre à la porte Saint-Denis. Nous allâmes bon train auprès de Saint-Gervais, et, avec deux vrilles, j'attachai le plastron de soie, et à six pas je tirai un coup de pistolet. La balle marqua seulement le premier taffetas d'une nuance sale plombée, sans pénétrer, et disparut ayant apparemment fait ricochet. Je pris un second pistolet et m'approchai à la distance d'un demi-pied. La bourre alluma les deux premiers doubles, les trois de dessous furent roussis, et la balle tomba par terre. M. de La Porte, convaincu de l'impénétrabilité du plastron, m'engagea à en faire pour la famille royale et à les proposer à la reine par l'intermédiaire de Mme la marquise de Tourzel. Pour lui, il se chargerait d'en parler à M. de Septeuil, valet de chambre du roi, et de presser Sa Majesté de s'en servir en cas de révolte et de danger. Nous revînmes à Paris; je le descendis au premier fiacre; il regagna sa voiture porte Saint-Denis. Il était environ sept heures et demie du soir. Je courus chez moi chercher le gilet ample pour le lui porter, selon nos conventions. Ensuite je me rendis chez Mme de Tourzel qu'on me dit être avec la reine. Je lui fis savoir par un mot que j'avais quelque chose de très pressé à lui communiquer, que c'était urgent, que je l'attendais. Elle vint aussitôt; je lui exposai mon projet, en la prévenant que j'en avais parlé à M. de La Porte, que celui-ci l'avait approuvé et dans ce moment devait être avec M. de Septeuil chez le roi pour le presser de l'adopter. Je montrai le plastron à la marquise, avec les marques de balle et de brûlure. Je recommençai devant elle les mêmes expériences faites avec M. de La Porte, je frappai avec mon épée et mon outil pointu de graveur : elle fut d'abord effrayée, mais bientôt rassurée. Je l'engageai d'aller en parler à la reine, ajoutant que j'aurais l'air de l'ignorer pour la laisser libre. Mme de Tourzel y consentit et me dit de l'attendre. Elle monta chez la reine. Une grande heure se passa avant son retour. Elle me pria de lui laisser le tout, quoique la reine l'ait chargée de me dire qu'elle était bien sensible à mon dévouement, mais qu'elle ne profiterait pas de ce que je lui proposais; elle me chargea d'aller prévenir Mme la princesse de Lamballe que la reine l'attendait de suite. J'y fus sur-le-champ; je trouvai la princesse faisant une partie de trictrac avec Mme de Vioménil. Je lui fis ma commission. Elle me pria de prendre sa place au jeu. La partie étant bientôt finie, Mme de Vioménil sortit, et je restai seul à attendre la princesse, qui, en revenant, me dit les choses les plus obligeantes sur ma démarche et ajouta qu'elle croyait avoir décidé la reine à se servir de ces corsets, mais que celle-ci voulait en parler au roi auparavant. Elle me recommanda le plus scrupuleux silence sur sa confidence. Après avoir parlé des événements présents qu'elle voyait bien en noir, elle me dit de revenir le lendemain matin de bonne heure au château. Je lui répondis que j'allais courir chercher des nouvelles pour les lui communiquer. Je fus au club des chevaliers de Saint-Louis : tout ce qu'on y disait n'était rien moins que rassurant. Je me retirai.

Le lendemain 9 août tout le monde paraissait inquiet, les rues étaient plus remplies de monde que de coutume; on voyait se former partout quantité de petits groupes. J'allai au château et fus droit chez

Mme de Mackau, qui me dit que tout ce qu'on rapportait des préparatifs des faubourgs était alarmant. L'agitation était grande dans les cours. Les gardes nationaux avaient doublé les postes, ceux qui n'étaient pas de garde se promenaient, leurs fusils étant en faisceaux. Je retournai en ville chercher mon père, comme il me l'avait demandé. Il resta au château jusqu'au soir. Nous dînâmes tous deux chez Mme la princesse de Lamballe; il partit, comptant revenir le lendemain matin. Le soir, vers les huit heures, Mme la princesse de Lamballe me chargea, de la part de la reine, d'aller savoir ce que c'était qu'un gros canon de 24 qu'on lui avait dit braqué sur le pavillon de Flore; et dont la présence l'inquiétait. On entendait le rappel de tous côtés; les gardes nationaux se rassemblaient; il en entra quelques-uns dans le château. Les rues étaient encombrées de monde. Je courus au pont Neuf; la plate-forme du terre-plein de la statue de Henri IV était pleine de gardes nationaux. Je reconnus parmi eux un bon graveur en médailles, nommé Georges, qui, en sa qualité de capitaine, commandait le poste. Par ses discours il me parut bon royaliste. Je lui demandai pourquoi ce gros canon était tourné du côté des Tuileries. Il me répondit que c'était sans dessein, que sa consigne était d'empêcher la colonne des Marseillais de passer le pont Neuf; que pareille mesure avait été prise au pont Notre-Dame, au pont au Change et au pont Royal. « Mais, lui dis-je, si vous étiez forcés, ce canon serait nuisible au château; il faudrait, en cas où vous seriez les plus faibles, enclouer la lumière du canon pour le rendre inutile. » Je lui expliquai qu'il fallait pour cela se munir de forts clous de maréchal ferrant, avec un gros marteau et un ciseau; qu'avant d'abandonner le canon, on enfoncerait dans la lumière un fort clou avec le marteau, puis qu'on le couperait à ras de l'ouverture avec le ciseau, que cela empêcherait de s'en servir. Il me comprit bien et envoya chercher les instruments nécessaires, en m'assurant qu'il ne s'en rapporterait qu'à lui. Il me parut très attaché à la famille royale et me donna sa parole d'honneur d'exécuter ce que je lui avais conseillé. Je m'en retournai au château, enchanté de rassurer la reine sur ses craintes. J'appris plus tard que sur les onze heures la commune avait fait relever les postes et remplacé celui du pont Neuf par un bataillon des faubourgs.

Sur les neuf heures le tocsin sonnait et le tambour résonnait de tous côtés; le Carrousel se remplissait de monde. J'eus de la peine à pénétrer au château et me rendis droit à l'appartement de la reine, où se trouvaient Mme la princesse de Lamballe et plusieurs personnes. Je rendis compte de ma commission, et voulus rentrer dans la galerie où se tenaient beaucoup de militaires : « Restez, me dit la reine, si vous voulez. » Le roi vint un moment et nous fit un bienveillant signe de tête. Le comte du Pujet me proposa d'aller avec lui savoir des nouvelles chez Mme de Tourzel et de parcourir le château. Le roi avait envoyé chercher Petion, maire de la commune, pour lui demander la cause de tout ce vacarme. Petion arriva, chercha à tranquilliser le roi et sortit. En passant avec le comte du Pujet dans la galerie d'en bas qui menait chez Mme de Tourzel, nous vîmes Petion et une autre personne arrêtés par une sentinelle et parlementer avec elle : « Ah! parbleu, monsieur le maire, disait la sentinelle, on nous promet le bal pour cette nuit, vous le danserez avec nous. » Pendant ce colloque, le compagnon de Petion avait pu s'évader et retourner au manège, où il annonça qu'on avait arrêté le maire au château. Sur ces entrefaites, arriva Petion, qui avait passé en persuadant la sentinelle que le roi lui avait donné une commission importante pour l'assemblée du manège et qu'il attendait la réponse. Il fut reçu avec acclamation, et, à cause du danger qu'il était censé avoir couru, on lui donna une garde pour sa sûreté.

Le comte du Pujet et moi, nous remontâmes raconter ce dont nous avions été témoins : le roi rentra dans son appartement; le tocsin redoubla. M. Mandat, ancien capitaine aux gardes françaises, commandait au château la garde nationale de Paris. Il recevait à chaque instant des billets de l'Hôtel de ville par des aides de camp ou des ordonnances. Vers les onze heures, la reine et Madame Élisabeth se retirèrent dans leur intérieur. Mme la princesse de Lamballe resta seule avec les dames de sa maison. Tout à coup on entendit des coups de fusil dans le lointain. Chacun en donna son opinion, mais tous pensaient qu'on voulait attaquer le château. Les appartements de la salle du trône, celle du conseil, la galerie attenante se remplissaient de personnes dépendant du château ou de militaires de tous grades et autres qui accouraient offrir leurs services au roi. Les ordonnances de l'Hôtel de ville se multipliaient. On ordonnait à M. Mandat de se rendre à la commune; il répondit qu'il ne pouvait, vu la circonstance, quitter le château. Nous étions tous étonnés de ne lui voir prendre aucunes dispositions militaires, comme de placer des postes aux guichets du Carrousel, sur le pont Royal, aux rues aboutissantes et dans les cours. Plusieurs officiers généraux lui en firent l'observation. Il répondit qu'il avait ordre de défendre le château et non pas d'en faire sortir la troupe. On fut surpris de son entêtement. M. de Vioménil lui dit : « Mais, monsieur, nous serons pris ici comme dans une souricière. » A cela M. Mandat répliqua qu'il savait ce qu'il avait à faire. Alors on comprit que ce commandant allait tout compromettre par ineptie, car on ne le soupçonnait pas de trahison. Sur ces entrefaites, un aide de camp apporta au commandant un ordre très précis de se rendre à la commune sur-le-champ. Indécis, M. Mandat consulta plusieurs anciens militaires qui se trouvaient là, lesquels, voyant l'entêtement de cet homme à ne prendre aucune mesure, lui répondirent que, puisqu'on le pressait si fort, c'était sans doute pour des raisons essentielles ; que si on insistait encore, il ferait bien d'obéir. Nous voyions bien que son second, un jeune homme, était docile à nos sages conseils, mais que M. Mandat paralysait tout.

Les nouvelles les plus alarmantes circulaient dans le château ; les cloches et les tambours retentissaient de tous côtés ; le Carrousel était tellement encombré qu'on ne pouvait plus sortir de ce côté. Vers minuit, on vint nous dire qu'on avait massacré une patrouille de bourgeois et qu'on promenait leurs têtes sur des piques. On ne voulait pas le croire, mais nous en eûmes bientôt la confirmation. M. Suleau, l'auteur, bon royaliste, entendant le tocsin et les tambours, avait engagé ses voisins à faire patrouille dans leur rue. Une patrouille marseillaise passa et lui demanda le mot d'ordre. Suleau l'ignorait; on le laissa libre, en raison de la force de sa troupe; mais une demi-heure après une autre patrouille plus nombreuse parut de l'autre côté de la rue et rejoignit la première, de sorte que Suleau se trouva pris entre les deux et fut désarmé avec ses compagnons. Les Marseillais formèrent entre eux un conseil de guerre et condamnèrent la soi-disant fausse patrouille à être fusillée; la sentence fut exécutée sur-le-champ, et on coupa les têtes, que l'on promena sur des piques par les rues.

Cette nouvelle parvint au château et donna matière à de tristes réflexions sur l'audace de ces Marseillais et sur leurs projets. J'étais alors avec M. le comte du Pujet et le marquis d'Allonville, sous-gouverneurs des Enfants de France, dans l'appartement où se tenaient la reine, Madame Élisabeth et Mme la princesse de Lamballe. Nous allions alternativement chercher des nouvelles pour les leur rapporter. Vers minuit, la reine et Madame Élisabeth se retirèrent comme avait fait le roi quelques moments auparavant. Il ne restait plus que Mme la princesse de Lamballe et les dames de sa maison. Elle ne voulut jamais se retirer : semblant pressentir le triste sort qui l'attendait, elle répétait : « Nous ne l'échapperons pas; nous serons tous massacrés ! Ils ont juré notre mort ! » Rien ne pouvait la rassurer.

Il arriva un nouvel ordre de la commune à M. Mandat, encore plus impératif que les premiers. Alors le commandant se décida à partir, après avoir donné à son second des instructions particulières. Nous le vîmes tous sortir avec plaisir, sans nous douter du triste sort qui l'attendait. Tous les ordres de la journée avaient été changés et les postes relevés. Une heure plus tard, on vint nous annoncer que M. Mandat venait d'être tué d'un coup de pistolet, et qu'on l'avait fouillé pour prendre l'ordre qu'il avait reçu de défendre le château.

A cette nouvelle, le second de M. Mandat comprit qu'il n'y avait de salut pour lui que dans la défense du château. Écoutant les conseils qu'on lui donnait, il prit des dispositions pour les postes intérieurs seulement, car il était trop tard pour placer des gardes aux ponts, dont les troupes des faubourgs et les Marseillais s'étaient emparés.

Sur les quatre heures il faisait grand jour; j'étais dans la salle du trône avec M. le baron de Vioménil, le duc de Choiseul, le comte d'Haussonville, M. de Bougainville, le marquis de Montmorin, le marquis de la Rochejaquelein, le comte du Pujet et d'autres dont j'ai perdu le souvenir, lorsque M. de Bachmann, major des gardes suisses, vint nous joindre et dit : « Que pensez-vous, messieurs, de tout ceci? Quant à moi, je vois d'avance le château comme une vaste bière, si le roi veut y rester. » — « Mon avis, dit M. de Vioménil, est que le roi et la famille royale montent en voiture du côté du jardin et qu'on les accompagne jusqu'à Rambouillet; nous sommes sûrs ainsi de les sauver. Les gardes suisses et les gardes nationaux restés au château, et tous tant que nous sommes, nous formerons une masse asssez considérable pour n'être pas enfoncée par la populace, et une fois dehors on sera plus fort. » Cet avis fut adopté par tous. M. le comte d'Haussonville, lieutenant général, grand louvetier de France et cordon bleu, se chargea, en notre nom, d'aller en faire la proposition au roi. Nous étions persuadés que le roi accepterait ce sage avis, et nous attendions avec impatience sa décision, lorsque M. le comte d'Haussonville revint avec un air tout triste : « Messieurs, dit-il, il n'y a rien à faire; le roi ne veut absolument pas partir; il m'a défendu de lui en parler. Il prétend que la Constitution lui défend de se mettre à la tête d'aucune force armée, et qu'il se rappelait son retour de Varennes. Je voulus lui faire des objections; il m'a imposé silence et ordonné de me retirer. » Cette réponse nous consterna tous, car nous voyions échapper ainsi le seul moyen de sauver la famille royale.

Pendant ce temps-là le Carrousel était plein des troupes des faubourgs et de peuple, munis de canons. On voyait des groupes de femmes mêlés aux gens armés de piques. Les grilles des cours du côté de cette place étaient fermées, et les gardes suisses veillaient derrière chaque porte. Les fusils de la garde étaient en faisceaux dans la cour. Il y avait dans le château les bataillons des Filles de Saint-Thomas et de la Butte des Moulins, tous composés de braves gens paraissant dévoués à la famille royale et déterminés à la défendre.

Sur les sept heures le roi parut, et la troupe se mit à crier : *Vive le roi!* Sa Majesté s'était déterminée, sur l'invitation du commandant des Suisses, à venir inspecter les postes des gardes suisses et des gardes nationaux, à qui cette démarche devait faire plaisir. Le roi, accompagné seulement de quelques personnes, fût accueilli par tous les postes avec enthousiasme et par les cris de : *Vive le roi!* Ces acclamations prolongées furent entendues sur la place où l'on criait, comme pour narguer : *Vive la nation!* Le roi rentra bientôt dans ses appartements.

Tout le monde attendait dans les appartements et dans la galerie, lorsqu'on annonça que le roi et la famille royale allaient paraître. On se rangea en deux haies sur plusieurs files. Je me trouvais à la porte de la salle du Conseil quand le roi arriva. J'avais à ma droite M. le marquis de Montmorin et à ma gauche MM. le duc de Choiseul-Stainville, le marquis de La Rochejaquelein et le marquis de Brézé. On ouvrit les deux battants; le roi s'avança d'un pas ; nous avions tous l'épée à la main. Le commandant de la garde, s'approchant de Sa Majesté, lui dit : « Sire, la salle des Gardes en avant est pleine de troupes, on ne peut les forcer, vu leur nombre; l'escalier est aussi garni. Tous ces messieurs feront une sortie, s'il est nécessaire, avec la troupe. Voilà ce qui a été arrêté. » — « C'est très bien, répondit le roi ; mais je désirerais avoir aussi près de moi la garde nationale. » Un cri unanime de : *Vive le roi!* se fit entendre. Le commandant alla vite chercher ses hommes et revint à la tête de deux files de soldats marchant sur deux rangs, qui se placèrent devant nous, la baïonnette au bout du fusil. On mit deux sentinelles à la porte où était le roi. Un silence respectueux et attentif régnait dans la salle. Le roi fit un pas en avant et dit : « Messieurs les gardes nationaux, j'ai désiré vous avoir près de moi et vous prouver ma confiance en vous associant à la brave noblesse que vous voyez réunie ici pour me prouver son zèle et son dévouement. »

Un cri spontané de : *Vive le roi!* retentit dans toute la salle et fut repété dans les autres. La sentinelle placée à côté de moi dit d'elle-même : « Je suis ici pour garder le roi et la Constitution. » L'autre répliqua : « Et moi pour garder le roi et ses propriétés. » Ces deux phrases différentes excitèrent un petit bourdonnement, interrompu par le roi, qui dit : « C'est très bien, messieurs, je suis satisfait de vous tous », et se retira avec la famille royale. Tout le monde se mêla alors dans la salle aux gardes nationaux.

Une demi-heure après, on vint annoncer une députation du département, conduite par Rœderer, M. le duc de La Rochefoucauld, etc. Chacun alors reprit sa place. La députation passa au milieu de la haie et revint un quart d'heure plus tard, suivie du roi et de la famille royale. Le roi s'arrêta et dit à haute voix : « Messieurs, je viens de me décider de me rendre au sein de l'Assemblée nationale, marchons ! » Le marquis de La Rochejaquelein, levant son épée en l'air, s'écria très énergiquement : « Suivons tous le roi ! » — Ce que nous répétâmes tous. Rœderer alors dit : « Halte ! le roi ne doit être accompagné que par la garde nationale ; marchons ! » Mais le marquis de La Rochejaquelein, emporté par son zèle et furieux, comme nous tous, de nous voir ainsi enlever le roi, répéta : « Nous ne quitterons pas le roi ! » et nous lui fîmes écho. Alors le commandant de la garde s'avança vers le roi et lui dit : « Ce qu'ordonnera Votre Majesté sera exécuté. » Le roi répliqua d'une voix forte : « Je ne dois être escorté que par la garde nationale ; marchons ! » — « En avant, marche ! » dit le commandant à ses hommes formant une double haie autour de la députation du département. Le roi était à côté de la reine, qui donnait le bras à M. le Dauphin d'un côté et à Madame Royale de l'autre, ayant à leur suite Madame Élisabeth, la princesse de Lamballe, Mme de Tourzel, le comte d'Hervilly et plusieurs autres personnes de la maison.

« Suivons le roi ! » s'écria-t-on encore. La reine se retourne et dit : « Restez, messieurs, il le faut ! nous allons revenir. » La garde passée, on referma les portes sur nous. Alors le marquis de La Rochejaquelein dit : « Puisque le roi nous a donné l'ordre de rester et qu'il doit revenir, restons. Nous devons, s'il en arrive autrement, nous défendre et partager même sort. J... f..... qui cherchera à s'enfuir pour se sauver ! »

Nous enragions tous de nous être vus obligés, ayant l'épée à la main, d'obéir à l'ordre de Rœderer, sanctionné par le roi, et d'avoir laissé enlever notre souverain. Ainsi nous étions condamnés à l'inaction après avoir montré tant de dévouement, et nous nous trouvions enfermés et bloqués dans le château. A chaque instant arrivaient les nouvelles les plus sinistres : on avait fait attendre le roi avant de le recevoir à l'Assemblée, on l'avait obligé de descendre à la barre, puis on l'avait déclaré déchu de la couronne et on avait proclamé la République. Il paraissait évident qu'on retiendrait le roi prisonnier avec sa famille. Épars dans les salles et dans les galeries du château, nous observions les mouvements de la foule sur le Carrousel et dans les cours. Les Suisses entraient souvent en pourparlers aux grilles avec des femmes qui demandaient à entrer. Des Marseillais et des gardes nationaux des faubourgs les engageaient à ôter leurs baïonnettes, qui les offusquaient. L'officier, sans y voir d'inconvénient, commanda au piquet de mettre la baïonnette au fourreau.

Cette manœuvre parut extraordinaire à M. de Bachmann, qui descendit dans la cour et parla avec vivacité à l'officier du poste. Un moment après, les mêmes groupes demandèrent que l'on ôtât l'amorce des bassinets, disant qu'on n'était pas en guerre. Alors l'officier ordonna à sa troupe de remettre la baïonnette au bout du fusil. M. de Bachmann alla visiter les autres postes. Quelques femmes demandèrent à entrer, pour s'assurer qu'on ne les traitait pas en ennemis. L'officier eut la faiblesse d'y consentir, mais il passa avec elles plusieurs sans-culottes. D'autres voulurent forcer la grille. Ce mouvement fit sortir du perron du milieu des Tuileries un gros peloton de Suisses, qui marcha la baïonnette en avant, pour interdire l'entrée. A sa vue, les groupes de femmes reculèrent jusqu'aux grilles qu'on avait fermées. Des fenêtres, nous observions tous ces mouvements. On ne pouvait communiquer au dehors que par la terrasse du château, du côté des Feuillants.

On entendit un coup de fusil partir du côté de la grille du milieu de la cour. Un instant après on distingua un bruit de feu de peloton et une fusillade. Il est impossible de savoir qui a commencé, car tous ceux qui, des deux côtés, étaient dans cet endroit, périrent. Les grilles furent forcées; les Suisses se retranchèrent dans les vestibules du perron. Alors les gardes nationaux des faubourgs et les Marseillais amenèrent leurs canons ; ils en braquèrent deux sur le bâtiment du milieu et un sur les corps de logis. J'étais dans la salle du Trône avec le comte du Pujet. Le canon du milieu tira le premier; mais comme on avait pointé trop haut, le boulet frappa le toit et y brisa avec fracas nombre d'ardoises et de tuiles. L'autre, braqué du côté de la galerie, près de la salle du Trône, envoya le projectile dans le pan de mur entre deux croisées. J'avais la joue appuyée à la fenêtre, et je ressentis à la pommette une douleur causée par le contre-coup sec de la vitre et qui m'a duré plus d'un mois. Je distinguai clairement le bruit produit par la détonation et par le boulet frappant sur le mur et tombant ensuite sur le pavé.

Beaucoup de gardes nationaux des bataillons des Filles de Saint-Thomas nous engagèrent à ôter nos croix de Saint-Louis, qui fournissaient des points de mire aux coups des Marseillais excités par leur vue. Ils déclaraient avoir entendu tenir des propos justifiant leurs craintes, et protestaient ne donner ce conseil que par prudence et par attachement pour nous. Tous les généraux et les chevaliers de Saint-Louis condescendirent à leur requête. Quant à moi, je mis ma croix dans mon soulier, à côté de la cheville du pied, pour pouvoir la prendre en cas de besoin.

Nous nous consultions sur le parti à prendre. Le roi avait nommé M. le duc de Mailly, M. le marquis de Thiard et M. le baron de Vioménil pour nous commander, et l'ordre était donné de se rallier à eux.

Connaissant plus particulièrement M. le baron de Vioménil, je lui offris de me mettre sous ses ordres; il accepta avec le comte du Pujet. Il fut d'avis de sortir par la terrasse du château. Je lui dis qu'il n'avait pas assez de monde avec lui, que j'allais chercher des gens dont je serais sûr. Je remontai, et, en passant par la chambre du lit de parade, je vis tomber le superbe baldaquin qui le surplombait. Un boulet avait frappé justement la barre de fer qui le tenait suspendu au plancher. La rapidité de sa chute comprima tellement l'air que quatre gros lustres en cristal de roche en furent ébranlés, et que le choc des cristaux produisit un grand bruit qui s'entendit dans les chambres voisines. Pendant ce temps-là M. le baron de Vioménil était descendu et était sorti par la porte souterraine du pavillon de Flore qui donne sur la terrasse. Arrivé moi-même à cette porte, j'allais sortir, lorsqu'on tira un coup chargé à mitraille sur la terrasse qui va au pont Royal le long du château. Cette détonation décida mes compagnons à longer le souterrain pour gagner la porte du milieu. Quant à moi, je traversai vite la terrasse pendant le temps que je présumais nécessaire pour recharger le canon. Des Suisses et gardes nationaux me suivirent, et nous nous trouvâmes à l'abri dans le jardin par la terrasse du bord de l'eau. Pendant ce temps-là on entendait de vives fusillades entre les Suisses et les Marseillais à travers les fenêtres du pavillon de Flore, du côté du pont Royal. Là, nous nous arrêtâmes un moment pour nous grouper ; nous étions environ une centaine de Suisses et de gardes nationaux.

Apercevant M. le marquis de Thiard, qui marchait à grands pas sous l'allée, je courus lui demander ses ordres ; il me répondit : « Tout est perdu sans ressource, tout est désorganisé ; que chacun se sauve comme il pourra. » — « En ce cas, mon général, répliquai-je, je retourne à mes Suisses ! » Puis, revenu vers ceux-ci, l'épée à la main : « Allons, camarades, m'écriai-je, en avant, allons à l'assemblée du manège où est le roi ! ». Ils me regardèrent, surpris de se voir commandés par moi. « Allons, répétai-je, marchons, braves Suisses ! » Je m'aperçus alors qu'aucun signe distinctif ne me donnait le droit de les commander, et qu'à mon habit noir et mon épée d'acier, ils me considéraient pour une personne du château. Je pris dans le côté de mon soulier ma croix de Saint-Louis, je l'attachai à ma boutonnière avec une épingle et leur dis : « Allons, camarades, en avant ! »

« Nous vous obéissons, mon officier », me répondirent-ils. La vue de ma croix fut pour eux comme un signe magique. Je les conduisis vers la terrasse des Feuillants. En marchant, nous vîmes un peloton de cinquante ou soixante gardes nationaux mettre en joue une autre troupe composée d'une vingtaine d'hommes, qui portaient des têtes au bout de piques. Le feu du gros peloton fit tomber les têtes, et on poursuivit les fuyards. J'ai su depuis, par le comte du Pujet, que ce peloton, formé de gardes nationaux des Filles de Saint-Thomas, se dirigeait, comme nous, sur la terrasse des Feuillants pour rejoindre le roi sous la conduite de M. de Vioménil, et qu'ayant rencontré ces hommes portant des têtes, les gardes nationaux avaient cru de leur honneur de tirer sur ces misérables qui allaient triomphalement faire hommage à l'Assemblée des têtes de Suleau et de ses compagnons.

Le bruit de cette décharge attira sur la terrasse les troupes qui étaient à l'Assemblée et y causa un peu d'inquiétude. On tira sur la troupe de M. de Vioménil; celui-ci fut blessé à la cuisse par une balle. Ne pouvant plus se soutenir, ses hommes lui firent un brancard avec des fusils, et, ayant mis deux habits sous lui, le transportèrent le long de la terrasse et sortirent des Tuileries par l'escalier de l'Orangerie. Ils furent accueillis par l'ambassadeur de Venise, qui demeurait dans l'hôtel appartenant actuellement à M. le prince de Talleyrand, au coin de la rue Saint-Florentin, sur la place dite de l'Orangerie; il les cacha dans un bûcher, sous sa terrasse. Les Marseillais voulurent forcer les portes, mais l'ambassadeur, sortant seul, leur dit qu'étant ambassadeur, son hôtel était inviolable, et que le forcer était manquer au droit des nations. Sa fermeté en imposa à la foule, qui se retira pendant qu'on refermait la porte. J'ai su ces détails par le comte du Pujet, qui accompagnait M. de Vioménil.

De mon côté, j'avançai vers la terrasse, inquiet de savoir reconnaître les bons gardes nationaux des mauvais, tous portant le même uniforme. Nous vîmes une troupe rangée sur la terrasse et dont nous n'étions éloignés que de trente pas. Un autre bataillon vint la renforcer, et un de mes hommes le reconnut pour appartenir à la section des Gravilliers, une des plus mal pensantes, et pour avoir fraternisé avec les Marseillais. En effet, nous fûmes assaillis par une décharge de cette troupe, et je vis tomber autour de moi une douzaine de Suisses et deux gardes nationaux; ces victimes furent bien vengées, car, avant que j'eusse fait le moindre commandement, toute ma troupe fit feu et, remettant aussitôt la crosse en terre, rechargea les fusils et envoya une seconde volée qui dut être très meurtrière, car nous entendîmes de grands cris sur la terrasse, et un mouvement que la fumée de la poudre nous empêcha de bien distinguer. Comme nous étions encore loin de l'escalier pour monter sur la terrasse, nous nous retirâmes sous le bois, et, à la grande allée, beaucoup de Suisses nous rejoignirent et nous apprirent que le château avait été forcé par le peuple, qui s'éparpillait dans les appartements. Je conduisis ma troupe vers le grand bassin, pour être plus à l'aise. Après quelques instants de repos, je reconnus l'impossibilité d'aller à l'Assemblée, le pont tournant étant fermé par une grille derrière laquelle se tenaient des gardes nationaux du faubourg Saint-Marceau. Ceux-ci tirèrent sur nous; leurs balles passèrent sur nos têtes et brisèrent un grillage placé derrière des statues dans la demi-lune. Je fis monter sur la terrasse ma troupe, avec recommandation de ramper circulairement pour se mettre à l'abri du feu de la grille. Malgré ce soin, plusieurs de mes hommes furent tués ou blessés. Je pris les cartouches des morts et les mis dans mes poches pour les distribuer aux survivants. Arrivé au haut de la terrasse du côté de la place Louis XV, je dis à mes Suisses que, puisqu'il était impossible de parvenir jusqu'au roi, je les engageais de retourner dans leurs casernes respectives, à Rueil ou à Courbevoie. Cela fut convenu. Nous descendîmes dans la cour de l'Orangerie. Lorsque nous voulûmes en sortir, une colonne de gardes nationaux et de gens armés de piques déboucha devant nous de la rue Saint-Florentin et se rangea en bataille, comme l'eût fait la troupe la mieux exercée, sur la petite place dont le fond est aujourd'hui percé et continue la rue de Rivoli. C'était alors une orangerie devant laquelle se trouvaient des tonneaux pleins d'eau pour abreuver les chevaux de fiacre. Les gardes

nationaux se formèrent sur deux rangs et mirent en
joue les Suisses. Ceux-ci se mirent en bataille, comme
pour l'exercice, dans le plus grand silence. Pendant
ce temps la colonne des gens armés de piques grossissait : les Suisses, impatientés, voulaient se faire jour.
La rumeur était telle qu'aucun commandement ne pouvait se faire entendre. Ils firent une décharge à laquelle
ripostèrent les Marseillais. Les Suisses foncèrent à la
baïonnette sur leurs adversaires, dont ils firent un
grand carnage; ils auraient eu l'avantage si le cri : *A
nous les piques!* ne les eût effarouchés et décidés à remonter l'escalier de la terrasse, qui en fût bientôt encombré. Je pensai être entraîné avec eux. Je me trouvais près des tonneaux ; il était près de onze heures ; la
chaleur du soleil était si grande que la pierre en brûlait les mains. La soif m'avait comme desséché le palais.
Je m'approchai d'un tonneau plein d'eau pour les chevaux de fiacre, et, avec mes mains, j'y puisai quelques
gorgées à la hâte. Mes sens rafraîchis me firent envisager ma position avec plus de sang-froid ; je me voyais
perdu et incapable de m'échapper, quand j'éprouvai
à la jambe une sensation extraordinaire. Je me crus
blessé, les balles frappant le mur de tous côtés ; mais
je m'aperçus que cette sensation venait d'un gros filet
d'eau sortant du tonneau percé par une balle et dont
le froid m'avait d'autant plus saisi que mon sang était
plus échauffé par la chaleur et l'action de la journée.
Quel triste spectacle que cette foule précipitant ses
pas et ne pouvant relever ses piques faute de recul !
Pressés par la queue de la colonne, les premiers couraient en proférant d'affreux jurements. Tous ceux qui
avaient pu me voir dans la première fusillade avaient

disparu. J'en fis la réflexion. Je glissai mon épée derrière le tonneau, comme devenue inutile, avec le ceinturon et le fourreau; je remis ma croix dans le côté de mon soulier. Mon simple habit noir, tout couvert de poussière, devait m'empêcher d'être reconnu; j'arrachai de mon chapeau un beau bouton, une ganse en acier à facettes, les brillants et mon plumet noir. Puis, regardant à gauche et à droite, je me glissai le long du mur et gagnai du terrain du côté de la rue Saint-Florentin. La colonne des piques, plus occupée d'avancer que de faire attention à moi, avançait toujours; enfin elle s'éclaircit, et je profitai d'un petit intervalle entre les rangs pour passer de l'autre côté. Je pus alors m'essuyer le visage qui me brûlait, étant tout couvert de sueur. Je m'aperçus, à mon mouchoir noirci, que ma figure devait être de même. La poudre, collée à mes mains suantes en prenant les cartouches, en était la cause, et peut-être cela a-t-il empêché qu'on fît attention à moi. Je me disais à chaque instant : « Si j'en reviens, ce sera un grand miracle! » Mais je m'étais dévoué.

J'avais entendu une décharge d'artillerie sur la place Louis XV. Je sus plus tard qu'elle provenait d'une batterie établie sur la place, en face de la statue de Louis XV, et qu'elle avait été dirigée sur les Suisses que j'avais renvoyés à leur caserne. Cette troupe avait chargé à la baïonnette le bataillon des Marseillais, qui nous avait attaqués sur la place de l'Orangerie; mais elle ne put éviter d'être mitraillée sur la place Louis XV. Ils étaient cinquante environ, et plus de la moitié furent tués ou blessés; les autres regagnèrent sans obstacle leur caserne.

Me trouvant libre, j'allai par la rue Saint-Honoré à la place Vendôme. On y avait abattu la statue de Louis XIV, en passant de grosses cordes aux corps du roi et du cheval; sa chute l'avait brisée en plusieurs parties, et on achevait sa destruction à coups de hache. Je rencontrai M. Le Brun, le mari de la célèbre Mme Le Brun, membre de l'Académie; il eut peine à me reconnaître, tant j'avais la figure noircie. Il me montra le peintre David, qui, le pied appuyé sur la tête de la statue de Louis XIV renversée, pérorait en ces termes : « Ton corps de bronze a été fait avec les sols qui étaient la richesse du peuple. Eh bien, tyran, il s'en est fait justice! Il faut le porter à la Monnaie pour être rendu à sa première destination. » Des cris de : *Vive la nation!* proférés par tous les sans-culottes qui avaient abattu la statue, applaudissaient ce héros de la Révolution. J'étais indigné; mais M. Le Brun me fit observer que je me perdrais inutilement et que je serais massacré de suite si j'étais reconnu par David. Il m'offrit de m'accompagner chez moi; il portait l'uniforme de la garde nationale.

Avant de rentrer, je voulus aller rassurer mon père, qui demeurait rue des Moulins, chez une de mes sœurs. J'entendais toujours des coups de fusil du côté du château; on me dit qu'on tuait les Suisses qu'on rencontrait, et la populace criait chaque fois : *Vive la nation!* Le peuple, inquiet, courait les rues avec le silence de la stupeur. On voyait des groupes de femmes, vraies furies, dont quelques-unes portaient des têtes au bout de manches à balai. Chacun s'écartait avec des signes d'horreur de ces forcenées, qui avaient endossé les habits des Suisses, en façon de spencer. Elles s'arrêtaient à chaque marchand de vin, les forçant de leur servir à boire et disant que la nation les payerait. Cela était horrible à voir. Arrivé chez mon père, il eut peine à me reconnaître et ne put proférer une parole. Je lui racontai les faits dont j'avais été témoin, et comment par miracle j'avais échappé. Je lui exprimai mon contentement qu'il ne se fût pas trouvé au château, comme c'était son projet. Il me répondit que, m'ayant quitté le 9 août, à neuf heures du soir, au château, il était venu faire chez lui son remède accoutumé pour de vives crampes qui le tourmentaient toutes les nuits ; qu'il avait ensuite vainement essayé de rentrer au château, tant le Carrousel était encombré ; qu'après diverses tentatives à des heures différentes, il était retourné chez lui ; qu'il avait passé toute la nuit à sa fenêtre dans des transes horribles sur les événements qu'il présageait. J'étais harassé de fatigue et d'inanition. Le feu de l'action m'avait soutenu, mais un moment de repos me fit sentir que je n'avais pas mangé depuis la veille au soir, et qu'il était bien deux heures après midi. Tout en mangeant, je continuai mon récit. Ensuite mon père m'engagea à me reposer. Je l'essayai, par déférence pour lui; mais ce me fut impossible. La pensée de la position de la famille royale me tourmentait. J'éprouvai le besoin irrésistible d'agir que donnent une grande inquiétude et un vif intérêt. L'incertitude est un supplice qu'on ne peut supporter patiemment, surtout quand on peut se convaincre de la vérité. Mon père logeait presque en face d'un corps de garde, où on apportait à chaque instant les habits des Suisses tués au château et les effets trouvés dans les appartements.

On disait le roi et la famille royale réfugiés dans la chambre du logographe de l'Assemblée au manège; d'autres assuraient qu'on allait les conduire au Luxembourg ou au Temple, mais on s'accordait à les considérer comme bien portants et en sûreté.

Je dis à mon père que, puisque la Providence m'avait conservé le matin, je ne devais pas être victime le soir. Il céda tristement à mes instances. Il avait envoyé chercher chez moi des vêtements de rechange et des bottes, mais je pris par précaution la redingote du portier et son chapeau pour me déguiser. Je sortis donc, promettant à mon père de ne pas m'exposer et de revenir au plus tôt. Il était cinq heures après midi. En passant par la rue de l'Échelle pour aller au château, je fus arrêté par un spectacle affreux : on apportait dans des charrettes les cadavres nus des malheureux Suisses et des autres personnes massacrés au château; presque tous avaient la tête coupée. On entassait les corps les uns sur les autres, près d'une fontaine qui est au bout de la rue; la chaleur avait déjà amené une corruption qui infectait l'air. Je fus poussé par la foule, avide de spectacle, quel qu'il soit. Les femmes voulaient tout voir, surtout par curiosité, car cet horrible spectacle leur arrachait des cris de répugnance et de réprobation; mais tel j'ai vu le peuple dans toutes les circonstances de la Révolution.

Voulant fuir cette scène affreuse, je pris une rue transversale pour gagner le Palais-Royal. La foule se pressait de tous côtés vers la rue de l'Échelle. Des femmes disaient : « Ils la dansent aujourd'hui, tous ces chevaliers de Saint-Louis et ces chevaliers du Poignard, mais on saura bien les trouver! Ils ont tous

leurs bottes prêtes pour monter à cheval et s'enfuir ! »
J'entendis une d'entre elles chuchoter à une autre en
me regardant : « Tiens, je crois qu'en voilà un déguisé :
vois, il a mis ses bottes ! » — « Où est-il ? où est-il ? »
firent plusieurs voix. Je me crus dès lors perdu, mais,
conservant mon sang-froid, je m'appuyai contre le
mur en me retournant. La foule poussait comme à
une sortie de spectacle. M'arc-boutant en arrière avec
mes deux épaules, je traversai en biais la foule et me
trouvai de l'autre côté. Je laissai peu à peu passer les
plus pressés et, gagnant du terrain en arrière, je traversai la rue Saint-Honoré jusqu'à la rue Traversière,
près d'un passage donnant dans la rue Richelieu.
Alors je me vis sauvé. J'entrai chez une espèce de restaurateur traiteur et le priai de me donner un morceau à manger ; mon but était de salir mes bottes qui
m'avaient fait suspecter. Je demandai les lieux d'ai-
sances. J'avais remarqué que la rigole de l'allée était
sale, et que je pourrais frotter mes bottes avec une
boue noire et grasse, ce que je fis avec mes mains. Il y
en avait peu et délayée seulement par l'eau de la cuisine. En rentrant, je racontai que j'étais tombé et je
me lavai mes mains. Le garçon me dit : « On cherche
quelqu'un ; on est venu demander si on n'avait pas vu
entrer un aristocrate ; on a ajouté : Oh ! il ne pourra
nous échapper ! » Comme mon costume ne désignait
nullement un aristocrate, le garçon leur avait répondu
négativement. Je cherchai dès lors les moyens de
quitter un endroit si facile à fermer. J'entendis dire :
« Il est peut-être dans l'autre passage, car on assure
l'avoir vu entrer par ici. » Ceux qui parlaient ainsi
étaient des sans-culottes des faubourgs, la plupart

armés de piques et ayant fort mauvaise mine. Observant tout, je vis, à l'air inquiet et doux d'une femme à la fenêtre de la maison vis-à-vis, qu'elle n'approuvait pas ce qui se passait. Sur sa porte était l'enseigne d'un tailleur. Je montai et demandai à la femme si mon gilet était prêt : « Vous vous trompez, me répondit-elle en tremblant; le tailleur ne demeure plus ici depuis quelques jours. » Elle me donna son adresse; mais, comme je ne cherchais qu'un prétexte de rester : « Que de bruit dans votre quartier! repartis-je ; on est bien plus tranquille dans le mien! » — « Oh! ne m'en parlez pas, s'écria-t-elle, depuis hier soir je suis plus morte que vive; je suis bien fâchée d'être venue loger ici! Mon mari, qui fait partie de la garde nationale, est sorti depuis ce matin, et je suis dans les plus vives inquiétudes. » Nous entendîmes un bruit confus de grosses voix au bas de l'escalier, la femme dit : « Bon Dieu! monsieur, je n'ai pas une goutte de sang dans les veines! » — « Ne craignez rien ; je vais me faire passer pour votre mari. » Entendant monter, je pris un saladier à moitié rempli. Cinq hommes entrèrent en demandant : « Avez-vous vu l'aristocrate par ici? » — « Oh bien, oui! répondis-je en portant à ma bouche une poignée de salade avec mes mains, nous lui aurions fermé la porte au nez! n'est-ce pas, ma femme? elle ne les aime pas plus que moi. » Elle ne dit mot, étant tombée sur une chaise tout effrayée. « Ne craignez rien, continuai-je, tout ceci ne nous regarde pas. » Ils s'en allèrent et montèrent plus haut. On entendait crier en bas : « Jetez-le par la fenêtre! il se trouvera enfilé avec nos piques! » — « Que je suis heureuse, dit la femme, que vous soyez entré! je serais morte de peur sans vous ; j'en suis encore toute tremblante. » Je la rassurai, tout en ayant l'air de ranger son ménage; et, ces gens redescendant, pour cacher mes bottes, je me plaçai entre le lit et le mur, comme si j'étais occupé à le faire. Deux hommes rentrèrent et dirent : « Nous n'avons rien trouvé ; on nous avait bien assuré qu'il était dans cette maison ou dans l'autre, on s'est trompé. Nos camarades la visitent et sauront le chercher ailleurs! » Les voyant s'éloigner, je remerciai la femme et, apercevant un groupe de bourgeois à l'air honnête, je me glissai vite de leur côté. En me voyant, ils m'évitèrent. Avant de rentrer, je voulus revoir la place de l'Orangerie où j'avais couru le matin de si grands dangers. Je n'y trouvai personne. J'eus la curiosité d'aller voir derrière le tonneau si mon épée y était encore. A mon grand étonnement, je la retrouvai à la même place. Je la pris, la mis sous mon habit et retournai heureusement rue des Moulins trouver mon père. Je ne lui racontai pas mon aventure, car il aurait exigé de moi que je ne sortisse plus. Sur les huit heures et demie du soir, quoiqu'il fît encore jour, ne pouvant réprimer mon impatience d'avoir des nouvelles de la famille royale, je me déguisai. Je sortis ; les rues étaient assez libres, les habitants des faubourgs, les Marseillais et les gardes nationaux s'étaient retirés ; les bourgeois seuls allaient et venaient avec une inquiète curiosité et dans un morne silence, comme s'ils étaient en proie à de tristes réflexions.

Arrivé au Carrousel, je vis piller et brûler deux petits corps de logis en avant des cours, l'un habité par Mme Campan, l'autre par Mme de la Borde, qui épousa depuis M. le duc de Rohan-Chabot. Rien ne fut sauvé. Des soldats errant dans les cours arrêtaient les pillards et les fouillaient. On mettait les objets volés en divers tas, gardés par des factionnaires : il y avait des pendules, des porcelaines, des petits meubles, beaucoup d'habits et de linge. On tuait ces misérables sans pitié. Je vis une espèce d'ouvrier auquel on ôta onze chemises les unes sur les autres; un coup de crosse dans le dos le fit tomber, un coup de fusil l'acheva.

Je rencontrai le comte du Pujet; un serrement de main expressif fut le premier témoignage de notre enchantement de nous voir. Nous nous racontâmes ce qui nous était arrivé réciproquement après notre séparation. Il avait accompagné le baron de Vioménil chez lui et ne l'avait quitté qu'après l'avoir vu panser. Je lui appris la mort du comte d'Allonville, son collègue et mon ancien camarade, tué au château. Nous nous entretînmes longuement de la famille royale et de nos inquiétudes. Nous nous donnâmes rendez-vous pour le lendemain sur le quai de la Monnaie, vers midi. Il allait voir M. le duc de Mailly, vieillard de quatre-vingt-un ans, que nous avions laissé au château. On allait le tuer, quand un sans-culotte en eut pitié, le prit sous sa protection, l'accompagna jusqu'à son hôtel et disparut en disant qu'il allait en sauver d'autres. Cet homme revint le soir pour savoir des nouvelles du duc; on voulut le retenir, parce que Mme la duchesse désirait le voir. Il répondit qu'il avait affaire pour le moment, qu'il allait revenir, et on ne le vit plus. Il y eut ce jour-là divers traits pareils d'humanité et de générosité qui contrastaient avec la férocité des autres. A peine le comte du Pujet m'eutil quitté qu'une personne, passant à côté de moi, me dit : « Monsieur, cachez votre chaîne de montre ; elle vous trahira, je vous connais bien », et s'en alla avant que j'aie pu la remercier. Effectivement une chaîne de montre, qui était à camée et bien montée, contrastait avec mon accoutrement. Ne pouvant apprendre autre chose sinon que le roi et la famille royale passeraient la nuit au logographe de l'Assemblée et le lendemain seraient conduits au Temple, je retournai tranquilliser mon père et me rendis ensuite chez moi pour ranger pendant la nuit tous mes papiers, prévoyant les recherches et vexations de toute espèce qui allaient s'exercer. J'ordonnai de dire que j'avais été chez un ami, dans la vallée de Montmorency, pour fuir le bruit, et que je ne reviendrais que quand tout serait calmé. J'ajoutai que j'enverrais un jardinier venir chercher mes effets.

XV

Précautions prises par le comte pour se cacher (août 1792). — Il demande l'hospitalité à un peintre, qui ne peut le recevoir à cause des terreurs de sa femme. — Il se réfugie chez un graveur nommé Boissier. — Entrevue avec le comte du Pujet. — Il voit briser la statue de bronze de Henri IV sur le pont Neuf. — Dénonciation de la retraite du comte de Montmorin. — Le comte ne sort que le soir pour aller au club du Palais-Royal. — Visite domiciliaire chez Boissier. Subterfuge employé par le comte pour s'y soustraire. — Relations avec un employé du secrétariat de la commune de Paris. Le comte obtint ainsi des nouvelles dont il fait profiter ses amis. — Départ du marquis de Paroy pour Fontainebleau (7 septembre 1792). — Le comte cache sa collection de vases étrusques et la soustrait ainsi à une perquisition dirigée par le peintre David. — Trahison de Boissier, dévoilée par le sieur Gallois. — Le comte se réfugie à Ris chez le graveur Janinet. — Arrivée des gendarmes, auxquels il échappe par un ingénieux artifice. — Le comte se rend à Seineport chez son ami le marquis de Turpin. — Cette commune doit son origine au duc d'Orléans. — Pillage de l'église par les habitants. — Le comte est forcé de fuir, et il s'établit à Fontainebleau, où son père et sa mère viennent le rejoindre. — Il cache dans un jardin six planches gravées sur la famille royale. Crainte d'une dénonciation, sa mère les fait déterrer et jeter dans le grand canal de Fontainebleau. Un témoin prévient la municipalité, qui fait repêcher lesdites planches et les expédie à Paris. — Le comte est mis hors la loi et part pour Bordeaux avec son père (22 janvier 1793).

Je passai chez moi la nuit à mettre ordre à mes affaires. De grand matin je sortis avec un gros rouleau de papier sous mon bras et m'en allai demander provisoirement mille écus à mon banquier M. Lefèvre. De là je fus quai de la Tournelle chez un peintre et chimiste, nommé Antaume, qui faisait des couleurs pour la miniature et la porcelaine. Il fut ravi de me voir; le connaissant depuis plus de vingt ans, et son quartier étant éloigné du mien, j'étais très rassuré. Il me pria d'attendre en bas, tandis qu'il allait prévenir sa femme. Au bout d'une heure, ne le voyant pas revenir, j'en conçus malgré moi de l'inquiétude. Je montai et je le trouvai occuper à faire revenir sa femme, qui s'était évanouie lorsqu'il lui avait confié que je venais me cacher chez lui. La voyant dans cet état : « Mon cher, lui dis-je, grand merci de votre bonne volonté, mais, sans le vouloir, votre femme nous compromettrait tous deux : je m'enfuis et vous ferai savoir de mes nouvelles. »

J'étais incertain sur le lieu où je devais aller, quand je pensai à un peintre graveur que j'avais beaucoup occupé ; il faisait commerce d'estampes et demeurait presque dans le quartier, rue de la Contrescarpe, à un cinquième. Il me reçut fort bien, ainsi que sa femme, qui enluminait pour les marchands. Je lui racontai mon aventure. Il me conduisit dans un petit cabinet situé au-dessus et formant un belvédère; c'était un endroit très isolé. Je convins avec lui que je passerais pour un graveur à son service depuis longtemps. Je lui donnai un mot d'écrit pour aller chez moi prendre tout ce qui m'était nécessaire pour m'habiller et graver. Je convins aussi de manger avec eux et de payer tous les frais de la nourriture.

Cela fait, j'allai à mon rendez-vous du comte du Pujet pour savoir des nouvelles. Tout était tranquille dans les rues; le plus profond silence y régnait; mais un air de consternation et d'inquiétude se remarquait sur toutes les figures; on passait en se regardant sans rien dire. Les crieurs de journaux étaient nombreux; les papiers racontaient diversement les tristes événements de la veille. Les ordres étaient donnés de disposer le Temple pour y recevoir le roi et la famille royale. Les dénonciations et arrestations commençaient. Le malheureux M. de La Porte, intendant de la liste civile, fut guillotiné le premier (1). On fusilla à la place de Grève et on acheva à coups de sabre une quantité de Suisses qu'on y amenait de tous côtés. On avait séparé Mme la princesse de Lamballe de la famille royale, et on l'avait conduite à la prison de la Force avec quantité de prêtres et autres considérés comme suspects. Les barrières de la ville avaient été fermées, et on y avait établi de gros corps de garde. Les charrettes de laitières et celles de légumes et autres provisions avaient seules droit de sortir après avoir été fouillées; mais l'entrée restait libre.

Je trouvai le comte du Pujet au rendez-vous; nous n'avions rien de rassurant à nous confier, sinon que chacun devait songer à sa sûreté et ne pas se compromettre mutuellement. Nous nous séparâmes tristement. J'allai trouver mon père, je lui désignai le logement dont je m'étais précautionné, il m'approuva. J'allai chez moi pour prendre plusieurs choses nécessaires à mes occupations. J'appris qu'on y était venu de la part du comité, parce que j'étais considéré comme m'étant trouvé au château. La lettre que j'avais laissée par précaution et qu'on leur montra, fit croire que je me trouvais dans la vallée de Montmorency. En m'en retournant chez Boissier, je passai par le pont Neuf; on venait d'y abattre la statue de bronze

---

(1) Le 28 août 1792.

de Henri IV. Je vis briser à coups de marteau la tête, qui était fort belle et d'une fonte très fine. L'armature du corps, toute en fer, était très forte et de bronze coulé fort mince. Un sentiment douloureux s'empara de moi, quand je songeai que quelques jours auparavant cette statue était saluée par presque tous les passants. Je m'éloignai en proie à ces tristes pensées, et regagnai ma retraite. On m'y attendait avec inquiétude, car j'avais promis de rentrer plus tôt. Boissier m'apprit que l'on arrêtait beaucoup de monde, que les chirurgiens avaient reçu l'ordre, sous peine d'être traités comme complices, de dénoncer toutes les personnes blessées qu'ils panseraient. Des commissaires avaient été nommés pour vérifier la nature des plaies et faire conduire dans les prisons tous les blessés du 10 août.

Boissier m'apprit que M. le comte de Montmorin venait d'être guillotiné (1). Il s'était caché chez la femme de son cocher, dans la même rue que moi, rue de la Contrescarpe. Cette femme envoyait chercher à manger par une commère, sa voisine, et lui recommandait d'apporter de bonnes volailles, n'osant y aller elle-même. Un jour, cette femme alla au marché avec une voisine qui, lui voyant acheter une belle volaille et la sachant pauvre, lui fit quelques questions, auxquelles la commère répondit gauchement, ce qui excita la curiosité et les soupçons de la voisine. Celle-ci en parla le soir à son mari, qui alla faire une dénonciation à la section. On vint arrêter la femme à

---

(1) Le comte de Montmorin, ancien ministre des affaires étrangères, ne fut pas guillotiné. Arrêté le 21 août 1792 et incarcéré à l'Abbaye, il périt dans les massacres de septembre.

la volaille et on la fit bavarder. Elle dit qu'elle achetait pour sa voisine; on y alla, on chercha partout et on trouva M. de Montmorin; on le prit, et, le lendemain, il fut guillotiné avec la femme qui l'avait caché.

Je restai une couple de jours enfermé, par déférence pour mes hôtes : Boissier allait donner de mes nouvelles à mon père et allait chercher ce dont j'avais besoin dans une maison tierce, que mon domestique lui avait désignée, pour éviter tout soupçon, en cas qu'on fût suivi. On était encore venu faire une visite chez moi; on y avait montré une autre lettre que j'étais censé avoir envoyée de Montmorency par une laitière, et où je mandais que j'étais chez un ami, qu'on ne fût pas inquiet de moi et que j'y resterais jusqu'à ce que tous les troubles de Paris fussent passés.

Je ne sortais que les soirs, pour aller au club du Palais-Royal, où se réunissaient nos compagnons d'infortune. Chacun s'y communiquait les nouvelles. Personne ne pouvait sortir de Paris, et on arrêtait tous les jours quelques-uns des nôtres. Le bonheur et la prudence pouvaient seuls nous sauver.

Mon hôte me dit un matin que son portier, membre du club des Jacobins, l'avait prévenu que le soir toutes les rues seraient cernées, qu'on ferait des visites domiciliaires dans chaque maison, qu'on demanderait aux portiers le nom et le nombre des personnes qui y logeaient, et que tous ceux qu'on y trouverait, sans qu'ils pussent justifier d'y avoir leur domicile, seraient arrêtés et conduits en prison. Je dis à Boissier : « Je ne coucherai pas chez vous ce soir, je sais où j'irai ; je reviendrai demain. » — « Non pas, dit-il, je vais arranger cela avec le portier. » Nous convînmes que je sortirais avec un petit paquet et qu'il engagerait le portier à me retenir, que j'étais censé de la maison, puisque j'y couchais quelquefois. Cela entendu, je sortis avec Boissier, à qui je dis : « Bonsoir, à demain. » — « Non pas, s'écria-t-il, j'ai trop besoin de vous. Ne le laissez pas sortir », ajouta-t-il en s'adressant au portier. Celui-ci me pressa de rester, m'assurant qu'il dirait que j'étais de la maison. Je répliquai, pour lui ôter tout soupçon, que je voulais aller prévenir chez moi, où on serait inquiet de ne pas me voir rentrer; que d'ailleurs, à cause de la visite domiciliaire, j'étais aise de m'y trouver, pour ne pas paraître suspect. Boissier renouvela ses instances. Je sortis en disant : « Si à minuit je ne rentre pas, ne m'attendez pas; j'ai ce paquet à remettre. »

J'allai vite au club prévenir de la visite domiciliaire pour la nuit prochaine; on l'ignorait. Cette nouvelle consterna mes amis. Chacun fit ses commentaires sur les moyens de se cacher : « Moi, dit M. de Bougainville, je vais prévenir ma femme que je vais aller coucher chez une fille, à qui j'ai rendu service; elle saura bien me cacher. Je m'y déguiserai comme sa vieille bonne. »

Ensuite je prévins mon père, qui me déclara n'avoir rien à craindre en restant chez lui. Je passai chez moi. Je n'y trouvai personne, mon domestique et sa femme étant sortis. J'appris qu'on y avait fait une visite domiciliaire, en disant que j'étais un des chevaliers du poignard, un de ces assassins du peuple, mais qu'on me retrouverait. Je m'en revins de suite rue Contrescarpe. Je voulais gagner le portier sans qu'il pût me suspecter : j'achetai un petit portefeuille, que je froissai et salis pour qu'il eût l'air d'avoir longtemps servi ; je mis dedans environ vingt francs, un billet de quarante sous et le reste en billets de dix sous. En arrivant, je dis au portier : « Je reviens tenir ma parole, et j'ai dit chez moi de ne pas m'attendre, étant occupé en ville. » — « C'est bien, répliqua le portier, cela va faire grand plaisir à M. Boissier. » Je lui demandai où demeurait le juge de paix, afin d'y déposer un portefeuille que j'avais trouvé dans la rue et qui contenait des billets, ajoutant que, si on ne les réclamait pas, on les donnerait aux pauvres. « Pardi, s'écria-t-il, si pareille bonne fortune me fût arrivée, je le garderais bien pour moi, je serais mon premier pauvre, et cela me serait bien venu à propos dans ce moment-ci. » — « Seriez-vous vraiment dans le besoin ? » lui dis-je. — « Sans doute », répondit-il. — « En ce cas, voilà le portefeuille ; je le mets sur votre conscience ; si vous m'en imposez, je me lave les mains. » Cet homme ne savait comment me remercier. Je le quittai en lui disant que je montais chez Boissier et y coucherais, et que, si la visite se faisait, on me laissât dormir. Il m'accompagna avec sa lumière jusqu'en haut et raconta l'histoire de ce portefeuille en faisant mon éloge. Il fut convenu que je faisais partie de la maison de Boissier et que j'y logeais. A deux heures du matin, on visita la maison. J'avais mis sur mon lit mes habits de travail, deux portefeuilles de dessins et un gros vilain bonnet de laine. Je parus me fâcher de ce qu'on m'éveillait. Boissier me dit que c'était la visite. « Qu'est-ce que cela me fait? répondis-je; cela ne me regarde pas; laissez-moi dormir. » Boissier donna mon nom d'emprunt que le portier confirma, puis on partit. J'étais enchanté d'avoir ainsi échappé à ce danger. Boissier me confia qu'il avait été bien inquiet à cause de l'arrestation de deux personnes cachées dans l'appartement au-dessous, mais que j'avais si bien joué mon rôle qu'il y aurait lui-même été pris.

Quelques jours après, un jeune homme entra de bon matin chez Boissier pour prier sa femme de lui recoudre un bouton au col de sa chemise. Je demandai à Boissier quel était cet homme ; il me dit que c'était un des principaux employés du secrétariat de la commune ; qu'il avait beaucoup de crédit, qu'il avait été auparavant employé au bureau de la marine. Je dis à Boissier que je voulais le gagner et qu'il ne fît pas d'imprudence. Je me mis à graver ; il s'approcha de moi et me posa quelques questions. Il s'énonçait bien et avec esprit. Il fut surpris de mon ton contrastant avec mon accoutrement composé d'un gros bonnet, d'une vieille veste en mauvais état et d'un pantalon. Je dis à Boissier d'aller me chercher de quoi bien déjeuner chez le charcutier, avec une bonne bouteille de vin et une tasse de chocolat. « Il me paraît, citoyen, que vous ne vous refusez rien », me dit le jeune homme, voyant que je donnais six francs à Boissier. — « Je serais bien dupe, répliquai-je, on ne vit qu'une fois ; moi, je vais au jour le jour, je gagne beaucoup et, comme vous dites, je serais un sot de me priver de ce qui me fait plaisir. » Boissier revint bientôt avec un excellent déjeuner à la fourchette. Pendant ce temps-là nous avions causé d'art, auquel mon interlocuteur n'était pas étranger ; nous parlâmes de marine, et il parut se plaire à cette conversation : « Si le cœur vous en dit, monsieur, vous me ferez plaisir de déjeuner avec M. Boissier et moi. » Boissier l'en pressa ; il accepta et déjeuna bien. On renouvela la bouteille ; nous parlâmes des événements qui se passaient ; il me parut très instruit de tout ; vivant à la commune, il était témoin de bien des choses ignorées du public. Il me raconta qu'on apportait à la commune toutes les lettres, qu'on les mettait par tas, qu'ensuite des commis les décachetaient sans s'embarrasser si le cachet se cassait ou non, que celles des patriotes étaient replacées dans des enveloppes et remises à la poste, que les autres étaient lues et celles suspectées mises de côté ; que ces mesures avaient servi à faire arrêter quantité de monde. Cet homme ne se gênait pas, car nous ne lui paraissions pas suspects ; il ajouta qu'on allait faire publier dans Paris l'ouverture des barrières, mais que c'était un piège tendu aux aristocrates cachés qui s'empresseraient de profiter de cette réouverture des portes pour s'enfuir, les ordres étant donnés d'arrêter dans le rayon d'une lieue les diligences, les voitures bourgeoises et les gens à cheval, et de les ramener à Paris. « Et les coches d'eau aussi ? » lui dis-je. — « Oh ! non ; on n'y a pas pensé ; il n'y a d'ailleurs que les bourgeois peu riches qui s'en servent. » Il nous quitta en me disant qu'il reviendrait me voir, se plaisant à causer avec moi.

J'allai le soir annoncer cette nouvelle à notre club, avec prière de la faire circuler parmi nos amis. Comme j'avais paru plus d'une fois bien informé, on me crut, et cela sauva bien des gens. J'allai ensuite engager mon père à partir le lendemain par le coche d'eau, parce que plus tard on pourrait l'arrêter. Il accepta mon avis, passa la nuit à faire ses paquets et partit par le coche de Montereau ; il alla s'établir à Fontainebleau. Je ne voulus pas l'accompagner, mais je ne rentrai chez moi que le lendemain matin, après avoir assisté à son départ (1).

Un soir, mon domestique, à qui j'avais recommandé de me procurer des carrés de cloison en plâtre, tout faits, s'ajustant l'un dans l'autre et se collant avec un peu de plâtre gâché clair, vint me prendre chez Boissier. Je me rendis tard chez moi, rue de Cléry, déguisé en commissionnaire. Nous passâmes la nuit à mettre au bout d'un corridor de dégagement long et noir derrière mon salon beaucoup de tablettes, et nous y portâmes ma collection de vases étrusques et autres objets de curiosité et d'art, ainsi que mes estampes. Nous formâmes une cloison de séparation jusqu'en haut avec des carrés en plâtre. J'avais encastré dans cette cloison deux gros morceaux de bois formant un bout de poutre scié à l'épaisseur d'un pied, dépassant le mur en dedans, et j'y avais enfoncé deux gros clous. Quand le tout fut terminé, je salis le mur avec un balai trempé dans de la teinture gris de suie, et j'en fis autant au mur de côté, de sorte que tout paraissait d'une même teinte vieille, et je suspendis aux clous plantés dans les poutres une vieille selle et des cuirs de harnais, qui ne laissaient pas soupçonner l'existence d'un corridor plus profond qu'il ne le paraissait. Bien m'en prit, car le peintre David fit faire une visite domiciliaire chez moi pour

---

(1) Le départ du marquis de Paroy eut lieu le 7 septembre 1792.

saisir mes vases étrusques et les donner au musée. On piocha même dans la cave. Comme M. Le Brun, marchand de tableaux et mari de Mme Le Brun, lui reprochait cet acte hostile en lui faisant observer que M. de Paroy n'avait pas émigré et que son bien n'était pas séquestré : « Eh bien !. répliqua David, il devait émigrer ; cherchons toujours ; d'après mes informations, sa collection n'est pas sortie de la maison. » On ne put découvrir la cachette du corridor, de sorte que tout y resta enfermé pendant les deux ans que je passai à Bordeaux, et, à mon retour à Paris, je retrouvai mes collections en bon état.

Quelques jours après, Boissier me remit une lettre d'un nommé Gallois, planeur en cuivre, qui me priait d'arrêter mes comptes avec lui et de passer à sa maison pour les vérifier. Étonné, vu que je ne lui devais rien, je chargeai Boissier, qui le connaissait, de lui dire que j'irais. Je m'y rendis le même soir et lui demandai l'explication de sa lettre : « Ce n'est qu'un prétexte pour vous parler, me répondit-il. Vous êtes dans un piège abominable : Boissier est vendu aux Jacobins et veut vous dénoncer. Mais auparavant, il vous engagera à faire venir chez lui vos planches en cuivre et vos portefeuilles d'estampes, sous prétexte qu'on y mettrait les scellés jusqu'à ce qu'on vous ait trouvé. » Il me donna les détails de ce complot qu'il avait su d'un ami de Boissier, qui ignorait que ce Gallois me connût. Effectivement, depuis quelques jours, Boissier m'avait parlé de mes cuivres gravés, qui seraient plus en sûreté chez lui que chez moi, et il m'avait même offert d'aller les demander à mon domestique pour les apporter lui-même. Je remerciai bien ce bon M. Gallois, que je connaissais depuis plus de quinze ans et qui m'avait fourni tout mon cuivre. C'est ce brave homme qui depuis a sauvé M. le marquis de Turpin et toute sa famille en les cachant chez lui pendant près d'un an. Indigné de la scélératesse de Boissier, je convins avec Gallois de me sauver de chez lui sans qu'il s'en doutât. Quand je rentrai, Boissier me remit deux lettres que mon domestique lui avait fait parvenir pour moi. « Bon, voici ce que j'attendais! C'est un payement de douze mille francs que j'irai chercher demain. » Je crus voir son visage s'épanouir. L'idée de la trahison de cet homme me préoccupa toute la nuit et m'empêcha de dormir. Le lendemain, je ramassai tout ce que j'avais de plus précieux, principalement pour mon travail. Je serrai le tout dans ma petite malle, j'envoyai chercher un fiacre et demandai au portier de descendre la malle. Je prévins Boissier que peut-être on me remettrait mes douze cents écus, que par précaution je prenais la malle pour les bien enfermer, que peut-être je reviendrais tard, de neuf heures et demie à dix heures. Je passai chez Gallois, à qui je contai tout, et j'allai de suite prendre le coche d'eau, ayant écrit à mon domestique deux lettres, l'une pour prévenir Boissier que je partais en voyage pour trois jours et que je reviendrais bientôt chez lui, l'autre pour dire à Gallois que j'allais chez le marquis de Turpin, mon ami, que de là je lui donnerais de mes nouvelles.

Je ne respirai à l'aise que quand je fus sur le coche d'eau ; je me crus alors sauvé d'un grand danger. J'avais la veille donné deux cents francs à Boissier pour la dépense journalière, lui disant que, quand il n'y en aurait plus, je lui en donnerais d'autres ; aussi n'avait-il aucun soupçon de ma fuite.

Je descendis près du village de Ris, dans la petite campagne d'un artiste, nommé Janinet(1), bon graveur dans le genre du lavis et imprimeur en couleur. Je lui avais rendu service et pouvais compter sur lui; il me le témoigna par son bon accueil. Comme il avait des imprimeurs chez lui, il fut convenu que je passerais pour un graveur qu'il attendait depuis longtemps de Paris pour l'aider dans une entreprise de gravure, et que je dînerais avec lui. Le même jour, je me mis à l'ouvrage. Je croyais être bien tranquille : j'avais écrit à Boissier que, ayant appris la maladie de mon père, j'avais été le voir, mais que je reviendrais sous huitaine à Paris. Un imprimeur vint, quelques jours après, dire à Janinet qu'il avait vu arriver des gendarmes et de la garde nationale chargés d'aller arrêter M. Anisson-Dupéron(2), imprimeur du roi, qui résidait dans une campagne près du village de Ris ; que ces gendarmes avaient ordre de fouiller tous les villages et d'arrêter tous ceux qui n'auraient pas de passeport, ou qui ne seraient pas domiciliés, ainsi que les prêtres. Cette nouvelle nous consterna. Janinet avait

(1) Jean-François Janinet, né à Paris en 1752, est l'auteur d'un recueil intitulé : *Gravures historiques des principaux événements depuis l'ouverture des États généraux de 1792.* (Cf. Maurice Tourneux, *Bibliographie de l'Histoire de Paris pendant la Révolution française,* t. I, p. 57.) Il mourut en 1814.

(2) Etienne-Alexandre-Jacques Anisson-Dupéron, né à Paris en 1748, avait succédé à son père en 1788 dans la direction de l'Imprimerie royale. Démissionnaire après le 10 août, il fut arrêté et traduit devant le tribunal révolutionnaire, qui le condamna à mort le 6 floréal an II (25 avril 1794). Il est qualifié dans le jugement *ci-devant seigneur de Ris.*

chez lui un cousin curé, qui avait un passeport bien en règle, mais où la qualité de curé était inscrite. Je le lui demandai, et du mot curé je fis celui de citoyen, ce qui le sauva. Quant à moi, je pris mon parti de me cacher dans le jardin derrière une grosse haie, le long du chemin. Il faisait un vent froid et brumeux, mais l'envie de me sauver dominait tout. J'entendis passer la gendarmerie. Je me croyais hors de danger, lorsqu'un gros chien se mit à japper avec acharnement là où j'étais : je me crus découvert, surtout quand j'entendis un gendarme se séparer des autres en disant : « Il y a sans doute quelque chose dans la haie ! » Il frappa dessus avec le sabre, ce qui animait encore le chien. Heureusement la haie était d'épine et serrée. J'eus l'heureuse idée de contrefaire le chat et d'imiter : *Foutt !... foutt !...* — « Baste ! c'est un chat », dit le gendarme en riant et en s'éloignant. Il appela son chien qui avait peine à quitter la haie, mais qui, voyant son maître marcher en continuant à l'appeler, prit sa course. Me voyant libre, mais ne sachant pas ce qui se passait chez M. Janinet, je me glissai le long de la haie jusqu'à la maison, où je les vis à table tranquillement. Je frappai à la croisée ; on fut étonné de me voir, car on me croyait parti pour Melun, en contournant le village de Ris, comme je l'avais dit : je leur contai mon aventure du chien, qui les fit rire. On brûla pour moi un bon fagot, tant j'étais transi de froid. Le passeport du curé avait été visé par le commandant comme excellent.

Ne pouvant plus rester chez M. Janinet sans le compromettre, vu qu'on avait annoncé un recensement des habitants et des visites domiciliaires, je convins de partir de grand matin, et, pour ôter tout soupçon, de prendre le coche d'eau à une lieue au-dessus de Ris et de me rendre à Seineport, chez M. de Turpin, mon ami, qui avait une fabrique de faïence anglaise. Je me costumai en voyageur pédestre avec un panier de provisions, quelques outils de graveur et deux chemises. M. Janinet devait m'envoyer le reste à Seineport. Bien m'en prit, car je vis sur le grand chemin, d'un côté, des gardes nationaux allant à Châlons avec de la gendarmerie, et, de l'autre, de la troupe escortant une voiture. Je ne pouvais reculer, sans paraître suspect. Je descendis la chaussée près d'un petit pont sur un ruisseau allant à la Seine, comme pour me soulager. J'y vis un homme qui péchait à la ligne; je lui dis que j'aimais beaucoup cet amusement et qu'il me laissât pêcher à sa place, que je lui donnerais vingt-quatre sols : il y consentit volontiers, d'autant plus qu'il avait une ligne de rechange. La troupe passa sur le pont, escortant la voiture de M. Anisson-Dupéron, qu'ils emmenaient à Paris, où il fut guillotiné quelques jours plus tard (1). Deux soldats descendirent la chaussée pour boire au ruisseau. Ils nous virent pêchant et nous racontèrent leur voyage et leur capture, ajoutant qu'on avait écrit de Paris aux maires à plus de dix lieues d'y faire conduire tous les gens suspects, surtout les nobles et les prêtres ; puis ils s'en allèrent, nous souhaitant bonne pêche. Je n'étais pas à l'aise. Quand toute la troupe fut loin, je proposai à mon pêcheur de m'ac-

---

(1) Anisson-Dupéron fut décapité le 25 avril 1794. Or, les péripéties du comte de Paroy se passaient à la fin de 1792, comme on le verra à la fin de ce chapitre. Il y a donc confusion évidente dans les souvenirs du comte.

compagner jusqu'à la Seine pour porter mon paquet ayant à faire à Melun où je voulais prendre le coche d'eau.

En chemin, il tomba une averse qui nous trempa. Je pris le coche d'eau et descendis à Seineport. Tout y était en insurrection; je me fis conduire chez M. le marquis de Turpin, dont la maison donnait sur la rivière. L'inquiétude des événements le fit venir lui-même ouvrir sa porte; mon costume l'empêcha de me reconnaître, mais après quelques mots il me reçut en ami et à bras ouverts.

Nous convînmes que je passerais pour un graveur qu'il attendait de Paris et que, comme tel, je mangerais à sa table. Il me conduisit à la cuisine, où je me séchai et mangeai, n'ayant rien pris depuis quatre heures du matin.

M. le marquis de Turpin était à Seineport avec sa femme, son fils, une petite fille et un peintre. Après nous être raconté nos tribulations, je passai près d'un mois assez tranquille. J'y fus cependant témoin d'une scène tragique qui prouve jusqu'à quel degré l'excès des fanatiques peut se porter. Le village de Seineport avait été bâti par M. le duc d'Orléans; il dut son origine à un orage, qui obligea le prince à se réfugier dans la maison d'un pauvre pêcheur, qui s'empressa de faire un bon feu pour le sécher. Le prince, sensible à ce zèle, lui dit qu'il voulait lui faire rebâtir sa maison, et qu'il reviendrait le voir. Effectivement, dès le lendemain il envoya des ouvriers. Il fit bâtir une seconde maison pour un garde-chasse. Peu à peu des voisins y construisirent, ce que voyant, M. le duc d'Orléans y prit intérêt et revenait toujours par cet endroit

qu'on appelle Seineport, et où le lieu parut propice
pour faire un petit port où les bateaux s'arrêtaient.
Ensuite M. le duc d'Orléans y bâtit une église, puis
petit à petit le village, dont il se chargea de payer
les tailles. La reconnaissance de tous ces paysans
s'exprimait chaque fois qu'il allait à Seineport. Un
curé y consacra pour patron celui du prince, qui un
jour assista à sa fête. Il y était comblé de bénédictions.
Cela le toucha au point qu'il leur dit que, quand il
serait mort, il voulait que son cœur fût déposé sous
l'autel de l'église dans un cœur d'argent. Il mourut
quelques années après, emportant les regrets de toute
la paroisse. Son cœur fut porté dans l'église de Seineport sous le maître-autel. Douze à quinze ans après, la
révolution éclata. Les habitants de Seineport furent
des plus exaltés. Plusieurs d'entre eux votèrent d'enlever de l'église les armes de la famille d'Orléans.
Puis, après une orgie, ils entrèrent dans l'église avec
leurs haches, brisèrent le maître-autel, en ôtèrent le
cœur d'argent, qui renfermait celui du prince, et le
fendirent d'un coup de hache. Une odeur d'aromates
longtemps concentrée se répandit fortement dans
l'église ; des femmes en furent suffoquées. Mais cinq
de ces forcenés, bravant tout sentiment de religion et
d'humanité, se mirent à couper ce cœur en morceaux
et le dévorèrent en prononçant des blasphèmes à faire
horreur aux plus impies. Ils en furent bien punis. Le
sublimé, dont on s'était servi pour conserver les chairs,
les empoisonna tous, et ils moururent au milieu de
douleurs horribles. Le peuple en fut témoin et regarda
ce châtiment comme une vengeance divine. On vint
nous raconter cette scène affreuse chez M. de Turpin :

nous vivions si isolés, sa maison étant près de la rivière et éloignée du village, que nous n'apprîmes cet événement que le lendemain.

De Seineport j'écrivis à mon concierge de m'envoyer un passeport pour me rendre à ma terre de Paroy et de me l'adresser à Seineport chez M. de Turpin. Ce concierge était un ancien maréchal des logis du régiment Dauphin-dragons, où j'avais été autrefois capitaine. Il m'écrivit par la poste qu'il allait m'envoyer un passeport par une occasion.

M. de Turpin, un matin, entra tout effaré me dire : « Je suis désolé, mon cher Paroy, je ne puis plus vous garder chez moi. Mon marchand de bois, qui est un des membres du comité de Melun, vient exprès me prévenir qu'on doit, après dîner, venir faire une visite chez moi pour savoir s'il n'y avait pas un aristocrate caché, nommé le comte de Paroy. Il ajouta qu'on avait intercepté une lettre, annonçant un passeport pour une personne qui devait être chez moi, et qu'il était venu aussitôt m'en avertir, afin que je le fasse sauver. Je lui ai assuré que non, il est allé au village et va revenir. » — « Eh bien, répondis-je, je vais vous écrire une lettre, datée de Paris, où je vous témoignerai mes regrets de n'avoir pas encore pu aller à Seineport, que ce sera sans faute pour la semaine prochaine, que j'avais écrit qu'on m'envoyât chez vous un passeport pour aller à Paroy, que je vous priais de me le garder et que je vous apporterais en même temps les commissions de couleurs que vous m'avez demandées. En montrant ma lettre, on vous laissera tranquille. » Ensuite je lui témoignai mes regrets de le quitter et lui confiai que j'allais à Fontainebleau joindre ma mère, qui s'y était rendue de Paris depuis peu. Après avoir mangé un morceau, je partis, mon paquet dans un panier, sous l'accoutrement d'un commissionnaire. Je contournai Melun et j'arrivai le soir bien harassé à Fontainebleau, où je me crus sauvé. Mon père vint nous y rejoindre de Paroy. Comme il avait été grand bailli de Champagne et de Brie, et lieutenant pour le roi de la province, il crut simple de rester dans une ville où il était honorablement connu. Pour avoir une raison plausible d'y vivre, il s'était mis en pension avec ma mère chez un médecin, nommé le docteur Dacis, homme très estimé à Fontainebleau et qui prenait des pensionnaires chez lui.

Pendant mon séjour à Fontainebleau, j'enterrai dans un jardin un sac de toile contenant diverses planches gravées ayant rapport à la famille royale. Je les avais vernies auparavant, de crainte du vert-de-gris qui les aurait gâtées. Ma mère, à qui j'avais confié mon secret, craignant des visites domiciliaires et d'être vendue par un domestique, déterra, avec l'aide de sa femme de chambre, le sac où étaient les six planches et alla les jeter dans le grand canal de Fontainebleau. Elle eut soin de bien remarquer l'endroit. C'était de grand matin ; un homme, ayant remarqué son action et son air mystérieux, soupçonna quelque chose et alla de suite faire sa déclaration à la municipalité. On vint et avec un râteau on retira le fatal sac dans lequel se trouvait, entre autres planches, celle représentant M. le Dauphin armé en chevalier, l'épée à la main. Le tout fut envoyé à Paris au Comité de salut public. Les estampes trouvées le 10 août dans les appartements du château étant identiques à la planche gravée, on déclara dans les feuilles publiques qu'on avait enfin découvert l'auteur du chevalier du poignard, et je fus mis hors la loi, ce qui m'obligea de quitter Fontainebleau pour aller à Bordeaux. J'avais de plus reçu divers avis de Paris que l'on me cherchait partout et que j'étais dénoncé pour m'être trouvé au château le 10 août.

L'assassinat du roi le 21 janvier, que nous apprîmes le même jour à Fontainebleau, en consterna tous les habitants. Mon père et moi, voyant alors tout perdu et prévoyant les persécutions contre les fidèles partisans du roi, nous nous déterminâmes à partir pour Bordeaux, sous le prétexte plausible de nos affaires, tous nos biens étant à Saint-Domingue. Je me procurai le soir même un passeport et je partis de Fontainebleau avec mon père le 22 janvier 1793, à cinq heures du matin, en poste pour Bordeaux(1).

(1) Le marquis de Paroy dit, dans ses *Souvenirs* (p. 35), qu'ils partirent le 23 janvier, et non le 22, en cabriolet, par la route d'Orléans, et qu'ils arrivèrent le 29 à Bordeaux, où il trouva sa fille, la vicomtesse du Hamel, avec son mari et sa famille. Le marquis, incarcéré, puis relâché, alla s'établir au château de Castetz, le 29 août 1793, tandis que son fils restait à Bordeaux.

XVI

Séjour du comte à Bordeaux (1793). — Arrestation du marquis de Paroy au château de Castetz (30 octobre 1793) et emprisonnement à la Réole. — Son fils, prévenu, cherche les moyens de le sauver. — Rencontre d'un ancien domestique de Mme Vigée Le Brun, actuellement attaché à Mme de Fontenay, née Cabarrus. — Réception cordiale du comte par celle-ci, qui promet son intercession auprès du représentant Tallien. — Transfert des prisonniers de la Réole à Bordeaux. — Le comte se trouve à l'arrivée du bateau; il est arrêté, mais parvient à s'échapper. — On juge prudent de laisser oublier son père en prison. — Souper chez Mme Delpré avec le représentant Ysabeau. Lequinio porte la santé des républicains qui ont voté la mort du tyran. Le comte, indigné, se tire d'affaire en buvant à la santé de son hôtesse et en faisant boire ensuite à la santé d'un Amour gravé sur une bague et qui représentait le Dauphin. — Liaison avec Ysabeau. — Départ pour Paris de Mme de Fontenay, qui est emprisonnée. — Le comte se porte caution pour la pension d'un fils de celle-ci. — Éloge enthousiaste de Mme de Fontenay. — On propose au marquis de Paroy de l'acquitter, s'il veut crier : Vive la République! Refus de celui-ci. — Transfert du marquis à la maison d'arrêt du séminaire avec tous ses compagnons, grâce à un subterfuge du comte. — Délivrance du marquis et de son fils, le capitaine de vaisseau (22 mars 1794). — Relations avec Ysabeau, auquel le comte fournit un secrétaire nommé Avy. — Grâce à ce dernier, le comte sauve Chapelle de Jumilhac et Fournier de la Chapelle.

La terreur était en pleine activité de tous côtés; on arrêtait sur la moindre dénonciation les nobles et ceux qu'on soupçonnait ne pas aimer la révolution, ainsi que les riches négociants. Les Girondins et les prêtres surtout étaient les objets des plus grandes recherches et le prétexte de visites domiciliaires. Un jour, au château de Castetz, près de Langon, le comité de cette commune, sur un avis de Bordeaux, vint faire une descente avec le maire, le juge de paix et des gendarmes dans le château où on disait un député girondin caché. Mon père, ma sœur et son mari étaient restés dans le salon, lorsqu'un gendarme appela le citoyen Paroy et lui dit qu'il allait le conduire en prison à la Réole, à cause d'une lettre écrite par lui à son fils à Bordeaux. Voici ce qui se passa. Un gendarme, furieux de ne rien trouver dans la chambre de mon père où il se trouvait avec des membres du comité, frappa de colère avec son sabre un livre de géographie relié en carton, placé sur la commode. Le contre-coup fit ouvrir la couverture et fit voler une lettre commencée qui était dans le livre. Le soldat la ramassa et la donna au commissaire en lui disant : « Vois ce que c'est. » — « F...! dit l'autre, nous n'avons pas perdu notre temps, voici un gibier à conduire en prison. Va-t'en arrêter le citoyen Paroy, et on le conduira à la prison de la Réole. » On aurait emmené les autres, si le concierge, président du club des Jacobins de Castetz, n'en avait pas répondu. On arrêta encore dans divers châteaux une douzaine de nobles, tous voisins et amis de mon père, de sorte qu'à la liberté près il était aussi bien que possible. De tous les côtés on leur apportait des provisions. Mon père me fit passer une lettre à Bordeaux pour m'apprendre sa mésaventure et sa crainte d'être transféré à Bordeaux, où il était sûr de périr. Je ne pouvais guère lui être utile, sans passeport visé par le comité, n'osant pas m'y présenter sans carte de sûreté, inscrit sur la liste des émigrés et obligé de me cacher à cause des dénonciations venues de Paris.

Un jour, en passant sur la place, je rencontrai un nommé Joseph, ancien domestique de Mme Le Brun;

de l'Académie de peinture; il m'apprit qu'il l'avait quittée et qu'il était entré au service de Mme de Fontenay (1), que sans doute je devais connaître : « Oui, lui dis-je, je connais une marquise de Fontenay. » — « Ce n'est pas elle, répondit-il, son mari était conseiller au parlement de Paris; elle se nomme Cabarrus de son nom. » — « En ce cas, je crois la connaitre, car j'ai dîné plusieurs fois avec M. Cabarrus chez le comte Bertin. Il avait une fille très jeune avec lui, fort jolie, je m'en souviens. » — « Oh! c'est elle, s'écria-t-il, venez la voir, elle sera enchantée, je vous en assure; nous sommes très bien avec Tallien (2), le représentant, qui vient souvent dîner chez nous. » — « Mon cher Joseph, lui dis-je, crois-tu qu'elle se chargerait d'une pétition pour le représentant du peuple Tallien? C'est mon père, qui est en prison à la Réole. » — « Sans doute, fit Joseph, faites votre pétition. Je vais porter à Tallien une lettre de ma maîtresse, et je viendrai reprendre votre pétition et la remettrai moi-même à madame. »

(1) Jeanne-Marie-Ignace-Theresia Cabarrus, née à Saint-Pierre de Carravenchel de Ariba, près de Madrid, le 31 juillet 1773, était fille d'un conseiller du roi d'Espagne; elle épousa, le 21 février 1788, Devin de Fontenay, conseiller au Parlement de Paris. Elle divorça le 5 avril 1793, et elle alla rejoindre son père à Bordeaux. C'est là qu'elle fit connaissance avec le représentant Tallien, dont elle devint la maîtresse et qui l'épousa le 6 nivôse an III (26 décembre 1794). Elle divorça de nouveau le 8 avril 1802 et se remaria, le 9 août 1805, avec le comte de Caraman, qui devint bientôt après prince de Chimay. Elle mourut au château de Chimay le 15 janvier 1835. Elle avait eu de ses divers maris ou amants onze enfants. (Cf. Charles NAUROY, le Curieux, t. I.)

(2) Jean-Lambert Tallien, né à Paris le 23 janvier 1767, publiciste, député de Seine-et-Oise à la Convention, avait été envoyé, le 23 septembre 1794, à Bordeaux avec Ysabeau pour y organiser le gouvernement révolutionnaire. Il accompagna Bonaparte en Égypte, devint consul à Alicante sous l'Empire et mourut à Paris le 10 novembre 1820.

Enchanté de ma rencontre, je courus vite à mon appartement, dont j'avais donné l'adresse à Joseph, et je rédigeai ma pétition, que j'accompagnai d'une lettre où je mis une petite gravure de moi au lavis, qui avait pour titre : *l'Amour sans culotte*. — Le sujet représentait un Amour portant une pique surmontée d'un bonnet et tenant de l'autre main un cœur en aplomb sur un niveau posé sur un autel, avec cette légende :

> Quand l'Amour en bonnet se trouve sans culotte,
> La liberté lui plait, il en fait sa marotte.

Je la priai de trouver bon qu'un petit Amour sans culotte fût l'avocat d'un fils bien malheureux de l'incarcération de son père, et je la conjurai, au nom du sien, d'être mon avocat auprès du représentant Tallien. Joseph, enchanté de me prouver son crédit, me promit de me rapporter bientôt la réponse; une demi-heure après, il revint me dire que Mme de Fontenay me priait de venir tout de suite la voir, et qu'elle serait enchantée de m'être utile. J'accourus aussitôt; une personne que je rencontrai et à qui je contai mon aventure, m'assura que, si la citoyenne Fontenay s'en mêlait, mon père serait bientôt en liberté.

Je fus surpris de trouver, en arrivant dans le salon, une grande quantité de gens, la plupart chargés de pétitions. Je reconnus parmi eux plusieurs négociants très riches. Comme je comptais sur la protection de Joseph pour être admis de suite, je sortais pour l'aller chercher, lorsqu'une jeune femme entra. Elle fut aussitôt entourée de solliciteurs qui la priaient humblement de se charger de leur pétition. Je la pris pour Mme de Fontenay, que je ne connaissais pas : « Madame, lui dis-je, le bon Joseph m'a dit, de votre part, que vous voudriez bien me donner un moment d'audience. » — « Ah ! répliqua-t-elle, Joseph vous a dit ça ; allez dire à votre bon Joseph qu'il a pris cela sous son bonnet ! » Son ton de protection me surprit, et je me doutai que je prenais la soubrette pour la maîtresse. « Ce n'est donc pas à Mme de Fontenay que j'ai l'honneur de parler ? continuai-je ironiquement. — Non, citoyen. — Eh bien, mademoiselle, allez lui dire que M. de Paroy, qu'elle a fait prévenir par Joseph de venir tout de suite, est dans son salon à l'attendre. — Eh bien, citoyen, on ira », dit-elle d'un ton d'humeur, et elle sortit aussitôt. Tout ce qui m'entourait, témoin de mon colloque, s'écria : « Mais qu'avez-vous fait ? vous n'obtiendrez rien, si elle n'est pas pour vous : c'est la personne de confiance de la citoyenne Fontenay, sa femme de chambre ! » — « Eh ! je m'en suis aperçu, et l'ai mise à sa place. » Un instant après, on ouvrit les deux battants de la porte à une jeune dame très jolie, vêtue très élégamment. Un salut respectueux fut l'hommage de tout le salon ; elle y répondit par un gracieux signe de tête et dit : « Le citoyen Paroy est-il parmi vous ? » Je m'avançai et l'assurai que je m'étais empressé de me rendre à ses ordres ; elle m'invita de passer avec elle dans son cabinet. J'entendis qu'on disait : « Oh ! c'est sans doute une de ses connaissances de Paris. » En entrant dans son cabinet, je me crus dans le boudoir des Muses réunies : un forte-piano entr'ouvert avec de la musique sur le pupitre et beaucoup de cahiers de musique sur une chaise, une guitare sur un canapé, une harpe dans un coin, le pupitre à côté et de la musique, un chevalet avec un tableau commencé, la boîte de couleurs à l'huile, des pinceaux sur une espèce d'escabeau, une table à dessins, portant un petit pupitre avec une miniature, une boîte anglaise, une palette d'ivoire et des pinceaux, un secrétaire ouvert rempli de papiers, de mémoires et de pétitions; une bibliothèque, dont les livres paraissaient en désordre, comme si on y touchait souvent; enfin un métier à broder avec du satin monté. Je lui dis : « Vos talents, madame, sont universels, à en juger par ce que je vois; mais votre bonté égale les agréments de votre personne. » — « Je suis reconnaissante de l'obligeance de votre accueil, monsieur, répondit-elle; votre lettre m'a fort intéressée, et tout ce que Joseph m'a rapporté de vous m'a fait désirer faire votre connaissance. Je crois me rappeler vous avoir vu chez M. Bertin avec mon père. J'espère que vous viendrez me voir le plus souvent que vous pourrez, mais parlons de monsieur votre père. Où est-il? En prison. J'espère obtenir du citoyen Tallien sa sortie; je lui remettrai moi-même votre pétition, et je veux vous présenter à lui. » Je la remerciai de tant de bonté et d'obligeance exprimées avec tant de grâce, avec un son de voix si affectueux et deux beaux yeux dont la douceur exprimait la bonté de son cœur. Ma reconnaissance ajoutait encore au charme que j'éprouvais : je voyais en elle la libératrice de mon père! En la quittant, j'étais comme un homme émerveillé, ayant de la peine à ajouter foi à ce qu'il voyait, et je m'estimai heureux de ne pas m'en sentir amoureux. Je mandai vite à mon père mes espérances pour le tranquilliser. J'eus audience de Tallien, qui me dit : « Attendez encore; il faut qu'on l'oublie quelque temps pour le sauver. »

Je fus le surlendemain arrêté au matin et conduit au fort Louis, puis traduit devant le tribunal et enfin mis en liberté le lendemain matin. Je racontai à Mme de Fontenay mon arrestation et mon élargissement en vingt-quatre heures : elle n'en avait pas entendu parler et me conseilla de n'en pas informer Tallien. Un jour Dubourg, le valet de chambre de M. du Hamel, mon beau-frère, vint me prévenir, de la part de ma sœur, que l'ordre était venu de transporter les détenus de la Réole à Bordeaux, et que ceux-ci devaient arriver le soir par le bateau de poste. Je n'avais pas de temps à perdre ; je courus chez Mme de Fontenay. Elle était à une campagne près de Bordeaux, à la Bottière, de sorte que j'allai attendre le bateau de poste, pour tâcher de faire savoir à mon père que je tenterais tout pour le sauver. C'était l'automne ; il y avait une forte brume. A six heures, quand arriva le bateau, des soldats étaient placés en haie depuis le haut du quai jusqu'à la rivière pour faire défiler les prisonniers au milieu d'eux. On nous repoussait en arrière, j'avais l'air d'un curieux. La marée montait, de sorte que la planche du bateau semblait être de plain-pied avec le pavé. Un vieux prisonnier, trompé par cette illusion, tomba lourdement. J'aidai à le relever et lui demandai s'il ne s'était pas fait de mal. Il ne me répondit pas, tant il avait l'air égaré. Pendant que le soldat reprenait son fusil laissé à terre, je dis : « Monsieur, vous connaissez M. de Paroy? — Oui, il est des nôtres ici. — Eh bien, dites-lui, je vous prie, qu'il soit tranquille.... » A peine ceci proféré, le soldat, me prenant au collet, s'écria : « Je t'arrête, tu as parlé à l'oreille du prisonnier ! — Mais, répliquai-je, vous le savez comme moi, je lui deman-

dais s'il sentait quelques douleurs de sa chute ! — Oh !
tu lui disais autre chose ! N'importe, je t'arrête toujours de provision : demain tu expliqueras tes raisons
au comité, nous saurons qui tu es. — Ça m'est bien
égal, si ce n'était le désagrément de coucher hors de
chez soi ! » Il me tint par le collet de ma redingote.
Je craignais que mon père me vît en passant et me
trahît. Je l'aperçus sur le bateau avec sa couverture
de lit en coton sur son dos pour se préserver du froid.
Comme les prisonniers avaient beaucoup de provisions, qu'on leur avait envoyées de leurs châteaux, et
que dans la route ils en avaient donné une partie aux
soldats qui les escortaient, ceux-ci voulurent avoir le
reste et dirent : « Pas de paquets ! laissez-les dans le
bateau ! on vous les donnera demain ! » Un des plus
acharnés à crier était celui qui me tenait par le collet.
J'observais tout, pour me tirer de ce mauvais pas.
Voyant un domestique qui descendait avec un gros
paquet, je dis : « Tenez, en voilà un qui emporte du
bateau un gros paquet. » Alors, le soldat dit vite à son
camarade : « Garde mon prisonnier ! » Ce camarade
n'avait pas bien entendu et regardait le soldat s'élançant sur la planche du débarquement pour prendre au
domestique son paquet. Je profitai de ce moment pour
me glisser en arrière de la file du côté de plusieurs
matelots, qui étaient sur le pont. Je jetai ma redingote
à terre pour être moins reconnu. La brume était forte,
et il faisait presque nuit. Je demandai à ces matelots : « Qui sont ces prisonniers ? — Ce sont des
émigrés ; c'est autant de guillotinés ! — Oh ! tant pis
pour eux, allons au premier cabaret boire un coup. —
Je veux bien, dit une femme qui était avec eux. Viens-

tu, mon homme? » Je pris la femme par-dessous le bras et je grimpai sur le quai en chantant. J'étais près de la porte de Bourgogne, que je voulais gagner pour me sauver dans la foule, lorsque j'entendis un soldat crier : « Arrêtez ! » Son fusil en bandoulière l'empêchait de courir. La femme, à qui je donnai le bras, me gênait fort : je la priai de me lâcher un moment ; alors je me mis à courir et j'arrivai à la porte où se tenaient des marchandes de poissons et de légumes. Puis je me glissai de côté, ayant entendu de loin qu'un prisonnier s'était échappé et était entré par la porte de Bourgogne. Je parvins enfin à la porte d'un petit spectacle, dont le premier acte venait d'être joué. Beaucoup de personnes en sortaient pour prendre l'air. Je me mêlai à elles. Je pris un billet ; on jouait une farce de Brunet. Le rire du public m'était d'une importunité que je ne peux définir, tant j'étais affecté de la position de mon père et de celle où je m'étais trouvé un moment avant. Je sortis presque tout de suite, jugeant que les recherches devaient avoir cessé. Je m'arrêtai en chemin pour aller voir Mme Dudon, la belle-fille de l'ancien procureur général du parlement de Bordeaux (1), que je connaissais beaucoup. Je lui contai mon aventure. Elle me proposa de coucher chez elle pour éviter toute inquiétude ; mais, après m'être rafraîchi, je retournai chez moi par un grand détour. J'y trouvai François, le domestique de mon père, qui m'attendait. Il avait accompagné son maître jusqu'à la prison Brutus, où on avait placé tous les détenus dans une seule grande chambre en haut. Mon père l'avait chargé de

(1) Pierre-Jules Dudon, né en 1717, mort en 1800.

me dire qu'il se recommandait à moi. Je lui demandai si un vieux monsieur, qui était tombé, lui avait parlé de ma part : « Quoi ! c'est vous ! dit François ; monsieur votre père s'en est bien douté et est bien inquiet de vous. Je lui donnerai demain de vos nouvelles ; mais, monsieur, je ne saurais vous exprimer la rage du soldat qui vous gardait quand vous vous êtes évadé. Il a cherché querelle à son camarade, qui s'est écrié : « Ton prisonnier est un diable qui a disparu à mes yeux. Comment pouvais-je l'empêcher ? » Ils ont dit qu'ils feraient tant qu'ils vous trouveraient. »

Le lendemain, j'écrivis à mon père par François, lui recommandant la prudence, que j'avais l'intuition que je le tirerais de là. Je confiai à François ce que je ne pouvais écrire sur Mme de Fontenay et Tallien. J'obtins de Lacombe (1), président du tribunal, un billet pour entrer dans la prison, comme défenseur officieux : je rassurai mon père. Mme de Fontenay m'assura que Tallien n'avait pas signé d'ordre de translation de La Réole à Bordeaux, et que, comme on ne pouvait mettre en jugement sans une signature de lui, il ne la donnerait pas pour mon père ; qu'il fallait encore l'oublier en prison, ne pouvant l'en faire sortir sans se compromettre lui-même.

Pendant tout ce temps-là j'allais voir Lacombe le matin. Il me disait toujours qu'il fallait oublier mon père et attendre un moment plus favorable pour le faire sortir : « C'est un grand aristocrate que ton père.
— Mais pas plus que moi, qui passe ici pour tel. —

---

(1) Jean-Baptiste Lacombe, né à Toulouse, ex-instituteur, président de la commission révolutionnaire de Bordeaux, fut arrêté après le 9 thermidor et décapité à Bordeaux le 28 thermidor an II (15 août 1794).

Mais tu ne l'es pas mal, cela m'est égal, tu sais ce que je t'ai dit, ne crains rien, sois prudent. » Je retournai tous les jours rassurer mon père, qui, me croyant plus de crédit que je n'en avais, se désolait. Le malheur rend souvent injuste. Je voyais souvent Mme de Fontenay et le représentant Tallien, dont j'ai toujours eu personnellement à me louer. Elle me dit : « Je suis désolée que votre père n'ait pas pu sortir de prison avant que Tallien soit obligé de partir pour Paris, mais je connais un peu Ysabeau (1), qui est son collègue ici; je vais prier à souper une dame avec laquelle il est fort lié, et je l'engagerai à amener Ysabeau avec elle. Vous pourrez faire connaissance ; il a de l'esprit et est très instruit. » Cette dame était la femme d'un négociant de Lille; elle était venue se réfugier à Bordeaux, où elle se croyait plus tranquille sous la protection d'Ysabeau. Je la trouvai très aimable ; je fus placé à côté d'elle par Mme de Fontenay, qui lui avait parlé avantageusement de moi. Plusieurs députés allant aux Pyrénées furent de ce souper. Cette dame, qu'on nommait Mme Delpré, pria tous ces députés de passer la soirée du lendemain avec elle, qu'elle aurait le représentant Ysabeau, ce qui fut accepté. « Le plaisir rend indiscret, madame, lui dis-je, et je désirerais bien être demain aussi heureux qu'aujourd'hui. — Mais j'espérais, répondit-elle, que vous auriez accompagné la citoyenne

---

(1) Claude-Alexandre Ysabeau, né à Gien (Loiret) le 14 juillet 1754, prêtre de l'Oratoire, grand vicaire de l'évêque constitutionnel de Tours, abandonna l'état ecclésiastique et se maria. Député d'Indre-et-Loire à la Convention, il passa au conseil des Anciens, fut employé aux postes sous l'Empire et proscrit comme régicide en 1816. Il ne revint en France qu'après la révolution de 1830 et mourut à Paris le 30 mars 1831.

Fontenay. » Je n'eus garde d'y manquer, voulant faire connaissance avec Ysabeau. Cette dame, me trouvant de meilleure compagnie que ses convives, qui ne parlaient que par b... et par f..., accepta mon bras pour aller à table et me mit à côté d'elle, et Ysabeau près de Mme de Fontenay, qui lui avait beaucoup parlé de moi. Le souper fut d'une gaieté un peu grosse : des comédiens, des membres du comité, les députés y assistaient : l'un d'eux, nommé Lequinio (1), s'écria : « Allons ! vive la République ! et buvons à la santé des braves républicains qui ont voté la mort du tyran ! » Ces paroles me firent dresser les cheveux d'indignation ; je m'en mordis les lèvres et je pensai à mon père pour me dominer. Comme on me faisait passer la bouteille, je dis à ma voisine, par contenance et pour cacher mon embarras : « J'aurais bien plus de plaisir, étant à côté de vous, de boire à votre santé. » Ce Lequinio reprit : « Bois donc et passe la bouteille ! » Mes sentiments se reflétaient sur mon visage à un tel point que ce même Lequinio, se levant, dit : « Le citoyen qui tient la bouteille est sûrement un aristocrate ; je m'y connais et vous le dénonce ! J'en découvris un à Saintes qui s'était glissé parmi nous ; le lendemain, je le fis arrêter et guillotiner de suite ; il faut en faire autant de celui-ci. » Je me vis perdu. « Eh bien, m'écriai-je d'un ton de colère en me levant, puisque le citoyen m'insulte, il n'aura pas l'honneur de boire à la santé

---

(1) Joseph-Marie Lequinio de Kerblay, né à Sarzeau (Morbihan) le 15 mars 1755, avocat, représenta le département du Morbihan à l'Assemblée législative et à la Convention. Il fut, sous le Consulat, envoyé comme sous-commissaire des relations commerciales à New-Port (États-Unis), où il mourut en 1813.

de la citoyenne chez qui nous soupons! C'était la sienne que je portais. N'est-ce pas, citoyenne? — C'est vrai, dit-elle, il me disait qu'il buvait à ma santé. — Parbleu! j'en suis! dit Lequinio. — Eh bien, repris-je, en remplissant mon verre et passant la bouteille, à la santé de la jolie et aimable citoyenne chez qui nous soupons aujourd'hui! » La bouteille fit gaiement la ronde, accompagnée de divers compliments à l'hôtesse. Il ne fut plus question de la première santé, mais ma conscience semblait me dire : « Expie ce souper-là ! » et je répétais du bout des lèvres : « Mon père! mon père! » comme pour excuser ma présence.

J'avais une bague représentant le portrait de Mgr le Dauphin en Amour, avec des ailes, avec la légende :

> Qui que tu sois, voici ton maître;
> Il l'est, le fut et le doit être.

Lorsque la bouteille me revint, j'étais aux anges; je dis : « A la santé de l'Amour, dont voici le portrait; baisons-le à la ronde! » Le portrait, gravé en or sur cristal, était très joli. Je le passai à ma voisine, qui le baisa en s'écriant : « Oh! le joli Amour! allons! à la ronde! » La gaieté s'en mêla. Ysabeau, qui connaissait son Voltaire, me dit : « Mais, citoyen, pourquoi as-tu mis *et*? C'est *ou* qu'il faut dire. — Bah! répondis-je, c'est comme dans *Figaro, et, ou*... Moi, je soutiens que *ou* est un doute, et que *et* exprime bien qu'il doit l'être. » Tout le monde fut de mon avis; la bague me revint avec des compliments, quand on sut que je l'avais faite. Mais le diable me tourmentait; je me sentais comme électrisé; il me manquait quelque chose que je ne pouvais définir. Poussé par un mouvement involontaire, je dis tout bas à ma voisine : « Vous êtes si aimable et si bonne que je mets ma vie entre vos mains, en vous confiant que je viens de leur faire boire à la santé du Dauphin notre roi et baiser son portrait. — Taisez-vous, malheureux! » fit-elle, en me poussant du genou. Ce mouvement me rendit à moi-même. Une minute après, Mme Delpré me dit : « Montrez-moi donc encore le joli petit Amour; il est charmant! Il faut, citoyens, boire encore un coup à sa santé! » Ce toast fut joyeusement accepté, et la bague baisée à la ronde. Je vis dans l'expression des yeux de cette dame qu'elle avait craint que j'eusse un soupçon désobligeant sur elle. Elle me l'avoua après souper, en me faisant jurer de ne pas parler de la santé, ni de la bague. J'avais besoin de cette circonstance pour contre-balancer mon humiliation de m'être trouvé à souper avec des gens qui avaient condamné le roi et y applaudissaient le verre à la main.

Après le souper, Mme Delpré me présenta à Ysabeau, à qui, pendant le souper, j'avais raconté que j'avais été élevé au collège de l'Oratoire de Juilly. Je savais qu'il avait été supérieur des oratoriens de Vendôme. Ysabeau m'accueillit fort bien et m'invita à le venir voir souvent. Enchanté de cette protection, qui remplaçait celle de Tallien pour mon père; j'en remerciai Mme de Fontenay. Tallien partit pour Paris, et Mme de Fontenay le suivit peu après. Devant revenir dans un mois, elle laissa son fils avec Joseph dans un hôtel garni. Emprisonnée, elle manda à Tallien que c'était fait de lui et d'elle s'il ne prévenait pas les desseins de Robespierre. Tallien, à cette nouvelle, alla furieux au Comité de salut public, déclara que la citoyenne Fontenay était sa femme, qu'il en répondait, et qu'il avait donné assez de gages à la Révolution pour qu'on la lui rendît immédiatement. On n'osa pas la lui refuser. Tallien accusa ensuite Robespierre à la tribune, et c'est à Mme de Fontenay que la France a dû d'être délivrée de celui-ci (1).

Pendant que Mme de Fontenay était emprisonnée, elle ne pouvait envoyer d'argent à Joseph pour la pension de son fils, qui était en hôtel garni. Joseph alla trouver un négociant nommé Legris, très riche, que Mme de Fontenay avait sauvé de la guillotine, l'ayant été chercher elle-même le soir dans le jardin public où il s'était caché, l'ayant fait coucher dans le lit de sa femme de chambre plusieurs nuits, tandis qu'elle prenait celle-ci dans le sien pour éloigner les soupçons, et enfin ayant obtenu sa grâce de Tallien, qui l'avait fait rentrer dans ses biens, moyennant une amende pour les hôpitaux. Joseph alla donc lui faire

---

(1) Le 3 prairial an II (22 mai 1794), le Comité de salut public prit l'arrêté suivant, que Robespierre écrivit de sa propre main et dont je possède l'original :

« Le Comité de salut public arrête que la nommée Cabarrus, fille d'un banquier espagnol et femme d'un nommé Fontenai, ex-conseiller au parlement de Paris, sera mise sur-le-champ en état d'arrestation et mise au secret, et les scellés apposés sur ses papiers. Le jeune homme qui demeure avec elle et ceux qui seraient trouvés chez elle seront pareillement arrêtés. Le citoyen Boulanger est chargé de l'exécution du présent arrêté.

« Paris, le 3 prairial l'an 2 de la République.

« ROBESPIERRE, BILLAUD-VARENNE, B. BARERE, COLLOT D'HERBOIS. »

Madame de Fontenay fut arrêtée à Versailles par le citoyen Boulanger, général de l'armée révolutionnaire, dans la nuit du 11 au 12 prairial (30 au 31 mai 1794), amenée à Paris et écrouée à la prison des Carmes. (Cf. Jacques CHARAVAY, *Catalogue de documents autographes sur la Révolution française*, n° 378.) Elle ne fut mise en liberté que le 12 thermidor (30 juillet 1794).

part de sa position et lui demanda un prêt de trois cents francs pour payer la pension du fils. Tout le monde à Bordeaux croyait Mme de Fontenay perdue; ce négociant dit à Joseph : « Allez-vous-en, je craindrais d'être suspect, si l'on vous voyait entrer ici. Je n'ai rien à vous donner et vous prie de vous retirer. »

Ce bon Joseph, les larmes aux yeux, vint me conter son aventure : « Allons, lui dis-je, voir votre hôte; je n'ai pas les trois cents francs, mais j'en répondrai et arrangerai cela. » Cet hôte me connaissait, il accepta ma caution. Mais peu de jours après Joseph me vint prévenir qu'il avait reçu de l'argent de sa maîtresse, qui était sortie de prison et lui ordonnait de venir la joindre avec son fils. Cette Mme de Fontenay, à qui les Bordelais devraient élever une statue de la Reconnaissance reproduisant ses traits, a rendu de nombreux services en tout genre et a éprouvé des marques d'ingratitude qui font rougir pour l'espèce humaine! Quant à moi, je ne peux en parler que pour exprimer ma reconnaissance, car j'ai été témoin de son tourment de ne pouvoir rendre autant de services qu'elle l'eût désiré.

Je voyais souvent Ysabeau et Lacombe. Ysabeau m'assurait avoir des ordres précis de ne laisser sortir aucun prisonnier sans qu'il fût jugé par la commission militaire; il ajoutait que cela pourrait s'adoucir, et il m'engageait à laisser mon père en prison, s'il lui répugnait de comparaître devant le tribunal. J'exposai toutes ces raisons à mon père, qui s'en désolait. Un jour, il me signifia que sa souffrance était telle qu'il aimait autant risquer le tout pour le tout. Il se plaignait que la nuit son lit était inondé par des gouttes.

d'eau tombant de stalactites pendues à la voûte ; que des gros rats couraient partout et lui avaient déjà mangé la moitié de sa perruque, dont ils étaient friands à cause de la poudre et de la pommade qui s'y trouvaient. Il désirait au moins changer de prison et assurait que ses camarades d'infortune étaient aussi malheureux que lui. J'allai trouver Lacombe, de qui cela dépendait. Je lui dis que, puisqu'il consentait à sauver mon père, je le priais de ne pas faire de moi un garde-malade ; que s'il restait plus longtemps enfermé, l'humidité le rendrait perclus de rhumatismes. « Eh bien, s'écria-t-il, il faut le faire changer de chambre. — Mais tout est plein. — Allons, je vais faire mieux. Va lui dire que je vais l'envoyer chercher pour le traduire devant le tribunal ce matin. Je lui poserai quelques questions insignifiantes, auxquelles il lui sera facile de répondre ; puis je lui dirai de crier : *Vive la république!* après quoi il pourra aller dîner avec toi en liberté. Va le lui annoncer, je vais l'inscrire pour qu'il passe devant le tribunal aujourd'hui. » Je courus vite à la prison prévenir mon père, qui me dit : « Quoi, c'est vous, mon fils, qui voulez qu'à mon âge je me déshonore en criant : *Vive la république!* Non, en plein tribunal, je crierai bien haut : *Vive le roi!* » En même temps il poussa ce cri de toutes ses forces, tellement que ses camarades le crurent devenu fou. Il était près de dix heures. Je craignais de n'avoir pas le temps de prévenir Lacombe de ne pas l'envoyer chercher. Je laissai mon père et courus vite chez Lacombe. « Au nom de Dieu, m'écriai-je, n'envoyez pas chercher mon père aujourd'hui ; l'idée du tribunal l'a fait tomber évanoui. Je l'ai laissé dans cet état ; contremandez

votre ordre!. — Oh! calme-toi, c'est comme non avenu.
Va donner tes soins à ton père. Je conçois que le tribunal n'est pas plaisant. » Je l'aurais volontiers embrassé. Je me hâtai d'aller rassurer mon père et lui dis qu'on le laisserait en prison jusqu'à ce que la tourmente fût un peu calmée. Je retournai chez Lacombe.
« Soyez tout à fait obligeant pour moi, lui dis-je. — Eh bien, que veux-tu encore? Tu dois être content? — Non, car mon père restera dans cette prison Brutus. Mettez-le au Séminaire. — Allons, répondit-il, je fais tout ce que tu veux; tiens, écris l'ordre de son transfert. » Il me donna un imprimé du tribunal et me dicta : « Il est enjoint au concierge de la prison Brutus de faire transporter le citoyen Paroy à la maison d'arrêt du Séminaire. » J'ajoutai : *avec les prisonniers de sa chambrée.* Il signa la pièce sans regarder. Craignant un retard, je pris quatre fiacres que je conduisis à la prison et remis au concierge l'ordre de Lacombe (1).
« C'est singulier, fit-il, viens avec moi. » Nous montâmes; je fis signe du doigt aux prisonniers de ne pas parler. « Allons, dit le concierge, faites vos paquets vite et suivez-moi. » Je les prévins qu'on allait les conduire au Séminaire. Ils étaient sept, qui formaient ensemble comme âge un total de cinq cent trois ans. J'annonçai que j'avais trois fiacres pour eux et leurs effets; ils y montèrent avec un garde dans chaque voiture. Le concierge du Séminaire, non prévenu, fit d'abord quelques difficultés pour les recevoir, mais la vue de la signature de Lacombe au bas de l'ordre l'y détermina, de sorte que mon père se trouva avec ses

(1) Ceci se passait le 27 février 1794.

camarades dans une chambre bien saine, avec de grands corridors pour se promener. Quand je revis Lacombe, il me dit : « Mais tu as fait transporter au petit séminaire les camarades de ton père ! Il n'en avait pas été question. — Si fait, répliquai-je, c'était dans l'ordre que vous m'avez dicté. — N'importe, je les repêcherai aussi bien au Séminaire qu'à la prison Brutus. »

Le temps se passait, et une réaction amena à Paris un système plus doux que celui de la terreur (1).

Ysabeau me prévint un jour qu'il visiterait la prison et en ferait sortir mon père le lendemain. Enchanté, j'allai conter cette bonne nouvelle à mon père ; mais celui-ci me déclara qu'il n'y croirait que quand il se verrait dehors. En rentrant chez moi tout joyeux, on me dit qu'une dame venant de Saintes me demandait d'aller lui parler de suite chez Mme de Las Cases, ancienne dame d'honneur de Mme la princesse de Lamballe. Je m'y rendis aussitôt et trouvai ma belle-sœur qui m'annonça l'arrestation de mon frère, le capitaine de vaisseau, et son incarcération dans la prison de Saintes. Or, le représentant du département étant parti pour les Pyrénées, Ysabeau le remplaçait par intérim. Connaissant mes bons rapports avec ce dernier, ma belle-sœur était venue me trouver. Je lui confiai mon embarras, ayant obtenu pour le lendemain la sortie de mon père ; mais je lui promis de parler en faveur de mon frère. Sur son insistance, je retournai auprès d'Ysabeau et le prévins que le lendemain

(1) Paroy fait là une étrange confusion, car tous les faits concernant l'emprisonnement et la mise en liberté de son père sont antérieurs au 9 thermidor.

une citoyenne lui présenterait une pétition réclamant la sortie du citoyen Paroy, mon père ; j'ajoutai que je comptais sur sa parole. Il me chargea de lui enjoindre de la lui apporter à son audience le lendemain sur les onze heures du matin, qu'alors il la signerait. Je retournai de suite chez ma belle-sœur ; je rédigeai une pétition et la signai, en lui recommandant d'éluder toute question d'Ysabeau et de se borner à dire qu'elle venait réclamer l'exécution de sa promesse de mise en liberté du citoyen Paroy. Je l'instruisis de ce qui s'était passé antérieurement et lui conseillai de partir aussitôt la signature donnée, parce que je ne la reverrais pas, ne pouvant visiter mon père que de onze heures à une heure et de quatre heures à six heures du soir. J'allai donc prévenir mon père qu'il ne sortirait pas encore ce jour-là, mais le lendemain, et cet ajournement de son espérance lui rendit l'attente plus insupportable encore. A midi, je me présentai chez ma belle-sœur ; Mme de Las Cases m'avertit qu'Ysabeau avait signé la sortie de la meilleure grâce du monde, et que ma belle-sœur était partie par la marée, en la chargeant de me remercier.

Le soir, j'allai chez Ysabeau, qui me dit : « Eh bien, tu dois être content ? j'ai signé la sortie de ton père ce matin. — Je vous en remercie, répliquai-je, ce sera donc pour demain, car je l'ai vu ce soir en prison. — Comment ! ce matin une citoyenne m'a donné une pétition pour la sortie de prison du citoyen Paroy ; je la lui ai rendue. — Votre bonne intention vous a fait croire l'avoir signée. Eh bien, voici le citoyen Charles, un membre du comité et commissaire des prisons, qui peut vous dire que mon père est encore au Séminaire. Donnez donc l'ordre à Charles; il n'y a qu'un citoyen Paroy en prison, et c'est mon père; il ne peut y avoir d'abus là dedans. —Je n'y comprends rien; eh bien, va-t'en, Charles, au Séminaire; tu mettras le citoyen Paroy en liberté et signeras sa sortie chez le concierge. » Je demandai et obtins l'autorisation de l'accompagner; mais Charles affirma que l'heure était trop avancée pour entrer dans la prison, qu'il devait d'ailleurs aller au spectacle ce soir, et que demain matin de bonne heure nous nous rendrions ensemble au Séminaire. Quoique pestant contre son spectacle, je le remerciai de bon cœur. J'allai chercher Charles à son domicile le lendemain à huit heures. Je le fis bien déjeuner dans un café pour le mettre de bonne humeur, et nous arrivâmes au Séminaire, où mon père m'embrassa, les larmes aux yeux, en apprenant mon subterfuge auprès d'Ysabeau.

Pendant qu'il faisait ses paquets, je dis à ses camarades, envieux de la sortie de mon père, de me donner leurs lettres. Charles me pressait de partir. Je rentrai chez moi triomphant avec mon père, que je conduisis dans la maison de ma sœur, et qui retourna ensuite à Castetz, tandis que je restai à Bordeaux (1).

Je voyais toujours Ysabeau, qui me croyait tout attaché à lui par la reconnaissance. Un jour qu'il se trouvait avec beaucoup de monde sur la place de la Comédie, il m'aperçut de loin et m'envoya querir par un gendarme. Je me rendis près de lui, mais de l'air d'une personne venant demander à une autorité la réponse à une pétition. Ysabeau voulut me prendre

(1) Le marquis de Paroy fut mis en liberté le 22 mars 1794 et partit pour Castetz le 1ᵉʳ avril, ainsi qu'il le raconte dans ses *Souvenirs*.

familièrement la main; mais, sans faire semblant de m'en apercevoir, je le saluai cérémonieusement, puis je m'approchai de lui en disant : « Je passe pour aristocrate ; cela vous nuirait dans votre parti de vous voir me donner des marques publiques d'intérêt. Chacun aime à paraître bien avec le pouvoir, mais moi, qui ne veux pas vous compromettre, je préfère vous voir en particulier. — Cela prouve, dit-il, que tu m'es réellement attaché, je t'en sais gré, viens me rendre visite le soir. » Je ne voulais pas paraître ingrat avec lui, mais je craignais qu'un témoignage public d'une trop grande intimité avec lui me nuisît dans l'estime de mon parti. Le soir, il me dit : « J'ai toute confiance en toi, je ne sais à qui me fier pour avoir un secrétaire particulier qui s'attachât à ma personne ; je le traiterai bien. » Je lui promis de m'en occuper. J'en parlai à un négociant, nommé Bergeron, qui m'indiqua un sien neveu, fort gentil garçon, très intelligent, écrivant bien et employé chez lui. Je le proposai à Ysabeau, qui l'accepta, mais à condition que ce jeune homme ferait auparavant un stage d'un mois dans une administration; il aurait ensuite l'air de le prendre. En effet ce garçon, nommé Avy, fut placé au département, et peu de temps après Ysabeau le prit pour secrétaire; il l'emmena à Paris et le plaça ensuite auprès de Barras, qui en fit son aide de camp et lui donna les grades de capitaine et de colonel. Avy devint un excellent officier et fut nommé baron par Bonaparte ; il périt dans les campagnes de Prusse (1). Il resta toujours en très bons termes avec moi.

---

(1) Antoine-Sylvain Avy, né à Cressier, principauté de Neuchâtel

Du temps qu'Avy était employé au département, je le priai de me rendre un service. J'avais appris qu'un de mes parents avait été dénoncé, et je désirais savoir si l'affaire était grave. Sachant que le bureau d'Avy était celui du dépôt, je lui demandai le renseignement en lui donnant le nom de La Chapelle. Le soir, il m'apporta deux feuilles de papier et m'exprima son embarras, vu qu'il y avait deux dénonciations sous ce nom, l'une concernant Fournier de La Chapelle, l'autre La Chapelle de Jumilhac, lesquelles d'ailleurs devaient les conduire tous deux droit à la guillotine. Avy m'expliqua que chaque accusation se trouvait dans des cartons, et que, quand on leur en demandait une, ils gardaient simplement le numéro du feuillet et la donnaient. De tous ces dossiers il n'existait pas même de table. « En ce cas, dis-je, il est impossible de savoir si on a enlevé un dossier, et puisque vous consentiez à m'en remettre un, je les prends tous les deux. L'un est mon parent très proche, l'autre mon ami. » En même temps je mis au feu les deux papiers, à son grand étonnement. « N'en dites rien, on ne le saura pas, et puis Ysabeau doit vous prendre avec lui ; on ne vous soupçonnera jamais. » J'allai aussitôt prévenir Fournier de La Chapelle et Jumilhac ; l'un partit dans la nuit pour Toulouse, et l'autre le lendemain matin pour Paris.

(Suisse), le 25 mai 1776, suivit en effet la carrière militaire avec succès. Adjudant commandant en 1808, baron de l'Empire en 1810 et général de brigade le 19 mai 1811, il servit longtemps en Espagne. Il mourut sur le champ de bataille, non en Prusse, comme l'indique par erreur le comte de Paroy, mais à la défense du poste de Merxem, près d'Anvers, le 13 janvier 1814.

XVII

Aventures arrivées pendant le séjour du comte à Bordeaux (1793). — — Il sauve son beau-frère le vicomte du Hamel, grâce à Mme de Fontenay. — Il grave une carte de sûreté pour sa section et en garde des exemplaires, qu'il distribue à ses amis. — Il obtient un certificat de résidence, en faisant des cadeaux de portraits de révolutionnaires enluminés par lui. Il réunit à grand'peine les neuf témoins nécessaires (17 août 1793). — Il envoie ce certificat à Melun, pour obtenir la levée du séquestre de sa terre de Paroy; mais une date erronée inspire des soupçons, et le Comité de salut public envoie l'ordre de le faire arrêter et guillotiner, ainsi que ses témoins. — Prévenu par Lacombe, président du tribunal, il cherche les moyens de se tirer d'affaire. — Il réclame un nouveau certificat, explique au procureur de la commune que le secrétaire a commis une erreur de date et, après des péripéties émouvantes, obtient enfin gain de cause. — Ayant besoin d'un certificat de résidence à Paris, il s'adresse au député Guyet-Laprade, à qui il avait autrefois sauvé la vie et l'honneur; mais il éprouve un refus. Il a recours alors au député Menuau, qui s'entremet pour lui avec la plus parfaite obligeance.

Pendant le séjour de Mme de Fontenay à Bordeaux, j'appris que toute la famille de mon beau-frère le vicomte du Hamel avait été arrêtée à Castetz sur la dénonciation du comité de surveillance de Bordeaux. J'allai encore recourir à Mme de Fontenay, qui ne vit pas d'autres moyens de tirer M. du Hamel d'affaire que de faire détruire la dénonciation de Bordeaux et de la remplacer par une attestation de civisme délivrée par le club de Castetz, dont son concierge était président. Mme de Fontenay invita à dîner plusieurs membres du comité et, au dessert, convint avec eux d'anéantir la dénonciation de Bordeaux, attendu que M. du

Hamel, absent de Bordeaux depuis plusieurs années, avait pris sa résidence à Castetz, où il avait obtenu de bons certificats. Cela fut bien entendu, et mon beau-frère resta tranquille. Comme il avait été pendant vingt ans à la tête de l'hôtel de ville de Bordeaux, il était naturel qu'il se trouvât dans cette ville des gens autrefois punis par lui et désireux de s'en venger. En effet, l'arrêté du comité de Bordeaux portait que les dénonciations envoyées contre lui suffiraient à faire guillotiner vingt personnes.

En 1793, la terreur dominait Bordeaux. Les soirs, on arrêtait dans les rues ceux qui n'avaient pas de cartes, on les conduisait au corps de garde et de là en prison. Les soldats étaient stimulés par l'appât du gain, car tout homme trouvé sans carte était obligé de payer douze francs, ou de laisser son habit. Or les soldats s'étaient arrogé ce droit, sur lequel les autorités fermaient les yeux. On parla de changer les cartes de la section des arts, dont j'étais, parce que d'autres sections en avaient fait graver de plus belles. J'engageai un horloger, mon voisin, de dire au président de la section que je pourrais lui en graver d'analogues au nom de la section. Ce président était un franc républicain, et je n'avais aucun accès auprès de lui. Il vint le lendemain matin me demander si je voulais lui graver une carte de sûreté : « Volontiers, lui dis-je. — Je ne te parle pas du prix, continua-t-il, tu seras raisonnable. Tiens, si tu veux, nous partagerons le bénéfice, car les aristocrates les payent jusqu'à douze francs, les citoyens trois, et les sans-culottes les obtiennent gratis. — Eh bien, non, répliquai-je, je fais mieux que cela, je ferai hommage de ma planche gravée à la section, mais à condition que j'aurai ma carte gratis. — C'est juste, dit-il, mais pourquoi ne viens-tu pas à la section? je ne t'y ai jamais vu. — C'est vrai, j'y suis étranger, je n'y connais personne, ainsi donc j'y suis inutile; sans le savoir, je pourrais donner ma voix à quelqu'un d'hostile à la section. Je me plais à Bordeaux; on y est tranquille, et puis un artiste se trouve bien partout, quand il est occupé dans son pays. » Nous convînmes de la gravure, sur une esquisse que je lui fis. Deux jours après, je l'avais terminée. Comme il allait la porter chez l'imprimeur, un franc républicain et bon sans-culotte, je lui proposai de l'accompagner, pour expliquer la différence de l'impression de la gravure au lavis de celle en taille-douce. Il accepta. Je convins avec l'imprimeur de lui apporter le papier tout apprêté. Mon but était d'en tirer moi-même des exemplaires et d'en glisser dans ma poche plusieurs à son insu. Je retournai chez lui à l'heure de son dîner, pour être plus libre. Il me laissa tout arranger. Je lui en remis cinq cents, et j'en gardai une cinquantaine. A mesure que j'en imprimais cinq, j'en mettais trois dans un petit portefeuille. Une fois mon nombre complet, je continuai le tirage et je lui laissai achever le reste, sans qu'il se fût jamais méfié de rien. L'imprimeur remit au président les cinq cents cartes annoncées; celui-ci m'en donna une bien en règle et une seconde que je lui demandai gratis pour mon hôte. La mienne me servit de modèle pour en remplir d'autres, dont je distribuai une vingtaine à plusieurs personnes qui se trouvaient dans le même cas que moi, et à qui cette carte donnait la liberté de sortir le soir sans être arrêtées, car le jour on n'avait rien à craindre sans dénonciation personnelle.

Il m'arriva dans ce temps-là une aventure singulière, dont l'issue pouvait avoir de graves conséquences et me faire guillotiner avec neuf personnes. La voici :

J'avais reçu deux lettres de chez moi ; on m'y mandait que j'avais été porté sur la liste des émigrés, et qu'il était question de vendre ma terre de Paroy, puisque je n'avais pas envoyé depuis près d'un an de certificat de résidence prouvant mon séjour en France. Déjà plusieurs personnes de Paris étaient venues visiter ma propriété. J'étais bien embarrassé, n'ayant d'autres papiers que mon passeport de Fontainebleau, visé à Bordeaux le 31 janvier 1793. Comme on exigeait beaucoup de formalités pour en délivrer, j'allai à l'hôtel de ville voir comment cela se passait. On vous demandait premièrement votre carte ou passeport bien visés, ensuite votre certificat de civisme et l'attestation de neuf témoins munis de leurs papiers. Tout cela, difficile à réunir, c'était impossible pour moi. J'étais tout yeux et tout oreilles, et rien ne m'échappait. Ils étaient quatre autour d'une table, avec des tabatières ornées de portraits de Marat ou de Robespierre assez mal gravés. La vue de ces portraits fut un trait de lumière pour moi. J'allai à la Bourse chez un marchand d'estampes acheter environ deux douzaines de ces médaillons, parmi lesquels le portrait de La Fayette (1). Je les imbibai de savon, avivé avec du sel

---

(1) Il y a là une confusion, car le portrait de La Fayette, qui avait abandonné son armée et était prisonnier des Autrichiens depuis le 19 août 1792, ne devait pas se trouver chez les marchands de Bordeaux en 1793.

de soude dans de l'eau de chaux, pour dissoudre l'encre grasse de l'impression, et, avec un lissoir entre deux papiers unis et une carte par-dessus, je frottai fortement, ce qui faisait décharger le noir sur le papier et affaiblissait l'épreuve plus ou moins. Je continuai jusqu'à ce qu'il n'y eût plus qu'un ton gris, puis je séchai mon papier, après l'avoir auparavant lavé dans de l'eau tiède pour en ôter le gras du savon. Ensuite je fis dissoudre de l'alun dans de l'eau, coupée avec une légère eau de colle, où j'avais délayé du blanc de plomb très léger pour donner une teinte blanche au papier, permettre à la couleur de prendre dessus et empêcher le papier de boire. De plus, le blanc ôtait l'âcreté du noir de l'impression. Le tout bien séché entre du papier brouillard, je le lissai avec un morceau d'ivoire bien uni. De cette façon mes petits portraits étaient lisses, blancs, comme sur du vélin, et semblaient des esquisses très avancées. Alors je les coloriai et en fis des espèces de petites gouaches dont les couleurs étaient très vives et où la gravure ne paraissait pas. J'en terminai dix dans ma soirée, et le lendemain à midi j'en avais une quinzaine. Je les plaçai dans un grand portefeuille, avec mon passeport visé à mon arrivée, et je me mis à la queue des solliciteurs de certificat. C'était long. Chaque demandeur avait ses neuf témoins, dont il fallait vérifier les papiers. Je me désespérais : à la fin, mon tour vint, mais il était tard. J'avais, comme par obligeance, laissé passer avant moi tout le monde : « Allons, dépêche-toi! que veux-tu? fit un employé. — Un certificat de résidence, dis-je. — Donne tes papiers, as-tu tes témoins? — Non, je vais les aller chercher. — Oh!

il est trop tard, tu reviendras demain. » Pendant ce temps j'ouvrais mon portefeuille comme pour montrer mon passeport et je laissai tomber sur la table d'un air maladroit mon paquet de portraits qui s'éparpilla. « Oh! les jolis portraits! s'écrièrent-ils. Qu'ils sont bien peints et ressemblants! Où as-tu acheté cela? — C'est moi qui les fais, répondis-je; le représentant Garrau (1), en passant ici, m'en a pris plus de cinquante, pour distribuer à l'armée des Pyrénées. Ceci est le reste que je n'avais pas fini lors de son départ. — Veux-tu nous les vendre? — Non, je ne les vends pas à vous autres, je les donne; c'est bon pour un représentant de payer. » Ils me posèrent plusieurs questions, demandant ce que j'étais venu faire à Bordeaux, n'étant pas de la ville, et pourquoi ils ne m'avaient pas encore vu. « C'est tout simple, je suis très occupé, je sors peu, mais je me plais à Bordeaux plus qu'à Paris, où il y a toujours du train. Nous autres artistes, étrangers aux affaires, nous aimons la tranquillité. — Mais pourquoi veux-tu un certificat de résidence, puisque ton passeport est en règle? — C'est qu'on m'a écrit que c'était nécessaire pour être en règle dans les trois mois et éviter d'être inscrit sur la liste des émigrés. — C'est juste. Grand merci pour tes portraits que nous acceptons avec plaisir. » L'un d'eux m'en demanda pour un de ses amis un second exemplaire que je lui laissai. Ils me promirent de m'expédier tout de suite le lendemain et me recom-

---

(1) Pierre-Anselme Garrau, né à Sainte-Foy (Gironde) en 1762, avocat, député de la Gironde à l'Assemblée législative et à la Convention, fut le compagnon de Carnot dans sa mission à l'armée des Pyrénées en 1792. Il mourut en 1819.

mandèrent d'amener mes témoins. Je passai toute ma journée à essayer de réunir neuf bourgeois ou ouvriers, mais je n'en pus trouver que sept. Alors j'allai chez le plus fort bijoutier de la ville, que je connaissais beaucoup, ainsi que son associé. Ils se nommaient Sicard et Bernard, et demeuraient en face de la comédie sur la place. Je les priai d'être mes témoins pour un certificat; ils acceptèrent par obligeance, car c'était une véritable corvée. J'allai ensuite chercher mes autres témoins, ce qui n'était pas une besogne facile, vu leur nombre. Aussi arrivai-je tard. « Nous allons vite t'expédier, me dit un des secrétaires du bureau. As-tu le nom de tes témoins? » Je les lui donnai; il les appela séparément, leur demanda leur carte et se mit à rédiger mon certificat. Il le lut tout haut; il y avait écrit *à Bordeaux depuis le 6 mai* 1790, suivant la loi des certificats de résidence et d'après celle fixée pour l'époque de l'émigration. Je ne m'aperçus de la méprise que quand le passeport me fut rendu signé par mes témoins, qui, voyant l'obligeance des expéditionnaires pour moi, m'en félicitèrent; un de ces derniers me dit qu'il allait le faire de suite signer au maire avec ceux délivrés depuis deux jours. On les gardait ce laps de temps pour vérifier si la personne pour qui était le certificat était suspecte ou non.

Les six portraits de Marat, de Robespierre et de La Fayette me valurent deux fois cette obligeance, à laquelle ils ajoutèrent celle d'apposer le sceau de la commune sur ma lettre pour qu'elle ne fût pas ouverte à la poste. En effet, ma lettre alla droit à Melun. Je me trouvais très heureux d'être ainsi en règle et de faire lever le séquestre sur ma terre, lorsque trois semaines après je fus accosté par Lacombe, le président du tribunal, qui me dit : « Malheureux ! enfuis-toi, pendant que tu le peux ! » — « Et pourquoi? » m'écriai-je. « Tiens, lis. » Et il me montra une lettre, signée de Robespierre et d'autres membres du Comité de salut public, où on lisait : « Aussitôt la présente reçue, tu feras arrêter et guillotiner le citoyen Paroy avec ses neuf témoins pour avoir signé un certificat de résidence faux, vu la date de séjour. Ci-joint sont les pièces à l'appui, et tu enverras le jugement imprimé dans tous les départements pour y servir d'exemple (1). »

Je fus foudroyé, je l'avoue, de cet arrêt, mais, reprenant mes esprits, je dis à Lacombe : « Je n'y conçois rien; mais il y a une erreur dans tout ceci, donne-moi le temps de la vérifier. » — « L'ordre est impératif, répliqua-t-il ; je ne vois aucun moyen de te sauver, non plus que tes témoins; tout ce que je puis faire pour toi, c'est que, comme l'ordre m'a été adressé directement et que personne n'en a connaissance, moi seul ai le droit de te faire arrêter. Ne couche pas chez toi cette nuit ; j'y enverrai pour la forme. On fera un verbal d'absence, et le jour tu tâcheras de pourvoir à ta sûreté. » — « Et mes témoins? » lui dis-je. — « Je ne puis m'empêcher de les condamner, mais je leur laisserai la journée de demain et la nuit entière. Voilà tout ce que je puis faire pour toi. Adieu, tâche de te sauver. »

Il me quitta pour aller au tribunal ; il était onze

---

(1) Il est vraisemblable que ce texte, cité de mémoire, n'est pas exact quant aux termes.

heures. J'avais deux fois vingt-quatre heures devant moi. Pour me distraire des idées tristes et m'en procurer de bonnes, j'ai l'habitude de sortir. Cela m'a toujours réussi. Je pensais à mes pauvres témoins bien plus qu'à moi. J'allai dîner à la campagne chez M. Brouqueurs, l'homme le plus obligeant que j'aie connu et qui a sauvé plus de vingt émigrés. J'étais pensif malgré moi, et comme d'ordinaire j'étais très gai, cela le frappa; il m'en fit l'observation à table; je lui dis : « C'est peut-être mon dernier dîner avec vous. » Il y avait là une dame de ses amies qui logeait avec lui. Je leur racontai mon aventure, en leur affirmant que j'avais le pressentiment de m'en tirer, sans savoir comment. Ils me demandèrent d'un ton d'inquiétude si on m'avait vu entrer : « Non, leur dis-je, j'ai pris par le derrière des vignes et ai passé par le jardin. » — « Ah! tant mieux! » s'écrièrent-ils. Je compris alors leur inquiétude, et j'en eus pitié pour l'humanité, mais ça ne dura qu'un moment. Ils m'offrirent de l'argent pour m'enfuir. « Et mes témoins? répliquai-je, je veux les sauver; il me vient une heureuse idée, je vous quitte. » Je bus un verre de liqueur et rentrai en courant à Bordeaux. J'allai de suite chez tous mes témoins avec mon passeport de Fontainebleau, signé du 31 janvier 1793, à Bordeaux. Je leur répétai à diverses reprises que, voulant m'en retourner à Paris, on exigeait de moi un certificat qui constatât que j'étais resté à Bordeaux depuis le dernier certificat. J'éprouvai de la difficulté, mais à force de prières et grâce à la promesse d'un bon déjeuner pour nous réunir, je les décidai; c'étaient des tailleurs, des cordonniers et des artisans. MM. Sicard et Bernard m'embarrassaient, mais, vu la nécessité où je me trouvais de partir, ils eurent l'obligeance de ne pas se faire prier. Je leur dis que, pour ne pas les faire attendre, je leur enverrais un fiacre à l'instant de signer. Le tout fut conclu dans l'après-dîner. J'allai coucher chez un peintre, nommé Lacour, en lui racontant qu'ayant perdu ma clef, je ne pouvais pas rentrer chez moi, et qu'ayant oublié ma carte, je n'osais pas courir les rues de crainte d'être arrêté. Il mit un de ses matelas à terre avec des draps et son manteau pour couverture. Je dormis peu, étant préoccupé de mes témoins. Le lendemain, de grand matin, je passai chez eux en leur répétant leur leçon, sans en avoir l'air, à savoir qu'il s'agissait d'attester mon séjour à Bordeaux depuis le 31 janvier, comme le portait mon passeport. Je leur dis que je les attendais à déjeuner. Je les régalai bien. Je tâchai, par des démonstrations de gaieté, de leur ôter toute suspicion de l'inquiétude dont j'étais dévoré. Je jouai le tout pour le tout, sentant que, me faisant donner un certificat bien en règle depuis mon arrivée à Bordeaux, signé par mes neuf témoins, je les sauvais. Nous allâmes tous ensemble au grand séminaire, où se délivraient les certificats.

Nous étions les premiers arrivés; le secrétaire, nommé Alberzy, vint demander mon nom. Un moment après avoir feuilleté un livre, il se mit à la fenêtre et ordonna à la sentinelle qui était dans la cour de faire monter un sergent avec quatre hommes. Mes témoins ne firent aucune attention à cette mesure, mais moi, qui observais tout, je me dis : « Il faut ici de la tête pour nous tirer de cet embarras. » Les sentinelles montées, le secrétaire leur enjoignit de rester deux en dedans de la porte et deux en dehors, et de ne laisser sortir personne. Il s'en allait lorsque je lui dis : « Et mon certificat donc ! » En se retournant, il répondit d'un ton ironique : « Oh ! vous n'en avez pas besoin ! » Mes témoins ne comprenaient rien à ceci ; chacun faisait ses réflexions, les uns de peur, les autres d'étonnement de ce qu'on les arrêtât. Alors je leur dis : « Ma foi, je n'y comprends rien, car quel mal y a-t-il à venir chercher un passeport pareil au dernier que nous avons signé, et constatant que je réside à Bordeaux depuis le 31 janvier 1793 ? Je n'en vois pas, nous sommes en règle. »

Après un quart d'heure d'attente, le secrétaire et un municipal nous invitèrent à les suivre. On nous conduisit dans la grande salle où se faisaient jadis les distributions de prix ; on nous dit d'attendre. Huit sentinelles nous entourèrent. J'affectais un air dégagé, mes témoins étaient déconcertés ; un d'eux même pleurait. La salle se remplit peu à peu de monde. Le procureur de la commune arriva avec trois membres et le secrétaire Alberzy. Après avoir joué de la sonnette pour obtenir le silence, il fit un discours au peuple sur les intrigants, les aristocrates, qui, fuyant la justice de leur commune, venaient se réfugier dans d'autres pour s'y mettre en sûreté à l'aide de papiers et de certificats qu'ils subtilisaient ; il ajouta que l'œil vigilant des magistrats de la République savait les découvrir et déjouer leurs complots : « Écoutez, citoyens, une lettre que les membres du département de Seine-et-Marne, séant à Melun, ont écrite à ceux de Bordeaux : — Citoyens collègues, il est de notre devoir commun de nous soutenir et de nous communiquer toutes les manœuvres que nous pourrions découvrir des aristocrates et ennemis de notre République. Ainsi donc, nous vous prévenons que le citoyen Paroy est caché à Bordeaux, qu'il nous a envoyé de cette ville un certificat de résidence faux, en ce qu'il y est spécifié qu'il y réside depuis le 12 mai 1790 et que nous en avons un de lui de Paris de juillet 1791 ; donc c'est un faux, dont nous vous envoyons les doubles bien légalisés. Nous savons d'ailleurs que cet aristocrate Paroy était très attaché au tyran; nous vous le dénonçons comme tel, etc. »

En entendant cette lecture, je me disais : On ne peut fuir sa destinée, mais combattons-la. Mes témoins voulaient tous parler; on leur imposa silence en plaçant entre chacun un soldat. Le procureur me dit : « Parle, qu'as-tu à répondre ? — Je ne puis répondre pertinemment à une chose que je ne comprends pas : j'ai demandé un certificat du temps que je suis resté à Bordeaux; je prouvai ce temps par mon passeport, signé et visé à mon arrivée, et je suis en règle. Sûrement il y a une méprise là dedans. Interrogez mes témoins, ils vous affirmeront que je ne leur ai pas dit autre chose en leur demandant d'être mes témoins, et que mon passeport était du 31 janvier 1793. — C'est vrai ! » s'écrièrent-ils tous, hors un qui dit : « Dame ! je ne me le rappelle pas bien. » Alors le secrétaire de la commune se leva et dit : « C'est faux ! c'est moi qui ai lu et fait ce certificat qu'ils ont attesté vrai et signé, et il porte *depuis le mois de mai* 1790 ; donc il ne concorde pas avec celui de Paris, en date de 1791. Le citoyen Paroy prétend n'avoir demandé son certificat que du 31 janvier 1793, mais il est manifeste que le dernier est faux, puisque le citoyen ne pouvait pas être à Paris et à Bordeaux en même temps. Il n'y a pas de réplique à cela. »

Ce raisonnement plausible excita un grand brouhaha et des applaudissements dans la salle. Je me vis perdu, mais en même temps électrisé ; je montai sur mon banc et dis au procureur : « Citoyen, je demande l'explication de ce qu'a avancé le secrétaire. » Puis, me tournant vers le peuple, je m'écriai : « *Vox populi, vox Dei* : La voix du peuple est celle de Dieu. Écoutez : Il n'y a personne parmi vous qui ne se soit trouvé dans le cas d'avoir servi de témoin pour des certificats. Eh bien, songez avec épouvante à votre malheur d'être accusé de faux pour la méprise d'un seul homme qui, préoccupé par une quantité d'affaires différentes, peut s'être trompé d'une date ! Réfléchissez bien, citoyens, que mes témoins, comme vous, me sont étrangers. J'ai été obligé de prendre ceux qui pouvaient attester m'avoir vu pendant le temps pour lequel je demandais mon certificat. L'un est mon tailleur, l'autre mon cordonnier ; tous, sous divers rapports, ont eu affaire à moi ; plusieurs sont pères de famille et dans l'aisance, et moi, je ne suis pas dans le cas de les séduire, quand même ils en eussent eu la faiblesse. De plus, ce m'était inutile. A quoi sert un certificat? A prouver le séjour en France depuis la loi des émigrés. Je savais que j'avais eu celui de Paris ; mon séjour à Fontainebleau est prouvé, donc il m'était inutile d'en prendre un de Bordeaux, pour une époque antérieure au 31 janvier 1793. »

Comme j'appuyai là-dessus, pour bien le faire entendre aux témoins, le secrétaire Alberzy se leva et dit : « Voyez l'astuce de cet aristocrate, comme il dicte bien aux témoins ce qu'ils doivent dire. C'est moi qui leur ai lu le certificat qu'ils ont signé, et je suis bien sûr que je ne me suis pas trompé. »

Indigné de la méchanceté de cet homme, je continuai : « Citoyens, je vous le répète, mes neuf témoins sont, comme vous, irréprochables et reconnus honnêtes citoyens. N'est-il pas plus naturel qu'un seul homme se trompe que dix? Car, outre qu'ils n'avaient aucun intérêt, soit par séduction d'argent ou d'amitié, à risquer leur existence inutilement, oui, inutilement, puisque moi-même, si je m'étais aperçu de l'erreur, je l'eusse relevée comme pouvant m'être nuisible... Mais, citoyens, votre présence m'inspire une heureuse idée, tant je suis stupéfait du sort malheureux de mes innocents témoins. Je m'aperçois qu'il m'en manque deux. Tous deux sont riches, d'une bonne réputation, d'une profession honorable; ce sont les citoyens Sicard et Bernard, gros bijoutiers, demeurant place de la Comédie. Comme le citoyen secrétaire prétend que j'ai affecté de suggérer la date où je soutiens qu'il s'est trompé, vous pourrez vous convaincre, ainsi que M. le président, de la vérité. Ces deux témoins ne sont pas ici, j'ai un fiacre en bas : envoyez-les chercher, M. le président les interrogera, soit ensemble, soit séparément, devant vous en mon absence : ainsi vous pourrez vous assurer par leurs déclarations qui, du citoyen secrétaire ou de nous dix, a tort, et reconnaître que celui-ci, pour ne pas avouer son erreur et par amour-propre, veut de gaieté de cœur sacrifier dix honnêtes citoyens. » Je dis cela avec tant de chaleur que la salle éclata en bravos : « Il faut les envoyer chercher! » s'écria-t-on. Le procureur de la commune donna ordre à deux soldats de les aller chercher dans deux fiacres différents.

Pendant ce temps-là, le secrétaire se démenait comme un diable dans un bénitier, attestant la vérité de ce qu'il avait avancé. J'affectai un air très tranquille, rassurant mes témoins. Ceux-ci avaient dans la salle plusieurs amis, parents et connaissances, qui vinrent leur parler et les tranquilliser. Dans cette occasion je dois rendre justice au procureur de la commune; il fut très impartial. J'avais les yeux sur lui; je le voyais l'air calme et occupé seulement à découvrir la vérité. Je lui vis même une expression de sensibilité, quand je peignis la position de neuf témoins, accusés d'un faux, sans intérêt quelconque d'argent ou d'affection, et risquer la mort sans aucun but, puisque leur déclaration fausse ne m'était pas utile. J'avais beaucoup appuyé là-dessus. La salle était fort agitée et émue de la position des témoins; elle donnait tort à Alberzy et reconnaissait que j'avais bien plaidé ma cause.

La sonnette du président annonça l'arrivée des deux témoins. On me fit passer dans une pièce à côté. Je fus enchanté de respirer un peu, car l'agitation où cette affaire m'avait plongé, jointe à la contrainte du calme que j'affectais, m'avait mis dans un état nerveux que je n'aurais pu peut-être supporter plus longtemps. L'idée du danger de mes neuf témoins innocents m'obsédait. Le bruit des claquements de mains qui redoublait, ranimait mon courage : on vint me chercher : « Le voilà, le voilà ! » s'écriait-on d'un ton d'intérêt. Le président imposa le silence avec sa sonnette; puis, me faisant approcher, il me dit : « Le rapport des citoyens Sicard et Bernard est d'accord avec vos affirmations et avec l'attestation de vos témoins. Il est évident que vous n'aviez aucun intérêt à réclamer un certificat constatant votre séjour à Bordeaux à une époque antérieure à votre arrivée, puisque vous en aviez eu un à Paris qui remplissait les conditions exigées par la loi. Ainsi vous et vos témoins, vous êtes libres, et nous allons faire part de notre décision à nos frères du département de Seine-et-Marne, à Melun, en les prévenant que la date de votre certificat provenait d'une erreur. » — « Non, répéta le secrétaire Alberzy, je ne me suis pas trompé, c'est la vérité ! » Voyant l'obstination de cet homme, je lui dis avec colère : « Vous devriez être maudit de Dieu, pour, de gaieté de cœur, par amour-propre de ne pas avouer que vous avez fait une méprise de date, vouloir faire victimer dix pères de famille innocents ! Mais, monsieur le président, je veux lui prouver que je suis plus généreux que lui, en vous demandant d'exiger de lui pour toute vengeance qu'il me donne aujourd'hui un certificat signé de mes neuf témoins, mais où il soit relaté qu'on avait mis une date erronée sur le premier certificat, que celui-ci annulerait. N'est-ce pas juste ? » m'écriai-je, en me tournant du côté du peuple.

« Oui, oui ! il faut lui délivrer un autre bon certificat tout de suite; c'est juste ! » On en fit aussitôt un autre bien en règle, où l'on relata l'arrêté du conseil de la commune de Bordeaux; ce qui fut signé de tous et du président, avec le timbre et le cachet de la municipalité. Mes témoins, enchantés d'être débarrassés de leur inquiétude, me remerciaient de les avoir si bien tirés d'affaire, me croyant, comme eux, dans l'ignorance de la date. Le président se chargea d'envoyer à Melun mon nouveau certificat, et c'est celui-là même qui me fit rayer de la liste des émigrés.

Je sortis, comme en triomphe, de l'hôtel de ville, en me disant, comme saint Antoine : « Ah! grand Dieu! que je l'ai échappé belle! » Je croyais m'éveiller d'un songe! Cette séance dura plus de trois heures!

Je retournai dîner chez mon ami de la veille, le bon M. Brouqueurs, et lui dis plaisamment en entrant : « Petit bonhomme vit encore! » Je lui racontai mon aventure, sans lui révéler le mot de l'énigme. Notre dîner fut très gai, et, comme on n'avait plus peur de moi, mon ami et sa dame m'invitèrent à les voir souvent.

Le soir, je rencontrai Lacombe, qui me dit avec surprise : « Comment, te voilà encore? » — « Oui, et je ne pars plus, moi et mes neuf témoins sommes en sûreté! Il a été vérifié à la commune que c'était une erreur de date, ainsi c'est comme non avenu. » Je lui montrai une expédition bien en règle. « Ah! tant mieux, me dit-il, en ce cas tu peux aller coucher tranquillement chez toi! Vrai! j'en suis enchanté, car j'étais au désespoir de te condamner, ainsi que tes témoins. » L'air pénétré avec lequel il prononça ces paroles me toucha réellement : « Eh bien, Lacombe, lui dis-je, le secret sur ce que je vais vous confier? » Il me le promit; alors je lui contai tout. « Oh! le bon tour! s'écria-t-il, j'en rirai plus d'une fois en y pensant, et je puis bien dire qu'un Parisien qui a bu de l'eau de la Garonne est Gascon et demi. Reste tranquille; j'écrirai à Robespierre que l'accusation a été annulée par la rectification faite par le département d'une erreur commise par un secrétaire. »

Cette tracasserie m'avait été suscitée de Melun, chef-lieu de mon département. Voici comment : J'avais envoyé le premier certificat de résidence obtenu à Bordeaux. A sa réception, un des membres du département qui s'intéressait à moi, désirant me faire rayer de suite, fit présenter, à la première séance, ma pétition, avec les pièces à l'appui. Comme le certificat de Bordeaux remplissait toutes les formalités, je fus rayé de la liste des émigrés, et ordre fut donné de lever le séquestre sur ma terre. Un des secrétaires dit à son voisin : « Les aristocrates auront toujours la porte ouverte avec leur argent. Ce certificat de Bordeaux est faux; je puis le prouver. — Tais-toi, fit l'autre, qu'est-ce que cela te fait? tant mieux pour lui! — Comment, tant mieux! répliqua le premier; voilà comme tu es; tu es toujours l'avocat des aristocrates! » Ils se prirent de dispute; le président agita sa sonnette et leur imposa silence. Alors le premier, furieux, dit tout haut : « Oui, j'ai raison en soutenant que le certificat de Bordeaux du citoyen Paroy est faux; il m'en est passé un autre par les mains prouvant qu'il ne résidait pas à Bordeaux. Je puis le prouver! » On ordonna de chercher, et on trouva la malheureuse pièce. Alors le département fit un verbal, avec le double des pièces mentionnées, et envoya le tout à Robespierre, qui écrivit alors à Lacombe.

A la réception du second certificat qui annulait le premier, le département de Seine-et-Marne exigea la production d'un certificat constatant mon séjour à Paris depuis 1790 jusqu'à mon départ pour Fontainebleau, où j'avais pris un passeport pour Bordeaux. Averti, j'écrivis à Paris à mon domestique que j'y avais laissé pour y garder tous mes effets dans un logement sous son nom. Je le chargeai d'aller trouver un député, nommé Laprade (1), auquel j'avais sauvé autrefois l'honneur et la vie, puisqu'il avait été accusé d'avoir assassiné un garde du corps avec qui il était allé se battre, et que sept témoins affirmaient l'avoir vu tirer sur le garde un coup de pistolet par derrière (2). Je

(1) Pierre-Jules Guyet-Laprade, né à Meilhan (Lot-et-Garonne) en 1755, capitaine de grenadiers et chevalier de Saint-Louis, administrateur de son département, qui l'envoya à la Convention, où il siégea parmi les modérés, et au Conseil des Cinq-Cents. Il devint conservateur des bois et forêts à Bordeaux et mourut à Meilhan le 21 janvier 1826.

(2) Voici le récit de l'affaire de Laprade, d'après la rédaction du comte de Paroy. J'ai cru devoir le reporter en note ; car, à cause de son étendue, il rompait la chaine des événements accomplis à Bordeaux en 1793.

« Faisant une course dans les Pyrénées, je trouvai, à un quart de lieue de Tonneins, beaucoup de monde assemblé. J'entendis qu'il venait de se commettre en cet endroit un assassinat par un officier sur un garde du corps, son parent, après une dispute à l'auberge. J'appris que ces deux parents étaient souvent en querelle, que le garde du corps avait renversé d'un coup de poing l'officier, et lui avait dit : « J'ai mes pistolets, sortons! » Ils sortirent en effet de la ville et mirent entre eux la distance du pavé du grand chemin. Plusieurs amis les avaient suivis. Le garde du corps, M. de Beissac, tira le premier, quoique agresseur, et, furieux d'avoir manqué son coup, il jeta son pistolet à la tête de M. de Laprade, qui fut frappé à la joue et eut l'oreille presque emportée. Indigné et fou de douleur, M. de Laprade, voyant que M. de Beissac voulait le colleter, lâcha son coup de pistolet. La balle atteignit au défaut gauche de la nuque M. de Beissac, qui tomba et expira quelques instants après.

« Ces détails me furent fournis par l'aubergiste et par plusieurs témoins de l'aventure, qui ajoutèrent que M. de Laprade avait été arrêté et conduit en prison, mais qu'il s'agissait d'un duel et qu'il était innocent de la prévention d'assassinat. Seulement M. de Beissac, marié depuis peu, avait beaucoup d'amis dans la ville de Tonneins, et sa famille et celle de sa femme juraient de faire condamner son meurtrier. Je me rendis à la prison avec un ordre de la maréchaussée. Je vis M. de Laprade, jeune homme de vingt-deux ans, qui me dit très tranquillement : « C'est une bombe, monsieur, qui me tombe sur la tête; mais, comme je n'ai rien fait que venger mon honneur, je

m'adressai à lui, croyant lui être agréable en le mettant à même de me rendre service. Je lui envoyai donc mon domestique, avec le nom des ouvriers qui avaient travaillé pour moi à Paris et dont j'avais les reçus, mais qui étaient bien aises d'être appuyés par un représentant du peuple, tant la terreur était grande. M. Laprade répondit : « C'est vrai, je me rappelle bien M. de Paroy ; il m'a rendu service dans une affaire que j'ai eue autrefois ; mais je ne puis le servir pour ce qu'il me demande, je craindrais de me compromettre. Je vous prie même de ne dire à personne que vous m'en avez parlé. » Mon domestique me manda cela à Bordeaux. Indigné, j'en parlai à Mme de Saint-Marceau, qui se louait beaucoup d'un député obligeant, M. Menuau (1), depuis préfet à Bordeaux. Elle me raconta qu'il venait de lui obtenir un passe-

suis si assuré qu'il ne peut rien m'arriver que j'ai refusé plus de mille écus de mes parents et amis qui m'engageaient à fuir. » — « Je suis enchanté, lui répondis-je, que vous me confirmiez vous-même ce que j'ai appris à l'auberge où vous étiez. Je vais de ce pas écrire à M. Dudon, procureur général, que je connais beaucoup, et à M. Barret-Ferrand, grand prévôt de la maréchaussée, pour faire finir cette malheureuse aventure. »

« Mais le procès-verbal du lieutenant de la maréchaussée constata que les témoins, influencés sans doute par la famille du défunt, affirmaient que M. de Laprade avait assassiné M. de Beissac en lui tirant un coup de pistolet par derrière, bien que les constatations matérielles prouvassent le contraire. Aussi M. de Laprade fut mis en jugement pour assassinat ; mais, grâce à l'intervention de M. Dudon, le procès fut évoqué à Paris et l'officier déchargé de toute accusation. C'est moi qui fis toutes les démarches, et je possède encore les lettres de remerciement de M. de Laprade et de sa famille. »

Si on considère la date de naissance de Guyet-Laprade et l'âge de vingt-deux ans que lui donne M. le comte de Paroy, cette tragique aventure aurait eu lieu en 1777.

(1) Henri Menuau, né à Saint-Maixent (Deux-Sèvres) le 19 mars 1748, avocat, représenta le département de Maine-et-Loire à l'Assemblée législative, à la Convention et au Conseil des Anciens.

port pour passer en Amérique et m'assura que je pouvais en toute confiance m'adresser à lui de sa part.. Quand Mme de Saint-Marceau fut en mer, j'écrivis à M. Menuau que celle-ci m'avait chargé de lui apprendre son départ et de lui envoyer, en témoignage de reconnaissance, une boîte sur laquelle était peint le sujet d'Androclès et du lion ; j'ajoutai que je m'acquittais avec d'autant plus de plaisir de cette commission que cette boîte était mon ouvrage. Je reçus de M. Menuau une lettre pleine d'offres obligeantes de service. Plusieurs jours après, je lui écrivis qu'une bombe me tombait sur la tête à l'improviste, que j'apprenais mon inscription sur la liste des émigrés, qu'il me fallait, pour en être rayé, un certificat constatant un court séjour à Paris, lequel je pouvais facilement prouver par les ouvriers qui avaient travaillé à cette époque pour moi, et j'invoquai le souvenir de Mme de Saint-Marceau. Je lui envoyai ma lettre par le même domestique, qui s'était rendu chez M. de la Prade. Aussitôt Menuau dit à ce domestique : « Suivez-moi chez ces ouvriers ; je vais moi-même recevoir leur attestation et les mener au Comité. » Cela fut fait dans la même matinée. M. Menuau se donna tant de mouvement qu'au bout de huit jours il m'envoya, avec la lettre la plus obligeante, expédition de ma radiation et pria lui-même le département de Melun, de la part du Comité de Paris, de m'envoyer les pièces. Cette lettre fit penser à Melun que j'avais des protections ; aussi fus-je rayé le même jour à l'unanimité, et M. Menuau fit sanctionner la mesure à Paris.

XVIII

Retour du comte de Paroy de Bordeaux à Paris (1794). — Il reprend ses occupations d'art et fait surtout des sujets royalistes (1795). — Manière dont il avait obtenu la confidence de procédés nouveaux. — Il occupe des femmes, même des religieuses, à enluminer des éventails. — Il fait confectionner par deux chanoinesses une robe avec application de fleurs sur l'étoffe. — Invention d'un nouvel ornement des ridicules; elle a un grand succès, et le bénéfice lui sert à payer les dettes de son père. — Il tire parti d'étoffes gâtées et fait imprimer des sujets sur des châles. — Il confectionne des sujets pour ronds de boîtes. — Réflexions sur les contrefacteurs. — Invention d'un nouveau peigne pour la duchesse d'Ossuna. — Reproduction de gravures anglaises sur le procès de Louis XVI. — L'Antigone française. — Tableau d'assignats, au centre duquel il met un mendiant. — Arrestation de son domestique, pour avoir colporté ce tableau. Arrangements pris avec la police. — Il surveille un émissaire des princes et découvre que c'est un mouchard qui les trompe. — Il retrouve un ancien camarade du collège de Juilly, attaché à la police, et en obtient la fiche de renseignements rédigée sur son compte.

De retour de Bordeaux en 1794, je logeai dans une belle maison, rue Basse-Saint-Denis, appelée depuis Hôtel de Bruxelles. Je louai toute la maison pour quatre mille francs, en acompte de ce que le propriétaire me devait.

On était assez calme, Robespierre n'existait plus. Je repris mes occupations d'art, voulant les rendre utiles à mon existence et à celle de mes parents et me procurer des moyens de donner une bonne éducation à mon fils. Il me répugnait de demander, comme tant d'autres, une place dans une des administrations ou dans un ministère. Je pris pour spécialité les sujets royalistes, et notamment les portraits de la famille royale groupés ensemble. J'en avais un bon débit. Je les plaçai à l'intérieur des bonbonnières, sur des tabatières, éventails, bagues, colliers; sur ces derniers les sujets étaient gravés sur cristal doré, et je me plais à croire que le sentiment d'attachement pour la malheureuse famille royale, plutôt que la mode, en favorisait le débit. Ce qui est certain, c'est que je ne pouvais suffire aux demandes. Ces travaux me faisaient vivre, car je n'avais pas d'autres ressources, ayant perdu tout mon bien à Saint-Domingue et ma terre de Paroy étant séquestrée, par ce fait que mon père était inscrit sur la liste des émigrés. De plus, mes parents et mon fils étaient à ma charge. Aussi considérai-je mes privations comme autant de jouissances et redoublai-je d'activité. J'occupai beaucoup de malheureux dans la même position que moi, mais dénués des mêmes ressources en talent. En ma qualité de riche amateur, j'avais pu cultiver les arts pour mon plaisir et leur consacrer tous mes moments de liberté en dehors de mes devoirs de service ou de société. Je me privai parfois du nécessaire ou d'un plaisir pour satisfaire aux exigences d'expériences souvent coûteuses. Je fréquentai les artistes habiles dont ma bonhomie et ma franchise m'avaient attiré la confiance. Le titre d'amateur de l'Académie, peut-être plus que celui de vrai connaisseur, me valait un empressement particulier pour me fournir tous les renseignements désirés. Comme j'aimais beaucoup la chimie, j'assistais aux expériences particulières des plus habiles chimistes, qui avaient l'obligeance de me prévenir, et presque toujours je les répétais pour ma satisfaction personnelle. Le matin je parcourais les ateliers des manufactures en tous genres. J'avais eu soin de m'instruire auparavant des détails théoriques nécessaires pour tirer un avantage pratique de ma visite. Je montai dans des greniers voir des ouvriers industrieux, mais ivrognes, qui ne travaillaient que deux jours par semaine et passaient le reste du temps au cabaret ou aux petits spectacles. Combien de fois, dans l'espoir de pénétrer les secrets de leur industrie, je restais avec eux et les faisais dîner de bœuf à la mode froid, d'une volaille, de fromage, de bon vin, sans oublier l'eau-de-vie ou l'anisette, que je faisais venir du cabaret voisin ! Cette attention les touchait plus qu'un louis, et au verre d'eau-de-vie leur discrétion sur leur secret s'évanouissait. Ils m'en faisaient la confidence amicale, comme si nous étions de moitié dans l'entreprise ; souvent ils me disaient : « Ah ! si j'avais tel ou tel instrument, je ferais ci ou ça ! » — Alors je répondais : « Eh bien, faites-le, faites-moi faire l'outil à votre idée, en voilà l'argent. » Que je trouvai de braves gens très industrieux, mais qui, ayant un coin de leur cerveau fêlé par l'ivrognerie, le libertinage et la paresse, ne pensaient pas au lendemain et s'accoutumaient à considérer l'hôpital de Bicêtre comme un brave militaire envisage les Invalides ! « C'est, disaient-ils, ma ressource ; cela ne peut me manquer ! »

Une forte constitution m'aidait à supporter toutes sortes de fatigues, et je passais souvent des nuits entières à travailler. Ainsi s'était écoulée ma vie jusqu'à la Révolution. Je savais donc un peu de tout, et comme ce peu paraissait beaucoup aux yeux de gens superficiellement instruits, je m'étais acquis une sorte de réputation dans les arts. J'en profitai pour satisfaire mes goûts et pour retrouver dans les arts l'indépendance que donne la fortune. Aussi, quand la concurrence déloyale de mes ouvriers ou le changement de mode m'enlevaient une ressource, je mettais au jour un objet nouveau, qui m'obligeait à créer de nouveaux élèves. J'occupais ainsi beaucoup de monde, et même des personnes de la société restées sans aucune ressource, des femmes surtout. Mme la comtesse de Tourzel m'avait souvent recommandé des chanoinesses et des religieuses, qui ne connaissaient que leurs bréviaires et leurs aiguilles. Eh bien, je leur faisais des patrons, et ces religieuses, brossant chacune une couleur, se passaient la feuille d'éventail jusqu'à ce que de l'une à l'autre le sujet fût brossé au complet; ainsi, sans savoir ni dessin ni peindre, elles formaient un véritable atelier d'enlumineuses d'éventails. Il me restait, à la vérité, à faire raccorder par des enlumineuses un peu adroites les manques laissés sur la feuille par les défauts des cartons. En somme, j'obtenais des éventails qui se vendaient vingt-quatre sols la douzaine et étaient mieux faits que les trois quarts de ceux livrés par le commerce.

Ces dames trouvaient seulement que les sujets comportaient trop de petits Amours tout nus et de femmes sans fichus. Je leur disais en riant que les petits Jésus dans les tableaux d'église étaient de même, et je les tranquillisai en les assurant qu'on leur mettrait des ceintures à volonté.

Parmi les religieuses que Mme de Tourzel m'avait envoyées, il y avait deux chanoinesses très adroites, mais qui se trouvaient au bout de leur chapelet et dans un extrême dénuement. Ce qu'elles gagnaient à la broderie pouvait suffire à peine à leur existence, car la broderie ou la couture étaient très mal payées. Ainsi en travaillant à la pièce depuis six heures du matin jusqu'à dix heures du soir, elles n'arrivaient pas à gagner plus de quinze ou vingt sols, et il leur fallait même parfois veiller jusqu'à minuit. Elles me confièrent leur misérable position et l'urgence de leurs besoins. Je ne pouvais les occuper utilement de suite à l'enluminage de mes éventails, parce que, d'une part, le temps me manquait de leur faire faire un apprentissage, et que, d'autre part, je devais livrer à heure fixe les ouvrages aux éventaillistes, sous peine de leur causer par mon retard un dommage considérable à cause des engagements pris par eux avec les négociants. L'intérêt que m'inspiraient ces deux chanoinesses, l'onction pieuse avec laquelle elles me sollicitaient vivement de les tirer d'embarras, l'expression de leur visage suppliante et noble à la fois, et montrant qu'elles ne demandaient pas l'aumône, mais de l'occupation, m'induisirent à leur promettre de trouver un moyen de les employer et à les prier de revenir le lendemain. Je sortis sous cette préoccupation et passai par la halle pour y acheter un coupon de velours. Je vis chez une marchande de grands morceaux de robes de femme en toile des Indes, ayant des fleurs de nuances et de couleurs de la plus grande beauté. Je les admirai et en demandai le prix. On me fit le tout vingt-cinq francs. Tout à coup j'eus l'heureuse idée de penser à mes religieuses brodeuses. Ces morceaux de robes étaient bien blanchis et calandrés : j'imaginai de découper ces fleurs, de les appliquer sur de la belle toile fine de coton, d'en broder les contours de chaînettes avec des fils d'or et d'argent et avec de la soie de la couleur des fleurs, et enfin d'en attacher le milieu, en y piquant des points pour empêcher ces morceaux de faire des gonflements et d'empêcher l'illusion que le tout était d'une même pièce. Je trouvai rue Saint-Denis des fils d'or et d'argent, j'empruntai un métier, et le lendemain, lors de l'arrivée de ces dames chanoinesses, j'allai avec elles acheter de la belle percale blanche pour en faire une robe. Je leur expliquai mon idée, qu'elles comprirent à merveille. Elle se mirent aussitôt à l'ouvrage ; je les aidais à découper les fleurs et à les disposer sur le grand métier, où la percale était bien tendue. Elles appliquaient les fleurs détachées avec de l'empois par derrière. Ensuite avec de la soie fine elles firent des points dans les fleurs, pour les empêcher de se décoller pendant le travail. Elles commencèrent à contourner les fleurs avec des points de chaînette en fil d'or et d'argent. Le résultat était merveilleux ; on aurait cru voir une étoffe fabriquée spécialement et d'un genre tout nouveau, tant ces fleurs, relevées avec des couleurs or et argent, avaient des tons riches et brillants. Le travail terminé, on fit calandrer l'étoffe, ce qui lissa la broderie. Ces dames regrettaient que leur ouvrage ne servît pas à des ornements d'église.

Cette robe fut vendue six cent cinquante francs ; or, elle revenait intrinsèquement à sept louis au plus, ce qui fit que ces religieuses gagnèrent environ cinq cents francs dans l'espace de trois semaines. On leur en demanda une autre, mais elles ne purent se procurer des toiles à fleurs des Indes. L'une de ces chanoinesses est depuis allée rejoindre sa famille en province, et l'autre se plaça auprès d'une dame polonaise, pour servir de compagne à sa fille.

Je ne fais cas de ces détails que pour prouver la malheureuse position des personnes restées en France, et combien l'industrie sert de ressource à ceux qui savent en profiter.

Il fallait me multiplier pour suffire à tout. Un jour, mon père m'écrivit de Fontainebleau, où il vivait retiré avec ma mère, qu'il était tourmenté par une dette contractée jadis avec son ancien tailleur nommé Fleury, pour une livrée neuve exécutée à l'occasion de l'assemblée de Provins, qu'il présidait comme grand bailli d'épée de la province. Ce malheureux tailleur, ruiné par le départ subit des émigrés, s'était retiré à Vincennes. Ne pouvant acquitter ses impositions, et sur le point de voir vendre tous ses effets et d'être expulsé par son propriétaire, il avait conté sa triste situation à mon père. La lettre paternelle m'arrivait dans un moment où j'étais moi-même fort gêné par une banqueroute.

Pour me donner des idées, je sortis, selon mon habitude en pareille circonstance, et, passant dans la rue Vivienne, j'aperçus à la vitrine de Mme Chamelard, marchande de modes, un sac de soie orné d'un chiffre brodé. La mode commençait de ces espèces de poches portatives appelées depuis *ridicules*. Toujours préoccupé d'appliquer l'art à ce que je voyais, je songeai à orner ces sacs de sujets d'éventails. J'allai *Aux Pages*, gros magasin de soierie situé en face de la rue Vivienne, et j'y achetai une aune de satin et une de taffetas de Florence. Je rentrai vite chez moi, me disant : « Peut-être cela me procurera-t-il les vingt-cinq louis qui rendront la tranquillité à mon père. »

Je coupai mon taffetas de façon à en faire deux sacs, dont l'un, avec le pli en bas, était plus large que haut, l'autre avec le pli de côté, plus long que large. Je fis à l'aide de papier fort, découpé à jour en ovale pour le sac allongé, en rond pour le sac large, deux patrons, dont les jours laissaient à découvert l'espace de sujets d'éventail gravés sur des planches à imprimer. Je n'eus plus qu'à tirer une épreuve de mes sujets sur le taffetas, puis à les entourer d'un filet fait au pinceau. L'effet de ces impressions dépassa mon attente. J'en avais préjugé par celui des bordures de robe que j'avais imprimées autrefois. Comme je savais par expérience que proposer les choses leur ôtait beaucoup de leur valeur, j'allai chez Mme Chamelard lui demander, à titre de conseil, s'il valait mieux coudre le sac avec le pli en bas, ce qui le rendait plus solide, ou mettre le pli par côté, en faisant un rempli : « Oh! que c'est joli! s'écria-t-elle. Venez, mesdemoiselles, regardez. Monsieur, peut-on s'en procurer ? En a-t-il déjà paru ? Où cela se fait-il ? — Ce sont les premiers, répondis-je, qui doivent être donnés ce soir pour un bal ; mais j'en ai fait deux de formes différentes pour juger la meilleure. — C'est en long, fit Mme Chamelard. Il y a plus de grâce dans les plis, et le sac pend plus agréablement au bras. Donnez-moi, je vous prie, l'adresse du fabricant. — C'est rue Chabanais, numéro 8; mais il vous faut apporter l'étoffe. — Le prix en est-il bien élevé? — Oh! non, un écu, avec le sujet des deux côtés. » Elle prit mon adresse, et je partis enchanté de mon début.

J'allai dans les boutiques voisines, où j'obtins le même succès. Les uns me conseillèrent de l'imprimer en large, d'autres de faire les sujets moitié en largeur, moitié en hauteur. Je continuai ma ronde par la rue des Petits-Champs, le Palais-Royal et la rue Saint-Honoré. Après trois heures de course, je rentrai pour imprimer le reste de mon satin ; au passage, le portier me dit : « Oh! monsieur, vous êtes bien attendu en haut! Boulet et sa femme (c'étaient mes gens) ne savent à qui répondre. Il y a plus de quinze marchandes de modes ! Ils ne savent ce qu'elles veulent. — Oh! je le sais, moi, répondis-je, montant vite et gaiement. — Tenez, voilà monsieur, s'écria Boulet, expliquez-vous avec lui, car je ne sais ce dont il s'agit. — Oh! c'est lui! dirent-elles en m'entourant, c'est bien le monsieur aux ridicules! » Les unes m'apportaient du satin ou du taffetas. Les autres, ne connaissant pas l'étoffe convenable, me prièrent de la leur procurer. « C'est bien, leur dis-je, j'inscrirai vos noms et demeures, vous aurez chacune, mesdemoiselles, vos ridicules à souhait. Je vais commencer par celles qui m'ont apporté de l'étoffe. — C'est juste », dit-on. — Il était alors neuf heures du soir. Je coupai un patron, je donnai à Mme Boulet l'étoffe à couper et enjoignis à son mari d'aller chercher deux bons garçons imprimeurs pour la nuit. Puis j'allai *Aux Pages* acheter du satin et du taffetas pour les cinq louis qui me restaient. Je me mis, en rentrant, à couper des patrons en papier, en ovale, rond, octogone et carré long, à triangle pointu aux deux bouts. J'apprêtai tout ce qui était nécessaire, et à onze heures tout était organisé. Je passai une partie de la nuit à découper des patrons ; car chacun d'eux ne pouvait servir que deux fois, à cause des maculatures que l'impression laissait autour du rond et de l'ovale, et qui auraient fini par décalquer sur l'étoffe, ce qui était arrivé une fois.

Je me couchai à trois heures, fort las, mais content de mon idée qui me procurerait les moyens de tirer mon père d'embarras. A six heures, je me levai ; il y avait plus de cent sacs de confectionnés ; à dix heures, deux cent neuf étaient prêts à livrer. Dès sept heures du matin, des ouvrières avaient apporté du taffetas et du satin. J'envoyai Boulet porter les sacs, en compagnie du portier qui devait rester à quelques pas de la boutique, afin que les marchandes ne soient pas étonnées de voir que j'en fournissais d'autres qu'elles et donnent de nouveaux ordres. Boulet revint avec 830 francs d'argent comptant et pour le double au moins de commandes. Pour continuer le travail j'envoyai chercher *Aux Pages* du satin et du taffetas pareils, puis, muni de six cents francs, j'allai dans un cabriolet à Vincennes remettre cette somme au brave tailleur Fleury, qui m'accueillit comme son sauveur. Je rentrai bien vite à Paris ; j'écrivis à mon père pour le tranquilliser, mis dans ma lettre le reçu de Fleury et ajoutai que je tenais encore six cents francs à sa disposition, et que je le remerciais de m'avoir procuré le bonheur de lui être utile. Le succès continua, je ne savais à qui répondre. Je triplai mes ouvriers, et les commandes ne cessaient pas. Mais bientôt des concurrents donnèrent des sacs à cinquante, puis à trente sols; je baissai le prix des miens. J'en imprimai sur toile couleur tendre. Mes nombreuses planches d'éventails me permettaient de varier beaucoup mes sujets. Mes concurrents, ne fût-ce que pour donner de l'occupation à leurs ouvriers, baissaient à vingt sols. Ne voulant pas perdre la prépondérance, je fis des sacs à quinze sols, en triplant le nombre de mes ouvriers. La principale dépense consistait dans la gravure des planches. Grâce à mon gain, je fis graver de nouvelles planches. Bien m'en prit, car il me vint des commandes de douze cents sacs à la fois pour l'Amérique et les provinces. Bref, le tout me produisit plus de quinze mille francs, que je partageai en partie avec mon père, qui avait quelques vieilles dettes en souffrance. C'est ainsi que j'eus le plaisir de mettre tout Paris en ridicule.

Une autre fois, je reçus la visite d'un marchand de nouveautés muni d'un paquet d'étoffe appelée organdi. On lui avait dit que moi seul pouvais lui fournir le moyen de tirer parti de son étoffe qui était roussie par la fumée à chaque pli. Cet accident s'était produit pendant un voyage à Hambourg. Une grande quantité de cette étoffe, entreposée dans un entresol au-dessus de sa boutique, avait été gâtée par la fumée d'un poêle maladroitement placé par des garçons. Le négociant se demandait que faire d'une étoffe qui, comme le crêpe, ne paraissait plus neuve une fois lavée. Je le priai de me laisser un morceau de son étoffe et de repasser, que j'examinerais la question. Il m'abandonna son paquet : l'étoffe était trop grosse pour entrer dans les tailles d'une gravure, et ne pouvait être imprimée. D'ailleurs, elle ne servait généralement que pour des robes et jupons de femme.

Les châles commençaient à être de mode. J'en empruntai un pour me servir de patron, et j'eus l'heureuse idée d'appliquer en décalque sur l'étoffe des sujets gravés. Cela me réussit à merveille ; après quelques essais, je fis une douzaine de châles dans ce genre, en variant les couleurs pour masquer les nuances de roux. Je plaçai mon sujet de manière à éviter les taches, que je masquai ensuite par des bordures. Avec des bandes de carton, coupées suivant les dessins, je faisais des coches, ainsi que pour les médaillons. Je tendais le châle sur une longue table avec des épingles, puis, à l'aide d'une brosse trempée légèrement dans de la couleur, je jaspais seulement les parties qui devaient être colorées ; puis je raccordais avec un pinceau les parties faibles, et je couvris ainsi l'étoffe de couleurs variées, ce qui produisait un très joli effet. Mon négociant fut plus de huit jours sans reparaître ; j'avais oublié de demander son adresse. Lorsqu'il revint et que je lui montrai huit différents châles, il les trouva d'un aspect très agréable, mais manifesta sa crainte qu'ils ne coûtassent trop cher. Tout m'annonçant en lui un galant homme, je lui dis : « Tenez, emportez-les, faites-les voir, combinez ce que vous coûte votre étoffe et ce que vous pouvez vendre des châles comme ceux-ci, par comparaison avec d'autres. » Il trouva ma proposition raisonnable et les emporta. Au bout de quatre jours, il m'apprit que tout le monde ayant trouvé ces châles charmants, il voulait en faire une opération et y employer tout son organdi et une autre étoffe dont il possédait une grande quantité. Il me proposa dix francs par châle, en me chargeant de la commande tout entière. J'acceptai et j'allai à Saint-Denis chez un fabricant d'indiennes, qui avait de jolies bordures très variées. Je convins avec lui qu'il me céderait quatre de ses meilleurs ouvriers imprimeurs; il me demanda deux francs dix centimes par châle. Je louai dans mon voisinage deux pièces pour y déposer mes châles tout imprimés; là on les jaspait et on y mettait les bordures. Tout compté, le prix de revient de chaque châle était de quatre francs, ce qui me faisait un bénéfice net de six francs. On les portait chez le négociant, qui les vendait à l'étranger, car je n'en ai vu que quelques-uns à Paris. Cette petite opération me valut bien quinze mille francs net.

Ma vie industrielle était très active, mais malheureusement j'étais entouré de gens qui abusaient de ma confiance et me volaient d'autant plus impunément que je n'avais pas d'ordre, défaut dont je n'ai jamais pu me corriger.

La Révolution avait par la conscription dépeuplé les ateliers. Beaucoup d'ouvriers travaillaient en chambre et avaient de prétendus secrets qu'ils se transmettaient de père en fils. Les pères entraient dans les bureaux; les fils, dans les armées, de sorte que bien des industries furent abandonnées. Les tabletiers occupaient à la confection de dessus de boîtes un nombre considérable de peintres, jeunes gens qui gagnaient à ce métier de trois à quatre francs par jour. La difficulté étant de dessiner des sujets, j'imaginai de décalquer des sujets gravés sur les dessus de boite imprimés en blanc, ainsi que je le faisais sur la faïence. On les coloriait ensuite à l'huile de la même façon que pour enluminer, et, comme mes sujets étaient gravés dans le genre du lavis, on n'apercevait pas de taille. Je composai donc quantité de sujets pour ronds de boîtes en en plaçant douze sur un même cuivre, de façon à pouvoir produire la quantité nécessaire; je montai des ateliers d'enlumineurs et enlumineuses. Ce genre fut bientôt de mode.; ne pouvant plus satisfaire tous mes clients, plusieurs fabricants firent graver des sujets qu'ils collaient sur les boîtes, sans les décalquer et sans les colorier. Ils employaient la gravure en taille-douce et luttaient à qui aurait les planches les plus soignées, ce qui coûtait cher. Je fus obligé de soutenir la concurrence et je ne me retirai que sur la quantité et parce que j'avais mes presses chez moi. Ce commerce était considérable, surtout avec l'étranger, mais peu à peu nos voisins débauchèrent mes ouvriers, et imitèrent nos procédés.

Le malheur en France est que le gouvernement n'encourage pas les arts industriels. Seuls les artistes de l'Institut sont protégés, mais le reste est livré à ses propres moyens, hors quelques charlatans qui, comme en tous pays, prospèrent sans talent. J'avais un homme de confiance, qui abusa tellement de ma crédulité que la police m'en prévint. Un fabricant de boîtes me montra ses livres, prouvant que mon homme lui avait vendu pour quarante mille francs, alors que je n'en avais touché que trois ou quatre mille. Je renvoyai cet infidèle employé.

Je me mis à imprimer des plateaux en tôle vernie, branche nouvelle, dont l'exploitation eut un grand succès et me fut d'abord très avantageuse. Mais bientôt la concurrence fit baisser les prix de quinze francs à cinquante sous, et le bon marché l'emporta sur la qualité. Je ne dis cela que pour prouver à ceux qui s'occupent des arts industriels, que pour en profiter, il leur faut des fonds suffisants pour ne pas les mettre à la merci des revendeurs. Faute d'argent, je n'ai pas pu faire la loi, et chaque fois je fus la victime des contrefacteurs. Mes amis m'ont souvent reproché de changer trop souvent mon genre d'industrie. Je répondrai que cette variété m'a permis de ne jamais rester inactif et de toujours gagner ma vie. De temps à autre quelques bonnes aubaines me remettaient à flot. Il m'aurait fallu prendre des brevets d'invention, qui coûtent de mille à quinze cents francs ; je n'en avais pas les moyens. Or, si on ne pouvait pas m'empêcher de tirer parti tout d'abord de mes inventions, de mon côté, faute de brevet, il me fallait subir mes contrefacteurs, témoin mon procès avec la fabrique d'impression sur faïence. Je prouvai en justice que j'avais exercé cette industrie, à Montereau, quinze ans auparavant. Je dus montrer des assiettes et autres vases imprimés avec les portraits de Louis XVI et de M. Necker, et le livre de vente de cette manufacture, ce qui n'empêcha pas l'homme qui venait de prendre le brevet de trouver des bailleurs de fonds et de former un grand établissement.

Un jour, Mme la duchesse d'Ossuna, femme de l'ambassadeur d'Espagne à Vienne, de passage à Paris, me pria de lui imaginer quelque chose de nouveau à mettre dans ses cheveux. Elle voulait donner un grand dîner au ministre des affaires étrangères, M. de Talleyrand, et au corps diplomatique. Elle m'invita à venir déjeuner le lendemain avec elle, pour en causer. Je fus fidèle au rendez-vous et j'assistai à sa toilette. Je ne savais en vérité que lui proposer de neuf, lorsque je vis sa femme de chambre occupée des deux mains à tenir les longs et épais cheveux noirs de sa maîtresse et à les relever avec deux peignes. Elle en posa un en travers sur le côté. Je songeai qu'on pourrait obtenir un effet pittoresque en employant un peigne richement orné. Je priai la duchesse de faire apporter tous ses diamants et perles non montés et de la cire verte, dite cire d'office, qui servait à fixer les figures sur les plateaux à dessert. J'enduisis le peigne d'une couche de cire, puis j'y attachai les diamants, que j'entremêlai d'émeraudes. Ella trouva l'effet très beau dans son miroir; mais la question était de les faire tenir solidement. Je lui dis que j'allais chercher le nécessaire; elle fit atteler ses chevaux, et je partis acheter du fil d'or et d'argent, du paillon d'or étempé en guilloché et un grand peigne. Le tout me revint au plus à douze francs. De retour, je la trouvai encore à sa toilette. Je perçai devant elle le peigne, en faisant rougir à la bougie de grosses épingles noires qui entraient facilement dans l'écaille sans la fondre; j'étalai dessus le paillon découpé suivant sa forme. Ensuite, avec le fil d'argent, j'enfilai les chatons par-dessus le paillon doré et guilloché, et les serrai derrière le peigne. En moins d'une heure elle eut le peigne le plus riche et du plus bel effet. On le plaça de côté. Les autres diamants de sa coiffure s'harmonisaient admirablement. Elle jouissait d'avance de l'effet que cette parure produirait au bal. Comme il restait des diamants et des perles, elle me pria d'arranger des peignes pour ses deux filles. J'en fis un en diamants et perles pour l'aînée et l'autre tout en perles avec un petit diamant en haut pour la cadette. La duchesse fut très complimentée au bal de sa parure. A ma grande surprise, le lendemain de grand matin, je reçus la visite d'un bijoutier, qui me demanda où j'avais fait arranger le peigne de Mme la duchesse d'Ossuna. D'autres suivirent et me posèrent la même question, de la part de dames qui avaient assisté au bal. Je profitai de l'occasion pour placer beaucoup de camées gravés en or sur cristal doré et d'autres appelés pâtes bleu et blanc moulés. Prévoyant la mode, je mis ces médaillons dans les peignes des femmes. Le succès fut tel que je ne pouvais suffire aux demandes. On me copia encore. La mode en dura jusqu'à ce qu'on en fit en faux, montés sur cuivre doré, pour le peuple. Alors les dames et les bourgeoises aisées n'en voulurent plus porter.

Je vivais ainsi de mon industrie ; les portraits de la famille royale avaient conservé un bon débit, lorsqu'il vint d'Angleterre une suite de gravures sur le procès de Louis XVI. Ces gravures coûtaient cher et étaient très recherchées, d'autant que la police les saisissait chez tous les marchands. Un jour que je dinais chez Mme de Tourzel, Mme la duchesse de Charost, sa fille, me pria de lui faire une copie de ces gravures. Je lui répondis que c'était un ouvrage de longue haleine et trop cher à entreprendre, parce que je serais obligé de me faire aider pour les fonds et les draperies. Alors ces dames me proposèrent de faire une loterie à vingt-quatre francs le billet, se chargeant de placer les billets sans désigner la raison, pour ne pas se compromettre. Elles convinrent de commencer par les derniers adieux de Louis XVI. J'acceptai avec joie cette proposition. Nous fîmes les billets : en moins de huit jours Mme de Tourzel en plaça trente. Je fis ensuite le roi montrant la géographie à M. le Dauphin dans la tour du Temple, et Louis XVI lisant son testament à M. de Malesherbes. Cet argent d'avance me permit d'avoir des artistes à ma dévotion. Cent trente billets furent placés en moins de six semaines, et la planche ne me coûta que cent louis. Je retouchai les figures, ayant leurs traits fixés dans la tête, autant que dans le cœur. Cette planche eut le plus grand succès et se vendait aux marchands et amateurs royalistes de Paris.

Je fis aussi l'*Antigone française,* représentant le roi Louis XVIII, soutenu par Madame Royale, au milieu des montagnes couvertes de neige. La scène se passait près de Mitau. Pour donner une idée philosophique et historique de ce tableau, je fis le pendant, représentant la scène d'Œdipe dans la même situation. Le succès de ces deux planches fut complet. Mme de Tourzel en fit passer en Allemagne à Madame Royale, qui lui en accusa la réception, avec un témoignage flatteur de souvenir pour moi.

Je passais ainsi ma vie, occupé des arts industriels qui assuraient mon existence et celle de ma famille, lorsqu'un jour le portier me dit que dorénavant il fallait que je payasse mes lettres en argent, et non en assignats; que le facteur le lui avait signifié : « Quoi, m'écriai-je, la nation est fermière de la poste et des assignats, et ne veut pas recevoir l'un pour payer l'autre! » Dans un mouvement de mauvaise humeur, je tirai du secrétaire pour environ trente mille francs d'assignats, valant tout au plus quinze francs, et je les jetai en l'air. Ils s'éparpillèrent autour de moi, et je dis : « Me voilà bien riche, au milieu de ces chiffons de papier. » L'idée me vint de tirer parti de cette situation et de faire un pauvre de Callot au milieu de tous ces billets. Sans perdre de temps, je vernis un grand cuivre où on avait commencé une gravure du comité révolutionnaire et je rassemblai tous mes assignats sur une grande table. J'allai emprunter ceux qui me manquaient pour compléter la série de tous les assignats et papiers-monnaie que j'arrangeai par ordre, et je plaçai au milieu un mendiant de Callot. Je fis un calque du tout, que je mis sur une planche de cuivre vernie, puis j'allai chercher deux graveurs, avec qui je fis marché pour la gravure à me livrer dans un mois. Ils me demandèrent six cent mille francs ou vingt-cinq louis, soit six cents francs en argent. J'acceptai, à condition que chaque jour de retard leur coûterait vingt-quatre francs ; nous signâmes notre marché ; ils s'associèrent un troisième artiste et travaillèrent nuit et jour alternativement. Je vendis pour payer les vingt-cinq louis toute mon argenterie, jusqu'à ma boucle de col, et quelques effets. J'allai souvent voir mes ouvriers pour les diriger. Le trentième jour, j'eus une bonne épreuve ; je payai et en fis tirer de suite cent autres, que je rapportai chez moi. En rentrant, un négociant, qui logeait à l'entresol et au rez-de-chaussée, me dit : « Voilà sans doute du nouveau, mon voisin ? — Oui, répondis-je, en voici pour vingt-cinq louis. » — Il me pria de lui montrer mes épreuves, trouva l'idée originale et bien rendue, et me pria de les lui céder. Je fus surpris. J'avais dit vingt-cinq louis en l'air, pensant à la planche gravée et non aux épreuves. « C'est, me dit-il, à six francs l'épreuve. Je les prends, si vous m'assurez que c'est inédit. » Je lui assurai que ces épreuves étaient les premières, lui montrant qu'elles étaient encore humides de la presse. Il me compta vingt-cinq louis en or pour mes cent épreuves, de sorte que je fus remboursé de ma planche par cette première vente. Je fis porter d'autres épreuves chez les marchands d'estampes. Cela fit fureur. J'en vendis pour dix mille francs en moins de huit jours et pour une somme égale ensuite, bien que la concurrence m'obligeât de baisser le prix de six francs à vingt sous.

Un jour, en rentrant chez moi, j'appris que des gens de la police étaient venus et avaient emmené Boulet avec un gros paquet d'assignats. Inquiet, je mis ordre à mes papiers par précaution et cachai tout ce que je ne voulais pas laisser voir. Je me rendis à la police et demandai à parler au nommé Boulet, qu'on avait arrêté le matin. « C'est une affaire très grave, s'écriat-on, allez-vous-en, ne vous fourrez pas là dedans, il est actuellement à l'interrogatoire. » J'insistai ; un nommé Bertrand était chef de ce bureau ; on me fit entrer, et je demandai de quoi on accusait Boulet. On me raconta qu'il avait causé une grande rixe sur le quai pour avoir vendu une planche d'assignats à des marchands. Plusieurs personnes faisaient des réflexions et se comparaient à ce pauvre au milieu des richesses de la nation, quand un officier, offusqué de ces discours, avait d'un coup de sabre déchiré une de ces estampes. La foule, mécontente de cet acte de violence, avait voulu obliger l'officier à payer l'estampe au marchand, et, sur son refus, l'avait frappé et lui avait arraché ses épaulettes et déchiré son habit. L'officier se sauva à l'état-major, qui envoya la garde saisir le marchand accusé d'avoir excité le peuple ; on avait alors appris que cette estampe avait été vendue par un nommé Boulet, demeurant rue Basse-Saint-Denis, hôtel de Bruxelles ; sur quoi on avait envoyé arrêter ce dernier.

Je demandai à voir l'inspecteur de police et le chef de la division, et je leur dis que j'étais l'auteur de la gravure, et que Boulet n'était qu'un colporteur innocent de tout cela. « En ce cas, s'écrièrent-ils, nous vous arrêtons. Entrez dans cette pièce. » J'y trouvai Boulet, qu'on interrogeait ; en deux mots je racontai mon histoire et déclarai que mon seul but avait été de me procurer l'argent nécessaire pour payer mes impositions, ma correspondance et mon loyer ; j'ajoutai que, si les assignats ne valaient plus rien, qui pouvait être surpris de trouver un pauvre au milieu d'eux. La singularité de ce raisonnement sembla les toucher, mais on jugea que, pour empêcher les réflexions désagréables de la populace, il convenait de confisquer et de détruire la planche. « Pourquoi ? dis-je, mieux vaut la rendre utile. Je remplacerai le pauvre par un tableau comparatif du tarif des assignats depuis leur création jusqu'à ce jour, en prenant le tableau de la Bourse pour point de comparaison. — A la bonne heure, s'écriat-on, il faut gratter le pauvre. — Eh bien, répliquai-je, donnez-moi une autorisation de mettre en vente la planche avec le tableau comparatif remplaçant le pauvre. » On me la donna immédiatement. « Eh bien, leur dis-je, ce tableau prête à une interprétation encore plus maligne que l'autre, car on pourra dire : Voyez la bonté d'un papier qu'on nous a donné en échange d'une valeur légale métallique. Le louis, qui valait alors vingt-quatre francs, en représente aujourd'hui vingt-quatre mille en assignats. Cette réflexion discréditera les mandats qu'on doit mettre en circulation, car on craindra pour eux le même sort. Mais la meilleure raison de ne pas entraver la vente de ce tableau d'assignats est qu'il y en a déjà pour quatre-vingt à cent mille francs de vendus, tant à Paris que dans les provinces, et que l'interdiction de la vente lui donnant de la valeur, plusieurs graveurs, entraînés par l'appât du gain, le copieront et vous en inonderont. » Ils en convinrent et me laissèrent tranquille.

Nous étions plusieurs qui nous réunissions presque tous les jours dans des maisons amies où nous nous communiquions ce que nous apprenions de tous côtés. Je recevais assez souvent des lettres de Londres, car la communication n'a jamais été entièrement fermée. Un jour, M***, émigré, parent de ma belle-sœur, arriva de Londres et me remit une lettre de M. le comte de Vaudreuil. Il était chargé particulièrement de me dire de m'informer de la conduite d'une personne qu'il me nomma et qui avait été envoyée par les princes pour leur fournir des renseignements très intéressants pour eux. Or la correspondance de cet homme ayant été reconnue inexacte, on avait conçu des soupçons sur lui. De plus, on lui avait donné une somme d'argent pour son voyage et les dépenses de sa mission. Ayant pris l'adresse du personnage, le lendemain matin, j'y allai et le demandai à l'hôtesse, qui me dit avec humeur : « Mon Dieu, je ne sais pas seulement s'il est rentré; cet homme nous fait veiller et passe souvent sa nuit au jeu. Tenez, vous me paraissez un brave homme ; entre nous, celui que vous me demandez ne vaut pas grand'chose. — Comment ! » lui dis-je, étonné. Puis, voulant en savoir davantage, j'ajoutai : « Je crois que je serais un peu de votre avis. » A cela cette femme répondit : « Mais que voulez-vous qu'on pense de bien d'un homme qui est lié avec les mouchards de la police ? » Je ne pus retenir un geste de surprise. « Oui, continua-t-elle, je les connais bien, moi qui tiens un hôtel garni : il est pair à compagnon avec eux. Je ne sais pas où il prend de l'argent, mais il ne laisse pas de faire de la dépense et ne se refuse rien. Méfiez-vous-en ; il m'a l'air d'un chevalier d'industrie ; aussi je m'en fais payer toutes les semaines. » Je la remerciai. D'autres informations confirmèrent les soupçons de l'hôtesse. Je prévins aussitôt mon parent à Londres. J'ai su depuis que cet homme avait coûté cher aux princes et les avait induits en erreur par de faux rapports, étant vendu à la police. Ainsi les princes ont été bien trompés par leurs agents mercenaires, tandis qu'ils auraient été gratuitement et loyalement servis par ceux qui se dévouaient à eux par honneur et attachement, et qui gémissaient de les voir bernés par des intrigants. Je me rappelle avoir fait part de mes observations à ce sujet à M. de Rivière, qui venait me voir dans ses courses de Londres à Paris. C'est celui qui devint depuis lieutenant des gardes de Monsieur et ambassadeur à Constantinople (1). Je tremblais toujours

---

(1) Charles-François Riffardeau, duc de Rivière, né à la Ferté (Ardennes) en 1763. Aide de camp du comte d'Artois et agent des princes, il fut compromis dans le procès de Georges Cadoudal et condamné à mort. Sa peine fut commuée sur l'intercession de l'impératrice José-

qu'il ne fût arrêté, ayant appris qu'il était dénoncé à la police comme agent des princes.

Un jour, je trouvai chez Mme de Montesquiou un homme qu'elle me dit employé à la police, mais très obligeant, et qui avait rendu beaucoup de services aux émigrés et aux aristocrates restés en France. Elle ajouta qu'on faisait son prix avec lui selon la nature de l'affaire, qu'il s'entendait avec ses confrères pour arriver à un bon résultat. L'homme entendit mon nom ; il vint à moi et me rappela qu'il avait été mon camarade au collège de Juilly, et qu'il se nommait Seyde. Je me le rappelai bien. Il m'offrit ses services, que j'acceptai. Le lendemain, il vint de bon matin chez moi et me raconta qu'après la ruine de son père, marchand bijoutier, il avait dû, n'ayant aucun état, entrer dans la police, où il avait rendu de grands services aux royalistes, et dont les témoignages de reconnaissance le faisaient vivre. J'acceptai son offre de me faire savoir comment j'étais noté à la police, et quelques jours après il me remit une petite note ainsi conçue :

« Paroy, aristocrate gangrené. Surveillé de près. Bon à mettre en prison au premier mouvement ; mais il est utile comme une chanterelle pour attraper les perdrix. Les aristocrates qui arrivent de chez l'étranger viennent le voir ; c'est un bon moyen de les connaître et de s'en assurer. Du reste, tranquille et s'occupe des arts. »

phine et de Murat. La Restauration le fit lieutenant général, pair de France et ambassadeur à Constantinople. C'est lui qui donna à Louis XVIII la Vénus de Milo. Il mourut à Paris en 1828.

XIX

A son retour de Bordeaux, le comte de Paroy va voir son père et sa mère à Fontainebleau (fin de l'année 1794). Détresse où il les trouve. — Il se rend à sa terre de Paroy et obtient des fermiers un envoi régulier de farine et de volailles à ses parents. — Il donne asile à Mme de Rochechouart. — Il est indignement volé par son domestique. — Il fait des palettes de dossiers de chaise pour un négociant de Lille. — Il fabrique douze mille dessus de boîte sur ivoire pour la Turquie. — Il assiste à la journée du 13 vendémiaire (6 octobre 1795) et offre un asile à Ysabeau. — Captivité de Madame Royale au Temple. Le comte lui envoie un dessin avec des vers. — Arrestation de Mme de Tourzel. — Le comte fait une bague pour Madame Royale. Échange de cette princesse (26 décembre 1795). — Le marquis de Paroy sommé de sortir de France après le 18 fructidor. — Le comte obtient du ministre de la police Sotin la permission pour son père de rester à Fontainebleau. — Réflexions sur les misères endurées en France pendant la Révolution.

Dès mon retour de Bordeaux à Paris, j'allai voir à diverses reprises mon père et ma mère à Fontainebleau, où ils s'étaient retirés. Ma mère venait de sortir de prison, où elle était restée dix-huit mois pendant notre séjour à Bordeaux. A chaque voyage, je leur apportai du sucre, qui coûtait alors plus de six francs la livre et qui était un objet de première nécessité pour mon père, habitué à prendre le thé ou une autre boisson chaude. Il remplaçait le sucre par du miel, car nous étions un peu à court d'argent. Les fermes ne se payaient qu'en assignats, et les baux, faits pour neuf ans, avaient encore cinq années à courir, de sorte que le prix du bail passé en 1789, et payable en argent, n'était pas au prorata des assignats qu'on donnait à égalité de valeur. Ainsi un fermier acquittait le prix de deux fermes rapportant, l'une cinq mille francs et l'autre quatre, avec la vente de deux ou trois moutons, puisqu'on vendait alors les moutons deux mille à deux mille cinq cents francs en assignats. Voilà ce qui m'arriva à ce sujet :

Dans une de mes courses à Fontainebleau, je vis ma mère éplucher des pommes de terre cuites dans l'âtre de sa cheminée : « Je ne savais pas, maman, lui dis-je, que vous aimiez autant les pommes de terre. Je me rappelle le bon temps où tous les matins vous mangiez votre bonne soupe ! — Les temps sont bien changés, me répondit-elle ; il faut bien se résoudre à ce qu'on ne peut empêcher, pour ne pas empirer sa position par des réflexions inutiles. » Attristé de cette situation, je descendis à la cuisine, et j'y trouvai la cuisinière et le factotum de la maison mangeant tranquillement avec son fils son café au lait avec du sucre dans un grand bol, avec du pain blanc. « Comment, m'écriai-je, osez-vous manger du bon pain blanc pendant que ma mère déjeune avec des pommes de terre qu'elle épluche elle-même? — Dame, dit la cuisinière, c'est que madame le veut bien, c'est son goût, apparemment ! » L'humeur me prit, et d'un coup de main je fis sauter le bol de café en l'air et jetai le pain par la fenêtre. Je montai tout en colère conter cela à ma mère, qui me répondit que cette femme lui avait raconté que ces douceurs provenaient de présents, ce qui était faux, comme je m'en suis assuré depuis. A dîner, après un morceau de bœuf bien sec, on servit une portion de poule au riz, que je trouvai bien dure. Mon père me

DÉTRESSE DES PARENTS DE PAROY.

dit : « On l'a mis bouillir, parce qu'on ne pouvait attendre plus longtemps. Nous la gardions depuis trois jours, sachant que vous deviez venir, car ordinairement nous n'avons le pot-au-feu que deux fois par semaine. Les autres jours, nous mangeons de la soupe à l'oignon ou au lait. » Je fus navré en comparant la position actuelle de ma mère à celle où je l'avais vue quelques années avant, entourée de tout ce que la richesse peut procurer de jouissances.

Après dîner, je prétextai l'obligation de retourner à Paris, mais je me rendis à Paroy, où j'arrivai très tard. Le lendemain, de grand matin, j'allai chez notre fermier, qui demeurait à une lieue de là, et qui fut surpris de me voir. Il avait encore quatre ans de bail à courir, et il payait en assignats. Pendant ma visite, je vis qu'on lui apportait du marché huit mille francs en assignats pour le prix de quatre moutons et d'un cochon. Indigné, je lui dis : « Comment, malheureux, vous n'avez pas de conscience de payer le bail de votre ferme avec quelques moutons et un cochon ! — Dame, répondit-il, est-ce que je ne paye pas bien exactement? Vous n'avez rien à réclamer. Si les assignats ont baissé et ne valent pas l'argent d'autrefois, ce n'est pas de notre faute; nous en profitons ! — Malheureux, m'écriai-je, en te payant l'indemnité des quatre ans, je vais rentrer dans la ferme, et avec quelques moutons vendus j'en serai quitte ! N'êtes-vous pas honteux de manger avec vos garçons de ferme de bon pain, tandis que ma pauvre mère, à son âge, est réduite à manger des pommes de terre à déjeuner pour se ménager du pain pour dîner? — Mais, répliqua le fermier, c'est de sa faute, que ne parle-t-elle ! on lui en enverra à Fontainebleau. » Je le saisis au mot, étant pressé. « Eh bien, lui dis-je, donne-moi quatre sacs de bonne farine de blé et quelques volailles, puis nous verrons. Il faut toutes les semaines trouver le moyen de lui en envoyer et ne pas la laisser manquer, sinon je casse le bail! Allons, vite, va chercher tes quatre sacs, que tu mettras dans une petite charrette ; un de tes garçons m'accompagnera. » C'était un bon homme, mais qui trouvait tout naturel de jouir du bénéfice des assignats. Au bout d'une heure, tout fut prêt, et je m'en retournai triomphalement avec mon convoi. Je montais un cheval loué à Fontainebleau ; j'arrivai le soir chez ma mère, qui fut surprise de me revoir. Je lui racontai mon expédition ; nous en rîmes beaucoup et convînmes avec le boucher qu'il fournirait de la viande en échange de farine. Le lendemain, je m'en retournai à Paris, bien satisfait de mon voyage et d'avoir assuré l'existence de ma mère, qui désormais pourrait avoir du bouillon tous les jours.

J'avais depuis huit ans environ un domestique, que j'avais toujours conservé à Paris et auquel, pendant mon séjour à Bordeaux, j'avais confié toutes mes affaires. En mon absence, il s'était marié, ce qui le perdit. J'avais toutes sortes de raisons d'en être sûr, et je lui avais enseigné à imprimer. Or ce domestique me vola dans les circonstances suivantes.

J'avais donné asile chez moi à Mme la comtesse Jules de Rochechouart (1), la mère de celui qui depuis, à l'entrée des alliés, fut nommé commandant de Paris. Elle était rentrée d'émigration ; on l'avait portée par

(1) Anne-Françoise-Élisabeth-Armide Durey, femme de Louis-Pierre-Jules-César, comte de Rochechouart.

erreur sur la liste des victimes guillotinées du temps de Robespierre, à la place d'une de ses parentes qui avait péri. Depuis ma jeunesse j'étais fort lié avec la famille de sa mère, et je la connaissais beaucoup personnellement. Elle logeait sous un faux nom chez une parente, qui mourut d'un cancer; comme elle ne savait où aller et n'avait aucun papier de sûreté, je lui offris de la cacher, à la condition d'être très discrète et de passer pour une ouvrière enlumineuse. Un député qu'elle connaissait était seul dans la confidence; il fit tant qu'il obtint sa radiation et sa réintégration dans une petite campagne qu'elle possédait à six lieues de Paris. Il y avait huit mois que Mme de Rochechouart était chez moi lorsqu'elle voulut aller avec le député voir cette campagne pour en reprendre possession. Ils me pressèrent tellement de les accompagner que j'acceptai. J'y restai deux jours et les y laissai. Je revins très tard le soir à Paris; on me dit que mon domestique et sa femme n'étaient pas rentrés : je ne m'en étonnai pas, ne croyant pas moi-même revenir sitôt. Ayant une double clef, j'entrai chez moi, et, voulant me coucher, je ne trouvai pas de bonnet de nuit. Je voulus en prendre un dans la commode; elle était vide! Je cours à l'armoire, tout en était enlevé, jusqu'à huit couverts d'argent : « J'ai été volé, m'écriai-je, pendant l'absence de mes gens! » Je descends et questionne le portier, qui me dit que mon domestique et sa femme étaient restés toute la journée et n'étaient sortis qu'à six heures du soir avec une charrette chargée de beaucoup d'effets, destinés, affirmaient-ils, à être portés à la campagne où j'étais allé : « Oh! je suis volé! » répétai-je. Remonté chez moi, ne pouvant croire ce trait de perfidie d'un homme à mon service depuis plus de huit ans, je recommençai mes recherches et je m'aperçus avec douleur qu'ils avaient emporté beaucoup de planches gravées et d'accessoires de travail d'imprimerie. Je me couchai bien triste et dormis peu, tant j'étais affecté d'être ainsi trompé. Vers les sept heures du matin, on sonna à ma porte. Je courus ouvrir; c'était la femme de mon domestique. « Eh bien, lui dis-je, vous m'avez donc laissé voler pendant mon absence jusqu'au peu d'argenterie et de linge que j'avais! — Oh! non, répondit-elle d'un ton insolent, c'est nous qui le possédons. Nous les avons enveloppés dans les lettres de la dame émigrée, qui est chez vous, et si vous ne donnez pas à mon mari un certificat constatant qu'il sort de chez vous et que vous n'avez rien à lui reprocher, nous porterons au Comité ces lettres, et, comme receleur d'émigrés, vous serez guillotiné! — Comment, malheureuse, m'écriai-je avec indignation, vous osez ajouter l'insulte au vol! Vous êtes tous deux des scélérats; je ne veux pas déshonorer ma main en signant un pareil certificat, je la couperais plutôt. — Dépêchez-vous, dit-elle, et laissez-moi m'en aller. » Quand elle était entrée, j'avais fermé ma porte à clef. Elle me prévint que son mari lui avait dit que si, montre en main, elle ne l'avait pas rejoint dans dix minutes, il irait de suite déposer ces lettres et les autres preuves qu'il avait contre Mme de Rochechouart. Je réfléchis qu'il me fallait gagner du temps pour la sauver : « Eh bien, lui dis-je, en lui ouvrant la porte, sortez et allez vous faire pendre ailleurs; je verrai ce que j'ai à faire. »

Me trouvant seul dans ces grands appartements de

l'hôtel de Bruxelles, où je logeais, je m'y promenais tristement, me trouvant sans le sou, privé de mes instruments de travail, sans domestique au fait de mes occupations, et dans l'impossibilité de faire face à mes commandes, lorsque, sur les dix heures, on frappa à ma porte. J'ouvre ; c'était un homme, qui me demanda beaucoup de palettes pour dossiers de chaises et fauteuils imprimés sur satin, car c'était alors la grande mode. « Hélas ! lui dis-je tristement, j'aurais pu hier vous satisfaire, mais aujourd'hui cela m'est impossible, du moins tout de suite. Je viens d'être volé de tous les outils nécessaires à mon travail, et je n'ai même pas de quoi acheter du satin pour imprimer. » Cet homme, par sa figure et ses gestes, me témoignait tant de peine de mon malheur, que je fus sur le point de le consoler moi-même. Il me dit : « Eh bien, que la question d'argent ne vous arrête pas pour ma commande. Je suis négociant à Lille, où je retourne demain ; je comptais trouver chez vous tout fait ce que je voulais et vous en acheter pour quatre cents francs, mais c'est égal, monsieur, voilà cet argent que je vous laisse ; vous ferez porter le tout bien emballé à l'hôtel de Bretagne, rue de Grenelle Saint-Honoré, où je demeure. Le maître de la maison me le fera parvenir avec d'autres effets qu'il doit m'envoyer. Seulement je vous recommande que cela soit bien conditionné et fait le plus tôt possible. »

Il me donna la liste des sujets qu'il désirait et dont j'avais les planches, et il déposa les quatre cents francs sur la table. Ce procédé délicat me toucha : « Allons, m'écriai-je, remettons-nous à travailler ! » Cet homme revint en souriant et me dit : « Tenez, monsieur, cela vous conviendra peut-être, et je le désire : faites-m'en pour six cents francs. Je vais vous donner un bon de deux cents francs sur mon hôte de l'hôtel de Grenelle, qui vous le payera à sa présentation. Adieu, je me recommande à vous. »

Après ce départ, je courus vite acheter du satin et j'imprimai ces palettes de chaises. — Comme il y avait plus du double à gagner, je lui en fis plus qu'il n'avait demandé, *en cas d'accident*, dis-je dans un mot joint au paquet. Le tout fut fait en huit jours. Je reçus des remerciements et l'argent du surplus des palettes. Il serait heureux que tous les marchands ressemblassent à ce brave homme. A sa conversation, je m'étais aperçu qu'il était royaliste, et je lui envoyai une belle boîte d'écaille ornée sur le dessus d'un joli sujet sur cristal doré et en dedans du portrait de la famille royale. Sa réponse me prouva que je ne pouvais pas lui faire plus de plaisir. Il m'avait réellement rendu grand service, et il continua en m'adressant plusieurs marchands de Lille. Je me remontai et me mis à faire pour un gros fabricant tabletier, nommé Mermilliod, douze mille dessus de boîte sur ivoire pour la Turquie. Je lui fis pour trois francs ce qu'il avait coutume de payer cinq. Aussi j'occupai beaucoup de monde. Je décalquai sur ivoire mes sujets gravés, de sorte qu'il n'y avait plus qu'à les colorier. J'avais des ateliers en ville pour faire ce travail. Mon seul soin était la surveillance, ce qui prenait tout mon temps et m'obligea à prendre un homme, que me donna Mme de Rochechouart et dont elle me répondit, parce qu'il avait aidé son fils à émigrer... Cet homme m'a d'ailleurs plus volé que les autres.

Quant à Mme de Rochechouart, je l'avais prévenue à la campagne que je ne pouvais plus la loger sans danger pour elle, et je lui avais raconté l'histoire de mon domestique. Je me procurai un passeport sous le nom d'une de mes sœurs et le donnai à Mme de Rochechouart, qui en profita pour passer en Angleterre.

Voici une autre anecdote concernant cette dame. Le jour du 13 vendémiaire, j'étais avec elle dans ma maison de la rue Basse du Rempart Saint-Denis, lorsque nous entendîmes le canon et vîmes passer des gardes nationaux et bourgeois blessés que l'on portait sur des civières ou des matelas. Mme de Rochechouart me proposa d'aller voir ensemble si ce qu'on nous racontait de la bataille était vrai. Je ne m'en souciais pas, ne trouvant ni honneur ni plaisir à m'exposer à être blessé pour une cause qui ne m'intéressait pas, puisqu'elle n'était pas royaliste. Je le lui dis, mais elle répondit par une plaisanterie qui me fit rougir et craindre qu'elle n'attribuât mes réflexions à la peur plutôt qu'à la raison. Je sortis donc avec elle et me trouvai dans des rues où les balles sifflaient et le canon tonnait; la cavalerie arrivait de tous côtés, on portait des hommes blessés, et les femmes criaient et fuyaient. Mme de Rochechouart était d'un sang-froid étonnant. Nous fûmes arrêtés par une patrouille en voulant traverser le boulevard, où il y avait des piquets de troupes à pied et à cheval. J'expliquai que nous rentrions chez nous, et comme nous n'étions pas armés, on nous laissa passer. Après avoir déposé Mme de Rochechouart chez moi, j'allai trouver Ysabeau, le député qui m'avait rendu service à Bordeaux et avait sauvé mon père. Au commencement de l'affaire, il s'était retiré chez lui pour rassurer sa femme; il craignait que les gardes nationaux eussent le dessus. Je lui offris d'aller se réfugier avec sa femme dans ma terre, où il se rendrait comme étant le gouverneur de mon fils. Convaincu, comme lui, que la garde nationale aurait le dessus, je voulais sauver Ysabeau et j'allais l'emmener chez moi passer la nuit avec sa femme, lorsqu'un officier de troupe de ligne vint le trouver de la part des directeurs Merlin, Barras et Reubell, et le prévenir que, tout étant fini, il pouvait venir les rejoindre. Ysabeau me remercia beaucoup et alla retrouver ses amis.

Je rentrai chez moi, non sans être arrêté plusieurs fois par des postes ou patrouilles dont les rues étaient pleines. Mon passeport, que j'avais eu la précaution de conserver, me fut bien utile en cette circonstance.

Madame Royale était enfermée au Temple; Mme et Mlle de Tourzel avaient seules la liberté d'y entrer. La princesse descendait tous les jours se promener dans le jardin, accompagnée de Mme Chantereine et d'un petit domestique portant une petite table et une chaise. La princesse s'amusait à dessiner la tour du Temple. Beaucoup de personnes attachées à la famille royale venaient successivement dans les diverses chambres de la Rotonde ayant vue sur le jardin du Temple. Tout signe d'intelligence était interdit : mais, pour témoigner leur intérêt à la princesse, des dames jouaient de la harpe et chantaient des airs de circonstance. La princesse les entendait à merveille. Une large rue seule séparait la Rotonde du jardin du Temple, dont le mur avait au plus trente pieds, de sorte que des fenêtres du second on pouvait très bien voir la princesse.

J'allai à la Rotonde tous les jours à l'heure où elle

venait dessiner au jardin. J'apportai un jour une bonne lunette d'approche pour essayer de distinguer son ouvrage. Je crus m'apercevoir à un de ses gestes qu'elle n'était pas satisfaite, et que le dessin péchait par la perspective; je me promis d'y remédier. Rentré chez moi, je mis en état un instrument qui rendait la perspective aussi fidèlement qu'un compas trace un rond, et je retournai à la Rotonde pour dessiner la tour du Temple. Je représentai dans le jardin Madame Royale dessinant, les yeux levés vers la tour, avec son portefeuille sur les genoux, Mme Chantereine derrière elle et le petit domestique accourant lui porter un tabouret de pied. Mon dessin terminé, je retournai chez moi le tracer sur un cuivre, et j'en gravai les traits avec grand soin. J'en imprimai une cinquantaine d'exemplaires sur beau papier vélin du format d'une lettre; j'en terminai deux, un en couleur et l'autre au lavis; puis je me procurai une boîte complète de couleurs anglaises en tablettes avec crayons et pinceaux.

J'allai dîner chez Mme de Tourzel et lui montrai le portefeuille d'estampes du Temple avec la boîte à couleurs, en la priant d'en faire hommage à la princesse et de lui dire que j'avais pris cette liberté, ayant été témoin de son impatience en dessinant; qu'elle n'aurait qu'à ombrer les traits avec l'encre de Chine, de la sépia ou en couleur. Mlle Pauline de Tourzel dit : « Oh! cela lui fera d'autant plus de plaisir qu'elle s'impatientait ce matin, n'étant pas contente de son dessin, et qu'elle désirait l'avoir pour en conserver le souvenir quand elle serait sortie du Temple. Elle m'a donné ce qu'elle avait dessiné, le voici. » Le dessin péchait par la perspective, la princesse se trouvant trop près de la tour pour en bien juger.

J'écrivis sur un papier :

Hommage respectueux.

D'une affreuse prison Blondel sauva son roy,
Par sa fidélité autant que par adresse.
Aussi fidel sujet, oserai-je, Princesse,
Offrir à vos loisirs les talents de Paroy?

Mme de Tourzel me dit qu'elle se ferait un plaisir de porter mon cadeau à la princesse le lendemain matin, et qu'elle était sûre de lui faire plaisir.

Je retournai le lendemain chez Mme de Tourzel, qui me transmit les remerciements de la jeune princesse, sensible à cette marque d'intérêt et d'attention de ma part.

Deux jours après, je retournai chez Mme de Tourzel; son portier me dit qu'elle était à la campagne. Je demandai à voir Mme de Charost; elle était, dit-on, sortie. Je revins le lendemain et j'appris par le valet de chambre que Mme de Tourzel était arrêtée à la préfecture comme impliquée dans une conspiration de prison. J'en fus consterné, me figurant que je l'avais peut-être compromise en la priant de remettre à Madame Royale le portefeuille d'estampes du Temple, qui contenait le quatrain attaché avec une épingle, et que tout cela avait été intercepté. Je courus vite chez moi dire de répondre aux visiteurs que j'étais parti pour la campagne. Je mis ordre à mes papiers et j'allai me cacher chez une personne de ma connaissance, où je passai pour un artiste. Le jour, je sortais avec précaution, et, n'osant aller chez qui que ce soit, j'envoyais chez Mme de Tourzel qu'on disait toujours absente. Enfin, au bout de huit jours, j'appris qu'elle était de retour à son hôtel depuis la veille. J'y accourus, témoignai vivement à Mme de Tourzel les inquiétudes que j'avais eues et lui dis que je n'avais pas couché chez moi depuis son arrestation, craignant de me voir aussi mis en prison pour les petits vers placés dans le portefeuille remis à Madame Royale : « Il n'en a pas été question, me répondit-elle. Je suis fâché d'avoir oublié de vous prévenir que Madame Royale m'avait dit, après les avoir lus : — Je les déchire pour ne pas compromettre M. de Paroy, dont le nom y est écrit, mais je ne les oublierai pas. — Oh! m'écriai-je, que vous m'auriez évité d'inquiétudes si je l'avais su! » Elle ajouta que d'après ses informations il paraissait que l'on n'avait rien découvert, mais qu'on lui avait bien recommandé d'être très circonspecte sur les personnes qu'elle recevait chez elle.

A quelque temps de là, il fut question de l'échange de la jeune princesse contre des citoyens pris par Dumouriez et livrés à l'Autriche(1). Un jour, Mlle Pauline de Tourzel me dit que la jeune princesse lui avait parlé d'une bague que j'avais donnée à la reine et sur laquelle étaient gravés les portraits du roi, de la reine et de M. le Dauphin, et avait déclaré que de tous les bijoux de sa mère c'était celui qu'elle regrettait le plus : « Que je suis heureux! lui répondis-je; je puis lui en faire une pareille. Ayez-moi, je vous prie, la grosseur juste de son doigt, pour que je la lui fasse monter et qu'elle en jouisse tout de suite. — Ce

(1) Ces citoyens étaient le général Beurnonville et les conventionnels Camus, Quinette, Lamarque et Bancal.

m'est facile, me dit Mlle de Tourzel; j'ai un petit anneau qu'elle a bien voulu par amitié échanger avec le mien; le voici, mais songez que je serais inconsolable de sa perte. — Je ne vous en priverai pas, répondis-je; il me suffit d'essayer cet anneau à un de mes doigts pour en avoir la grosseur. Je vous demande seulement la permission de le baiser. » Je le baisai avec un religieux respect, tant j'étais ému par le sentiment d'intérêt que m'inspirait la jeune princesse, par ses malheurs et par toutes ses qualités, dont Mlle de Tourzel ne cessait de faire l'éloge.

Le surlendemain, je portai triomphalement la bague ornée des trois portraits très ressemblants, et Mlle de Tourzel me remercia du plaisir inattendu qu'elle allait procurer à la princesse. Le lendemain, Mlle de Tourzel me témoigna combien la princesse était sensible à mon attention et désirait être un jour à portée de me témoigner sa satisfaction.

Combien je bénissais mon talent de m'avoir mis à même de procurer à cette princesse un petit moment de jouissance en lui donnant ce qu'elle avait désiré! Tous ces détails paraîtront peut-être minutieux, mais qu'on songe au temps où nous étions, à l'intérêt universel qu'inspirait la princesse et à mon dévouement personnel.

Peu de temps après, la princesse partit pour être échangée contre des républicains (1). Le bonheur de la savoir désormais en sûreté près de ses parents fit con-

---

(1) Marie-Thérèse-Charlotte, fille de Louis XVI et de Marie-Antoinette, était née à Versailles le 19 décembre 1778. Elle était prisonnière au Temple depuis le 10 août 1792. C'est le 26 décembre 1795 que son échange fut effectué à Richen, près de Bâle. Elle alla habiter Vienne, et,

sidérer le jour de sa sortie du Temple comme un jour de fête. Mme de Soucy, fille de Mme de Mackau, eut seule la permission de l'accompagner en Allemagne.

Il y eut, après le 18 fructidor, une réaction jacobine, et il parut alors un décret ordonnant à tous ceux qui étaient sur la liste des émigrés de sortir de France, sous peine d'être guillotinés. Mon père était à Fontainebleau, lorsqu'il reçut l'ordre de partir. Il m'écrivit que sa santé et le manque de moyens d'existence lui rendaient ce départ impossible. Sa lettre était des plus déchirantes par la peinture de sa malheureuse position. Très attristé, je me rendis sur les dix heures du matin chez le ministre de la police, nommé Sotin (1), muni d'une pétition rédigée dans les termes les plus touchants, et où je peignais un vieillard de soixante-dix ans, ne pouvant bouger par suite d'une rétention d'urine qui l'empêchait de sortir même de sa chambre, et n'ayant, faute d'argent, aucun moyen de partir. Après une heure d'attente, au milieu de cent solliciteurs comme moi, un huissier vint nous avertir que le citoyen Sotin ne donnerait pas d'audience, mais que son secrétaire recevrait pour lui, à une heure. Chacun s'en alla. Je revins à une heure précise. Vers deux heures, l'huissier vint dire que le citoyen secrétaire était occupé dans ce moment, et qu'il ne pourrait recevoir qu'à trois heures, mais les citoyennes seulement,

---

le 10 juin 1799, elle épousa à Mitau son cousin Louis-Antoine, duc d'Angoulême, fils du comte d'Artois. Elle vécut jusqu'au 19 octobre 1851.

(1) Pierre-Jean Sotin de la Coindière, né à Nantes le 11 avril 1764, avocat, fut ministre de la police du 8 thermidor an V (26 juillet 1797) au 25 pluviôse an VI (13 février 1798). Il mourut à la Chevrolière (Loire-Inférieure) le 13 juin 1810.

et pas les hommes. A cette nouvelle, et entendant les murmures de tous les hommes réunis dans la salle, je m'écriai : « Eh bien, s'il ne donne audience qu'aux jupons, je m'en vais chercher au Palais-Royal la première fille jolie que je rencontrerai et je la chargerai de ma pétition! Elle aura le même droit de la présenter que ces dames. » A ces paroles, plusieurs voix de femmes se firent entendre : « C'est affreux! on nous compare à des filles! C'est indigne! — Eh! non, mesdames, leur répondis-je, cela ne vous regarde pas, mais bien le secrétaire du ministre, qui ne veut pas recevoir les hommes, qui ont cependant des affaires aussi intéressantes pour eux que les vôtres le sont pour vous. » Là-dessus, je sortis.

Je descendais tristement, lorsque l'huissier vint me tirer par mon habit et me dit : « Si vous voulez voir le ministre, restez, je l'entends, il va passer dans son cabinet. » Je rentrai sur le palier. Ne connaissant pas le ministre, je pris une autre personne pour lui et lui présentai ma pétition. « Qu'est-ce que c'est? dit alors Sotin. Citoyen, on a dû vous dire que je ne donne pas d'audience aujourd'hui. — Mais, citoyen ministre, répliquai-je, il y va de la vie de mon père, et un mot de vous peut le sauver. Lisez! » Je remis ma pétition dans sa main entr'ouverte. Il en lut quelques mots et me dit d'un air d'impatience : « Je n'y peux rien! Il n'y a pas d'exception; il faut que ton père parte, sinon il s'exposera à être guillotiné! — Mais, à son âge, malade et en danger, il n'est pas en état d'être transporté. Vous n'avez donc pas un père! pensez-y; s'il se trouvait en pareille position! — Eh bien, dit Sotin, il faudrait bien qu'il parte ou qu'il subisse la loi! » Cette dureté m'indigna au point que, transporté de rage, je criai : « Eh bien, je vais prendre mon père sur mon dos, comme Énée, et au milieu de la place je m'écrierai : Qui oserait venir le guillotiner sur moi? — Qu'est-ce que vous dites, citoyen? dit Sotin, l'air plus saisi qu'ému. — Ce que je vais faire, lui répliquai-je, et je doute que le peuple laisse victimer mon père sans le venger; en tout cas, je m'y dévoue! » Apparemment, j'exprimais fortement ce que je sentais si vivement, car Sotin répondit : « Eh bien, entrez, je vais donner à votre père une autorisation de rester à Fontainebleau jusqu'à ce qu'il soit guéri. » Il écrivit alors au bas de ma pétition : « Le citoyen Paroy restera en arrestation chez lui sous haute surveillance de la police. SOTIN. » — « Mais, observai-je, il ne pourra donc pas prendre l'air, ni se faire conduire au jardin? — Si fait, il pourra même se promener dans le parc et la forêt de Fontainebleau. Eh bien, vous devez être content, actuellement? Allez faire légaliser et inscrire cela à mon secrétariat. » Je le remerciai.

Cette scène un peu vive avait touché les assistants, qui me le témoignèrent avec un intérêt qui me flatta. Mon papier en règle, je courus à la poste pour écrire un mot à mon père et lui apprendre cette bonne nouvelle. La malle était prête à partir. Je demandai au courrier de me donner une place, et le soir j'arrivai chez mon père, qui, en me voyant, me dit d'un air abattu : « Vous n'avez donc pas reçu ma lettre, puisque je vous vois un air si gai en entrant? — Si fait, répondis-je, et j'ai votre permission de rester bien en règle; n'ayez donc plus d'inquiétude. » Ma mère m'embrassa, les larmes aux yeux. « Je pourrai donc passer une bonne nuit, s'écria mon père, car à chaque instant je craignais qu'on ne m'enlevât. » J'allai de suite montrer aux autorités l'ordre de Sotin, ce qui me donna l'air d'un protégé du ministre.

Tous ces détails paraîtront minutieux aux cœurs froids, qui n'ont pas connu les misères intérieures qu'ont éprouvées les victimes de la Révolution. Les émigrés ont sans doute eu bien des moments de souffrance, mais les fidèles sujets du roi, que des raisons majeures ont obligés à rester en France, ont été en butte à tous les genres de vexations et d'humiliations; comme Damoclès, ils voyaient toujours le glaive suspendu sur leurs têtes; eux seuls peuvent connaître tout ce qu'ils ont eu à souffrir. Je n'y pense jamais sans être moi-même étonné d'exister encore, étant resté sur le volcan révolutionnaire, si souvent en éruption et prêt à m'ensevelir dans ses gouffres où tant de malheureux ont péri!

FIN.

*Écriture et signature de Gui Le Gentil,
comte, puis marquis de Paroy.*

une des raisons qui attachoit le plus encor Mde Bellenger à Mlle Loiseau etoit l'invariabilité de ses principes royalistes et attachement pour la famille royale dont Elle a pensée être victime. Et que plusieurs fois Elle a eu l'occasion d'être essentiellement utile à des émigrés. Mr bellenger me l'a dit plusieurs fois en faisant son Eloge. En mon particulier Je puis attester lui avoir toujours depuis 18 ans connu les sentiments Et que Je suis au vrai Plaisir de lui donner icy le temoignage de la Parfaite Estime qu'elle m'a inspiré Et que Je certifirai en toutes occasions ou Je Pourrai en être requis

Paris rue grands augustins N° 27
ce 20 8bre 1824.

Le Mis de Paroy

PIÈCES JUSTIFICATIVES

I

Lettre du comte de Paroy à Lefèvre, agent national à Donnemarie. — 11 *messidor an II* (29 *juin 1794*).

Bordeaux, 11 messidor [an II].

Je ne suis pas, Citoyen, à ignorer que j'ai des remerciements à vous faire de votre honnêteté et sensibilité sur ma malheureuse position et celle de ma famille.

Le citoyen Michel vous remettra un nouveau certificat de résidence et ma pétition en explication au département, sur l'arrêté qu'il a pris, et dont j'espère le satisfaire, n'ayant que la vérité à exposer. Vous en prendrez connaissance. Je suis surpris que l'on ne m'ait pas fait apercevoir plus tôt de chez moy l'erreur commise dans le certificat, on l'auroit relevée tout de suitte icy, cela m'eût évité le désagrément que j'éprouve au département de Seine-et-Marne. J'ai ainsi que mes témoins signé aveuglément, et pressé de mettre ma lettre à la poste, je n'ay pas relu le certificat. Je vous prie de ne pas remettre au département le mémoire que j'envoie qu'avec mon certificat nouveau, qui prouve que je suis icy depuis 1793 et les raisons qui m'y ont fait venir, comme aussi celles qui m'autorisent à prendre la qualité d'artiste que j'avois avant la Révolution, étant de plusieurs académies en France, ayant dans ce temps établi une manufacture où j'occupais, d'après mes dessins et gravures, une grande quantité d'artistes et d'ouvriers; que mes ouvrages ont été exposés au Salon avec ceux des artistes; que les livres des négociants et marchands de Paris prouvent qu'ils en ont acheté chez moy. J'ay bravé le préjugé d'alors, depuis je n'ay rien changé. L'assemblée ayant réformé les titres n'a pu m'ôter celuy d'artiste, qu'on ne peut me contester. J'ai joint un don patriotique avec celuy que les femmes artistes ont été présenter au nom de tous les artistes à l'assemblée. Je dois être sur le registre. Icy j'y étois connu pour tel, étant de l'Académie de Bordeaux; j'y ai vendu de mes ouvrages, je suis même occupé à une suitte de faits patriotiques, des événements les plus frapants de la révolution. C'est sous les auspices des autorités constituées que je l'ai entrepris, et ils m'ont offert tout secours et avance à ce sujet. On me connait pour cy devant et on m'estime davantage d'avoir depuis longtemps pris le titre d'artiste. Dans aucun acte cela se fait ordinairement, et toutes les fois que l'on me l'a demandé, je m'en suis honoré. J'ay la réquisition la plus honorable du représentant du peuple pour rester à Bordeaux, comme étant cy-devant et la loy exigeant qu'ils s'en éloignassent. Vous voyez, Citoyen, que je ne me cache pas icy. J'y ai une sœur établie depuis 20 ans, chez qui je vis; il m'étoit impossible d'y rester ignoré. Le mémoire est tout aussi justificatif sur le reste, vous en jugerez.

Recevez, Citoyen, tous mes remerciements et les expressions de ma vive reconnaissance; puissé-je être à portée de vous la témoigner, j'en saisirai avec empressement les occasions.

Salut et fraternité.

LEGENTIL.

(Collection de M. Th. Lhuillier, de Melun.)

II

Lettre du marquis de Paroy père au prince de Condé.

Fontainebleau, 1er février 1802.

MONSEIGNEUR,

Il faut que je sois réduit à une bien cruelle extrémité pour oser dans les circonstances présentes rappeler à Votre Altesse

Sérénissime une créance que j'ai sur elle. Je m'étais condamné au silence, mais la loi impérieuse de la nécessité et du besoin me force à avoir recours à votre justice et à votre sensibilité.

Daignez vous rappeler, Monseigneur, qu'au mois d'août 1791, étant allé vous faire ma cour à Worms et me ranger sous vos drapeaux, vous voyant dans l'impuissance où vous étiez alors de venir au secours de tant de braves militaires qui se réfugiaient et accouraient autour de vous comme au panache d'Henri IV, je crus de mon honneur et de mon devoir de vous offrir tout ce que j'avais emporté avec moi : j'avais alors une assez belle fortune. Touché du pur motif de mon procédé, vous voulûtes bien accepter mon offre ; je versai entre les mains de votre caissier, M. Chaudron, qui ne peut l'avoir oublié, une somme de 24,916 francs, valeur au cours, et vous m'en remîtes une reconnaissance dont je joins ici copie.

Peu de temps après les princes frères du roi me confièrent une mission honorable pour Saint-Domingue. Je quittai à regret vos drapeaux, après avoir eu l'honneur de vous en prévenir. En passant par Paris, je fis ma cour au roi ; je pris la liberté de lui demander une audience particulière. Sa Majesté eut la bonté de me l'accorder ; je lui communiquai l'objet de ma mission. On venait d'apprendre la funeste révolution qui a ravagé et détruit la riche colonie de Saint-Domingue. J'appris que toutes mes possessions, qui étaient considérables, avaient été incendiées et ravagées, ce qui entraînait ma ruine entière. Sa Majesté eut la bonté de me dire qu'il était trop tard, que ma mission devenait inutile et ne pouvait avoir aucun succès dans les circonstances présentes, et que ce serait m'exposer à une perte inévitable. Elle eut la bonté d'ajouter qu'il lui serait plus utile de conserver près de sa personne de bons et fidèles serviteurs tels que moi. Ces douces et honorables paroles m'enchaînèrent à ses pieds. Je lui vouai ma vie et mes services. Depuis ce moment je n'ai point quitté sa personne jusqu'à celui qu'elle fut conduite au Temple. Alors livré à la plus affreuse proscription, victime de mon zèle et de ma fidélité, forcé de fuir et de me cacher, enfin après l'assassinat du roi, succombant de douleur et d'indignation et ne pouvant plus espérer aucune sûreté, je fus à Bordeaux dans l'intention de me réfugier à Saint-Domingue, craignant encore moins la cruauté des noirs que les tyrans blancs qui régnaient en France, mais, au moment de m'embarquer, je fus incarcéré comme tous les bons Français, jeté dans un cachot sans voir le jour et dans l'agonie d'une mort inévitable, dont je ne me suis échappé que par miracle. Pendant ma détention on m'inscrivit sur la liste des émigrés, où je suis encore, et on vint piller, dévaster et en grande partie démolir mon château de Paroy. Le seul asile qui me restait, devenu inhabitable, je me suis réfugié à Fontainebleau avec ma femme vieille et infirme; le séquestre mis à Paroy m'a privé de toutes ressources, ne vivant que de la vente de quelques effets mobiliers, échappés du naufrage et à la rapacité de nos conquérants, mais toutes mes ressources sont épuisées.

Pardon, Monseigneur, d'entrer dans tous ces détails; le pressant besoin m'arrache le cri de ma misère, c'est avec une douleur amère, craignant de trop affecter votre sensibilité. Je ne me dissimule pas votre cruelle position et la pénurie de vos moyens; vous avez fait encore de plus grandes pertes que moi, mais il vous reste une gloire immortelle, qui vous accompagnera toujours, et un grand prince tel que vous a des ressources qu'un particulier tel que moi ne peut jamais avoir.

C'est donc vraiment la charité que je vous demande, Monseigneur, et non une dette que je réclame; si dans ce moment vous ne pouvez rendre la somme entière, quoique exigible depuis plus de dix ans, je laisse à votre bienfaisance à fixer vous-même le secours qu'il vous plaira de m'accorder. Le marquis de Vaudreuil, mon beau-frère, pourra vous confirmer ce que j'ai pris la liberté de vous exposer et s'entendre avec vous.

Je le répète, Monseigneur, je n'exige rien; si les circonstances ne vous permettent pas de faire le plus léger effort pour moi, je me flatte au moins de ne rien perdre dans votre estime, et il me restera toujours le courage de supporter le malheur, et je n'en conserverai pas moins mon respectueux dévouement et mon admiration pour Votre Altesse Sérénissime et ma fidélité constante à mon roi légitime. C'est avec ces sentiments que j'ose me dire avec respect,

Monseigneur,

de Votre Altesse Sérénissime

le très humble et très obéissant serviteur,

LE MARQUIS DE PAROY.

Fontainebleau, 1er février 1802.

(Collection de M. Étienne Charavay.)

TABLE DES MATIÈRES

I

Convocation et ouverture des États généraux. — Discussion sur le vote par ordre ou par tête. — Mirabeau, camarade du comte de Paroy ; anecdote de jeunesse. — Mort du premier Dauphin (4 juin). Douleur du roi et de la reine. — Le tiers état se constitue en Assemblée nationale (17 juin). Serment du Jeu de paume (20 juin 1789). — Séance royale (23 juin). — Réunion de la noblesse et du clergé au tiers état (27 juin). — Troubles à Paris (30 juin). — On promène les bustes de Necker et du duc d'Orléans. — Le prince de Lambesc aux Tuileries (12 juillet). — Le peuple brûle les barrières ; arrêtés pris par l'Assemblée nationale ; création d'une milice bourgeoise (13 juillet). — Le comte de Paroy témoin des événements. — Prise de la Bastille (14 juillet) ; assassinat de M. de Flesselles, prévôt des marchands, et de M. de Launey, gouverneur de la Bastille. — Le comte de Paroy et le duc d'Orléans. 1

II

Le roi se rend à l'Assemblée nationale et donne aux troupes l'ordre de s'éloigner de Paris et de Versailles ; enthousiasme populaire (15 juillet). — La Fayette nommé commandant général de la garde nationale et Bailly maire de Paris ; invitation au roi de se rendre à Paris ; émigration du comte d'Artois et de sa famille, du prince de Condé, du duc et de la duchesse de Polignac (16 juillet). — Voyage et réception du roi à Paris ; retour à Versailles (17 juillet). — Inquiétudes sur les approvisionnements de la capitale. — Le duc du Châtelet et les gardes françaises. — Réouverture des spectacles (19 juillet). — Arrestation et assassinat de Foullon et de Bertier de Sauvigny ; leurs têtes portées au Palais-Royal (22 juillet). — La Fayette donne, puis retire sa démission. — Lettre de M. de Castelnau, ambassadeur à Genève, au duc de Dorset, ambassadeur d'Angleterre en France ; protestation d'amitié de ce dernier, au nom du gouvernement anglais (29 juillet 1789). 33

III

Rôle de la haute bourgeoisie dans la Révolution. — Arrestation du baron de Besenval (28 juillet). — Necker et la duchesse de Polignac. — Rentrée triomphale de Necker; décret d'amnistie; mise en liberté du baron de Besenval (30 juillet). — L'ordre d'élargissement de Besenval est rapporté. — Désertion des gardes françaises (nuit du 30 au 31 juillet). — Habillement de la garde nationale. — Influence exercée sur l'industrie par la formation de la garde nationale. — Le comte de Paroy fabrique des dessus de tabatières qui portent le nom de *boîtes à la Paroy*. — Le Palais-Royal. — Émeute à l'Hôtel de ville relativement aux poudres. Le marquis de La Salle sauvé par La Fayette (6 août). — Emprunt de trente millions décrété par l'Assemblée sur la demande de Necker, malgré l'opposition de Mirabeau (8 août). — Suppression des dîmes ecclésiastiques (8 août). — Procession des femmes du marché Saint-Martin. — Désordres causés par les Suisses. — Les vainqueurs de la Bastille. — Suppression du régime féodal (11 août). — Le peuple de Versailles délivre un parricide qui allait subir le supplice de la roue. — Discussion sur la tragédie de *Charles IX* de Marie-Joseph Chénier; première représentation fixée au 4 novembre. — Pénurie des farines. — Dîner donné à Versailles, au nom du roi, par le comte de Saint-Priest, à La Fayette, à Bailly et aux municipaux parisiens, et repas offert par la garde nationale de Versailles à celle de la capitale (25 août). — Distribution aux gardes françaises de la somme provenant de la vente des biens meubles et immeubles de ce régiment (27 août). — Emprunt de quatre-vingts millions décrété par l'Assemblée (27 août). — Mort et banqueroute de l'agent de change Pinet, chef de la bande des accapareurs. — Femmes fouettées publiquement. — Le marquis de Saint-Huruge.................. 71

IV

Médaille frappée en l'honneur du 4 août. — Discussion sur le double principe d'hérédité. — Dons patriotiques : le roi et la reine envoient leur vaisselle d'argent à l'hôtel de la Monnaie (22 septembre). — Bénédiction à Notre-Dame des drapeaux de la garde nationale (27 septembre). — Repas offert par les gardes du corps au régiment de Flandre et à la garde nationale de Versailles; intervention du roi et de la reine (1er octobre). — L'assemblée des représentants de la commune arrête que la cocarde tricolore serait seule portée par les citoyens (4 octobre). — Envahissement de l'Hôtel de ville par les femmes de la halle; départ de celles-ci pour Versailles et mise en marche de l'armée parisienne, sous la conduite de La Fayette (5 octobre). — Arrivée des femmes à Versailles; le roi reçoit une députation de six femmes présentées par Mounier. Collision avec les gardes du corps.

Intervention de Laurent Le Cointre pour faire donner des vivres à cette foule. Arrivée de l'armée parisienne; entrevue du roi et de La Fayette. Le peuple de Versailles fraternise avec les Parisiens (5 octobre). — Envahissement du château. Dangers courus par la reine. Apaisement des troubles. Le roi promet de se rendre à Paris. Départ du roi et de la famille royale. Arrivée à Paris et réception enthousiaste de la famille royale à l'Hôtel de ville. Installation de Leurs Majestés aux Tuileries (6 octobre). — Discussions sur la liste civile et sur le titre de *roi des Français*. — La ville de Versailles sollicite le retour du roi et de l'Assemblée (8 octobre). — Passeport accordé au duc d'Orléans pour se rendre en Angleterre, après une entrevue avec La Fayette (14 octobre). — Assassinat d'un boulanger et publication de la loi martiale (21 octobre). — Pétition des amis des noirs (25 octobre). — Arrestation du fermier général Augeard. — Protestations contre la loi martiale. — Décret déclarant propriété de l'État les biens ecclésiastiques (2 novembre). — L'Assemblée nationale siège dans la salle du Manège aux Tuileries (9 novembre). 99

V.

Organisation du service intérieur de la maison du roi aux Tuileries. — Vie intime de Marie-Antoinette; soirées chez Mme de Tourzel et chez la princesse de Lamballe. — Affluence de la noblesse aux Tuileries; les femmes portent des bouquets de fleurs de lys et des nœuds de ruban blanc. — Imprudences du parti royaliste. — Plan du marquis de Favras. — Arrestation de celui-ci (26 novembre 1789); son procès, son exécution (19 février 1790); animosité de La Fayette contre lui. — La veuve et le fils de Favras présentés à Marie-Antoinette. — Propositions d'enlèvement de la famille royale, toutes repoussées par le roi, qui se méfiait des émigrés de Coblentz. — Canon mis en batterie sur le terre-plein du pont Neuf, par ordre de La Fayette. — Mort de l'empereur Joseph II (20 février 1790). — Le club des Jacobins et le club de 1789. — Rivalité de ces deux clubs. — Conduite impolitique de la noblesse et du clergé. — Guerre de libelles. — La presse révolutionnaire. — Organisation des émeutes. — Détails donnés à ce sujet au comte de Paroy par M. de la Porte. — Rabaut de Saint-Étienne trésorier des protestants et recevant de ses coreligionnaires de l'étranger des subsides qui servirent souvent à payer des mouvements révolutionnaires................ 140

VI

Création de quatre cents millions d'assignats (17 avril 1790). — Discussion sur la dissolution de l'Assemblée; discours de Le Chapelier, l'abbé Maury et Mirabeau (19 avril). — Réunion de la noblesse et du clergé au club des Capucins; protestation signée par deux cent quatre-vingt-dix députés de la minorité. — Élection du comte de Virieu à la présidence de l'Assemblée; adoption de la proposition de l'avocat Bouche, portant que nul ne pourrait exercer de fonctions sans renouveler le serment de n'avoir jamais signé de protestation contre les décrets de l'Assemblée. Démission du comte de Virieu, signataire de la protestation de la minorité (27 avril). — Communication du comte de Montmorin sur la situation de l'Espagne et de l'Angleterre (14 mai). — Discussion sur le droit de paix et de guerre (16 mai). — Discours et projet de Mirabeau (20 mai). — Réponse de Barnave, qui est porté en triomphe par le peuple, pendant que Mirabeau est hué (21 mai). — Nouveau discours de Mirabeau et adoption de son projet de décret (22 mai). — Publication du Livre rouge; entrevue de Necker et de Camus; plaintes de ce dernier à l'Assemblée (5 mars au 10 avril). — Décret sur les domaines de la couronne (9 mai). — Discussion sur l'organisation judiciaire; rejet du jury en matière civile (30 avril) et consécration des tribunaux sédentaires (3 mai).................................... 154

VII

Départ de la famille royale pour Saint-Cloud (4 juin 1790). — Service de la garde nationale pendant ce séjour. — Projets des révolutionnaires contre la noblesse. — Les frères Lameth cherchent à se rendre populaires en faisant décréter l'abolition de ce corps privilégié. — — Députation de prétendus envoyés de tous les peuples de l'univers. Discours du baron de Cloots, s'intitulant l'orateur du genre humain. Réponse du président Menou (19 juin). — Alexandre Lameth et Lambel proposent l'abolition de la noblesse héréditaire. La Fayette appuie cette motion. Le Peletier de Saint-Fargeau réclame que tous les citoyens portent leur véritable nom. Mathieu de Montmorency demande l'abolition des armes et des armoiries. Objections présentées par l'abbé Maury. Réponse de Barnave. Le baron de Landenberg-Wagenbourg proteste au nom des nobles d'Alsace et quitte la séance. L'Assemblée vote le décret d'abolition (19 juin). — Mécomptes de la majorité, qui espère, mais en vain, que le décret ne sera pas sanctionné par le roi. — Discussions sur la constitution civile du clergé. Protestations des évêques et de tous les ecclésiastiques du côté droit de l'Assemblée. Déclaration de l'évêque de Clermont (9 au 17 juin). — Vente des biens du clergé. Opposition de l'abbé Maury. Décret ordonnant l'aliénation des domaines nationaux (25 juin).. 179

VIII

Fédération du 14 juillet 1790. Le comte de Paroy y assiste. Ovations faites au roi et à la famille royale. Impopularité du duc d'Orléans.

— Répugnances de Louis XVI à sanctionner le décret sur la constitution civile du clergé (août 1790). Il expose ses scrupules au duc de Villequier et à son médecin Vicq-d'Azyr, sous le sceau du secret. Le duc de Villequier l'engage à l'acceptation et invoque l'exemple de Henri IV. Indiscrétion de Vicq-d'Azyr, qui raconte à sa femme la conversation du roi et est entendu par un domestique espion. Colère de Louis XVI, qui a une vive explication avec ses deux serviteurs. Vicq-d'Azyr s'avoue coupable et est congédié par le roi. Confession de Vicq-d'Azyr au duc de Villequier. — Instruction sur les crimes des 5 et 6 octobre 1789 (11 août). Proposition de poursuites du duc d'Orléans et de Mirabeau. L'Assemblée décide qu'il n'y a pas lieu à accusation contre eux (2 octobre). — Insubordination de l'armée. Insurrection de la garnison de Nancy, réprimée par le marquis de Bouillé (31 août). Le comte de Paroy consacre par une gravure l'héroïque dévouement de Desilles. — Tumultes à Paris. Le peuple veut se porter sur Saint-Cloud, mais est dispersé par La Fayette (2 septembre). Le comte de Paroy va prévenir le roi à Saint-Cloud. — Impopularité croissante de Necker. Sa réponse aux attaques de Camus. Sa fuite à Saint-Ouen (3 septembre). Sa démission (4 septembre). Son arrestation à Arcis-sur-Aube (9 septembre) et sa mise en liberté (11 septembre). Jugement sévère du comte de Paroy à son égard. — Motion du baron de Menou contre les ministres. Opposition de Cazalès. Rejet de la motion par l'Assemblée (19 au 21 octobre). Mot plaisant de Goupilleau. — La commune de Paris vient, par l'organe de Danton, réclamer la démission des ministres (10 novembre). — Retraite de La Tour-du-Pin, ministre de la guerre, et de Champion de Cicé, garde des sceaux (16 et 21 novembre). 196

IX

Les chevaliers du poignard. Origine de cette dénomination. — Le peuple se porte sur le donjon de Vincennes et est dispersé par La Fayette (28 février 1791). Rassemblement de gentilshommes armés au château des Tuileries. Louis XVI leur ordonne de déposer leurs armes. — Maladie du roi (4 mars) et manifestations publiques à cette occasion. *Te Deum* d'actions de grâces chanté à Notre-Dame (20 mars). — L'air de la campagne est conseillé au roi. Préparatifs de départ pour Saint-Cloud. Le peuple s'oppose à ce voyage (18 avril). Scènes de violence. — Intervention de la reine pour sauver M. Gougenot, régisseur général. — Le roi se plaint à l'Assemblée (19 avril). — Causes de l'influence de Mirabeau. Négociations avec la Cour. Mort de Mirabeau (2 avril). Le comte de Paroy sert d'intermédiaire pour faire parvenir une lettre de Mirabeau à la reine. — Refus de Louis XVI de s'éloigner de Paris. Les derniers événements le déterminent à fuir. Difficultés de sortir du château des Tuileries. La reine découvre qu'on peut passer par l'appartement inoccupé du duc de

Villequier. Le comte de Fersen, mis dans la confidence, fait construire une voiture. Le marquis de Bouillé poste des troupes sur le parcours du roi. Départ des Tuileries; arrivée et arrestation de la famille royale à Varennes (20 juin 1791). — Le peuple vient signer une pétition au Champ de Mars. Meurtre de deux particuliers. Proclamation de la loi martiale (17 juillet). Le comte de Paroy manque d'être arrêté ce soir-là en rentrant à Paris.................. 224

X

Acceptation de la Constitution par Louis XVI (17 septembre 1791). — La noblesse et la bourgeoisie affluent aux Tuileries. Mécontentement de la noblesse. — Discussion au Palais-Royal entre le comte de Paroy et le chevalier d'Aigrefeuille sur la conduite à tenir envers le roi. Le comte soutient qu'il ne faut pas abandonner celui-ci, et il se rend à son coucher, où ne se trouvaient que six personnes. — Accueil flatteur reçu par le comte de Paroy de la part du roi et de la famille royale, au moment de l'allée à la messe (15 septembre). Ignorance de la cause de ces marques de faveur. Conversation avec Mme de Mackau. Confidences de Mme Campan, qui explique au comte la satisfaction éprouvée par Leurs Majestés de sa généreuse conduite au Palais-Royal. Le comte assiste au jeu de la reine, qui montre à son entourage les médaillons de la famille royale et le collier et les boucles d'oreilles dus au talent du comte. Le soir, au coucher, le roi lui témoigne sa satisfaction et lui promet un troupeau de béliers mérinos d'Espagne. — Le comte de Paroy expédie ce troupeau dans sa terre. — La famille royale assiste à des représentations à l'Opéra, aux Français et aux Italiens. — Étonnement et joie de Madame Royale. Manifestation jacobine au théâtre des Italiens. — Le peintre David fait réclamer par les départements le portrait du roi acceptant la Constitution et la faisant lire à son fils. Opposition de Louis XVI à ce projet. Le comte de Paroy propose d'envoyer aux départements le même portrait qu'aux ambassadeurs. Conversation à ce sujet avec David chez M. de La Porte. Déconvenue de l'artiste, qui, pour se venger, suscite une scission dans l'Académie de peinture, dont il demande à changer les statuts. Entente avec Quatremère de Quincy. Portrait critique de celui-ci. Le département de Paris transforme l'Académie de peinture en École nationale des Beaux-Arts. Triomphe de David. Dernière séance de l'Académie de peinture. Lettre de remerciements à Louis XVI. Le comte de Paroy la remet au roi. Compliments de condoléance de Sa Majesté.................. 250

XI

Souvenirs rétrospectifs sur la famille royale et sur la cour. — Origine de l'amitié de la reine pour la duchesse de Polignac. Incidents d'un bal particulier donné par Marie-Antoinette. Éloge de la duchesse. — Le comte de Paroy, se trouvant chez la duchesse de Polignac, ajoute sur un dessin de la reine la représentation d'une scène dont il avait été témoin. La reine prend cette indiscrétion en bonne part et charge le comte de dessiner des emblèmes. — Le comte camarade d'enfance du duc d'Orléans. Éloge de la conduite et des vertus de la duchesse. Sa réception au Raincy. — Le Dauphin puni par Mme de Tourzel pour ne pas avoir su ses leçons. Intervention de la reine, qui excuse son fils et trouve que les procédés d'éducation ne sont pas à la portée d'un si jeune enfant. Le comte de Paroy propose le système de la lanterne magique et explique ses projets. La reine approuve, et le comte se met à l'œuvre, qui est interrompue par le 10 août. — Le comte donne à Robertson l'idée de construire une lanterne magique et l'aide dans cette entreprise. — Le fils du comte de Paroy est invité à jouer avec le Dauphin et montre beaucoup de finesse dans cette circonstance. — Le Dauphin revêt une armure dont le duc de Choiseul lui avait fait cadeau. Sur la demande de la reine, le comte fait le portrait du Dauphin dans ce costume. — La reine et le Dauphin tirent les Rois chez Mme de Tourzel. Distribution d'éventails et de médaillons sur lesquels le comte avait peint le Dauphin costumé en chevalier. — Esprit d'à-propos de la reine. Réponse faite par elle à La Fayette. — Romance intitulée *le Troubadour français* et chantée par les royalistes au moment de l'acceptation de la Constitution. — Le marquis de Paroy perd toute sa fortune par la révolte des noirs à Saint-Domingue. Son fils lui abandonne les revenus de sa terre de Paroy. — Le marquis de Paroy est nommé par les princes gouverneur de Saint-Domingue; il vient à Paris, et, sur les conseils de son fils, demande au roi la confirmation de cette fonction. Le roi refuse son consentement. — A l'occasion de l'adoption par l'Assemblée nationale d'une machine à décapiter, le comte montre au roi une ancienne estampe représentant ce genre de supplice................................ 266

XII

Le comte parcourt les groupes des Tuileries (18 juin 1792). — Bruits d'attaque contre le château (19 juin). — Préparatifs des faubourgs Saint-Marceau et Saint-Antoine. Le bataillon des Filles de Saint-Thomas se rend au château. Dispositions prises pour la défense. Preuves de dévouement du commandant Aclocque. Envahissement des Tuileries par le peuple (20 juin). — Le roi et la famille royale dans la salle du Trône. La reine fait porter le Dauphin chez Mme de Mackau. — Le peuple défile devant le roi, sur la tête duquel on pose un bonnet rouge. — Le comte de Paroy monte la garde à la porte du roi dans la nuit du 20 au 21 juin. Il dessine de mémoire la scène de la veille. Louis XVI demande à voir le dessin, en reconnaît l'exactitude et en félicite l'auteur. — Le comte assiste au coucher du roi, qui le remercie de son dévouement (21 juin). — Il fait passer au comte d'Artois une lettre de la reine et se sert dans cette circonstance d'un garde du corps. — Subterfuges employés pour envoyer des lettres à Coblentz. — La duchesse de Polignac est au désespoir de ne plus recevoir de nouvelles de la reine. Le comte, averti par le comte de Vaudreuil, fait prévenir la reine par Madame Élisabeth. La reine fait écrire à la duchesse par Madame Royale et lui envoie mille louis. Moyens employés par le comte pour faire parvenir cette somme à la duchesse.................................. 296

XIII

Formation d'un camp de vingt mille hommes à Soissons (8 juin 1792). — Lettre de Louis XVI à l'Assemblée sur la célébration de la fête de la Fédération (5 juillet). — Suspension de Petion et de Manuel (6 juillet). Elle est levée par l'Assemblée (13 juillet). — Alarmes de la cour pour la sûreté de Leurs Majestés. Les comtes de Paroy et du Pujet visitent le Champ de Mars. — Arrivée du cortège national. — Prestation du serment par le roi. — Anxiété de la reine, qui suivait la scène avec une longue-vue. — Retour du roi et de la famille royale aux Tuileries. Enthousiasme des gardes nationaux... 312

XIV

Bruits alarmants répandus dans Paris sur un dépôt d'armes aux Tuileries (juillet 1792). — Le comte de Paroy surprend, au club du Palais-Royal, une conversation sur les projets des jacobins et prévient M. de la Porte. — Il confectionne une sorte de cuirasse pour le roi et la famille royale et en fait l'expérience (8 août 1792). — Il va, sur la demande de la reine et de la princesse de Lamballe, reconnaître un canon placé sur la plate-forme du pont Neuf et braqué contre le pavillon de Flore. Conversation avec le capitaine de garde nationale commandant le poste (9 août). — Visite du maire Petion aux Tuileries (9 août). — Mauvaises dispositions prises par le commandant Mandat pour défendre le château. Observations du baron de Vioménil à ce sujet (10 août). — Mandat quitte le château sur l'ordre de la commune. On propose au roi de partir, mais celui-ci refuse, au grand chagrin de ses serviteurs. Le roi inspecte les postes des Suisses et les gardes nationaux. Il demande que ces derniers se tiennent près de lui. — Députation du département de Paris qui décide le roi à se rendre à l'Assemblée nationale. Les gentilshommes veulent suivre leur souverain, mais Rœderer s'y oppose, et Louis XVI refuse leurs services. Indignation du marquis de la Rochejaquelein et des autres nobles. — Pourparlers de Suisses avec le peuple. Le baron de Bachmann les fait cesser. Commencement de la fusillade. Un premier coup de canon frappe le mur entre deux fenêtres du château. Le comte est contusionné. Les gentilshommes ôtent leurs croix de Saint-Louis, dont la vue excitait le peuple. Préparatifs de défense. Chute du baldaquin du lit de parade. — Le comte de Paroy se met à la tête de Suisses et de gardes nationaux, reprend sa croix de Saint-Louis, s'avance sur la terrasse des Feuillants et échange une fusillade avec un bataillon de la section des Gravilliers. Combat entre les Suisses et les Marseillais. Retraite des Suisses. Le comte réussit à se sauver. Il voit abattre la statue de Louis XIV sur la place Vendôme et rencontre M. Le Brun, qui l'empêche d'intervenir. Il rejoint son père; mais, après avoir mangé, il repart pour avoir des nouvelles de la famille royale. — Reconnu par le peuple pour un aristocrate, il est poursuivi et n'échappe que par un subterfuge. — Il sort de nouveau le soir. — Le maréchal de Mailly est sauvé par un sans-culotte.................. 324

XV

Précautions prises par le comte pour se cacher (août 1792). — Il demande l'hospitalité à un peintre, qui ne peut le recevoir à cause des terreurs de sa femme. — Il se réfugie chez un graveur nommé Boissier. — Entrevue avec le comte du Pujet. — Il voit briser la statue de bronze de Henri IV. sur le pont Neuf. — Dénonciation de la retraite du comte de Montmorin. — Le comte ne sort que le soir pour aller au club du Palais-Royal. — Visite domiciliaire chez Boissier. Subterfuge employé par le comte pour s'y soustraire. — Relations avec un employé du secrétariat de la commune de Paris. Le comte obtient ainsi des nouvelles dont il fait profiter ses amis. — Départ du marquis de Paroy pour Fontainebleau (7 septembre 1792). — Le comte cache sa collection de vases étrusques, et la soustrait ainsi à une perquisition dirigée par le peintre David. — Trahison de Boissier, dévoilée par le sieur Gallois. — Le comte se réfugie à Ris chez le graveur Janinet. — Arrivée des gendarmes, auxquels il échappe par un ingénieux artifice. — Le comte se rend à Seineport chez son ami le marquis de Turpin. — Cette commune doit son origine au duc d'Orléans. — Pillage de l'église par les habitants. — Le comte est forcé de fuir, et il s'établit à Fontainebleau, où son père et sa mère viennent le rejoindre. — Il cache dans un jardin six planches gravées sur la famille royale. Crainte d'une dénonciation, sa mère les fait déterrer et jeter dans le grand canal de Fontainebleau. Un témoin prévient la municipalité, qui fait repêcher lesdites planches et les expédie à Paris. — Le comte est mis hors la loi et part pour Bordeaux avec son père (22 janvier 1793)......... 357

XVI

Séjour du comte à Bordeaux (1793). — Arrestation du marquis de Paroy au château de Castetz (13 octobre 1793) et emprisonnement à la Réole. — Son fils, prévenu, cherche les moyens de le sauver. — Rencontre d'un ancien domestique de Mme Vigée Le Brun, actuellement attaché à Mme de Fontenay, née Cabarrus. — Réception cordiale du comte par celle-ci, qui promet son intercession auprès du représentant Tallien. — Transfert des prisonniers de la Réole à Bordeaux. — Le comte se trouve à l'arrivée du bateau; il est arrêté, mais parvient à s'échapper. — On juge prudent de laisser oublier son père en prison. — Souper chez Mme Delpré avec le représentant Ysabeau. — Lequinio porte la santé des républicains qui ont voté la mort du tyran. Le comte, indigné, se tire d'affaire en buvant à la santé de son hôtesse et en faisant boire ensuite à la santé d'un Amour gravé sur une bague et qui représentait le Dauphin. — Liaison avec Ysabeau. — Départ pour Paris de Mme de Fontenay, qui est emprisonnée. — Le comte se porte caution pour la pension d'un fils de celle-ci. — Éloge enthousiaste de Mme de Fontenay. — On propose au marquis de Paroy de l'acquitter, s'il veut crier : Vive la république! Refus de celui-ci. — Transfert du marquis à la maison d'arrêt du séminaire avec tous ses compagnons, grâce à un subterfuge du comte. — Délivrance du marquis et de son fils, le capitaine de vaisseau (22 mars 1794). — Relations avec Ysabeau, auquel le comte fournit un secrétaire nommé Avy. — Grâce à ce dernier, le comte sauve Chapelle de Jumilhac et Fournier de la Chapelle...... 377

XVII

Aventures arrivées pendant le séjour du comte à Bordeaux (1793). — Il sauve son beau-frère, le vicomte du Hamel, grâce à Mme de Fontenay. — Il grave une carte de sûreté pour sa section et en garde des exemplaires qu'il distribue à ses amis. — Il obtient un certificat de résidence, en faisant des cadeaux de portraits de révolutionnaires enluminés par lui. Il réunit à grand'peine les neuf témoins nécessaires (17 août 1793). — Il envoie ce certificat à Melun pour obtenir la levée du séquestre de sa terre de Paroy; mais une date erronée inspire des soupçons, et le Comité de salut public envoie l'ordre de le faire arrêter et guillotiner, ainsi que ses témoins. — Prévenu par Lacombe, président du tribunal, il cherche les moyens de se tirer d'affaire. — — Il réclame un nouveau certificat, explique au procureur de la commune que le secrétaire a commis une erreur de date, et, après des péripéties émouvantes, obtient enfin gain de cause. — Ayant besoin d'un certificat de résidence à Paris, il s'adresse au député Guyet-Laprade, à qui il avait autrefois sauvé la vie et l'honneur; mais il éprouve un refus. Il a recours alors au député Menuau, qui s'entremet pour lui avec la plus parfaite obligeance............ 400

XVIII

Retour du comte de Paroy de Bordeaux à Paris (1794). — Il reprend ses occupations d'art et fait surtout des sujets royalistes (1795). — Manière dont il avait obtenu la confidence de procédés nouveaux. — Il occupe des femmes, même des religieuses, à enluminer des éventails. — Il fait confectionner par deux chanoinesses une robe avec application de fleurs sur l'étoffe. — Invention d'un nouvel ornement de ridicules; elle a un grand succès, et le bénéfice lui sert à payer les dettes de son père. — Il tire parti d'étoffes gâtées et fait imprimer des sujets sur des châles. — Il confectionne des sujets pour ronds de boîtes. — Réflexions sur les contrefacteurs. — Invention d'un nouveau peigne pour la duchesse d'Ossuna. — Reproduction de gravures anglaises sur le procès de Louis XVI. — L'Antigone française. — Tableau d'assignats, au centre duquel il met un mendiant. — Arrestation de son domestique, pour avoir colporté ce tableau. — Arrangements pris avec la police. — Il surveille un émissaire des princes et découvre que c'est un mouchard qui les trompe. — Il retrouve un ancien camarade du collège de Juilly, attaché à la police, et en obtient la fiche de renseignements rédigée sur son compte.. 421

XIX

A son retour de Bordeaux, le comte de Paroy va voir son père et sa mère à Fontainebleau (fin de l'année 1794). Détresse où il les trouve. — Il se rend à sa terre de Paroy et obtient des fermiers un envoi régulier de farine et de volailles à ses parents. — Il donne asile à Mme de Rochechouart. — Il est indignement volé par son domestique. — Il fait des palettes de dossiers de chaises pour un négociant de Lille. — Il fabrique douze mille dessus de boîtes sur ivoire pour la Turquie. — Il assiste à la journée du 13 vendémiaire (6 octobre 1795), et offre un asile à Ysabeau. — Captivité de Madame Royale au Temple. Le comte lui envoie un dessin avec des vers. — Arrestation de Mme de Tourzel. — Le comte fait une bague pour Madame Royale. Échange de cette princesse (26 décembre 1795). — Le marquis de Paroy sommé de sortir de France après le 18 fructidor. — Le comte obtient du ministre de la police Sotin la permission pour son père de rester à Fontainebleau. — Réflexions sur les misères endurées en France par les royalistes pendant la Révolution. 445

Pièces justificatives : I. Lettre du comte de Paroy à Lefèvre, agent national à Donnemarie; 11 messidor an II (29 juin 1794). . . 463

II. Lettre du marquis de Paroy père au prince de Condé; Fontainebleau, 1er février 1802. 464

PARIS

TYPOGRAPHIE DE E. PLON, NOURRIT ET Cie

Rue Garancière, 8.

A LA MÊME LIBRAIRIE :

L'Europe et la Révolution française, par Albert SOREL, de l'Académie française.
- PREMIÈRE PARTIE : *Les mœurs politiques et les traditions.* 3ᵉ édition. Un vol. in-8°. Prix. . . . . 8 fr.
- DEUXIÈME PARTIE : *La chute de la royauté.* 3ᵉ édit. Un vol. in-8°. . 8 fr.
- TROISIÈME PARTIE : *La guerre aux rois.* 2ᵉ édit. Un vol. in-8°. . . 8 fr.
- QUATRIÈME PARTIE : *Les limites naturelles* (1794-1795). 2ᵉ édition. Un vol. in-8°. Prix. . . . . 8 fr.
(*Couronné deux fois par l'Académie française,* **grand prix Gobert.**)

Le Comité de salut public de la Convention nationale, par J. GROS. Un vol. in-18. Prix. . . . . 3 fr. 50

Journal des prisons de mon père, de ma mère et des miennes, par madame la duchesse DE DURAS, née Noailles. Un vol. in-8° orné d'un portrait. Prix. . . . . 7 fr. 50

Mémoires du duc Des Cars, colonel du régiment de dragons-Artois, brigadier de cavalerie, premier maître d'hôtel du Roi, publiés par son neveu le duc DES CARS, avec une introduction et des notes par le comte Henri DE L'ÉPINOIS. Deux in-8°, accompagnés de deux portraits. 15 fr.

Mémoires inédits de l'Internonce à Paris pendant la Révolution (Mgr de Salamon) (1790-1801). Avant-propos, introduction, notes et pièces justificatives, par M. l'abbé BRIDIER, du clergé de Paris. 2ᵉ édition. Un vol. in-8°. Prix. . . . . 7 fr. 50

Correspondance inédite de Mallet du Pan avec l'empereur d'Autriche (1794-1798), publiée d'après les manuscrits conservés aux Archives de Vienne, par André MICHEL, avec une préface de M. TAINE, de l'Académie française. Deux vol. in-8°. Prix. . . . 16 fr.

Mémoires de Malouet, publiés par son petit-fils le baron MALOUET. 2ᵉ édition, augmentée de lettres inédites. Deux vol. in-8°, avec portrait. Prix. . . . . 16 fr.

Mémoires du général baron Thiébault, publiés sous les auspices de sa fille, Mlle Claire Thiébault, d'après le manuscrit original, par Fernand CALMETTES.
- Tome I : 1769-1795. 7ᵉ édition. Un vol. in-8° avec deux portraits en héliogravure. Prix. 7 fr. 50
- Tome II : 1795-1799. 6ᵉ édit. Un vol. in-8° avec portrait. Prix. 7 fr. 50
- Tome III : 1799-1806. 5ᵉ édit. In-8° avec deux héliogravures. 7 fr. 50
- Tome IV : 1806-1813. Un vol. in-8° avec un portrait en héliogravure. Prix. . . . . 7 fr. 50
- Tome V et dernier : 1813-1822. Un vol. in-8°. (*Sous presse.*)

Histoire générale des Émigrés pendant la Révolution française, par H. FORNERON.
- Tome I et II, 4ᵉ édition. Deux vol. in-16. Prix. . . . . 8 fr.
- Tome III. Les Émigrés et la société française sous Napoléon Iᵉʳ, avec une introduction par M. LE TRÉSOR DE LA ROCQUE. In-8°. . 7 fr. 50

Le Département des affaires étrangères pendant la Révolution (1789-1804), par Frédéric MASSON, bibliothécaire du ministère des affaires étrangères. Un vol. in-8°. Prix. . . . . 10 fr.

www.ingramcontent.com/pod-product-compliance
Lightning Source LLC
Chambersburg PA
CBHW071418230426
43669CB00010B/1587